CJ6 型动车组
运用技术

中国铁路广州局集团有限公司车辆部
中车株洲电力机车有限公司　编著

中国铁道出版社有限公司

2024年·北 京

内 容 简 介

本书从动车组专业技术人员现场工作实际及理论知识需求出发，通过提炼 CJ6 型动车组各系统设计原理、操作要点等重点内容编写而成，注重动车组系统原理等理论知识与动车组实际运用技术相结合。全书共四章，包括 CJ6 型动车组概述、动车组司机操作、应急故障处置等内容。

本书内容丰富、结构清晰，可供 CJ6 型动车组司机、动车组机械师等相关岗位培训使用，也可供动车组专业技术人员自学使用。

图书在版编目(CIP)数据

CJ6 型动车组运用技术/中国铁路广州局集团有限公司车辆部，中车株洲电力机车有限公司编著. —北京：中国铁道出版社有限公司，2024. 3

ISBN 978-7-113-30990-9

Ⅰ. ①C… Ⅱ. ①中… ②中… Ⅲ. ①高速动车-车辆维修 Ⅳ. ①U266

中国国家版本馆 CIP 数据核字(2024)第 012931 号

书　　名：CJ6 型动车组运用技术
作　　者：中国铁路广州局集团有限公司车辆部　中车株洲电力机车有限公司

责任编辑：李润华　　**编辑部电话：**(010)51873138　　**电子邮箱：**jiliang@tdpress. com
编辑助理：陈　颖
封面设计：郑春鹏
责任校对：刘　畅
责任印制：樊启鹏

出版发行：中国铁道出版社有限公司(100054，北京市西城区右安门西街 8 号)
网　　址：http://www. tdpress. com
印　　刷：北京联兴盛业印刷股份有限公司
版　　次：2024 年 3 月第 1 版　2024 年 3 月第 1 次印刷
开　　本：787 mm×1 092 mm 1/16　**印张：**18. 25　**字数：**434 千
书　　号：ISBN 978-7-113-30990-9
定　　价：98. 00 元

编　委　会

主　　编： 陈席文　何旭升　罗湘涛　罗　果

主　　审： 高殿柱　陈喜红　周安德

编写人员： 马柳青　于建顺　唐　辉　陈振虹　申　杰
陈昱洲　陈三猛　刘旺晖　陈爱军　黄　炫
嵇道君　蔡振东　王平华　姜　成　蒲贵兵
张　帆　陈　伟　李秋明　宋　金　胡贺庆
郑维飞　温　萍　齐济玮　杨爱平　朱亚男
万　巍　陈　翱　杨怀玉　孟令锋　蒋华俊
张　韧　李　翔　罗　嘉

前言

随着国民经济持续发展和城市化进程持续推进，我国城际铁路得到快速发展，城际铁路的发展、城际动车组安全高效运行都对动车组运行人员的知识和技能提出了更高要求。由中车株洲电力机车有限公司研发、设计和生产的CJ6型动车组在长株潭城际线路上运营四年。为进一步提升CJ6型动车组服务品质，满足城际动车组运用和检修要求，综合CJ6型动车组近年实际运用和检修经验，中国铁路广州局集团有限公司车辆部和中车株洲电力机车有限公司联合组织，精心筹划编著了《CJ6型动车组运用技术》。

本书依据动车组司机和动车组机械师实际工作需求，对CJ6型动车组各系统的工作原理只作基本介绍，重点突出动车组实际运用、检修以及故障处置等相关内容。本书具有以下特点：第一，系统性。本书涵盖CJ6型动车组各系统介绍、动车组相关操作指导和动车组应急故障处置等内容，可完全满足动车组司机和动车组机械师培训和学习需要。第二，实用性。本书紧紧围绕动车组司机和动车组机械师工作需求组织相关内容的编排，注重学以致用。第三，可读性。本书收入了大量部件原理示意图和现场实物图，图文并茂，生动易懂。

全书共分为四章。第一章主要介绍城际轨道交通车辆现状、发展趋势以及CJ6型动车组的研发背景。第二章主要介绍CJ6型动车组的车辆配置及技术参数，并从车体、车端连接、转向架及其辅助、主供电、牵引、辅助电气、供风制动、网络及辅助监控、旅客信息、空调、给排水与卫生、外门及车内设施、驾驶设施、电务车载、紧急设施和安全疏散等方面进行详细阐述。第三章主要介绍动车组正常驾驶、重联及解编、动车组相互救援、机车救援及回送、紧急情况驾驶等操作。第四章主要介绍动车组司机及动车组机械师应急故障处置操作项目和车体、车端连接、转向架及其辅助等十三个方面应急故障处置办法。

此外，需要重点说明的是，今后随着动车组技术的不断发展和现场运用实际需要，动车组技术参数、系统软件及组成部件会发生更新和升级，这会导致动车组运用、检修相关规程或操作程序发生变化。在实际工作中，应该以最新规程规定和操作说明为准。

本书的编写工作由中国铁路广州局集团有限公司车辆部主持，中车株洲电力机车有限公司有关工程技术人员参与编写。本书由陈席文、何旭升、罗湘涛、罗果主编，由高殿柱、陈喜红、周安德主审。第一章由马柳青、李秋明、蔡振东、刘旺晖、郑维飞、温萍、万巍、李翔参与编写，第二章由申杰、黄炫、姜成、陈爱军、宋金、朱亚男、陈伟、杨怀玉、孟令锋参与编写，第三章由陈振虹、齐济玮、王平华、嵇道君、陈翱、张帆、张韧、杨爱平参与编写，第四章由于建顺、唐辉、陈昱洲、陈三猛、蒲贵兵、胡贺庆、蒋华俊、罗嘉参与编写。

限于编者水平，书中难免有疏漏之处，敬请广大读者批评指正。

编　者

2024 年 1 月

目录

第一章 绪 论

第一节 城际轨道交通车辆现状及发展趋势

城际轨道交通车辆具有运能大、安全可靠、快速便捷、低碳节能等优势，在世界各国轨道交通中承担着重要角色。目前，城际轨道交通车辆在一些国家和地区已得到广泛应用。在欧洲，轨道交通系统紧密衔接，旅客输送效率高；在日本，各层次的轨道交通已形成完善的网络系统，其触角已经延伸到大小城镇，运营模式和市场规模成熟。

列车最高运行速度达到 200 km/h 以上的铁路一般称为高速铁路。1964 年 10 月 1 日，世界第一条高速铁路——日本东海道新干线投入运营，全长 515.4 km，最高运行速度 210 km/h。目前，随着高速铁路在全世界的不断延伸，高速铁路技术也取得了长足发展，逐渐形成了适合各自国情和发展状况、各自独立、各具特点的高速铁路技术体系。

日本从 1964 年起，以 0 系高速列车起步，经过不断完善与提高，相继研发了 100(100N)系、200 系、300 系、400 系、500 系、700 系、N700 系、E1～E7 系等新干线高速列车，同时还研发了 300X、WIN350、STAR21 等高速试验列车。日本新干线高速列车的基本特征是：全部为动力分散型电动车组；大量采用铝合金车体，轻量化水平较高，列车空气动力学性能好；主要采用轻型无摇枕转向架，在 500 系、700 系列车上还采用了半主动悬挂系统。

法国的城际动车组系统主要由 TGV 组成，是世界上最为著名的高速铁路系统之一。法国 TGV 高铁于 1981 年正式开通运营，其最大特点为高速性能。TGV 高铁采用了专用的高速铁路线和先进的动车组技术，平均时速 300 km，部分线路甚至可以达到时速350 km。TGV 高铁还创造了多项世界纪录，例如 2007 年在巴黎至斯特拉斯堡的东线上达到时速 574.8 km 的试验速度。TGV 高铁不仅速度快，还具有良好的舒适性和安全性。TGV 高速列车采用了空气弹簧和液压阻尼器等装置，可以有效减小振动和噪声，提供宽敞、舒适的座位和空间。

德国的城际动车组系统主要由 ICE 组成，第一代 ICE 高速列车 1991 年投入商业运营，第二代 ICE 高速列车 1996 年投入运营并实现了编组功能。进入 21 世纪，第三代 ICE 高速列车以时速 330 km 投入商业运营，目前最新的 ICE 型号如 ICE4 等，较前代具有更先进的列车控制系统和更舒适的乘车环境。

我国早期应用于干线的城际轨道交通车辆有 1998 年从瑞典引进在广深线投入运营的高速 X2000 型摆式动车组，1999 年研发的“大白鲨”动车组，2000 年投入广深线运营的“蓝箭”动车组，2001 年研发的“中原之星”动车组。近年来，国内干线铁路动车组通过技术引进、消化吸收再创新、自主创新，取得较快的发展，目前有和谐号系列动车组(CRH)和复兴号系列动车组(CR)。

在城际动车组方面，目前我国已经建成北京至天津、广州至珠海、南京至上海、广州至佛山、南昌至九江、成都至都江堰等城际轨道交通项目，投入运营的城际轨道车辆主要是 CRH 系列动车组，采用越站和大站直达的运营模式，个别地方采用城轨车辆，采用站站停的运营模式。其中，京津城际服务于京津客流，注重高速直达，主要运营车辆为 CRH2、CRH3，速度等级 350 km/h；广珠城际服务于沿线各城市、中心城镇的城际客流，兼顾少量对外客流，主要运营车辆为 CRH1，速度等级 200 km/h 和 160 km/h；沪宁城际服务于沿线各城市、次中心城镇、城市组团间客流，主要运营车辆为 CRH3，速度等级 250 km/h 和 160 km/h；昌九城际为缓解既有京九线昌九段运力紧张局面，构建区域内高效便捷交通体系，主要运营车辆为 CRH1 和 CRH2，速度等级 200 km/h；成灌城际服务于成都至都江堰之间的客流，主要运营车辆为 CRH1，速度等级 200 km/h。广东省在 2009 年启动了城际铁路建设，即珠江三角洲穗莞深城际轨道交通项目及莞惠城际轨道交通项目。

第二节　CJ6 型动车组研发背景

与地铁等城市轨道交通相比，城际铁路兼有运营速度高、市区起停速度快等特点，对客流变化大具有较强的适应性，能够同时满足市区和郊区不同的运输需求，并且能够伴随着城市发展逐步提高运量，是适应新型城市化发展最重要的城际交通方式。

截至 2017 年底，干线已覆盖 70％以上的大城市，我国干线铁路网已经形成；城市轨道交通运营线路规模、在建线路规模和客流规模均居全球第一，城市轨道交通体系趋于成熟；但城际铁路仍处于起步阶段。根据国家对城际铁路发展的各项指导意见，鼓励在经济发达、人口稠密、城镇密集地区有序推进城际铁路建设，推进干线铁路和城际铁路融合发展。优先利用既有铁路，积极创造条件开行公交化城际列车，打造多层次、多模式、公交化的核心区域通勤圈，满足长株潭、珠三角、京津冀和长三角等地区城市群 1～2 h 通勤圈快速通达要求。针对国内城市群(都市圈)交通出行新需求，有必要研发满足公交化、网络化运用需求的新型城际动车组。

长株潭城际铁路于 2010 年 6 月 30 日正式动工，在长沙、株洲、湘潭三市之间形成“人”字形快速、便捷的通勤圈，体现出三地一体的“同城效应”，为三地市民通勤出行提供便利。线路全长 105 km，共设 24 个车站，平均站间距 4.57 km，比一般的地铁线路站间距稍大，但远远小于干线铁路站间距。根据长株潭城际铁路项目规划方案，长株潭城际铁路全线全日客运量近期 40.1 万人次/日、远期 57.1 万人次/日，高峰小时断面最大客流量近期8 917人次/高峰小时、远期 10 900 人次/高峰小时。

长株潭城际铁路平均站间距介于干线铁路和城轨铁路之间，其目标速度应介于干线和城轨之间，从运行快捷、经济性及环保等方面综合考虑和分析，目标速度选取为 160 km/h。长株潭城际铁路具有早晚客流高峰和高密度、公交化运输的特点，为适应常态、高峰客流以及近期、远期客流，宜采用小编组、大重联的运输方式，如常态客流时采用 4 辆编组独立运营，高峰客流时两列重联，构成 8 辆的重联动车组运营。因此，相比其他固定长编组动车组，采用能灵活编组的短编组时速 160 km 城际动车组，既能减少车辆采购成本，也能降低运行能耗。对于长株潭城际铁路运输来说，该短编组城际动车组最具有实用性和经济性，并具有极强的竞争力。

因此，根据长株潭城际铁路的线路特点和客流特点，研制一款动力分散，具有大载客量、快速乘降、快起快停和可重联运行的 4 辆编组时速 160 km 城际动车组十分必要，同时也能丰富我国城际动车组产品谱系。

CJ6 型动车组的研发以自主化设计为主，依托既有成熟的出口城际动车组（马来西亚 SCS、ETS 米轨动车组和马其顿城际动车组）技术平台，专门针对长株潭城际铁路的特殊线路条件、气候条件进行技术设计。CJ6 型动车组为 2 动 2 拖 4 辆编组、时速 160 km 的城际动车组，可自动快速解编和连挂灵活编组，最大程度发挥动车组的运用效率；既可实现短编组、高密度和公交化运营，又可实现客流高峰时长编组运营，能满足长株潭城际铁路的运用需求。

2019 年 3 月 CJ6 型动车组获得型号许可和制造许可，2019 年 12 月 CJ6 型动车组在长株潭城际铁路正式载客运用。

第二章　CJ6 型动车组概述

第一节　动车组概况

一、设计理念

CJ6 型动车组采用自主化、国产化的设备，保持“先进、成熟、经济、适用、可靠”的技术特点，是围绕国内城市群区域轨道交通的具体运用需求而研制的一种短编组动力分散型城际动车组。CJ6 型动车组采用 4 辆编组，2 动 2 拖，最高运营速度为 160 km/h，既可实现短编组、高密度和公交化运营，又可实现自动快速重联长编组运营，满足客流不对称的运输需求，最大程度发挥动车组的运用效率。

二、车辆配置

CJ6 型动车组运营线路与干线铁路互联互通，既能在 160 km/h 速度等级的城际铁路上运营，又能在相似运营条件的客运专线上运营。CJ6 型动车组配置如图 2-1 所示。

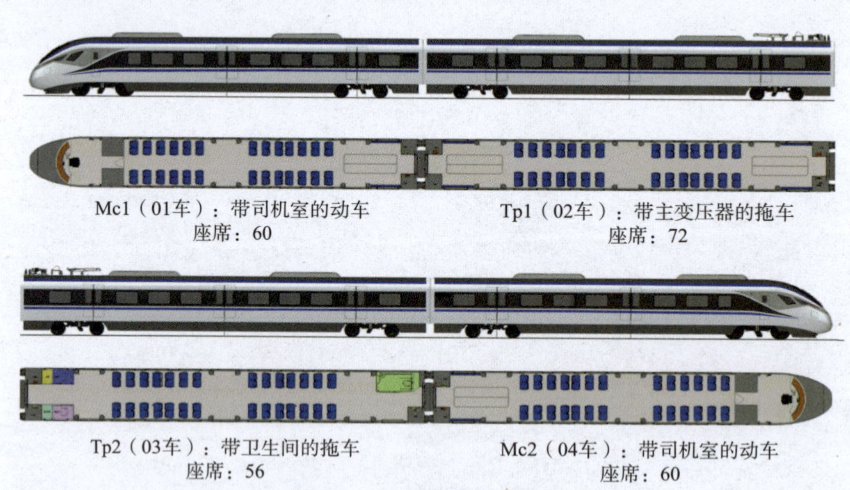

图 2-1　CJ6 型动车组配置

CJ6 型动车组牵引系统由 Mc1(01 车)＋Tp1(02 车)和 Tp2(03 车)＋Mc2(04 车)组成两个牵引动力单元，两个牵引动力单元共用 1 台牵引变压器(仅 CJ6-0703 车组采用 2 台牵引变压器)，向 2 台牵引变流器提供交流电源。每台牵引变流器含有 2 个逆变单元，架控驱动 4 台异步牵引电机。

三、技术参数

CJ6 型动车组主要技术参数见表 2-1。

表 2-1　CJ6 型动车组主要技术参数

列车长度	100.3 m
编　　组	四辆一组的动车组
轴　　式	$B_0'B_0'+2'2'+2'2'+B_0'B_0'$ （B_0—两根单独驱动的驱动轴；2—两根非驱动轴）
定　　员	681 人
轨　　距	1 435 mm
限　　界	GB 146.1
车辆长度	头车：24 350 mm；中间车：24 500 mm
转向架中心距	头车：17 000 mm；中间车：17 500 mm
转向架固定轴距	2 500 mm
车体宽度	3 300 mm
车顶距轨面高度	3 880 mm
车体地板面距轨面高度	1 260 mm
供电电压	AC 25 kV/50 Hz
轮周牵引功率（持续制）	753 kW
网压适应性能	（1）网压在 22.5～29 kV 范围内发挥额定功率； （2）网压在 22.5～19 kV 范围内牵引功率线性下降至额定功率的 84%； （3）网压在 19～17.5 kV 范围内牵引功率线性下降至零，辅助设备正常工作； （4）网压在 29～31 kV 范围内牵引功率线性下降至零，各设备均能正常工作
每年运行能力	340 天
最高运行速度	160 km/h
运行站台高度	站台高度：1 250 mm 站台边缘距轨道中心线距离：到发线 1 750 mm（正线 1 780 mm）
头车自动车钩高	$1\ 000^{+10}_{-5}$ mm
中间车钩高	900^{+10}_{-15} mm
0～40 km/h 平均加速度 0～160 km/h 平均加速度	≥0.80 m/s^2 ≥0.38 m/s^2
最大轴重	≤17 t
最小轨道半径 S 形曲线	连挂运行时：180 m；单车调车时：130 m； 曲线 180 m＋最小过渡直线 10 m＋曲线 180 m

续上表

与机车连挂能力	机车采用 15 号自动车钩，钩高为 880 mm； 救援时，采用过渡车钩
区间最大坡度	≤30‰
双线隧道的有效面积 单线隧道的有效面积	92 m^2 44.96 m^2

四、车辆布置

CJ6 型动车组各车车内、车外、车顶主要设备配置见表 2-2 及图 2-2～图 2-4。

表 2-2 CJ6 型动车组主要设备配置

车　　号	Mc1(01 车)	Tp1(02 车)	Tp2(03 车)	Mc2(04 车)
车　　型	座车、动车	座车、拖车	座车、拖车	座车、动车
额定载客量	150 人	199 人	182 人	150 人
车内设施	司机室：单司机座椅；信号柜、低压电器柜。 客室：中部座椅 2+2 布置，端部设置折叠座椅，共 60 个座席；端部设置扶手、电气柜、空调柜、垃圾箱	中部座椅采用 2+2 布置，端部设置折叠座椅，共 72 个座席；端部设置扶手、电气柜、照明柜、空调控制柜、工具柜(适用 CJ6-0711～0715)、垃圾箱	中部座椅采用 2+2 布置，共 56 个座席，服务设施有卫生间、备品备件柜、工具柜、机械师室、乘务员室、电气柜、空调控制柜、垃圾箱	司机室：单司机座椅；信号柜、低压电器柜。 客室：中部座椅 2+2 布置，端部设置折叠座椅，共 60 个座席；端部设置扶手、电气柜、空调柜、垃圾箱
车外设施	FSK 天线、BTM 天线、制动辅助控制模块、制动控制模块、司机室空调外机、低压箱、主辅变流器(含充电机)	制动辅助控制模块、制动控制模块、变压器、低压箱、主供风模块、辅助供风模块	制动辅助控制模块、制动控制模块、变压器(仅 CJ6-0703 车组)、清水箱、污物箱、低压箱、主供风模块、辅助供风模块	FSK 天线、BTM 天线、制动辅助控制模块、制动控制模块、司机室空调外机、低压箱、主辅变流器(含充电机)
车顶设施	空调装置、DMS 系统的 GSM-R 天线、LKJ 系统的车载 WLAN/GPRS/GPS 三合一天线、无线电系统的组合天线、无线电系统多频段天线、WTD 系统天线	空调装置、受电弓、真空断路器、高压互感器、隔离开关、避雷器、弓网摄像头、接地开关、高压接头及跳线	空调装置、受电弓、真空断路器、高压互感器、隔离开关、避雷器、弓网摄像头、接地开关、高压接头及跳线、乘客信息系统 GPS 天线、无线 Wi-Fi 天线	空调装置、DMS 系统的 GSM-R 天线、LKJ 系统的车载 WLAN/GPRS/GPS 三合一天线、无线电系统的组合天线、无线电系统多频段天线、WTD 系统天线

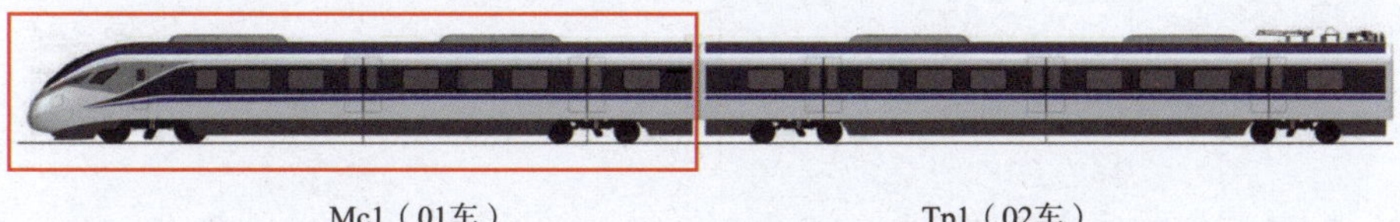

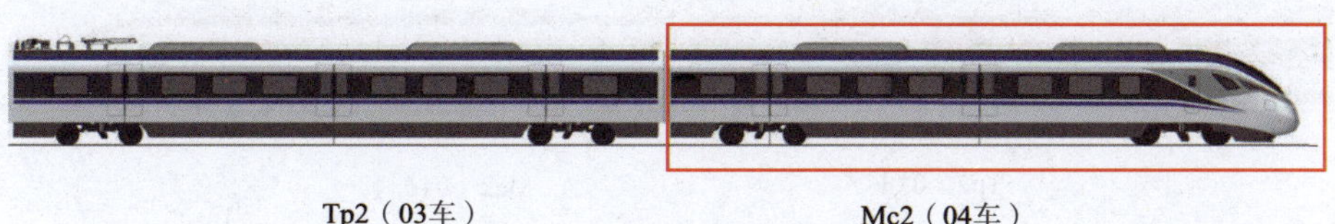

(a)车辆位置概览

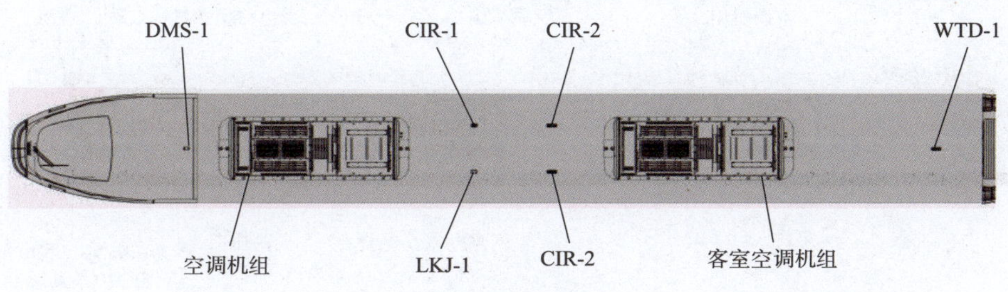

(b)车顶设备布置

DMS-1—GSM-R 天线；CIR-1—多频段天线；CIR-2—组合天线；LKJ-1—车载三合一天线；WTD-1—GPRS/WLAN 天线二合一

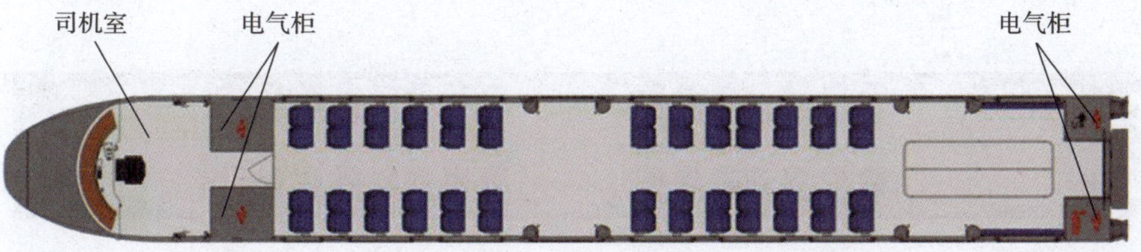

(c)车内设备布置

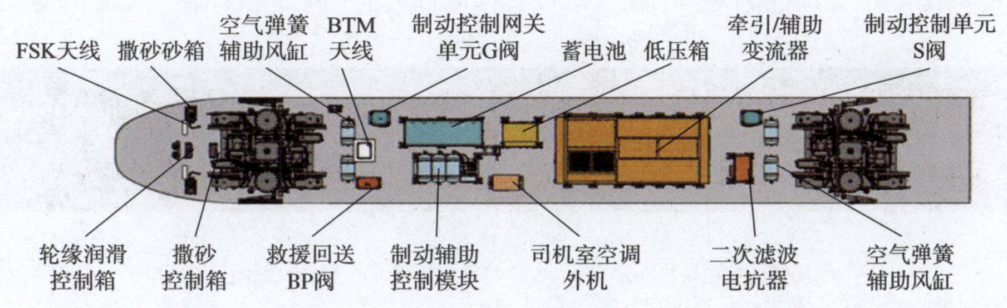

(d)车下设备布置

图 2-2　Mc1(01 车)、Mc2(04 车)车顶、车内及车下设备布置

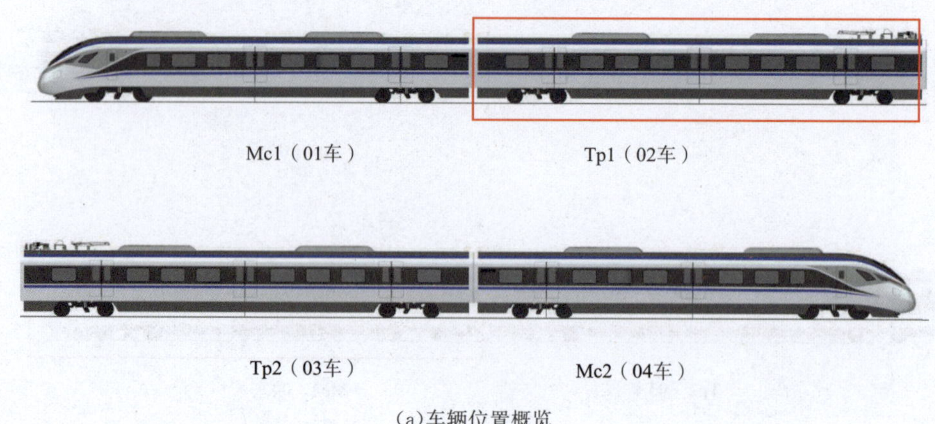

(a)车辆位置概览

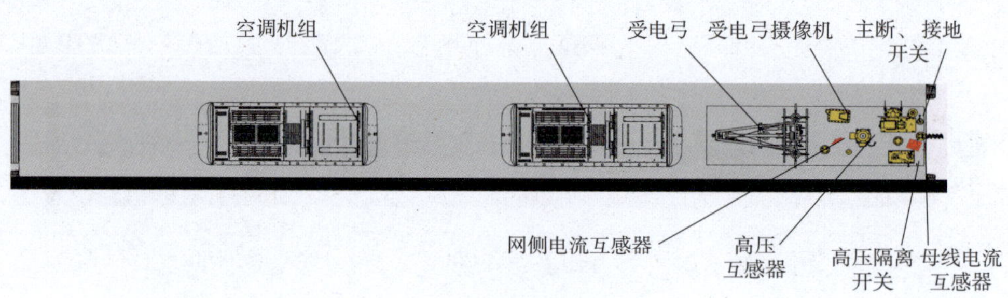

(b)车顶设备布置

注:网侧电流互感器、母线电流互感器仅 CJ6-0703 车组配置,其余车组不配置

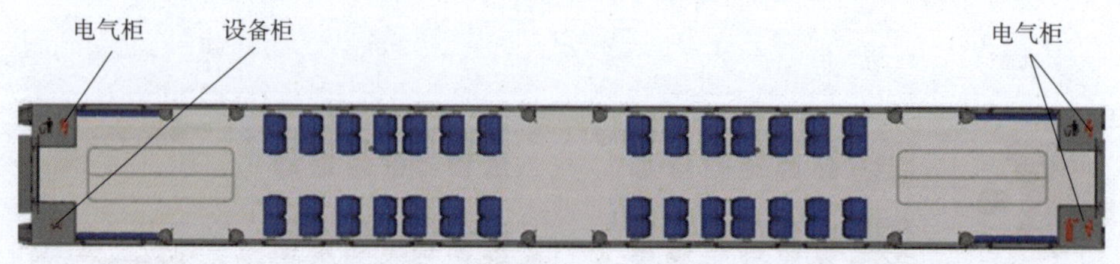

(c)车内设备布置

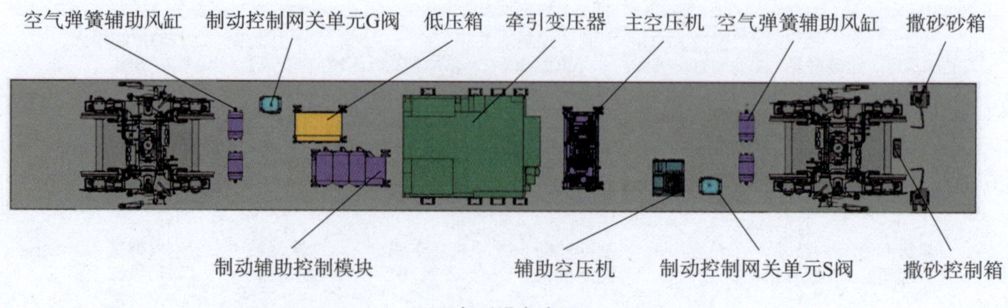

(d)车下设备布置

图 2-3　Tp1(02 车)车顶、车内及车下设备布置

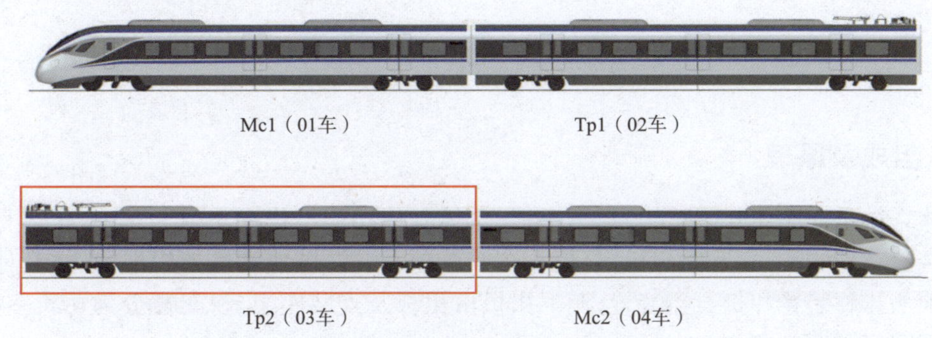

(a)车辆位置概览

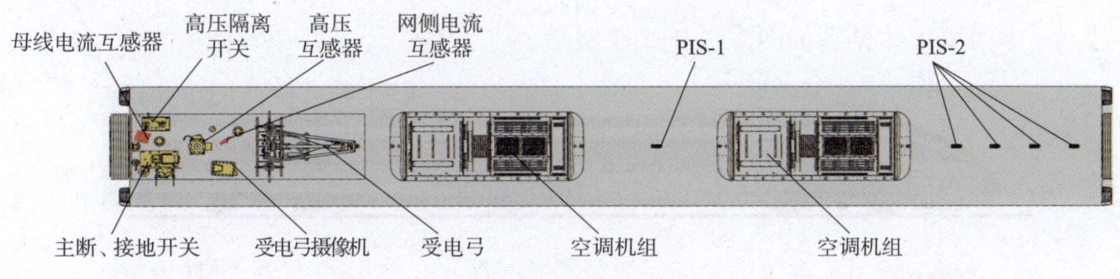

(b)车顶设备布置

PIS-1—GPS 天线；PIS-2—4G 天线

注：网侧电流互感器、母线电流互感器仅 CJ6-0703 车组配置，其余车组不配置

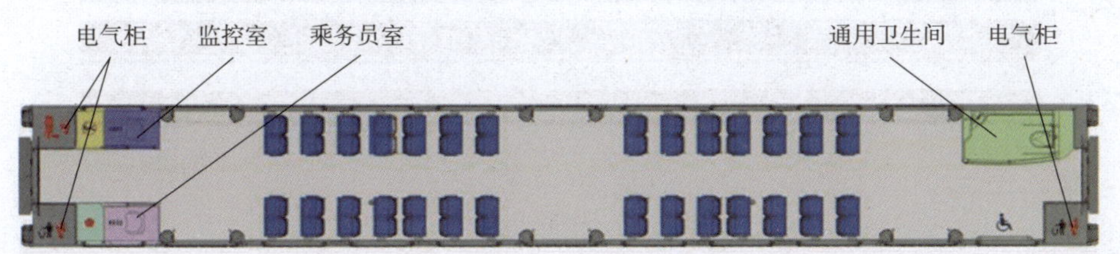

(c)车内设备布置

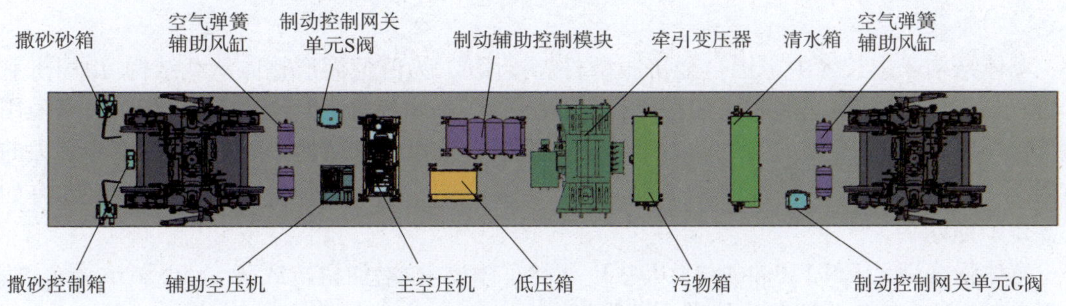

(d)车下设备布置

注：CJ6-0703 车组配置两个牵引变压器，牵引变压器分别设置在 02 车和 03 车；

其余车组配置一个牵引变压器，牵引变压器设置在 02 车

图 2-4　Tp2(03 车)车顶、车内及车下设备布置

第二节　车　体

一、组成及原理

车体系统包含车体骨架结构、车下裙板、车体其他功能结构和车窗。其中，车体骨架结构为铝合金焊接结构，主要由司机室(仅头车)、车顶、侧墙、端墙和底架组成；车体其他功能结构有前头排障装置和扫石器装置；车下裙板由裙板及安装座组成；车窗分为司机室前窗、司机室观察窗和客室侧窗。

二、设备布置

头车、中间车车体分别如图 2-5、图 2-6 所示。

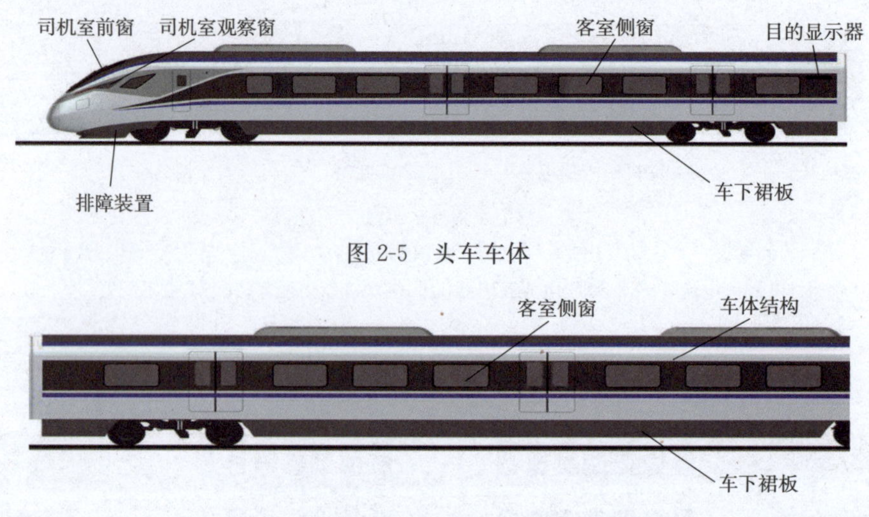

图 2-5　头车车体

图 2-6　中间车车体

三、主要部件结构与功能

(一)车体结构

车体结构采用长大中空铝合金挤压型材焊接而成，为薄壁筒形整体承载结构，由司机室(仅头车)、车顶、侧墙、端墙和底架组成，具有高强度、高耐撞性和轻量化等特点。头车采用流线化外形，且具有良好的空气动力学性能。根据有无司机室结构，分为带司机室和动力的头车、不带司机室的中间拖车。头车车体结构如图 2-7(a)所示，中间车车体结构如图 2-7(b)所示。

车体强度满足 EN 12663-1:2010 中 P-Ⅱ类车体要求，增加扭转载荷 40 kN · m 要求，按±4 000 Pa气动载荷考核车体气密疲劳强度。

(二)车下裙板

车下裙板安装在车体下部，采用平滑结构，可以优化转向架区域和车下空气流场，降低列车运行阻力及气动噪声。

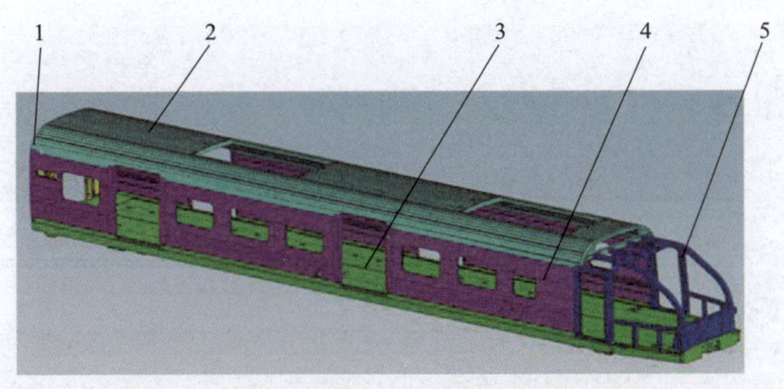

(a)头车车体结构

1—端墙;2—顶盖;3—底架;4—侧墙;5—司机室骨架

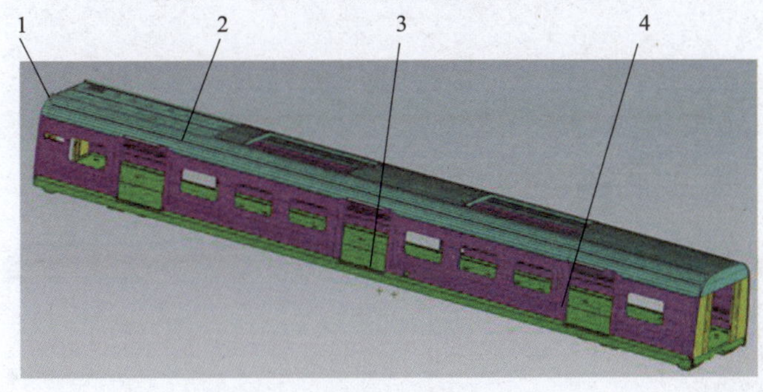

(b)中间车车体结构

1—端墙;2—顶盖;3—底架;4—侧墙

图 2-7　车体

裙板采用模块化结构(每个模块包括裙板、安装座、支撑杆、防脱绳),实现车下预组、整体安装,可根据需要单独拆装。裙板、安装座为中空挤压铝型材结构。CJ6-0701～0710 车组车下裙板结构如图 2-8(a)所示,CJ6-0711～0715 车组车下裙板结构如图 2-8(b)所示。在车组主风管压力为 780 kPa 以上时,CJ6-0701～0710 车组车下裙板底部距轨面距离为 337^{+10}_{0} mm,CJ6-0711～0715 车组车下裙板底部距轨面距离为571^{+10}_{0} mm,如图 2-9 所示。

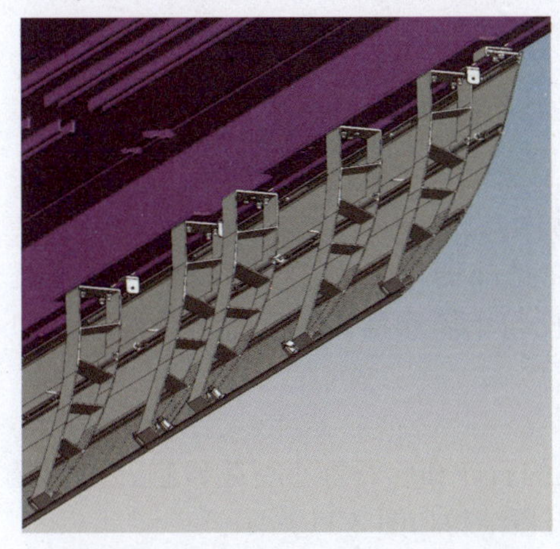

(a)车下裙板(适用 CJ6-0701～0710 车组)

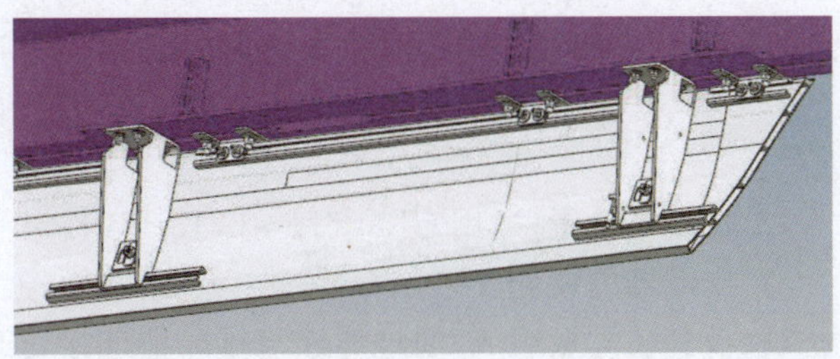

(b)车下裙板(适用 CJ6-0711～0715 车组)

图 2-8　车下裙板

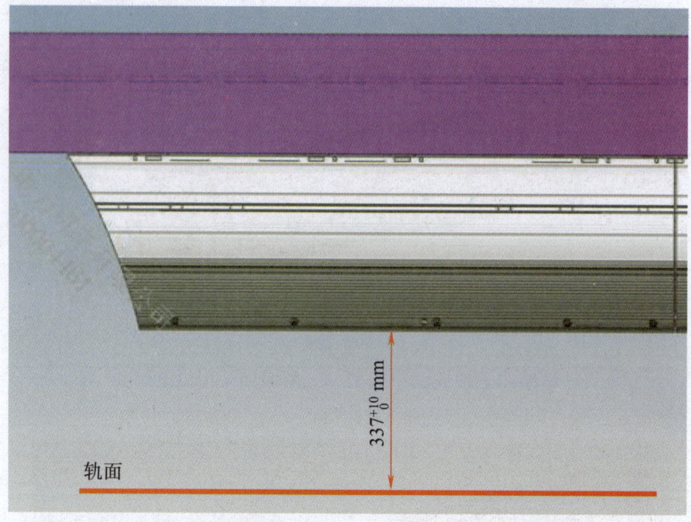

(a)车下裙板距轨面高度(适用 CJ6-0701～0710 车组)

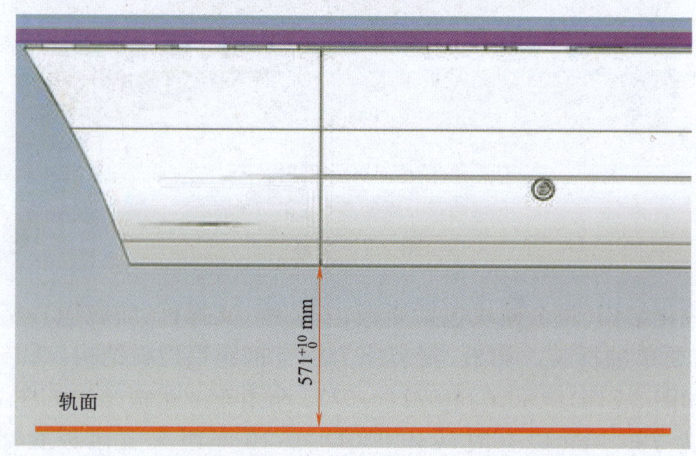

(b)车下裙板距轨面高度(适用 CJ6-0711～0715 车组)

图 2-9　车下裙板距轨面高度

(三)车体其他功能结构

1. 前头排障装置

在列车两端的头车下部设计排障器,以清除物体对轨道的影响。排障器采用高强度结构钢焊接而成,排障器连接装置能承受作用在排障器下边缘的 137 kN 纵向压缩载荷。排障器与排障器支架组焊为一体,再通过螺栓与车体连接。排障器结构如图 2-10 所示。

2. 扫石器装置(适用 CJ6-0711～0715 车组)

在排障器的两侧安装扫石器,进一步清除轨道上的石砟和碎石等小型障碍物。扫石器由橡胶板和装配板组成,通过螺栓与排障器连接,扫石器结构如图 2-11 所示。

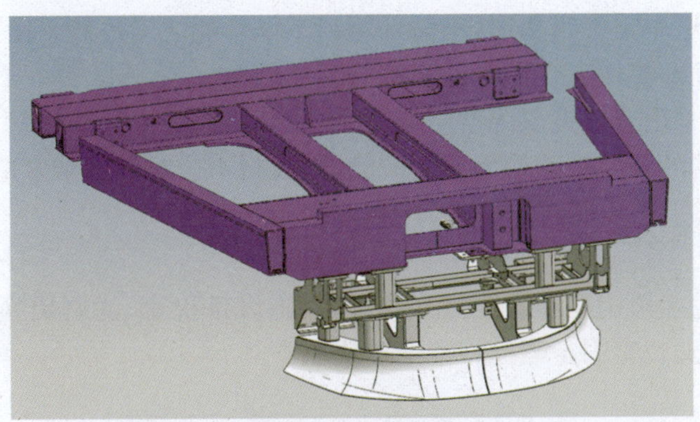

图 2-10　排障器

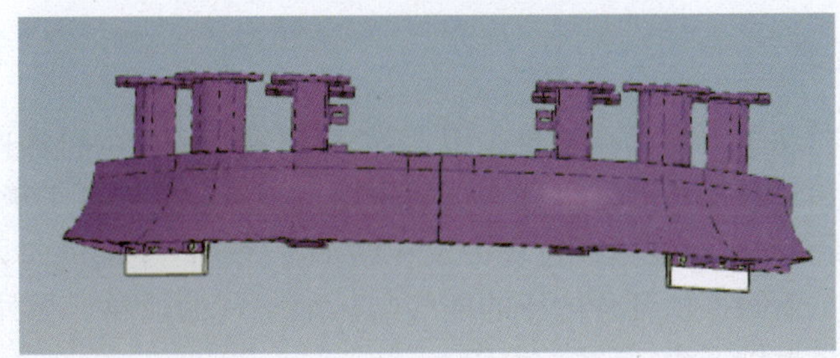

图 2-11　扫石器

（四）车窗

司机室前窗由前窗玻璃、外框（附属框）、内框组成，通过螺钉紧固在车体安装面上，使用改性硅烷密封胶密封。前窗玻璃设置电加热功能，在冬季运用时防止结霜、结雾。前窗玻璃为夹层安全玻璃，厚度约为 15.32 mm，具有自动温度控制、加热除霜功能；使用环境－12～＋40.6 ℃；最高运行海拔 1 500 m，能经受风、雨、雾、紫外线、冰、霜、沙尘以及空气中的酸雨、碳、铜、臭氧、硫化物、二氧化硫等化学物质的侵蚀；能在车辆最高持续运行速度 160 km/h 时正常使用。前窗玻璃将司机室与外部环境隔开，能有效保护司机安全。

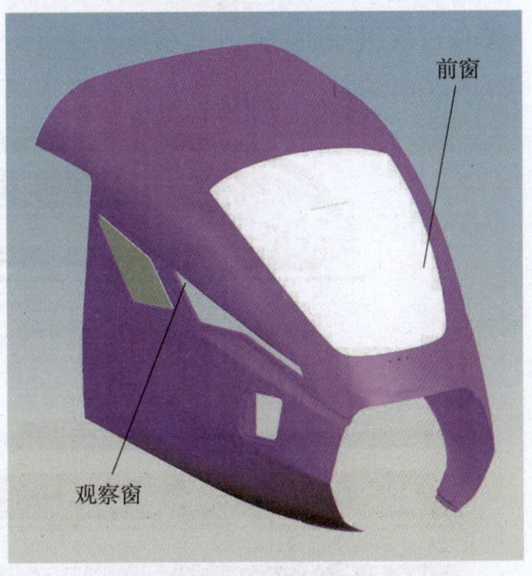

图 2-12　司机室前窗和观察窗

前窗玻璃通过布置在夹层中的加热元件实现加热功能，含有温度感应装置，实现自动控制加热通断。接通电源的情况下，在感应温度低于约 28 ℃时自动通电加热，温度升高至38 ℃时自动断开，以此循环。

司机室两侧各设置一个采用气密构造的固定观察窗，玻璃为夹层结构，采用灰色玻璃，防止阳光照射操纵台影响司机操作。司机室前窗和观察窗如图 2-12 所示。

客室侧窗为双层中空气密构造，车窗外侧和车体外侧之间过渡平滑，降低气动噪声。在紧急状态时，乘客能够使用安全锤砸破客室侧窗玻璃逃出。

客室侧窗玻璃采用有色夹层中空结构安全玻璃，可以减少太阳辐射，同时具有足够的透光性；组成中空结构的两层玻璃均为安全玻璃，其破裂不会对周围乘客造成伤害。

四、基本使用操作

裙板操作：通过四角钥匙和扳手打开裙板，实施设备检查、滤网更换、阀门操作等工作；也可通过扳手拆下安装座固定螺栓将整个模块取下。

第三节 车端连接

一、组成与原理

车端连接装置在动车组中具有重要作用，不仅要实现车辆间的机械连接，还要实现车辆与车辆之间的电气和气路连接等。机械连接的作用主要是使连接各车辆彼此间保持一定的距离，并且传递与缓和动车组在运行过程中及在调车过程中产生的纵向力及其冲击和振动。电气和气路连接为车辆间提供各种电压的电气与压缩空气的通路。另外，车端连接装置还为车辆间的流动人员提供安全、舒适的通道。

二、设备布置

每个车端连接处均设置有一套内风挡和两套外风挡。头车司机室端设置有前端车钩缓冲装置和头罩开闭机构，非司机室端设置中间车钩缓冲装置。车端电气系统主要通过车端连接器进行连接，车端连接器主要包括动力、信号、网络连接器及直、交流母线连接器。车端连接器是车间电气系统连接的主要部件，其主要根据车体车端结构尺寸及内、外风挡的安装结构关系进行布置。车端连接具体布置如图 2-13、图 2-14 所示，实物如图 2-15、图 2-16 所示。

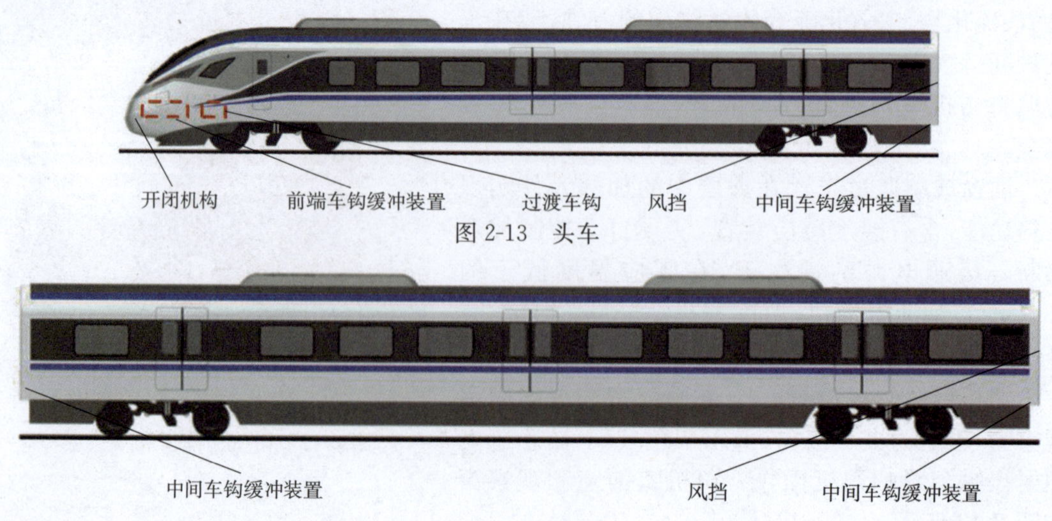

图 2-13 头车

图 2-14 中间车

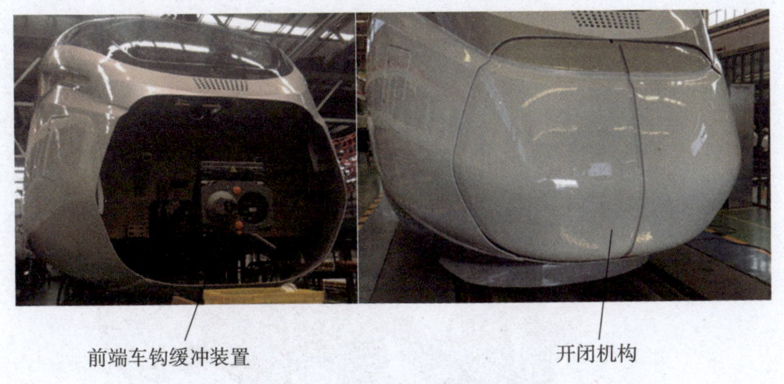

图 2-15　头车司机室端连接结构

图 2-16　头车非司机室端连接结构

三、主要部件结构与功能

（一）开闭机构

列车前端设有金属构架承载型开闭机构，主要由流线型舱门与机架等组成，可以实现自动、手动打开舱门的功能，同时设有全自动及手动锁定、解锁的功能，在使动车组具有良好的空气动力学性能的同时，方便动车组重联及救援时的车钩连挂。CJ6-0701～0710 车组开闭机构如图 2-17(a)所示，CJ6-0711～0715 车组开闭机构如图 2-17(b)所示。

（二）前端车钩缓冲装置

前端车钩缓冲装置位于列车编组的头尾端，为可实现机械、气路和电路的自动或手动连接和分解的全自动钩缓装置。采用 10 型密接式机械钩、电气连接器、控制系统和气液缓冲器组合的技术方案。前端车钩缓冲装置结构如图 2-18 所示。

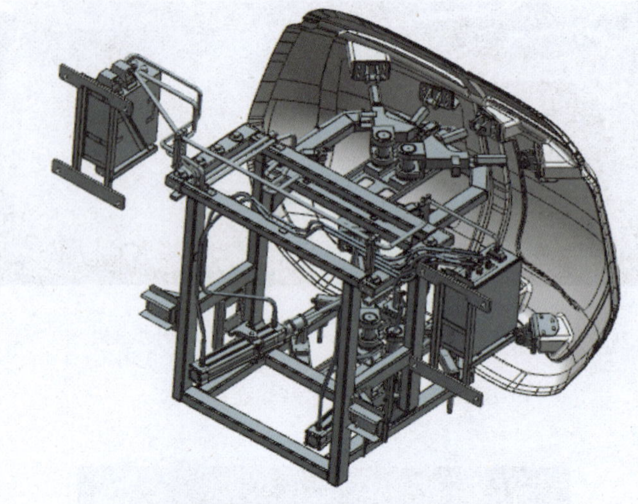

(a)开闭机构结构(适用CJ6-0701～0710车组)

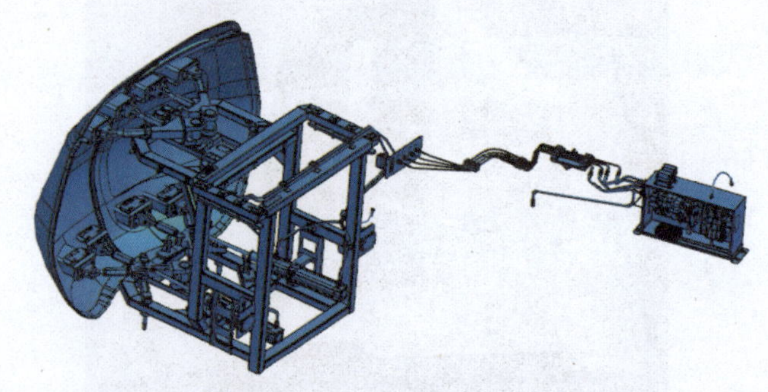

(b)开闭机构结构(适用CJ6-0711～0715车组)

图2-17　开闭机构结构

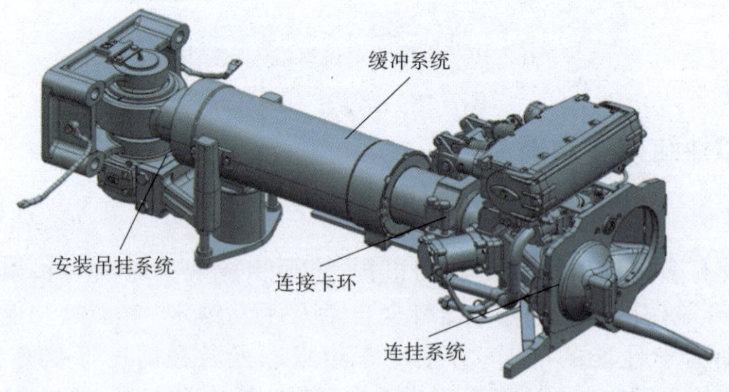

图2-18　前端车钩缓冲装置结构

(三)中间车钩缓冲装置

中间车钩缓冲装置包括带缓冲器中间车钩和带刚性杆中间车钩两种，在同一界面内成对使用，实现车辆之间的机械连接和气路连接。两种车钩使用卡环进行人工连接，同时实现气路的连通。带缓冲器中间车钩由安装吊挂系统、缓冲系统、连接卡环和风管连接器等组成。与其配合使用的带刚性杆中间车钩由安装吊挂系统、刚性杆和风管连接器等组成。中间车钩缓冲装置结构如图 2-19 所示。

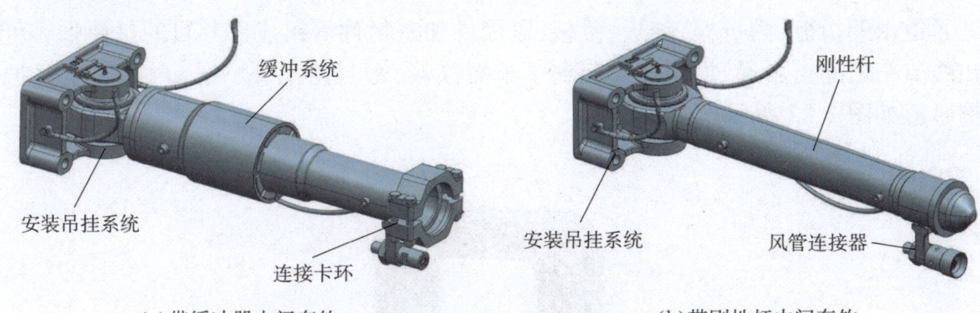

(a)带缓冲器中间车钩　　(b)带刚性杆中间车钩

图 2-19　中间车钩缓冲装置结构

(四)过渡车钩

过渡车钩为两模块结构，采用统型过渡车钩模块 3 和模块 4，可适应 1 000 mm 钩高的 10 型车钩及机车车钩，用于列车救援时与救援机车连挂。过渡车钩模块如图 2-20 所示。

CJ6-0701～0710 车组，过渡车钩直接存放于司机室操纵台左柜内；CJ6-0711～0715 车组，过渡车钩通过绑带固定在托盘中，托盘通过螺栓连接固定在司机室操纵台左柜内。

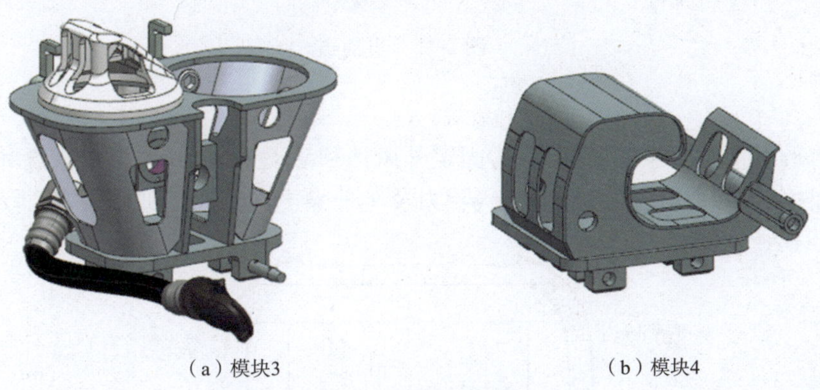

(a) 模块3　　(b) 模块4

图 2-20　过渡车钩模块

过渡车钩存放如图 2-21 所示。

(a) 过渡车钩存放（适用CJ6-0701~0710车组）

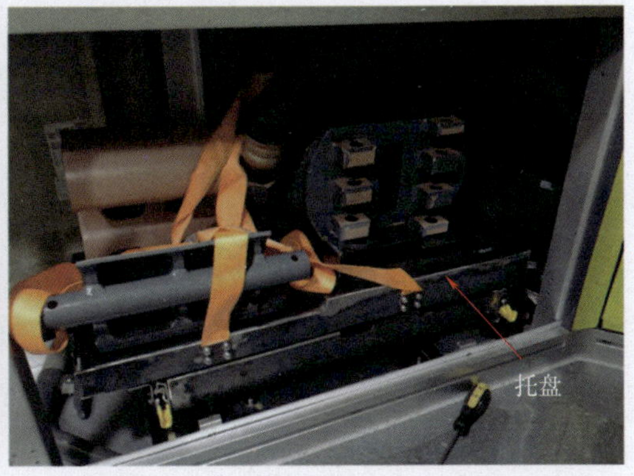

(b) 过渡车钩存放（适用CJ6-0711~0715车组）

图 2-21　过渡车钩存放

（五）贯通道

贯通道由外折棚、内折棚、踏板、渡板、紧固件和密封件等组成。其目的是使乘客可以安全地在两节车之间自由通过，同时又起到了车端连接、密封防雨、隔热隔声和安全保护的作用。贯通道如图 2-22 所示。

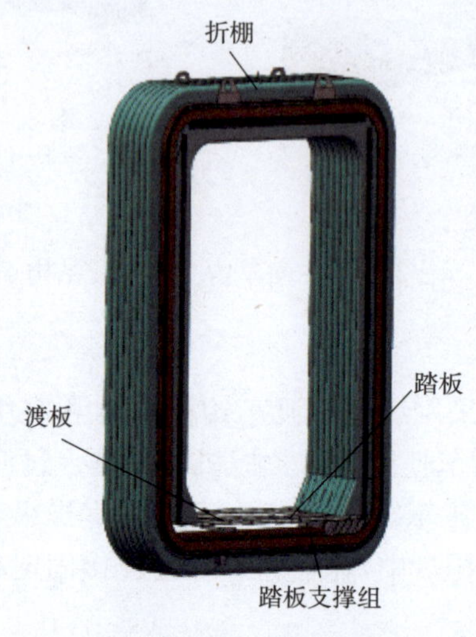

图 2-22　贯通道

（六）外风挡

外风挡采用胶囊接触式结构，分为固定外风挡和活动外风挡，主要由胶囊和铝合金框架组成，实现两车间的平滑过渡，降低空气阻力及车外噪声。外风挡如图 2-23 所示。

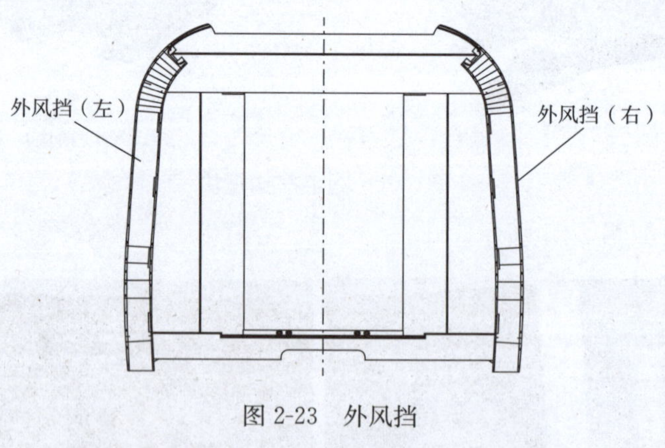

图 2-23　外风挡

第四节　转向架及其辅助

一、组成及原理

CJ6 型动车组 ZUD-160 型转向架分为动车转向架和拖车转向架。该转向架满足 160 km/h运营速度和 176 km/h 最高线路试验速度的要求。转向架采用两轴无摇枕结构，

H 形焊接结构构架，转臂式轴箱定位、顶置式螺旋弹簧加橡胶垫结构并配有垂向油压减振器的一系悬挂，大柔度空气弹簧并配有垂向、横向及抗蛇行油压减振器的二系悬挂，双拉杆牵引装置，整体辗钢车轮，锻造车轴，盘式基础制动单元，联轴节和铝合金齿轮箱传动系统，架悬式交流电机，转向架与车体之间设有抗侧滚扭杆装置。动车转向架和拖车转向架主要结构基本一致，主要部件可以互换，如图 2-24、图 2-25 所示。

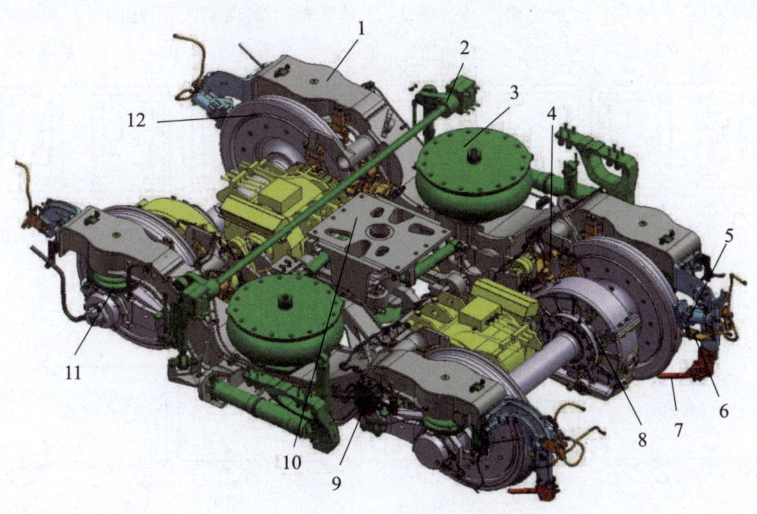

图 2-24　动车转向架

1—构架；2—抗侧滚扭杆装置；3—二系悬挂装置；4—基础制动装置；5—踏面清扫装置；6—轮缘润滑装置；7—撒砂装置；8—传动装置；9—安全监测装置；10—牵引装置；11—一系悬挂装置；12—动车轮对轴箱装置

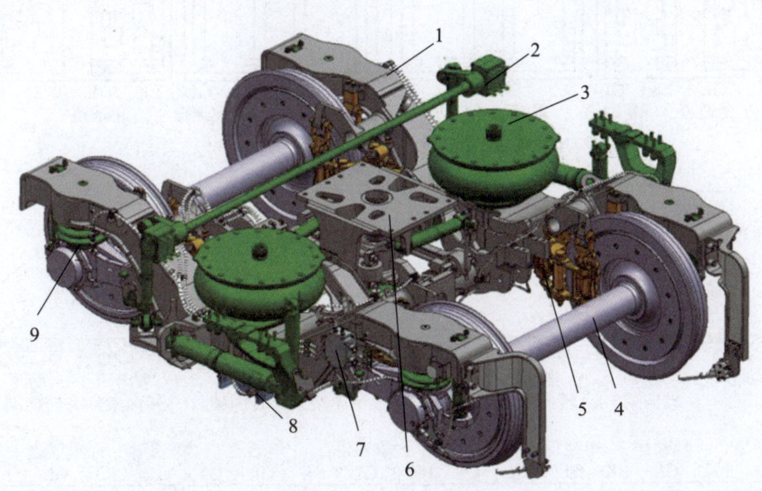

图 2-25　拖车转向架

1—构架；2—抗侧滚扭杆装置；3—二系悬挂装置；4—拖车轮对轴箱装置；5—基础制动装置；6—牵引装置；7—安全监测装置；8—自动过分相装置；9—一系悬挂装置

二、设备布置

时速 160 km CJ6 型动车组配置 4 个动车转向架和 4 个拖车转向架。转向架及轴端设备在动车组中的配置情况如图 2-26 所示，不同转向架的主要设备区别见表 2-3。

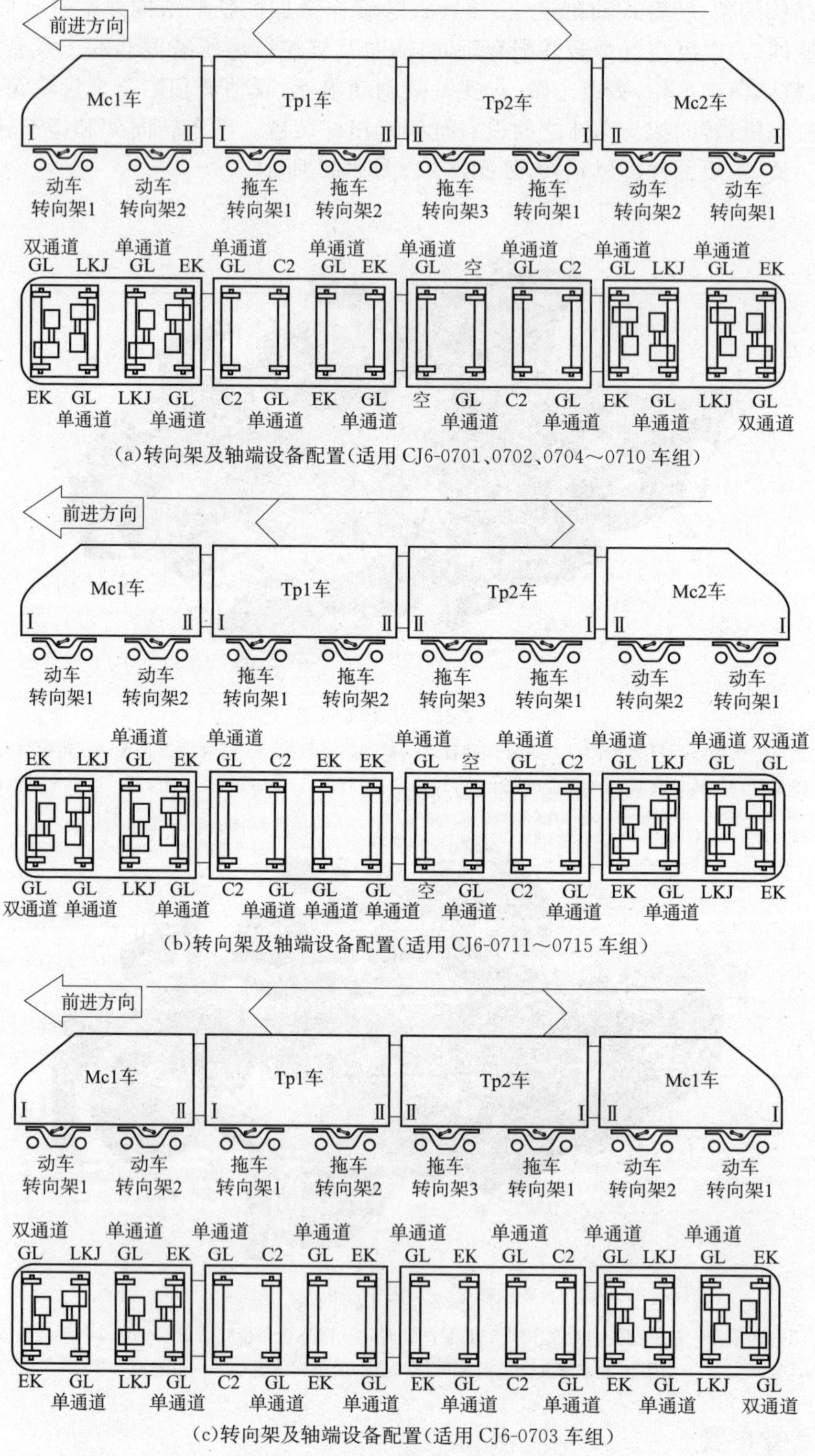

图 2-26　转向架及轴端设备配置

GL—安装速度传感器(制动)；EK—安装接地装置；C2—安装光电速度传感器；空—仅安装端盖；LKJ—安装 LKJ 速度传感器；Ⅰ—一位端；Ⅱ—二位端；单通道—仅一路信号输出；双通道—两路信号输出

表 2-3　不同转向架主要区别

设　　备	动力转向架 1	动力转向架 2	拖车转向架 1	拖车转向架 2	拖车转向架 3
传动装置	√	√	×	×	×
踏面清扫装置	√	√	×	×	×
轮缘润滑装置	√	×	×	×	×
撒砂装置	√	×	×	√	√
自动过分相装置	×	×	×	√	√

注:“√”代表有,“×”代表无。

三、主要部件结构与功能

(一)构架组成及其附件

构架由两根侧梁和一根主横梁焊接而成,为 H 形结构。采用 16MnDR 钢板、Q345E 无缝钢管两种主要材料,机械性能和焊接性能优良。

构架侧梁采用箱形结构,在中部为鱼腹形结构以安装空气弹簧。构架横梁主要承载结构由两根无缝钢管组成。构架横梁上焊有电机吊挂座、齿轮箱吊挂座、横向止挡座和牵引座等。动车构架与拖车构架结构相同,完全互换。

(二)轮对组成

轮对组成包括车轮、车轴、制动盘、齿轮箱(仅动车)等。车轮采用整体车轮,材料为 D2,车轮直径为 920 mm/850 mm(新轮/全磨耗),车轮踏面为 LMA 型外形,车轮为直腹板,车轮制动盘安装在腹板两侧。车轴材料为 EA4T,分为动车车轴和拖车车轴两种车轴,动车车轴轴身有驱动齿轮和齿轮箱轴承的安装座,拖车车轴轴身没有此安装座。

(三)一系悬挂及轴箱组成

一系悬挂装置采用转臂式轴箱定位结构。一系悬挂系统由一组螺旋钢弹簧、一系垂向减振器和定位装置组成。一系垂向减振器不仅能衰减轮对的高频振动,还能临时起吊轮对,方便转向架起吊运输。轴箱体与构架间的连接通过带橡胶节点的转臂实现。当轮对轴箱相对于构架在纵、横向产生位移时,弹性定位套中的橡胶层发生变形,从而起到弹性定位作用。一系悬挂还设置了垂向止挡,确保在弹簧断裂的情况下动车组行车安全。

(四)二系悬挂

二系悬挂装置主要由空气弹簧、二系横向减振器、二系垂向减振器、抗蛇行减振器、横向止挡、高度阀控制装置等组成。二系悬挂装置装配两个空气弹簧气囊,每一气囊串联一个应急弹簧,一旦空气弹簧泄气,应急弹簧可作为保护装置防止列车脱轨并保证车辆即使处于空气弹簧故障状态也能够继续运行。每车设三个高度阀(三点调平)、两个差压阀。当任一空气弹簧泄气时,则该转向架的另一空气弹簧也会立即放气。高度阀调整装置能使车辆地板高度差控制在±10 mm 范围内。采用单独的压力容器作为空气弹簧的储气缸,储气缸的容积满足空气弹簧的使用要求,且不影响车辆上其他气动系统的功能。

(五)驱动装置

每根动车车轴上设有一套驱动装置,驱动装置采用铝合金齿轮箱单级传动结构,包括交流牵引电机、齿轮箱和联轴节。齿轮箱的一端支撑在车轴上,而另一端由吊杆支撑在转向架构架上。齿轮箱上设有安全托,防止悬挂螺栓发生故障或吊杆断裂后齿轮箱掉落在轨面上。牵引电机和齿轮箱之间力的传递由齿形联轴节实现,齿形联轴节由两个半联轴节组成,分别与电机输出轴和齿轮箱输入轴连接,易于拆装。

(六)基础制动装置

基础制动装置采用轮盘制动。每个转向架设有 4 个轮盘制动单元,其中 2 个带有停放功能。制动夹钳为气动式,闸片与制动盘间隙可调整。当需要手动缓解停放功能时,可通过设置于转向架两侧的人力制动缓解装置进行缓解,每个制动夹钳在转向架两侧均有缓解装置以便于操作。闸片与夹钳的接口统一,可互换。

(七)牵引装置

牵引装置采用 Z 字形双牵引拉杆结构,牵引力和制动力通过牵引装置实现力的传递。牵引装置主要由牵引座、双牵引杆、中心销组成,牵引座斜对角两侧与构架横梁之间设有两个横向减振器座。牵引装置通过与构架横梁垂向限位座作用承担整车起吊功能。

(八)踏面清扫装置

踏面清扫装置安装在动车转向架 1 和动车转向架 2 的构架端部,采用气动式结构。以压缩空气为驱动气源,驱动活塞向前运动,带动闸瓦托向前运动,最后使闸瓦与车轮踏面贴合,在车轮踏面上产生压力,进而对车轮踏面施加摩擦力,清除影响黏着的污物,保证列车黏着性能的稳定性。

(九)轮缘润滑装置

轮缘润滑装置由气动控制单元、常压储脂罐、高速喷头、管路和润滑剂等组成。气动控制单元、常压储脂罐安装于 01 车、04 车底架上,高速喷头安装于动车转向架 1 的第一个动车轮对上。该装置的作用是防止车轮轮缘贴靠钢轨时引起轮轨磨耗。润滑只出现在列车通过曲线时的工况,润滑的间隔是有规律的且能自动控制。

(十)撒砂装置

撒砂装置安装于动车转向架 1、拖车转向架 2 及拖车转向架 3 的端部。安装在转向架上的撒砂口包括撒砂喷嘴和电加热装置。通过撒砂管及线缆与车体上的撒砂装置连接。按列车指令向钢轨上撒砂以达到增加轮轨黏着的目的。

(十一)安全监测装置

在轴箱轴承、齿轮箱轴承、牵引电机轴承上均设有温度传感器,列车运行中可实时检测轴承温度,当温度超过限制值时列车可自动报警或采取停车措施。轴箱采用双路冗余实时温度传感器。

在转向架构架对角位置设置加速度传感器,可检测转向架横向振动加速度。通过转向架故障诊断系统可对加速度进行分析,当判断转向架有失稳迹象时,系统将发出警告,并采取减速措施。

四、基本使用操作

转向架由整车控制运行。不应超速或超出设计载荷下运行，故障状态下应按《CJ6 型动车组途中应急故障处理手册》及相关铁路规定运行。日常检修时不落车，应在无电条件下进行作业。车下作业时操作人员应注意防护，避免磕碰伤。转向架自车体上落下时，应对空气弹簧进行放气作业。

第五节　主　供　电

一、组成及原理

主供电系统由受电弓、真空断路器、接地保护开关、避雷器、高压隔离开关、电压互感器、电流互感器、高压接头、高压电缆等组成，高压设备安装在车顶，车顶高压电缆采用内绝缘直接电缆跨接。

真空断路器置于受电弓后级，受电弓故障时可通过真空断路器隔离。真空断路器可控制两个高压单元，工作时仅需一个真空断路器动作，受电弓侧故障可通过断路器隔离，主干路故障可通过真空断路器保护，某一个高压单元故障可通过隔离开关切除。

二、设备布置

02 车和 03 车车顶各设受电弓、主断路器、网侧避雷器、接地开关、高压隔离开关，主供电设备布置如图 2-27 所示。车顶高压设备构成见表 2-4。

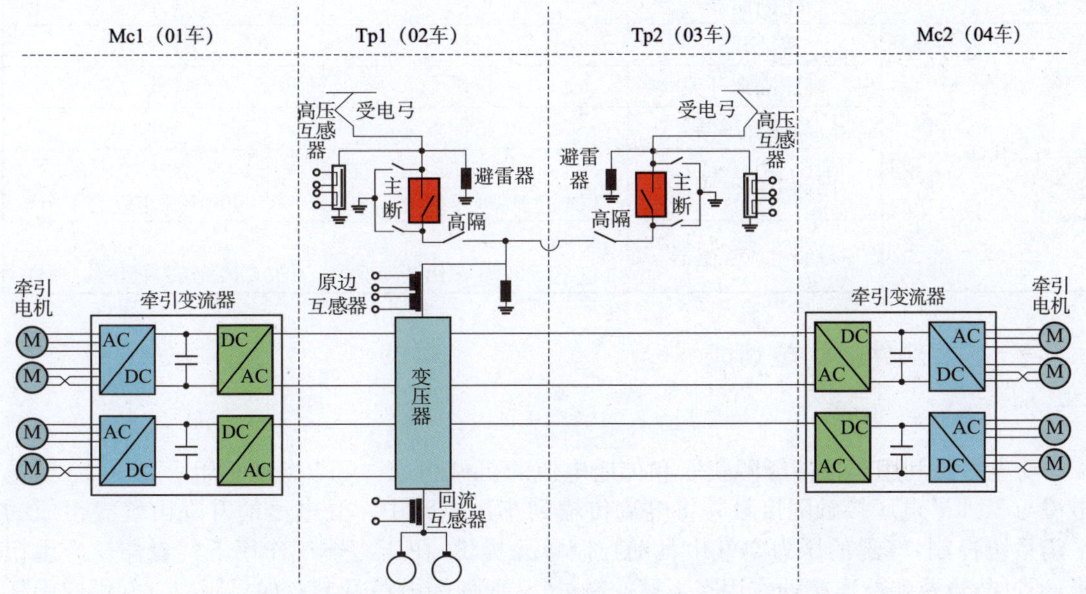

(a)主供电设备布置(适用 CJ6-0701、0702、0704～0715 车组)

图　2-27

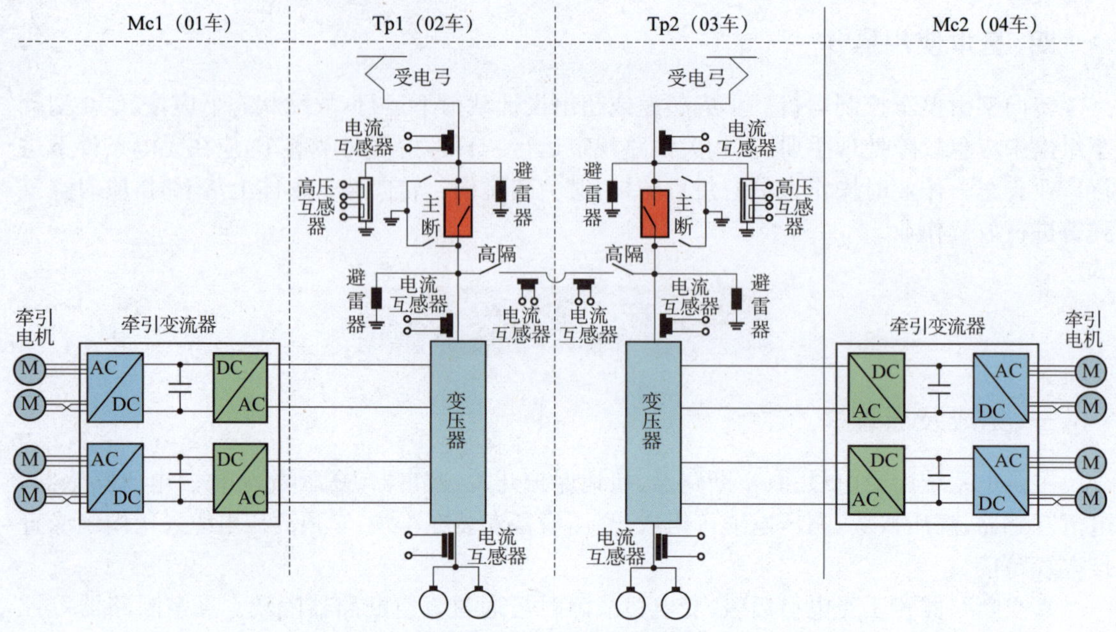

(b)主供电设备布置(适用 CJ6-0703 车组)

图 2-27　主供电设备布置

表 2-4　车顶高压设备构成

高压设备位置	设备名称	Tp1(02 车)	Tp2(03 车)
车顶设备	受电弓	1 架	1 架
	避雷器	2 个	1 个 (仅 CJ6-0703 车组为 2 个)
	主断路器	1 个	1 个
其他	接地开关	1 个	1 个
	高压隔离开关	1 个	1 个
	高压互感器	1 个	1 个
	网侧电流互感器	— (仅 CJ6-0703 车组为 1 个)	— (仅 CJ6-0703 车组为 1 个)
	母线电流互感器	— (仅 CJ6-0703 车组为 1 个)	— (仅 CJ6-0703 车组为 1 个)

三、主要部件结构与功能

(一)受电弓

受电弓是利用车顶接触网获取和传递电流的机械组成。CJ6 型动车组上 TSG20 型受电弓与 25 kV 电压接触网接触并将电流传输到车顶电路中。受电弓的升降由气囊组成的平衡系统控制，气囊的压力空气由气动控制单元提供，在压力空气作用下气囊伸长产生扭矩，通过凸轮及弹性连接轴作用在下臂铰链处，从而使受电弓升起。如果压力空气供应中断或者低压电源供应发生故障，受电弓会自动降弓，降弓随着气囊内的压力空气排空后由重力作用自动实现。自动紧急降弓是当碳滑板磨损到限或者弓头受撞击破损时，受电弓通过紧急降弓阀快速排空气囊中的压力从而实现弓头快速脱网，能够保护接触网不受损害。

TSG20 型受电弓结构如图 2-28 所示。

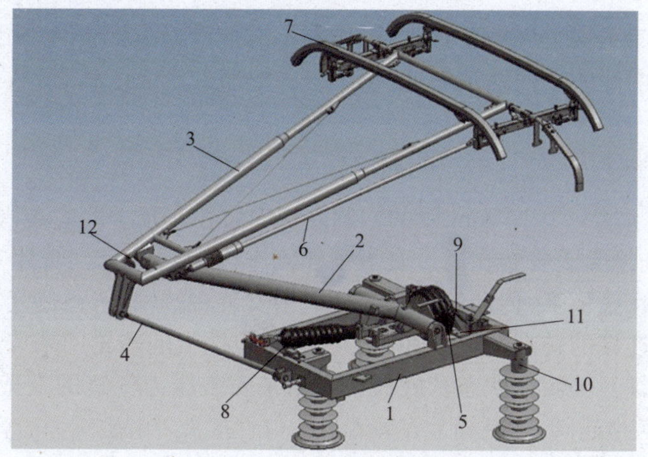

图 2-28　TSG20 型受电弓结构

1—底架；2—下臂杆；3—上框架；4—拉杆；5—气囊；6—平衡杆；
7—弓头；8—阻尼器；9—气路和自动降弓装置（ADD）；10—绝缘子；11—底架电流连接；12—肘接电流连接

（二）真空断路器（VCB）

真空断路器的用途是为了当牵引变压器在二次侧以后的电路中发生故障时，可以迅速、安全、确实地断开过电流，同时，它也是平常开闭主回路的一种开关，是兼具断路器和开关两种功能的设备。

真空断路器在被封闭的真空容器中配置动静触头，通过动静触头，利用真空中高的耐绝缘能力和电弧的扩散作用来断开电流。

真空断路器由高压部分（灭弧室部分）、隔离绝缘部分（支持绝缘子部分）、低压部分（低压操作机构部分）三个主要部分组成，真空断路器＋接地保护开关的构造如图 2-29 所示。

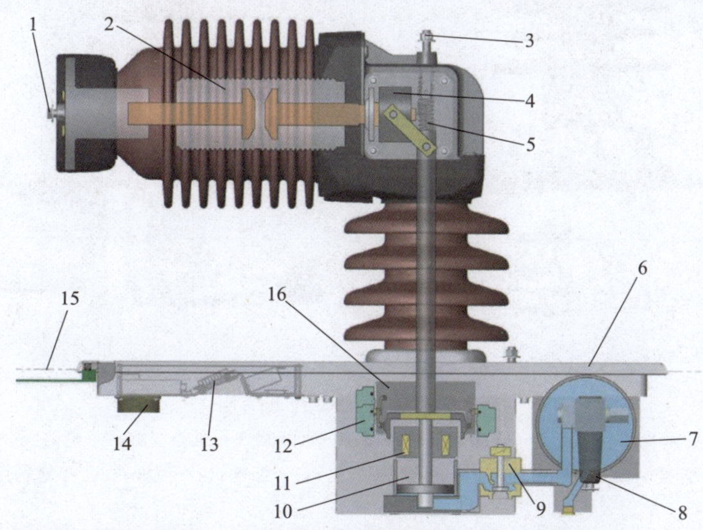

图 2-29　真空断路器＋接地保护开关构造

1—高压连接端（HV2）；2—真空开关管（VST）；3—高压连接端（HV1）；4—触头压力机构（BR）；5—稳定机构（TR）；6—底板；
7—储风缸（RE）；8—带过滤器的调压阀（L）；9—电磁阀（EV）；10—压力气缸（K）；11—保持线圈（Mm）；
12—辅助触点（Caux）；13—控制单元（CMDE）；14—低压连接器（LV）；15—车架安装平面；16—快速脱扣机构

（三）接地保护开关（EGS）

接地保护开关属于安全保护装置，当操作人员进行检查或维修时，操作接地保护开关可使动车组上断路器两侧的主回路接地，使动车组主电路处于无电状态，从而保证操作人员的人身安全。

（四）高压隔离开关

高压隔离开关通过一个 10 mm 厚的铝制底板安装在车顶上。它装有一个闸刀，安装在转动绝缘子上，转动绝缘子安装在通过底板延伸到车内的转轴上。簧片安装在固定于底板的固定绝缘子上。在底板下，传动气缸操纵杆机构安装在转轴上，通过气缸推动操纵杆机构旋转转轴以及与其连接的转动绝缘子和闸刀。转轴末端上的凸轮用来控制安装在左右支撑板上的两个辅助联锁开关闭合状态。底板装有用来安装压力气缸的支架，压力气缸上通过一块控制单元板安装电磁阀，电磁阀上安装着进气口管接头。电磁阀旁边就是电路接口 19 芯连接器。同时，底板上还装有一个 M8 的螺栓用于连接到车辆的接地系统。高压隔离开关结构如图 2-30 所示。

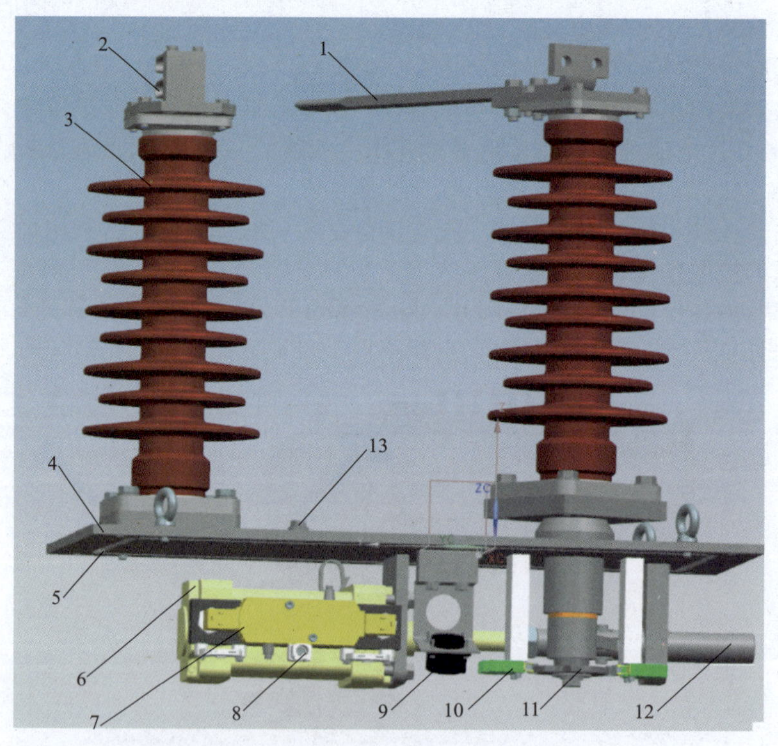

图 2-30 高压隔离开关结构

1—闸片；2—簧片；3—绝缘子；4—底板；5—密封圈；6—压力气缸；7—电磁阀；8—管接头；9—电连接器；10—辅助联锁开关；11—凸轮；12—拉杆；13—接地螺栓

（五）主变压器

CJ6 型动车组装载 TBQ59-2683/25 型或 TBQ71-1500/25C 型牵引变压器，用于把接触网上取得的 25 kV 高电压降至供低压电气使用的 970 V 低电压。

此变压器的设计寿命约为 30 年。变压器不得超过额定容量和最大允许温度，其使用和维护遵守规定的维护规程和操作说明，则变压器可以达到其设计寿命。

变压器结构如图 2-31 所示，变压器技术参数见表 2-5。

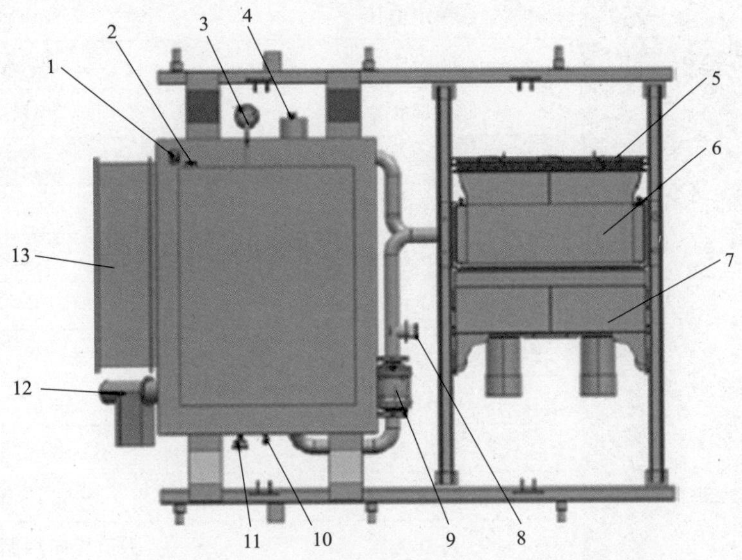

(a) TBQ59-2683/25 型(适用 CJ6-0701、0702、0704～0715 车组)

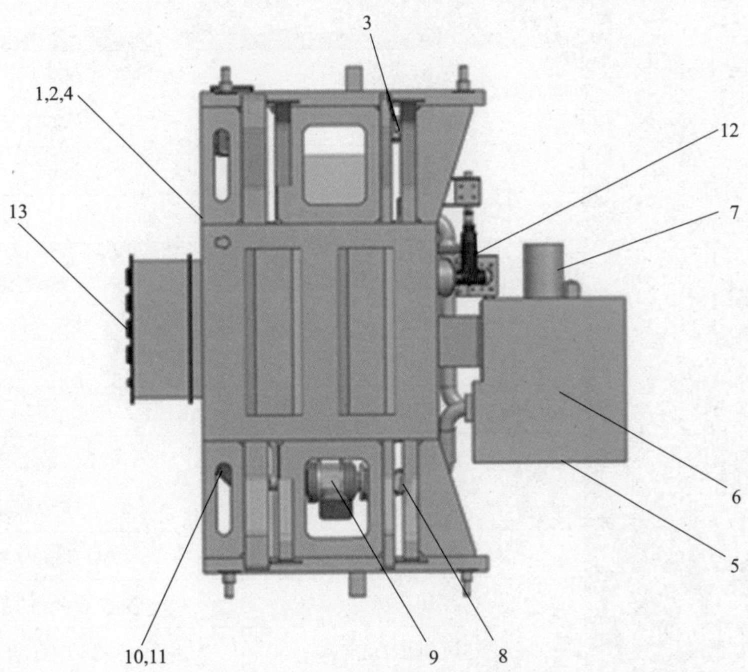

(b) TBQ71-1500/25C 型(适用 CJ6-0703 车组)

图 2-31　牵引变压器结构

1—油位继电器；2—油位计；3—吸湿器；4—压力释放阀；5—过滤器；
6—油冷却器；7—电动送风机；8—油流继电器；9—电动油泵；10—温度传感器；
11—温度继电器；12—高压 A 端子；13—低压端子

表 2-5 变压器技术参数

型号	参数	数值
TBQ59-2683/25型变压器（适用CJ6-0701、0702、0704～0715车组）	高压绕组	
	额定容量	2 683 kV·A
	额定电压	25 kV
	额定电流	107 A
	额定频率	50 Hz
	低压绕组	
	数量	4
	额定功率	4×670.75 kV·A
	额定电压	4×970 V
	额定电流	4×691 A
	运行方式	连续额定
	供电电压	AC 380V/50 Hz
	额定功率	5.5 kW
	冷却方式	强迫导向油循环风冷
	风机电压	380 V/50 Hz
TBQ71-1500/25C型变压器（适用CJ6-0703车组）	高压绕组	
	额定容量	1 500 kV·A
	额定电压	25 kV
	额定电流	60 A
	额定频率	50 Hz
	低压绕组	
	数量	2
	额定功率	2×750 kV·A
	额定电压	2×970 V
	额定电流	2×773.2 A
	运行方式	连续额定
	供电电压	AC 380V/50 Hz
	冷却方式	强迫导向油循环风冷
	风机电压	380 V/50 Hz

四、基本使用操作

(一)受电弓

操作主控端司机台上的受电弓【升】/【降】拨键(图 2-32)，进行升弓/降弓操作。

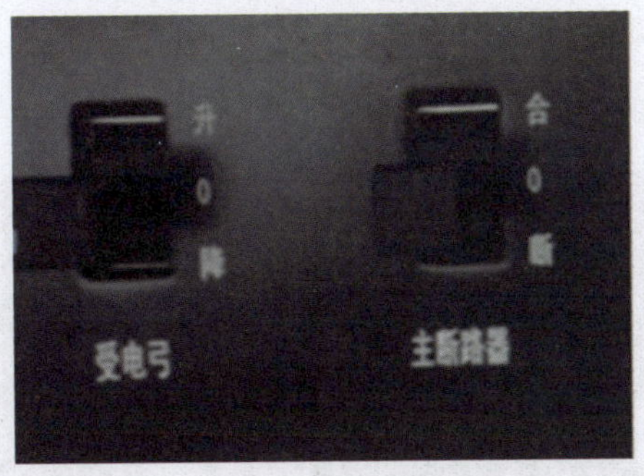

图 2-32　受电弓【升】/【降】拨键

TCMS默认控制升远端弓(重联动车组默认升远端弓),通过HMI的牵引主界面(图 2-33)确认受电弓升降状态。

注意:受电弓不能带电操作,即先升弓再合主断,先分主断再降弓,TCMS默认控制升远端弓,当受电弓故障、受电弓隔离或者主断路器隔离时,TCMS控制改升近端弓。

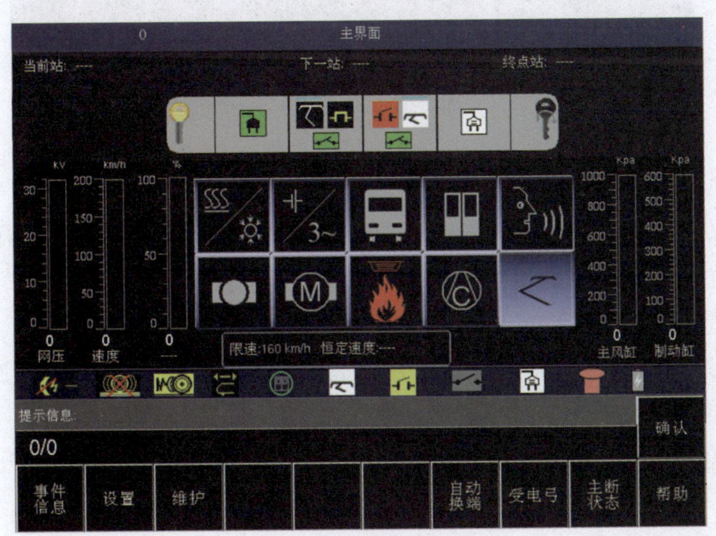

图 2-33　牵引主界面

(二)真空断路器(VCB)

操作主控端司机台上的主断路器【合】/【断】拨键(图 2-34),进行合断VCB操作。

图 2-34　主断路器【合】/【断】拨键

通过 HMI 的牵引主界面(图 2-35)确认 VCB 合断状态。

注意:受电弓降下,无法进行合 VCB 操作。

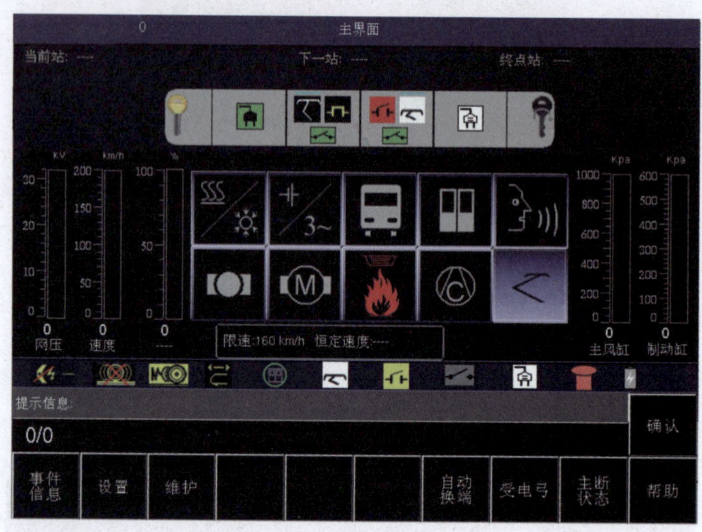

图 2-35 牵引主界面

(三)接地保护开关(EGS)

操作接地保护开关时,要配合锁 1A+4B 中的黄色钥匙或蓝色钥匙,从而实现接地保护开关在“工作”位或“接地”位的机械锁闭限位功能。

1. 从“工作”位操作到“接地”位

(1)取下 BSV 上的蓝色钥匙 A,插入到接地保护开关锁组装,仅在蓝色锁被蓝色钥匙打开后,操纵杆才能从“工作”位旋转到“接地”位。

(2)转动蓝色钥匙 A,拉出操纵杆,旋转 180°到“接地”位。此时,接地开关闸刀旋转 98°到“接地”位。

(3)转动黄色钥匙(钥匙 B),取出黄色钥匙 B(联锁机构就被带有黄色钥匙的锁,锁在此位置),解除机车高压部分机械联锁,此时可以进行车辆检修。

2. 从“接地”位操作到“工作”位

(1)在车辆黄色钥匙使用的地方取下蓝色钥匙,恢复车辆高压部分机械联锁,将黄色钥匙插入接地开关锁组装中的黄色锁芯中。

(2)转动黄色钥匙 B,拉出操纵杆,旋转 180°到“工作”位 。此时,接地开关闸刀旋转 98°到“工作”位。

(3)转动蓝色钥匙,取出蓝色钥匙(联锁机构就被带有蓝色钥匙的锁,锁在此位置)。将蓝色钥匙插入 BSV 安全联锁箱,此时可以升起受电弓。

(四)高压隔离开关

在设置界面中点击【开关】按键,进入高压隔离开关切除界面(图 2-36),此界面提供车顶高压隔离开关的断开/复位操作。

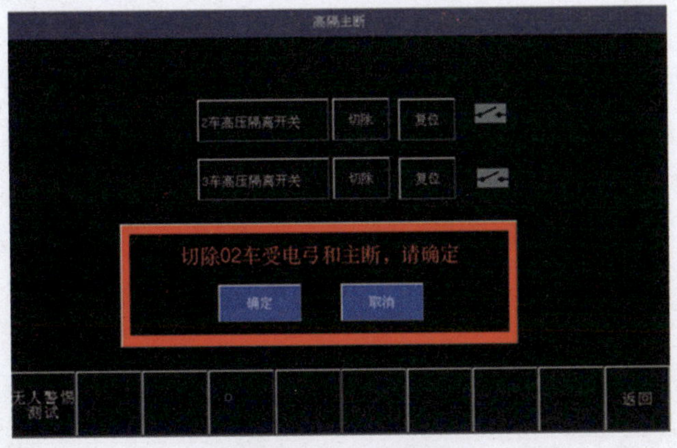

图 2-36　切除界面

第六节　牵　　引

一、组成及原理

25 kV/50 Hz 单相交流电源从接触网经受电弓处受电、通过 VCB 与牵引变压器 1 次侧绕组连接。动力单元车中设有 1 台牵引变压器、2 台牵引变流器(牵引变流器包括整流器、逆变器和辅助逆变器)及 8 台牵引电机。牵引变流器牵引运行时向牵引电动机供电，制动时将制动再生电能反馈回电网。01 车、04 车各设置 1 组牵引变流器，牵引变流器除在牵引及再生制动时向主电动机供应电力和制动时电力再生控制之外还具有保护功能。

二、设备布置

牵引主回路设备布置如图 2-37 所示。

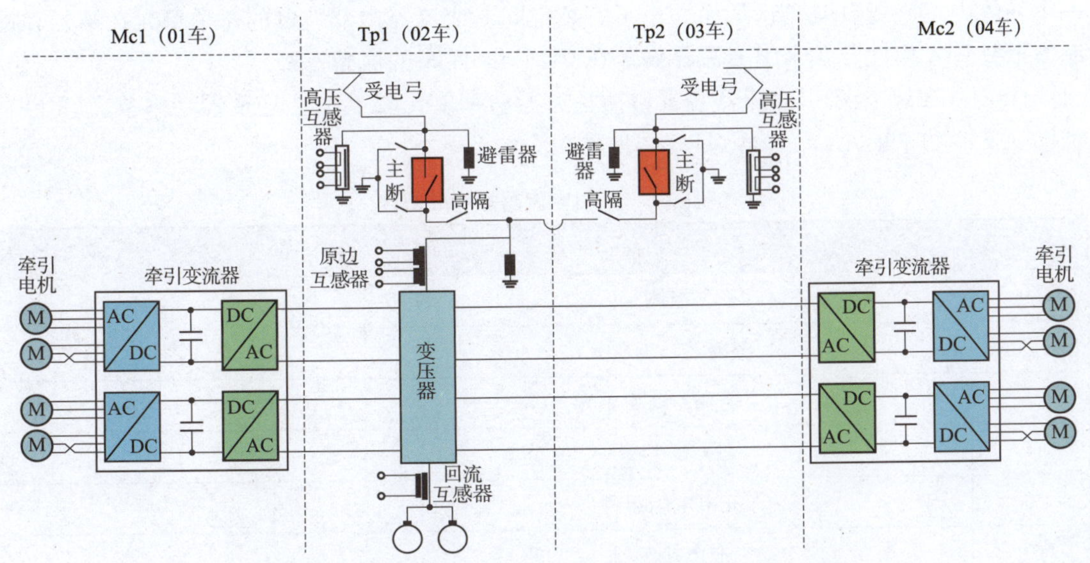

(a)牵引主回路设备布置(适用 CJ6-0701、0702、0704～0715 车组)

图　2-37

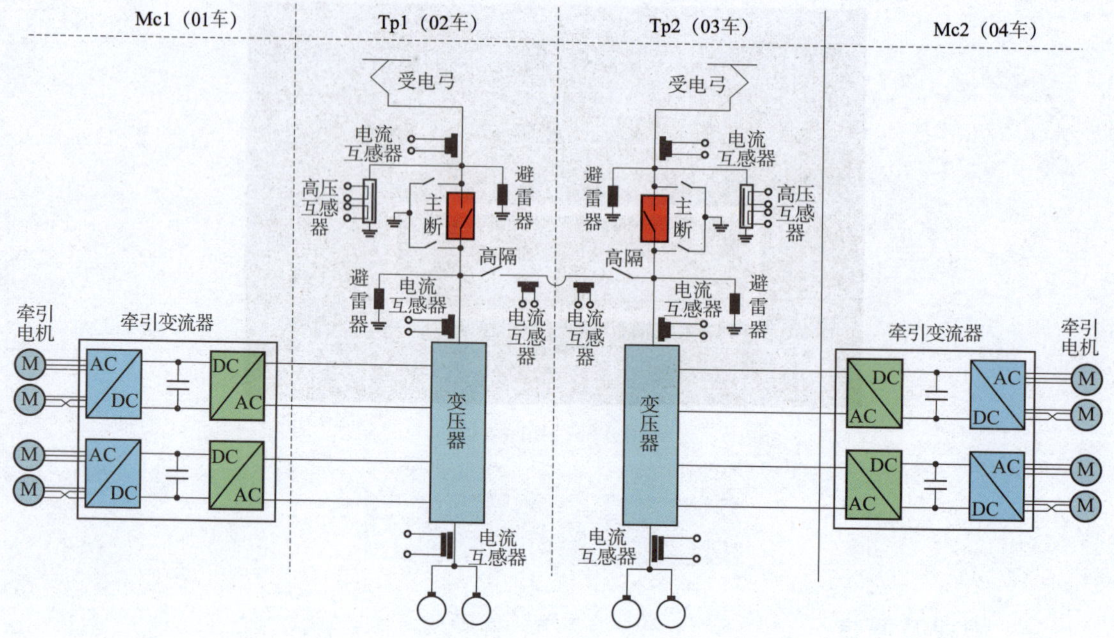

(b)牵引主回路设备布置(适用 CJ6-0703 车组)

图 2-37 牵引主回路设备布置

三、主要部件结构与功能

(一)牵引变流器

tPower-T17 型牵引变流器主要用于控制 4 台牵引电机及辅助电路的电源。其结构简洁,整流器、直流中间电路、逆变器、接触器等主电路模块和 TCU 等控制电路模块均安置在一个箱体内,为一箱体构造,从而缩小了安装空间。变流器内部装置的每个单元在结构和控制方面具有互换性。该牵引变流器安装在 01 车和 04 车的底架。

tPower-T17 型牵引变流器装置包括整流器功率单元(2 台)、主逆变器功率单元(2 台)、辅助逆变器功率单元(1 台)等,具体部件见表 2-6。

表 2-6 牵引变流器的构成部件

序 号	名 称	数 量
1	柜体	1
2	整流器功率单元	2
3	主逆变器功率单元	2
4	DCU 装置	1
5	充电电阻组件	2
6	充电接触器	2
7	短接接触器	2

续上表

序　号	名　　称	数　　量
8	二次谐振电容器	5
9	二次谐振电感器	1
10	过压斩波电阻	2
11	固定放电电阻	2
12	四象限整流器输入电流传感器	2
13	逆变器输出电流传感器	4
14	斩波电流传感器	2
15	中间直流回路电压传感器	3
16	辅助逆变器功率单元	1

（二）牵引电机

YQ-250-4 型三相异步牵引电机为 4 极强迫冷却通风三相鼠笼式异步牵引电机。牵引电机由定子、转子、端盖、轴承、测速装置和温度监测装置等组成。牵引电机主要技术参数见表 2-7。

表 2-7　牵引电机主要技术参数

名　　称	参　　数
电机类型	鼠笼式三相感应电动机
供电方式	VVVF 逆变器供电
定额方式	连续制
额定功率	250 kW
额定转矩	1 137 N·m
电机电压（基波有效值）	1 000 V
电机电流（基波有效值）	170 A
额定转速	2 100 r/min
额定频率	71 Hz
效率（基波值）	94%
绝缘等级	200 级
极数	4 极
转向	U-V-W 正常相序时顺时针方向旋转 （从传动端看）
最高工作转速	4 700 r/min

续上表

名　称	参　数
最高试验转速	5 170 r/min
冷却方式	自通风
悬挂方式	全悬挂

四、基本使用操作

牵引变流器切除与恢复：通过车辆 HMI 显示屏界面可对牵引变流器、牵引逆变器、辅助逆变器进行切除与切除恢复操作。设备切除界面如图 2-38 所示。

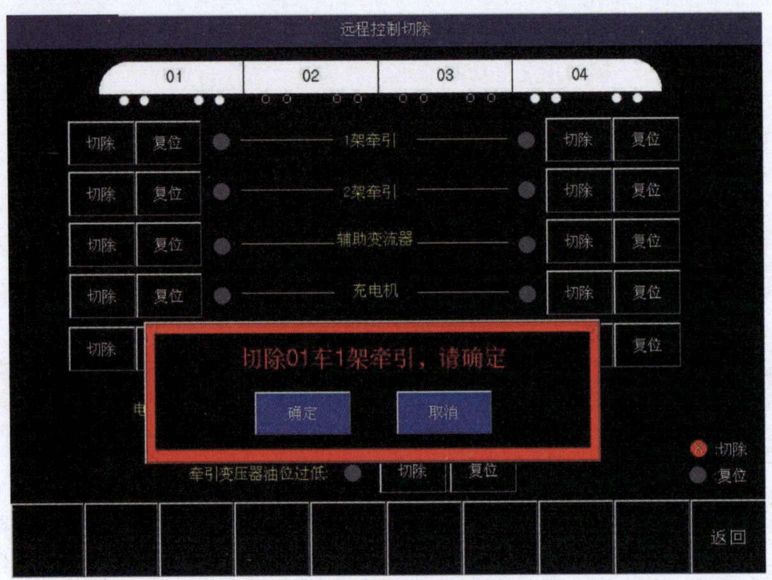

图 2-38　设备切除界面

第七节　辅助电气

一、组成及原理

CJ6 型动车组辅助供电系统采用主辅一体化结构，继承过分相时辅助系统不断电、救援回送过程发电的技术特点，设置 2 台辅助变流器，并网发电模式，输出三相 AC 380 V 电源，向全列辅助设备供电；设置 2 台充电机，对蓄电池充电并向全列直流设备供电。

辅助供电系统主要由 2 组辅助变流器（充电机集成在辅助变流器里面）和 2 组蓄电池设备组成，其中，辅助变流器集成于牵引变流器内部。2 组辅助变流器分别设置在 01 车和 04 车上，给交流系统并网供电；2 台充电机给直流系统供电；2 台蓄电池组分别设置在 01 车和 04 车上，给控制设备和应急负载供电。

二、设备布置

辅助供电系统主电路供电原理如图 2-39 所示。

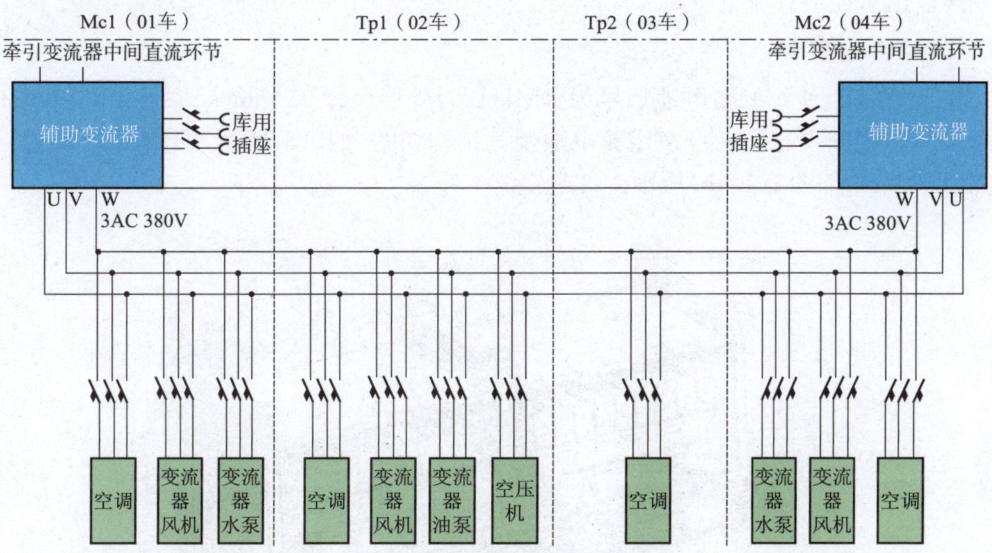

(a)辅助供电系统主电路供电原理(适用 CJ6-0701、0702、0704～0715 车组)

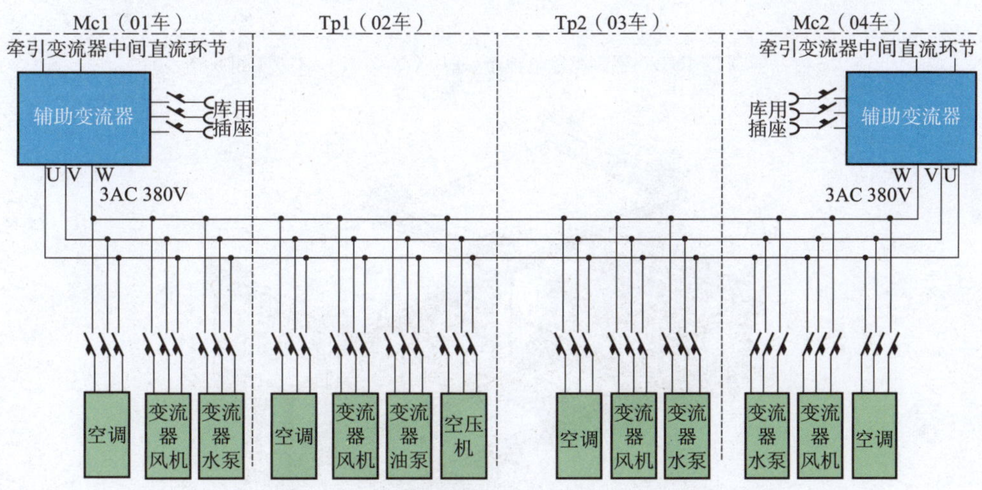

(b)辅助供电系统主电路供电原理(适用 CJ6-0703 车组)

图 2-39　辅助供电系统主电路供电原理

三、主要部件结构与功能

(一)充电机

充电机从辅助逆变器输出的三相 AC 380 V 取电，经过整流、降压和滤波后输出 DC 110 V，为控制系统、照明、影视广播、逆变电源等辅助负载设备提供电源。同时，充电机与蓄电池一对一完成在线充电。

充电机的主电路拓扑由三相不可控整流桥和移相全桥 DC/DC 变换器组成,充电机的额定输入电压为 AC 380 V/50 Hz,额定输出功率为 25 kW。辅助变流器输出的三相电作为充电机的输入,在功率模块内部经过不控整流、直流滤波得到直流电,再经过移相全桥 DC/DC 变换输出可控的直流电压。

(二)蓄电池

CJ6 型动车组使用的蓄电池型号为 DMH120,外形尺寸 93 mm×123 mm×309 mm,质量为 565 kg,CJ6-0701～0710 车组蓄电池及其结构如图 2-40(a)所示,CJ6-0711～0715 车组蓄电池及其结构如图 2-40(b)所示。

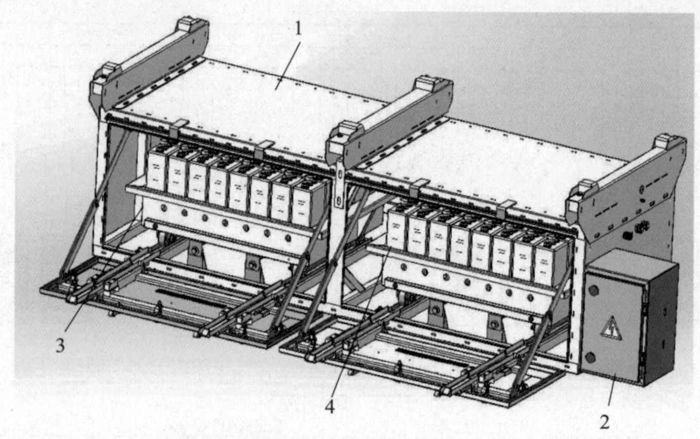

(a) DMH120 型镉镍蓄电池组(适用 CJ6-0701～0710 车组)

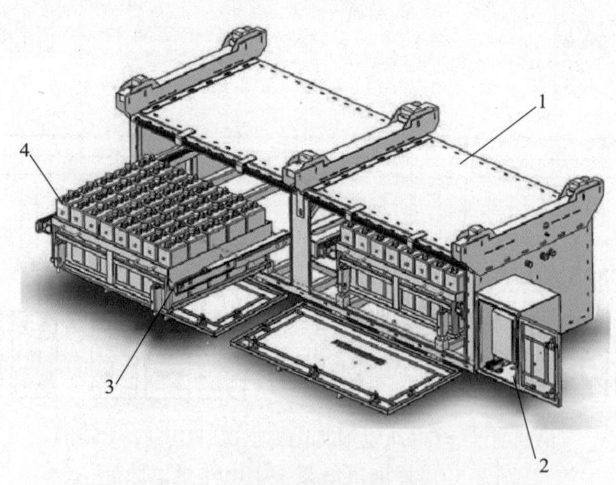

(b)DMH120 型镉镍蓄电池组(适用 CJ6-0711～0715 车组)

图 2-40 DMH120 型镉镍蓄电池组

1—蓄电池箱;2—熔断器箱;3—托盘(小);4—蓄电池

蓄电池箱系统由多节单体电池构成的 DC 110 V 蓄电池组、蓄电池箱、汇流排、绝缘子、连接器等电气件组成。蓄电池箱主要由箱体、箱门、电池台车组成。

蓄电池为 CJ6 型动车组的辅助电源设备,为列车控制设备、网络系统等负载提供 DC 110 V电源。此外,当列车无网压时,蓄电池能使列车应急通风至少大于 90 min,其余应急用电如应急照明、应急显示、维修用电、通信及其控制等辅助设备在 120 min 时间内保持运行。

（三）外接库用供电

CJ6 型动车组在 01 车和 04 车设置外接电源库用插座，主要功能是实现外接电源（3 相 AC 380 V/50 Hz）的接入，提供检修、维护电源。

在 01 车和 04 车各安装一套库用插座，如图 2-41 所示。

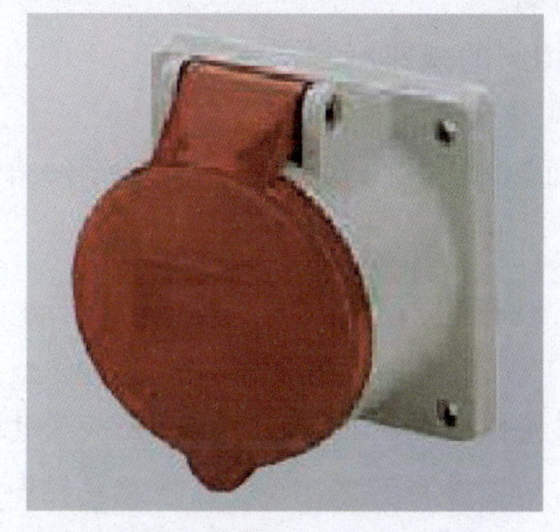

（a）库用插座外形（适用 CJ6-0701～0710 车组）

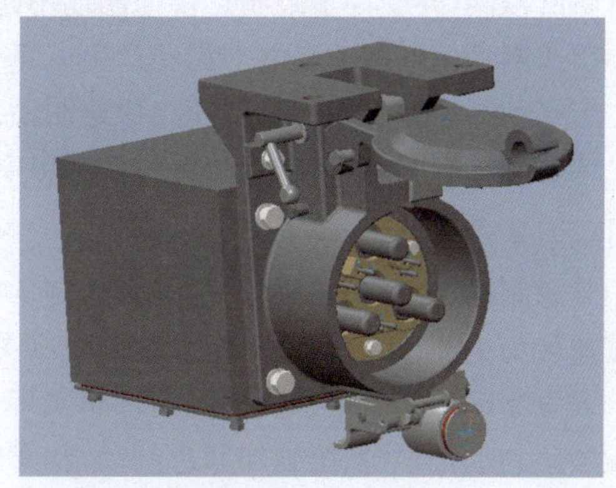

（b）库用插座外形（适用 CJ6-0711～0715 车组）

图 2-41　库用插座外形

第八节　供风制动

一、组成及原理

CJ6 型动车组制动系统配置电制动系统（ED 制动）和电空制动系统（EP 制动）。

电制动系统采用再生制动方式，由牵引系统提供。

电空制动系统采用架控直通式制动系统，并配置回送救援装置，具有制动响应快、能与电制动混合及快速救援等特点。

电空制动系统以 1 辆动车和 1 辆拖车为基本控制单元，每辆车有两套制动控制单元；单元内动车和拖车的制动控制单元采用内部 CAN 网通信，对每个转向架由单独的制动控制单元进行控制。

列车正常运营时，实施常用制动和快速制动，优先使用电制动，当电制动力不能满足制动力要求时，电空制动系统将自动投入空气制动，满足总制动力的要求，实施电空混合制动。紧急制动采用纯空气制动，紧急制动通过独立的紧急制动回路控制。

（一）常用制动

常用制动在正常运营条件下使用。常用制动时，电制动优先，空气制动提供要求的减速度补充。其制动力随输入指令大小无级控制，并可随载重变化自动调整。最大常用制动减速度为 1.0 m/s^2，常用制动具有防滑保护功能，并受冲击限制（制动冲击率 r=0.75 m/s^3），常用制动是可恢复的。

以下操作方式可施加常用制动：

(1)司控器手柄推至制动区。

(2)ATP 系统发出常用制动指令。

(二)快速制动

当司控器位于“快速制动”位时，列车施加快速制动。快速制动设计以紧急制动减速度 1.2 m/s^2 制动而不断开安全回路。快速制动设计为紧急情况下的一种制动方式。快速制动具有防滑控制，并受冲击限制。快速制动不是紧急制动。

快速制动由电制动和电空制动产生。每个车以相同的减速度制动。

当移动司控器手柄回“0”位时，快速制动命令是可恢复的。

快速制动期间，牵引系统超温将切除电制动，该车减少的制动力由空气制动系统补足。

(三)紧急制动

紧急制动仅由空气制动产生。紧急制动触发后，动车组封锁牵引，施加最大制动力，制动减速度为 1.2 m/s^2。途中不可缓解，必须等动车组停车、手柄回“0”位后方可缓解。

紧急制动功能由紧急制动控制环路实现，当司机按压紧急停车蘑菇按钮，无人警惕功能触发紧急制动，信号系统施加紧急制动，动车组超速，门安全环路断开，乘客紧急环路断开或主风缸压力过低情形出现一种时，紧急制动环路失电，各车制动装置内紧急电磁阀失电，动车组施加紧急制动。

紧急制动功能可通过操作占有端旁路开关进行隔离，用于紧急制动功能故障时的行车。

(四)停放制动

停放制动的施加/缓解由司机室操作台上的停放制动施加按钮/停放制动缓解按钮来控制。当停放制动施加按钮上的红色指示灯亮时，表示整车的停放制动已施加；当停放制动缓解按钮上的绿色指示灯亮时，表示整车的停放制动已缓解。各节车的停放制动状态可在 HMI 的制动子界面上进行查询。

停放制动受车辆控制电路控制并受 GWM 监控。当停放制动施加，列车禁止牵引。

(五)保持制动

当列车靠站停车，速度降至 12 km/h 左右时，列车自动施加停车制动，在制动过程中，电制动逐渐减少，空气制动逐渐增加，空气制动平稳地取代电制动，直至停车；当列车速度降至 0 时，停车制动自动转为保持制动，此时仅由空气制动施加，防止列车在坡道上溜车。

(六)乘客紧急制动

乘客紧急制动由客室内乘客通过乘客紧急制动拉杆来触发，每个客室设有两个乘客紧急制动拉杆，便于乘客在紧急情况下使用，用于列车停车。当乘客紧急制动装置被触发，司机室内应立即给出声讯信号以提示司机，并延时触发乘客紧急制动功能。实际运营中，若停车地点不理想，司机可以通过乘客紧急制动请求干预按钮对乘客紧急制动请求进行暂时抑制，随后选择合适的停车地点再安全停车。

乘客紧急制动装置工作状态可在 HMI 的制动子界面上进行查询。

(七)增黏控制

动车组设置踏面清扫装置和撒砂装置。踏面清扫装置采用自动控制和手动控制相结合的方式;撒砂装置分为手动撒砂和自动撒砂两种控制方式。

1. 踏面清扫装置控制

列车运营中,GWM 将监控踏面清扫按钮状态。

(1)自动控制方式:当车辆每天第一次列车激活出库后,在列车速度第一次达到 20 km/h 时,GWM 输出 10 s 高电平驱动踏面清扫电磁阀进行踏面清扫;10 s 结束后,自动结束清扫。

(2)手动控制方式:车辆运行过程中,根据牵引和制动情况需实施踏面清扫时,司机按下手动控制按钮开始清扫,清扫 2～3 s 后,则自动停止清扫。

2. 撒砂装置控制

撒砂装置安装在动车组 01 车 1 轴、02 车 4 轴、03 车 4 轴、04 车 1 轴,共设置 4 个轴。撒砂装置布置如图 2-42 所示。

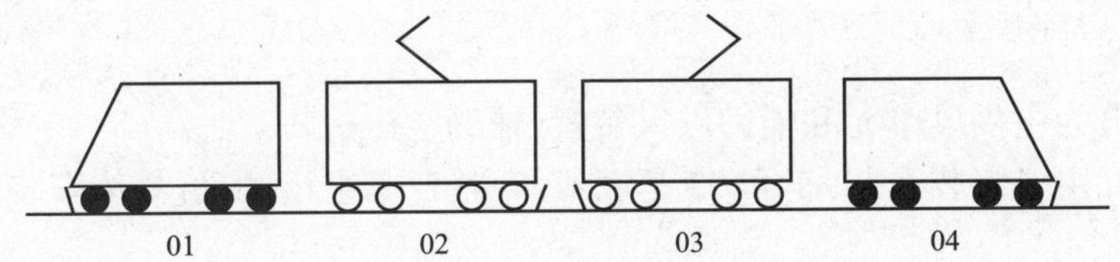

图 2-42　撒砂装置布置

○—非动力轴;●—动力轴;●/—有撒砂装置的轴,右侧;\●—有撒砂装置的轴,左侧

(1)自动撒砂

在列车速度大于 10 km/h 时,当各车 BCU 在制动工况下检测出滑行激活(持续 2 s)时,通过网络向 TCMS 发送撒砂请求信号,TCMS 接收到任一架 BCU 发来的撒砂请求信号时,由 TCMS 向各车 BCU 统一下发撒砂控制指令。

(2)手动撒砂

司机台设置【撒砂】按钮,按钮设置方便司机操作。按钮采用自复位按钮带灯,按下时按钮灯亮起,进行前向撒砂。TCMS 将撒砂请求信号传输到各车 BCU。01 车～04 车 BCU 根据接收到的撒砂信号和前向方向信号,输出撒砂控制信号进行撒砂。

(3)撒砂分级控制

手动控制或自动控制时进行撒砂分级控制。TCMS 接收到 BCU 或增黏开关撒砂请求时,TCMS 结合列车速度,若列车速度高于 140 km/h 时,高速撒砂电磁阀得电,撒砂装置施加 630 kPa 的压缩空气;若列车速度低于 140 km/h 时,低速撒砂电磁阀得电,撒砂装置施加 270 kPa 的压缩空气。

(八)主空压机控制

空压机的启动指令取决于主风管压力和整列车的 4 个压力开关的开闭情况,受车辆 TCMS 管理。整列车有 2 个整定值为 800～950 kPa 的压力开关和 2 个整定值为 700～950 kPa的压力开关用于空压机管理,安装在两节 Tp 车制动控制模块上。

主空压机由辅助电源系统供电，通过制动控制模块中压力开关受 TCMS 控制：当总风压力降至 800 kPa 以下时，由 TCMS 根据压力开关控制一台主空压机打风，总风压力上升到 950 kPa 时，停止打风；当总风压力下降为 700 kPa 时，由 TCMS 根据压力开关控制两台空压机同时打风；总风压力上升到 950 kPa 时，停止打风。列车正常运营时，单个主供风模块的排气量满足整列车的用风要求。为防止空压机油乳化现象，单空压机的启动采用单/双日控制。

(九)辅助空压机控制

辅助空压机模块由空压机模块、25 L 升弓辅助风缸等组成。在主风缸欠压时，为受电弓、高压隔离开关、主断路器提供充足的压缩空气。

操作司机操纵台受电弓控制扳键"升弓"的同时，若辅助风压低于 550 kPa 时，辅助空压机自动启动打风；当辅助风压达到 700 kPa 时，辅助空压机自动停止打风。

二、设备布置

(一)车下设备布置

1. 风源系统

风源系统分为主供风单元和辅助供风装置(辅助空压机)。

主供风单元主要安装在 02 车和 03 车底架，为整列车进行供风，具体安装位置如图 2-43 和图 2-44 所示。

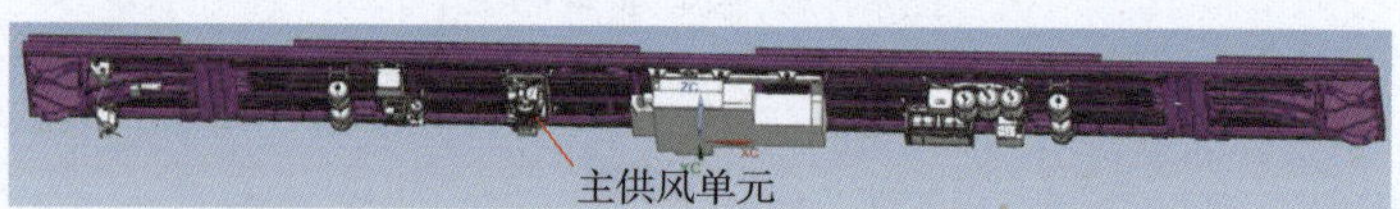

图 2-43 02 车底架主供风单元的安装位置

图 2-44 03 车底架主供风单元的安装位置

辅助供风装置主要安装在 02 车和 03 车底架，当总风不足时为升弓、主断等供风，具体安装位置如图 2-45 和图 2-46 所示。

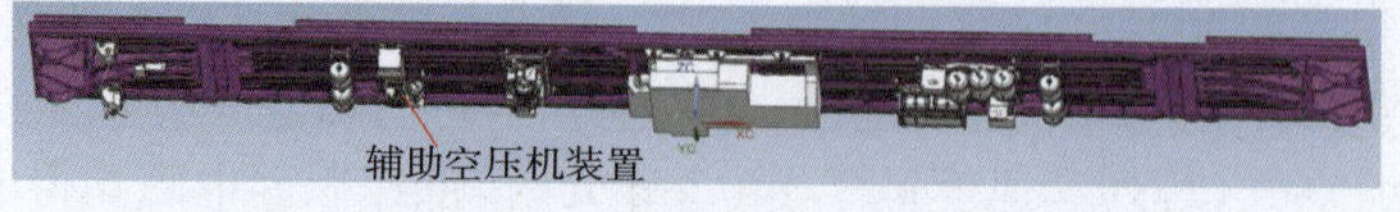

图 2-45 02 车底架辅助供风装置的安装位置

图 2-46 03 车底架辅助供风装置的安装位置

与主供风单元不同，辅助供风装置由蓄电池供电。

2. 制动控制装置

制动控制装置从控制方式上，可分为制动网关单元和制动控制单元。制动网关单元负责与 TCMS 通信，在 TCMS 不工作时，制动网关单元还接收列车线信号执行相应的操作模式和制动级别。

Mc、Tp 车上配置 1 套制动网关单元和制动控制单元。每个制动控制单元包括计算机控制的模拟电空制动控制模块和计算机控制的空气防滑控制装置等。制动控制装置的安装位置如图 2-47～图 2-49 所示。

图 2-47　01 车、04 车底架制动控制装置的安装位置

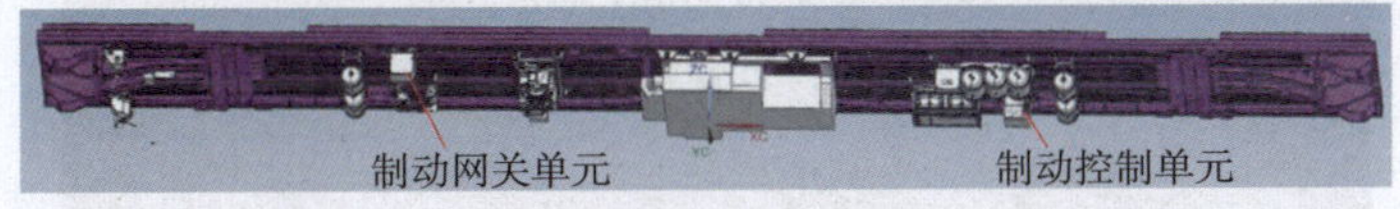

图 2-48　02 车底架制动控制装置的安装位置

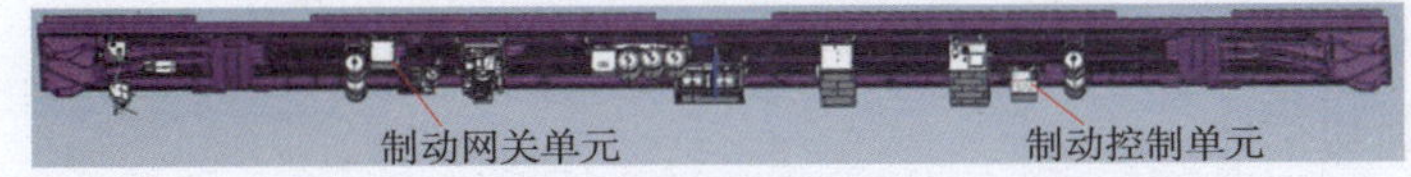

图 2-49　03 车底架制动控制装置的安装位置

3. 辅助控制模块

辅助控制模块安装位置如图 2-50～图 2-52 所示。

图 2-50　01 车、04 车底架辅助控制模块的安装位置

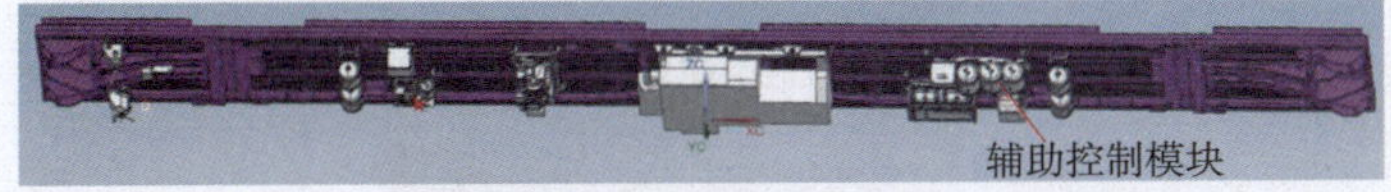

图 2-51　02 车底架辅助控制模块的安装位置

图 2-52　03 车底架辅助控制模块的安装位置

(二)司机室中的制动设备

司机室制动设备包括司机室控制器、HMI 显示屏、单针压力表、双针压力表、手动撒砂按钮、风笛扳健开关、紧急停车蘑菇按钮、乘客紧急旁路、停放制动施加和停放制动缓解按钮、制动施加和制动缓解按钮。司机室操纵台如图 2-53 所示。

图 2-53 司机室操纵台

(三)客室中的制动设备

1. 乘客紧急制动拉杆

客室中设置乘客紧急制动拉杆,拉杆被拉下后立即触发紧急制动,且拉杆不能复位,需采用四角钥匙复位。通过客室内拉杆触发的紧急制动,需将拉杆复位后,司机操作【乘客报警旁路】按钮,可以缓解乘客触发的紧急制动。乘客紧急制动拉杆如图 2-54 所示。

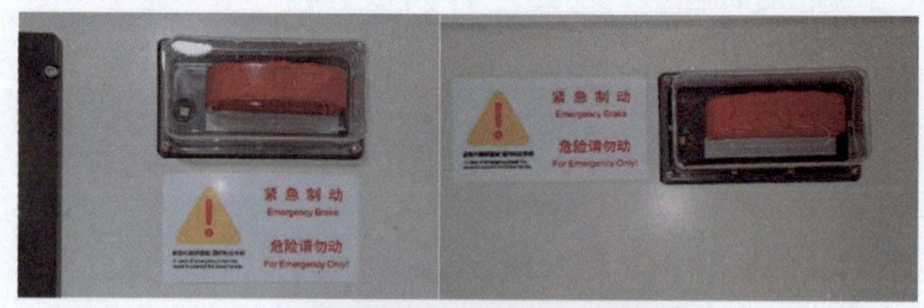

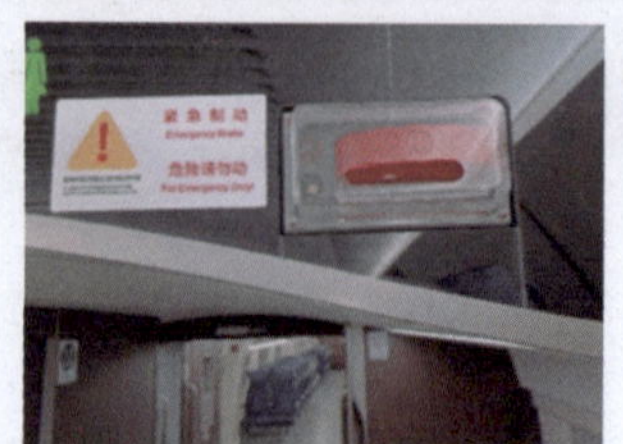

图 2-54 乘客紧急制动拉杆

2. 空气制动切除塞门(B21、B22)

每台转向架设有单独的空气制动切除塞门[1 架制动隔离(常开)【B22】、2 架制动隔离

(常开)【B21】,如图 2-55 所示],并布置在客室内,如图 2-56 所示,具体安装位置在红框所圈座椅下方位置。

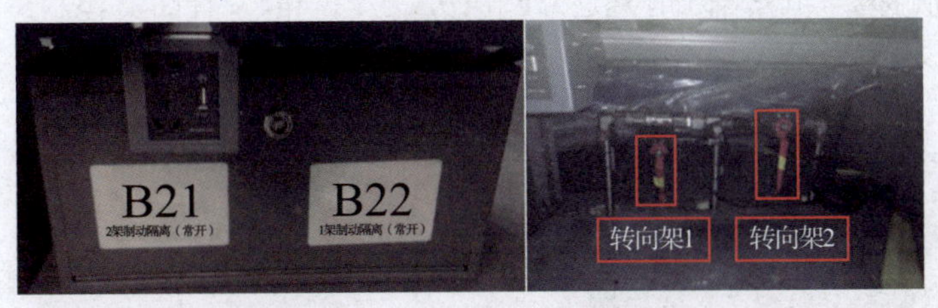

图 2-55　空气制动切除塞门

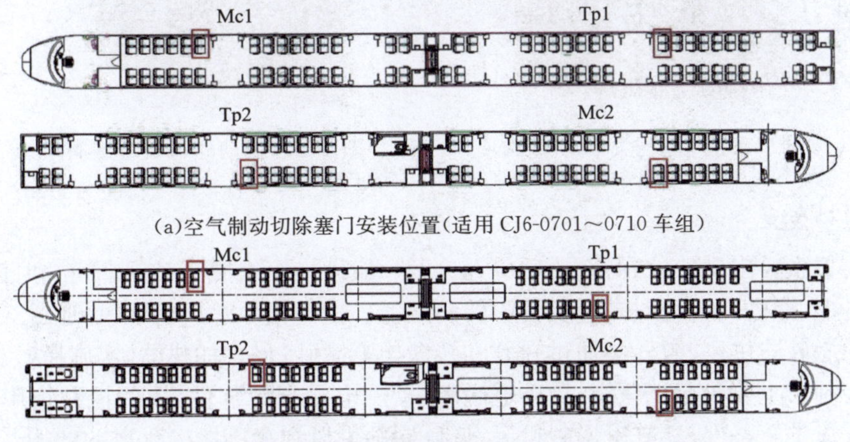

(a)空气制动切除塞门安装位置(适用 CJ6-0701～0710 车组)

(b)空气制动切除塞门安装位置(适用 CJ6-0711～0715 车组)

图 2-56　空气制动切除塞门安装位置

3. 停放制动隔离塞门

CJ6-0711～0715 车组每节车客室内设有停放制动隔离塞门【B30】,布置如图 2-57 所示,具体安装位置在红框所圈座椅下方位置。

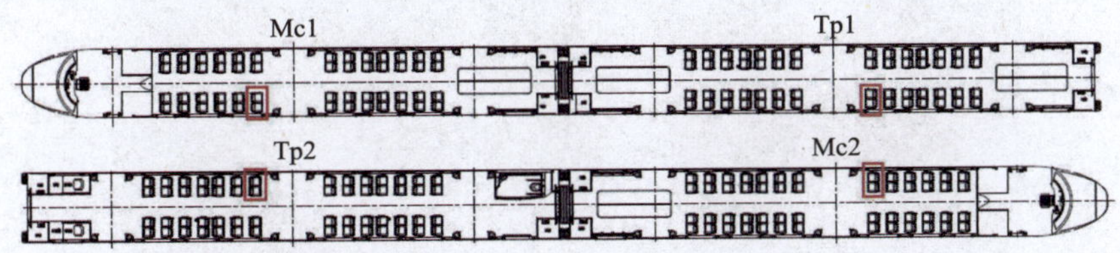

图 2-57　停放制动隔离塞门安装位置(适用 CJ6-0711～0715 车组)

CJ6-0701～0710 车组停放制动隔离塞门位于车下辅助控制模块内,具体位置参见图 2-50～图 2-52。

三、主要部件结构与功能

(一)制动控制单元

制动控制单元从控制方式上,可分为制动网关单元(G 阀)和制动控制单元(S 阀)。G 阀负责与 TCMS 通信,在 TCMS 不工作时,G 阀还接收列车线信号执行相应的操作模式和制动级别。

Mc、Tp 车上配置 1 套制动网关单元(G 阀)和制动控制单元(S 阀)。每个制动控制单元包括计算机控制的模拟电空制动控制模块和计算机控制的空气防滑控制装置等,如图 2-58、图 2-59 所示。

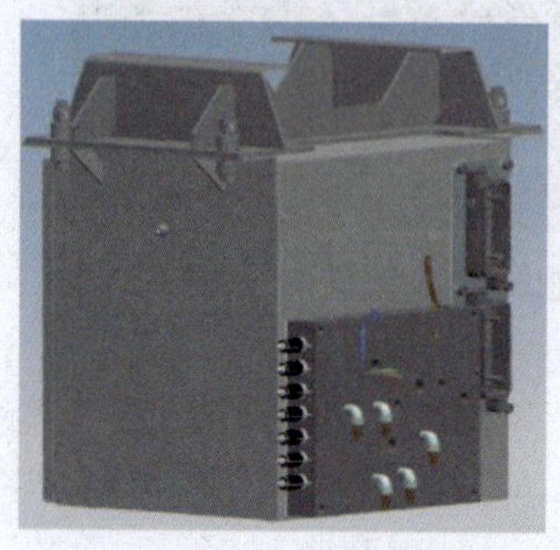

图 2-58 制动网关单元(G 阀)

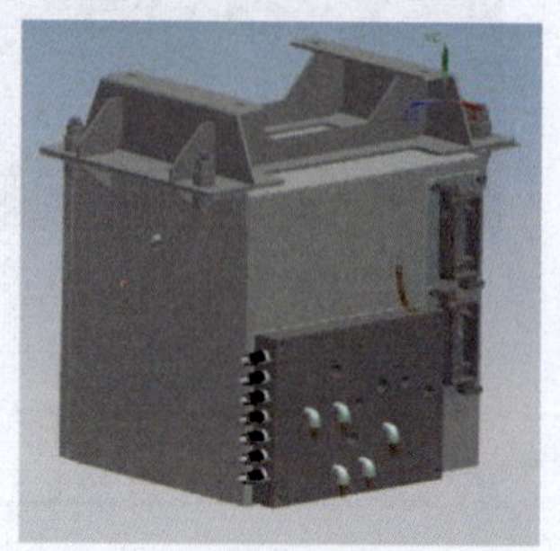

图 2-59 制动控制单元(S 阀)

(二)撒砂装置

撒砂装置主要由撒砂控制箱、撒砂单元、砂箱、撒砂口等组成。其中,砂箱和控制箱安装在车体设备上,撒砂口(含加热器)安装于转向架上。控制箱从总风管取风,通过 2 根风管向砂箱底部的撒砂器供风,撒砂器通过软管和转向架上撒砂口(含加热器)实施撒砂。

撒砂控制箱主要包括减压阀、撒砂电磁阀、干燥电磁阀等部件,撒砂控制箱用来控制撒砂单元的入口供风条件,具有干燥砂供风、低压撒砂供风和高压撒砂供风的功能。撒砂系统如图 2-60 所示。

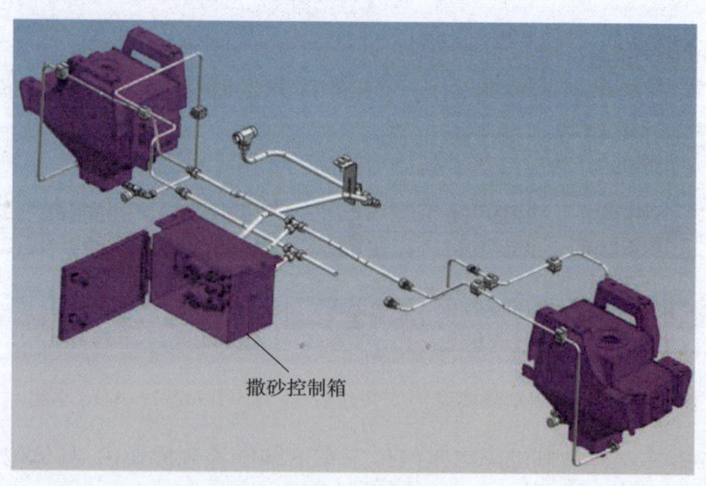

图 2-60 撒砂系统

(三)主供风单元

主供风单元由整体吊架、空压机组、空气干燥装置、电控单元和管路组件五大主要部件构成。

主供风单元通过整体吊架上的六个吊挂点,拖装/吊装于车体下方,整个结构采用模块化设计，主供风单元中所有零部件均已通过螺栓连接组成一个整体模块，如图 2-61所示。

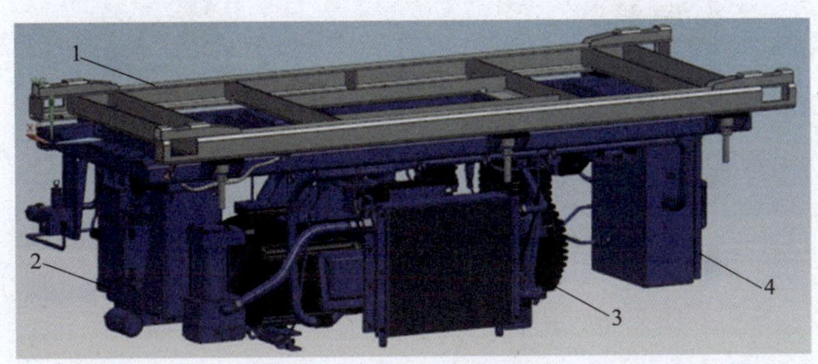

图 2-61　主供风模块

1—整体吊架；2—干燥剂；3—主空压机；4—电控单元

螺杆空压机为双轴旋转排放式机械，按加压输送原理工作。螺杆包括两个相互啮合的有螺旋形沟槽的转子，转子具有不对称的啮合形面，并在一个铸铁壳体内旋转。进气口是从径向，而出气口是从轴向通过空压机螺杆壳体内特殊形状的通道。

冷却风扇直接由电动机驱动，供给足够的空气用于冷却空压机润滑油和压缩空气。

空气首先经过分离和过滤，然后由干燥塔内的干燥剂进行干燥。

（四）辅助空压机装置

辅助空压机模块由空压机模块、25 L 升弓辅助风缸等组成，该模块采用整体吊装的方式安装在车体底架上，如图 2-62 所示。在主风缸欠压时，为受电弓、高压隔离开关、主断路器提供充足的压缩空气。

图 2-62　辅助空压机模块

空压机模块由活塞式空压机、单塔干燥器、再生风缸、高压安全阀、机械式压力开关构成。该模块由 DC 110 V 电源供电，净排气量为 70 L/min。

（五）基础制动装置

基础制动装置采用轮盘制动方式，每个转向架带有 4 套轮盘制动装置，其中 2 套轮盘制动装置带有停放制动功能。基础制动装置由制动盘、基础制动单元、闸片等组成。基础制动装置带有闸片间隙自动调整装置，闸片更换简单易行。

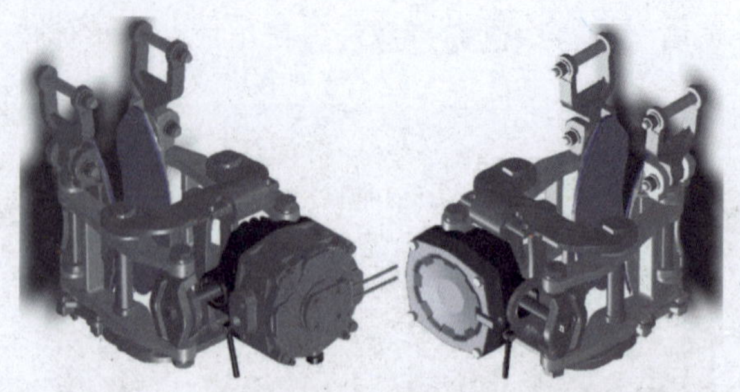

图 2-63 带停放制动夹钳/不带停放制动夹钳

闸片材料采用粉末冶金，制动盘采用整体铸钢盘，制动盘形式为整体夹钳式结构。

（六）辅助控制模块

辅助控制模块由风缸模块（B10）和辅助控制装置（B11）组成，如图 2-64 所示。风缸模块（B10）集成一个 100 L 的制动风缸（B10.01）、一个 100 L 的总风缸（B10.02）和一个 100 L 的辅助风缸（B10.03）。总风管的瞬间压降很大时，能为制动系统和空气悬挂系统提供稳定的压缩空气，而且空压机发生故障时，能提供 6 次施加/缓解最大常用制动所需的压缩空气。辅助控制装置部件布局如图 2-65 所示。

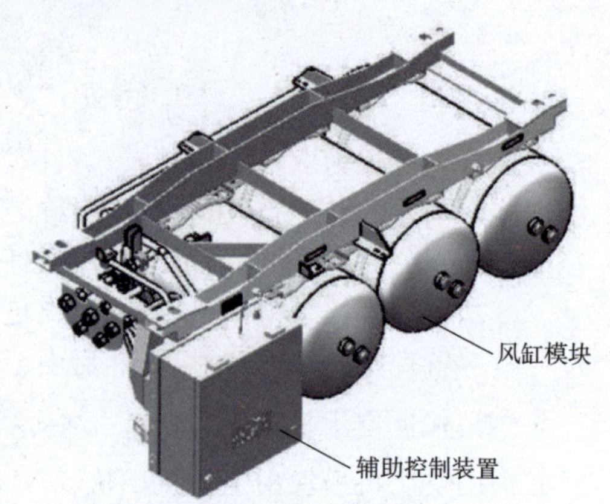

图 2-64 辅助控制模块

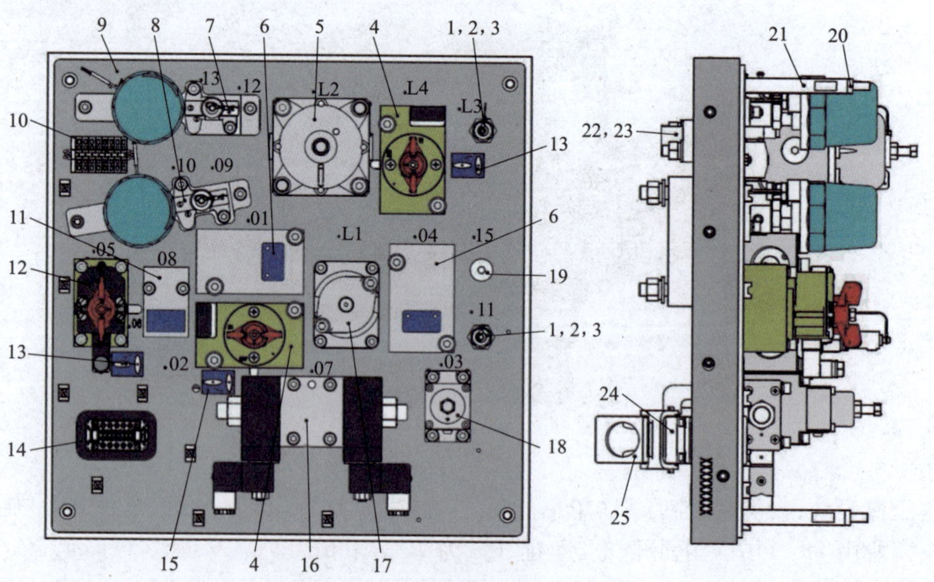

图 2-65 辅助控制装置部件布局

1—压力测点；2—转接头；3—O 形圈；4—塞门；5—减压阀；6—止回阀；7—锥堵 R1/8；8—停放压力开关；9—集成气路板；10—端子排；11—双向止回阀；12—停放塞门；13—塞门标识；14—保护套；15—塞门标识；16—双脉冲电磁阀；17—板装溢流阀；18—减压阀；19—螺堵 G1/4；20—缓冲垫；21—固定螺柱；22—管座；23—密封圈；24—连接器插座；25—连接器插头

四、基本使用操作

(一)停放制动施加与缓解操作

1. 停放制动施加

停车状态下,按压司机室操纵台上的【停放制动施加】按钮来控制,当【停放制动施加】按钮上的红色指示灯亮时,表示整车的停放制动已施加。【停放制动施加】按钮如图 2-66 所示。

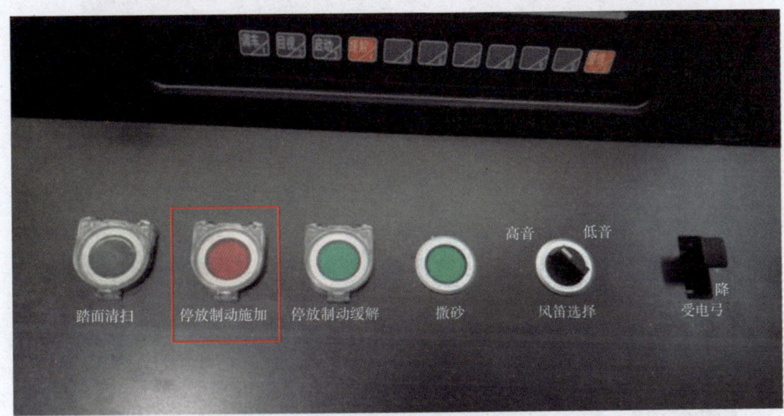

图 2-66　【停放制动施加】按钮

2. 停放制动缓解

按下操纵台【停放制动缓解】按钮时,【停放制动缓解】按钮灯亮。【停放制动缓解】按钮如图 2-67 所示。

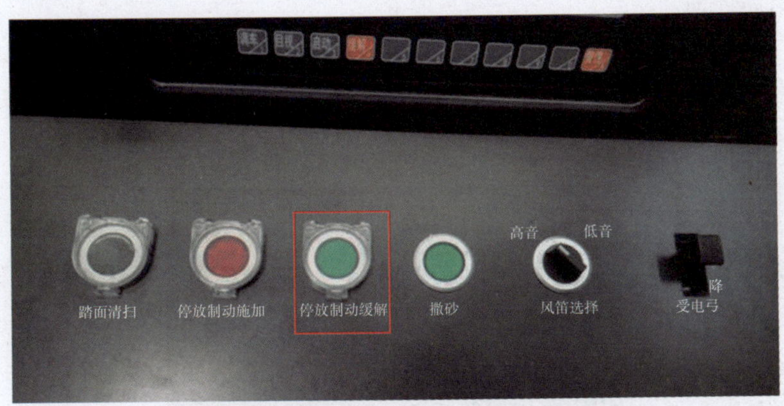

图 2-67　【停放制动缓解】按钮

3. 操作停放制动隔离塞门

CJ6-0701～0710 车组:下车操作底架下辅助控制装置控制箱的停放制动隔离塞门至垂直位置,确认停放制动隔离塞门排风口将停放制动缸内压缩空气排空(排气声从有到无)。停放制动隔离塞门如图 2-68(a)所示。

CJ6-0711～0715 车组:每个客室内的中间座椅下方设置有停放制动隔离塞门【B30】,将手柄旋至与管路垂直位,切除本车停放制动。停放制动隔离塞门如图 2-68(b)所示。

(a)停放制动隔离塞门(适用 CJ6-0701～0710 车组)

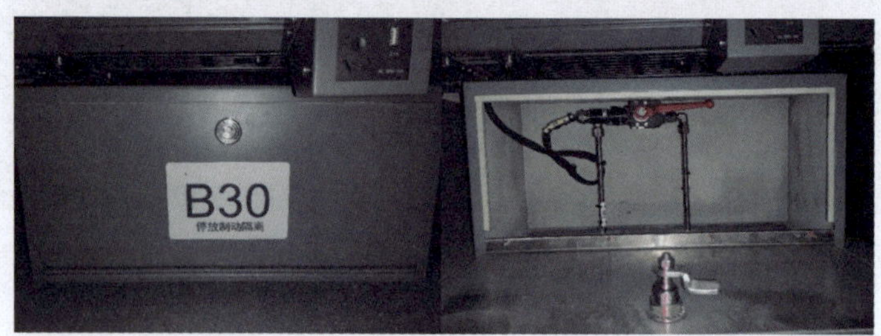

(b)停放制动隔离塞门(适用 CJ6-0711～0715 车组)

图 2-68　停放制动隔离塞门

4.停放制动缸手动缓解

在车辆一侧逐个拉停放制动缓解拉绳(每个停放制动夹钳在转向架两侧均设有拉绳,操作任一侧即可),每轴拉 1 个,共 4 个,手动缓解停放制动。观察带停放制动缸的制动夹钳状态,确认其已缓解。停放制动缓解拉绳如图 2-69 所示。

图 2-69　停放制动缓解拉绳

停放制动缓解确认：手拉带停放制动缸的制动夹钳，观察制动夹钳状态，确认所有夹钳已缓解，如图 2-70 所示。

图 2-70　停放制动缓解确认

（二）制动施加与缓解操作

1. 常用制动施加与缓解

常用制动指令的发送源为司机室司控器、BP 救援转换装置。常用制动通过操作司控器进行常用制动的施加和缓解，手柄置相应制动级区时制动施加，置“0”位时制动缓解。若得到机车的救援时，动车组与机车的 BP 管连接，机车将 BP 压供给 BP 救援转换装置，BP 救援转换装置将 BP 管减压信号转换为电气指令信号，控制动车组制动。司控器手柄如图 2-71所示。

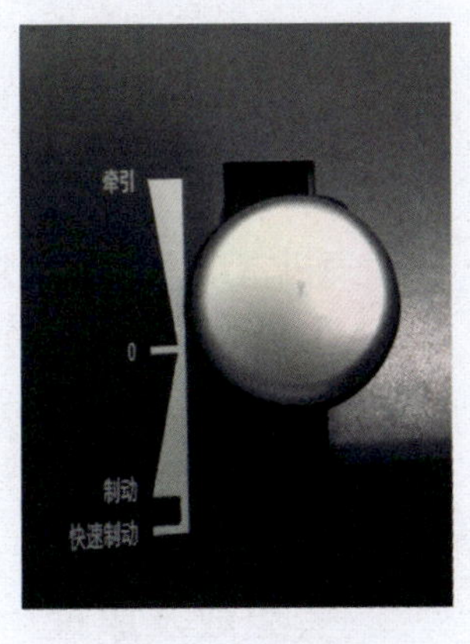

图 2-71　司控器手柄

2. 快速制动施加与缓解

快速制动施加：

当司控器置于“快速制动”位时，列车施加快速制动。

快速制动缓解：

当移动司控器手柄回“0”位时，快速制动缓解。

3. 紧急制动施加与缓解

紧急制动施加：

（1）列车非静止条件下（速度＞5 km/h）停放制动意外施加；

（2）司机警惕装置触发紧急制动请求；

（3）车辆无主控指令；

（4）列车管压力反馈继电器；

（5）操作紧急停车按钮；

（6）触发紧急停车继电器；

（7）触发紧急制动拉杆。

采用紧急停车按钮触发紧急制动时，受电弓降弓，主断路器断开。

紧急制动缓解：

（1）由于紧急制动回路引起的紧急制动，列车停车后，紧急制动自动缓解；

(2)司机操作紧急制动按钮,列车停车后,将紧急制动停车按钮复位,紧急制动缓解。

缓解乘客紧急制动,由司机控制选择合适的位置停车处理。紧急制动拉杆通过四角钥匙复位,复位后乘客紧急制动环路得电。

4.保持制动施加与缓解

保持制动施加:

(1)常用制动时停车制动;

(2)紧急牵引模式下停车制动;

(3)BCU 上电;

(4)列车在紧急制动后,闭合紧急环路,保持制动自动施加;

(5)当 ATP 发出制动指令后,在列车速度降至 0 左右,保持制动自动施加;

(6)制动测试结束后,列车自动施加保持制动。

保持制动缓解:

列车停车之后,只有在以下条件成立时才能缓解保持制动:

(1)每个牵引系统将牵引力发至主 GWM;

(2)主 GWM 累加所有牵引单元的牵引力;

(3)总的牵引力必须足够,并在启动列车时能阻止列车向后滚动;

(4)牵引指令有效;

(5)制动指令不激活;

(6)主 GWM 发送“缓解保持制动”指令给 BCU;

(7)列车可以开始牵引。

司机室继电器柜配置有保持制动人工缓解旋钮,在被救援模式下,可操作人工缓解按钮,人工缓解动车组保持制动功能。

第九节　网络及辅助监控

一、组成及原理

网络及辅助监控系统主要由列车网络控制系统、无线传输装置、烟火报警系统以及安全视频监控设备组成。

列车网络控制系统由网关控制模块、网关、输入输出模块、人机接口单元、以太网交换机等构成。列车网络控制系统采用符合 IEC 61375 标准的 TCN 网络。TCN 是一个分为两级的通信网络,由列车总线 WTB(绞线式列车总线)和车辆总线 MVB(多功能车辆总线)组成。同时列车设置以太网维护网,用于传输故障数据、诊断数据等,实现单点故障下载及软件升级。

无线传输装置由主机、合路器、车顶天线和馈线组成,无线传输装置通过 MVB 和以太网接口与网络系统中央控制单元通信。无线传输装置内置硬盘,可以实现对车辆运行数据的存储,结合 PTU 软件实现数据的下载、解析和实时监控。同时,无线传输装置可以通过 GPRS/WLAN 无线网络按照车地通信协议及时传输相应的数据。

二、设备布置

网络及辅助监控系统的设备布置和网络拓扑结构如图 2-72 所示。

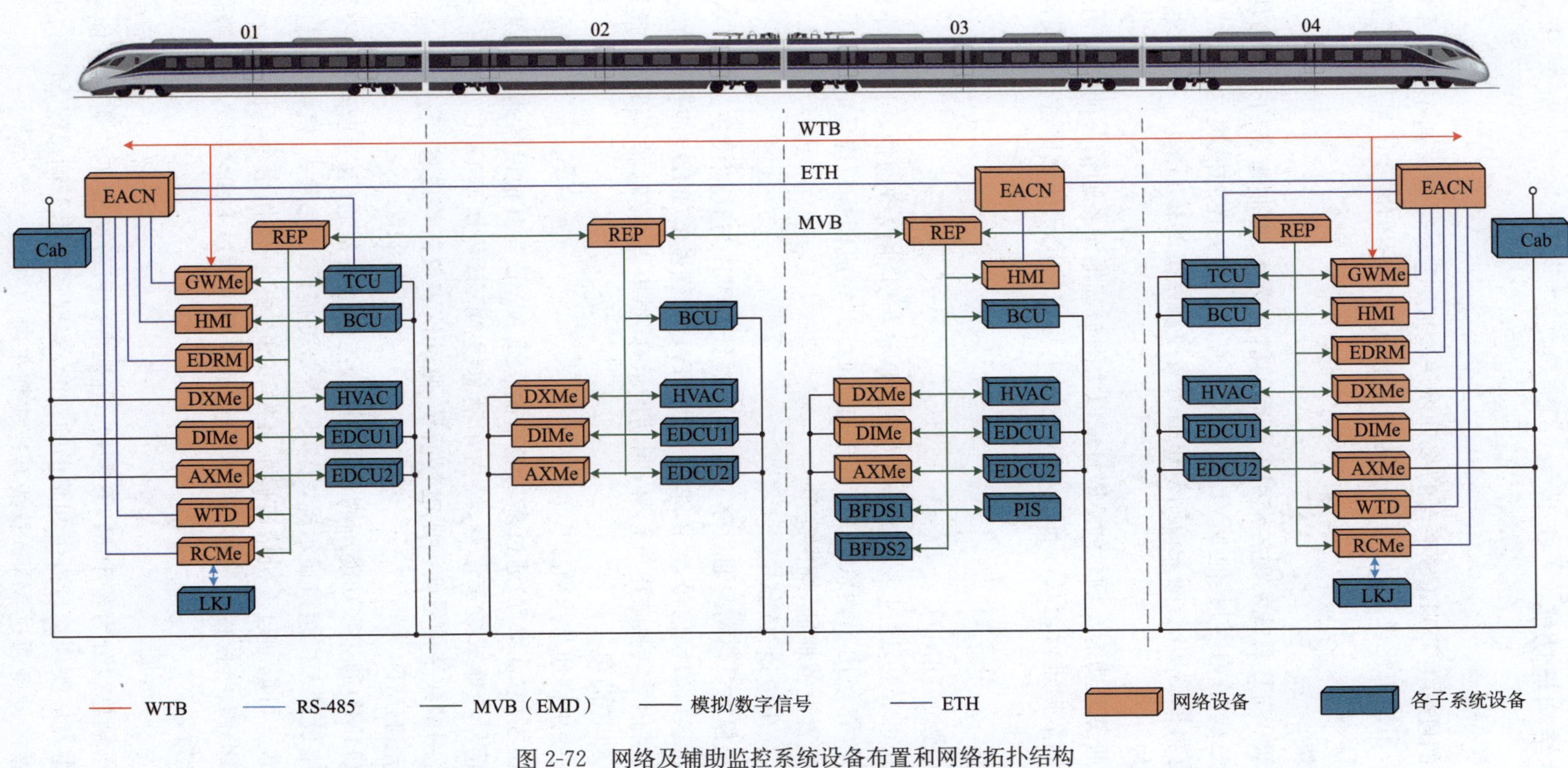

图 2-72　网络及辅助监控系统设备布置和网络拓扑结构

GWMe—网关控制模块；DXMe—数字量输入输出模块；REP—MVB 中继模块；TCU—牵引控制系统；HMI—显示器；
DIMe—数字量输入模块；RCMe—RS-485 网关模块；EDCU—车门控制系统；EDRM—时间记录模块；
AXMe—模拟量输入输出模块；EACN—以太网交换机；BCU—制动控制系统；PIS—乘客信息系统；Cab—司机控制器
BFDS—转向架故障诊断系统；HVAC—供热通风与空气调节

三、主要部件结构与功能

(一)列车网络控制系统

列车网络系统的硬件由 DTECS 平台的多种模块构成,适合轨道交通车辆的车载网络控制和诊断,由于采用模块化设计,使得系统的构成十分灵活,不但减少了系统布线距离,而且容易扩展。

1. 网关控制模块

网关通过列车级 WTB 总线实现各牵引单元间的信息交互、控制指令的列车级传输,网关通过多功能车辆总线 MVB 与其他 MVB 接口设备通信。网关控制模块内部集成中央控制单元,同时实现逻辑控制功能,网关控制模块是网络控制系统的核心模块。

2. 数据记录模块

数据记录模块通过多功能车辆总线 MVB 或以太网与其他设备通信。能够对司机操作数据、故障数据、时间数据进行记录。通过列车以太网,可以将记录的数据进行下载,供便携式维护工具分析。

3. 输入输出模块

(1)数字量输入模块(DIMe)

数字量输入模块(DIMe)通过多功能车辆总线 MVB 与其他设备通信,可以将车辆间电气信号转换成数字信号,经由车辆总线 MVB 传送给 CCU,完成信号监视功能。

通过外部跳线配置设备地址,维护简单。

(2)数字量输入输出模块(DXMe)

数字量输入输出模块(DXMe)通过多功能车辆总线 MVB 与其他设备通信,DXMe 可以将车辆电气信号转换成数字信号,经由车辆总线 MVB 传送给 CCU,完成信号监视功能。另外,可以将网络数字信号转换成电气信号,驱动指示灯、继电器、接触器等设备。通过外部跳线配置设备地址,维护简单。

(3)模拟量输入输出模块(AXMe)

模拟量输入输出模块(AXMe)通过多功能车辆总线 MVB 与其他设备通信。AXMe 可以将车辆模拟电气信号转换成数字信号,经由车辆总线 MVB 传送给 CCU,完成信号监视功能。另外,可以将网络数字信号转换成电气信号,驱动仪表仪器等设备。

4. 人机接口单元(HMI)

人机接口单元(HMI)通过多功能车辆总线 MVB 与其他设备通信。列车网络控制系统在司机室和机械师室设置人机接口显示屏,按实际需要可提供司机模式、机械师模式、维护模式等显示工作模式。可以通过人机接口显示屏发布部分控制操作指令,可对各子系统工作状态、故障信息和操作、维修提示信息进行集中显示。可以通过 USB 接口,将故障信息转储地面进行统计、分析。

5. 中继器模块

通过中继器将车辆总线分为若干 MVB 网段,当某个网段故障时不应影响其他部分车辆总线的工作。中继器应实现信号再生和整形的功能,实现多功能车辆总线 MVB 的中继,将单个车组单元的智能设备通过 MVB 总线互连成列车通信网。

6. 通信模块(RCM)

通信模块(RCM)通过多功能车辆总线 MVB 与其他设备通信。RCM 模块提供多路相互隔离的 RS-485/RS-422/CAN 通信接口,使不具备 MVB 接口的设备与控制网络连接,使车载非智能设备与控制网络的其他智能设备进行数据交换。

7. 以太网交换机(EACN)

以太网交换机(EACN)提供 8 路 ETB 通信接口,将车辆上具体 ETB 接口的设备组成一个局域网,实现设备的数据传输和文件传输,实现以太网数据的传输和交换。

(二)无线传输装置

无线传输装置能采集、分析和处理各种数据信息,实现数据的本地存储,并将动车组运行状态信息及故障信息实时发送至地面;在动车组进检修库时将 WTD 装置本地记录的数据通过 WLAN 自动下载至动车运用所的地面服务器。

四、基本使用操作

(一)列车网络控制系统

列车网络控制系统通过贯穿列车的总线实现信息传输,对车辆运行和车载设备动作的相关信息进行集中管理,为司机和检修维护人员的操作提供有效指导,为设备的维护保养和乘客的服务提供支持。

1. 信息传输

(1)列车级通信

考虑到控制与监视功能的实时性以及互联互通的稳定性,列车级数据采用 WTB 过程数据进行传输。

动车组列车级网络通信协议包含两个部分:动车组列车初运行配置通信协议和正常运行列车级通信协议。列车初运行配置通信协议用于实现车辆编组在动态配置过程中所需传输的数据和数据流;正常运行列车级通信协议用于实现车辆编组动车组在正常运行过程中需要传输的数据和数据流。

(2)车辆级通信

车辆级通信网络采用 MVB 车辆总线,它的拓扑结构是固定的,不能动态改变。在传输线路上采用两对屏蔽双绞线作为传输媒介,并且在车厢内分为两路冗余布线。每辆车都有一个 MVB 分段,通过中继器连接到整个 MVB 单元上,并且在每个分段的两端都接有终端电阻(120 Ω)。为保证控制与监视功能的实时性以及通信的稳定性,车辆级数据采用 MVB 过程数据进行传输。

车辆级的网络设备通信应符合互联互通相关的过程数据规范和消息数据规范。

2. 逻辑控制

(1)列车激活及司机室占有控制

列车激活主要实现列车蓄电池供电的投入和列车控制和管理系统(TCMS)的初运行,在列车操作时,插入司机钥匙的一端为操作端,即占有端,该司机室所在车厢的中央控制单元定义为“主 CCU”,TCMS 通过主 CCU 管理和发布列车级控制指令。另外一个操纵台为非操作端,即非占有端。每列车只能有一个司机操纵台是占有。当多个操纵台都被占有时,操纵列车无效。

只有在占有端有效的情况下，受电弓模式选择、升降弓、合断主断、自动换端、司控器等操作才能进行，可以有效防止司机进行误操作。

(2)列车的方向管理

正常运行时，网络进行方向逻辑判断及传输，车辆运行中，网络对于方向手柄的操作进行记录、显示，且只有在停车且主操纵手柄在“0”位时允许换向。如行车过程中方向信号误动作或故障时，网络系统产生方向故障报警，并维持原方向判断。

紧急牵引模式时，前后方向指令硬线直接给牵引变流器和制动控制单元。

(3)自动换端模式

在列车工作正常情况下，通过换端来实现主控司机室变更。自动换端模式是在司机换端过程中，车辆所保持的一种特殊工作模式。在该模式下，尽管列车无实际激活的司机室，但原主控端 CCU 仍保持主 CCU 功能，对全列车子系统进行统一管理。

(4)速度控制模式

动车组具备恒速运行控制功能和手柄目标速度设定功能，可用于速度调节，所需的目标速度由手柄确定，司机可激活恒速运行模式，列车网络控制系统可以自动调节牵引力或制动力来满足给定的速度要求。

(5)列车信息管理

列车信息管理包含以下内容：

①软件版本：HMI 上显示各系统的软件版本信息；

②时间设置：HMI 手动输入时间；

③编组设置：设置列车编组编号、车厢编号；

④主要设备运行时间：如空压机等；

⑤轮径值信息：通过 HMI 手动输入。

(6)连挂与解编

列车必须实现列车连挂速度控制功能。列车连挂速度可以通过显示器在 3～5 km/h 区间调节。

如果所有条件满足，可以通过以下步骤以最大速度 5 km/h(默认设置)动车：

①按下连挂按钮启动列车连挂控制功能，HMI 上有相应的操作提示(连挂模式，限速 5 km/h)；

②连挂端开闭机构打开并锁闭到位；

③通过司控器移动列车。

列车解编时通过解钩按钮进行控制操作。

(7)洗车控制

洗车模式时动车组通过洗车按钮输出洗车模式指令，此时，动车组空调系统新风关闭，动车组以低速通过洗车库，高压系统、牵引系统部分工作以提供动车组运行动力，制动系统、网络系统等功能正常。

(8)司机警惕

主控端司机室的警惕装置应自动激活，解除主控端后自动切除司机警惕功能。

动车组运行速度达到 5 km/h 时，警惕功能开始启用，从 T 时刻(警惕功能启用时刻)

起，如果警惕操作装置未被有效操作(操作警惕踏板、警惕按钮或司控器)，则按以下顺序进行报警及触发制动：T＋30 s 时，动车组同时触发音频信号及视觉信号，如若此时司机在 5 s 内有效操作警惕操作装置，则取消音频及视觉信号，并重新开始 T 时刻；如此时司机在 5 s 内仍未有效操作警惕操作装置，则 T＋35 s 时，动车组触发最大常用制动，同时封锁牵引，在 T＋35 s～T＋40 s 的时间段内，司机可通过有效操作进行缓解，并重新开始 T 时刻；如 T＋35 s～T＋40 s 的时间段内，司机仍未有效操作警惕操作装置，则 T＋40 s 时，动车组触发紧急制动，停车后才能缓解紧急制动。警惕装置报警后，至恢复重新计时前，触发的音频信号及视觉信号持续保持。

列车安装有无人警惕隔离开关，通过其可以旁路无人警惕功能。

无人警惕装置的监控可以通过以下方式使其无效：

①无人警惕隔离开关在“隔离”位；

②在紧急牵引模式时和输入输出模块故障时。

同时，在 HMI 界面设置警惕报警试验开关软键，在动车组静态时可通过警惕报警试验开关激活静态检测功能后，对警惕装置功能进行测试。

(9)高压监控

高压系统设备如受电弓、主断路器、高压隔离开关、主变压器的控制和状态反馈通过硬线采用输入输出模块接入车辆网。

(10)牵引监控

中央控制单元通过列车总线及车辆总线向牵引控制单元传输指令信息，同时牵引控制单元通过网络系统将牵引系统的状态信息、故障信息传递给中央控制单元，从而实现网络系统对整车牵引系统的控制、监视和诊断功能。

(11)库内供电控制

库内电源能够为蓄电池负载和辅助系统负载供电。同时变流器应进行电源的相序检测，当有电源输入时 GWM 应进行高压和牵引禁止保护。

当蓄电池故障或欠压，车载蓄电池不能给直流负载提供电源时，辅助系统控制单元和充电机控制单元能够通过主变流器中的紧急启动使供电模块启动，然后库内电源能够为蓄电池负载和辅助系统负载供电。

当列车处于库内供电状态，HMI 上应显示库内供电的图标，禁止升弓和合主断，列车应禁止运行。当受电弓升起或存在升弓命令时，主变流器中的库内供电接触器禁止闭合。只有在列车处于静止、所有受电弓降下/主断断开，控制系统才选择库内供电模式。

(12)制动系统监控

制动系统控制单元 BCU 具有 MVB 通信功能并联接车辆网，制动系统应具有自主管理的功能，具有相对独立的制动指令采集、发布、执行、反馈和导向安全的控制指令和执行体系。网络系统对制动系统实现信息传输、状态监视。

(13)轴温监控

轴温报警系统采集转向架和牵引传动系统各轴承及电机温度，通过 FSK 总线传给列车主机，同时通过 MVB 网络将相关故障信息、传感器状态信息等传给网络进行监控保存。

(14)车门监控

车门控制单元(EDCU)具有 MVB 通信功能并联接车辆网，通过 HMI 显示屏显示各车门状态。

列车车门使能命令、开/关门命令通过硬线控制。网络输入输出模块对司机的车门使能命令、开/关门命令进行采集，通过 MVB 总线传递给本地中央控制单元进行诊断和监视。

(15)空调监控

空调系统控制单元(HVAC)具有 MVB 通信功能并联接车辆网，通过 HMI 显示屏显示各车空调状态。

(16)超员报警

TCMS 检测到单车超员达到报警阈值时，在司机室、乘务员 PIS 显示屏和机械师显示屏弹屏显示“×车超员报警”，并声光报警，输出故障代码。TCMS 通过总线将报警信息发送至 PIS，PIS 接收到该信息后，在本车车内及车外显示器显示“×车超员，请站立乘客到相邻车厢乘坐”，同时本车喇叭播报与车内显示屏内容一致的语音信息；多车超员报警时，在司机室、乘务员 PIS 显示屏和机械师显示屏弹屏显示“×1 车超员报警”“×2 车超员报警”…，并声光报警，输出故障代码；报警车辆车内及车外显示器显示“×车超员，请站立乘客到相邻车厢乘坐”，同时报警车辆广播喇叭播报与车内显示屏内容一致的语音信息。

(17)烟火报警

每辆车设置一个烟火报警主机(FAS)，通过 IO 将状态传输至 TCMS。全车在司机室、客室、电气电柜、厕所、乘务员室、机械师室等区域设置烟火报警探测器，探测器与烟火报警主机采用 RS-485 通信。每台控制器连接 7 只探测器(Mc1 和 Mc2 车厢)、4 只探测器(Tp1 车厢)或 7 只探测器(Tp2 车厢)。烟火报警主机与探测器之间通过独特的串行通信总线连接；烟火报警主机通过探测器的通信地址(编号)来识别。

当车辆某部位发生火警时，火警信息通过 RS-485 通信总线发给本车厢的烟火报警主机，烟火报警主机也会将火警信息通过司机台显示器、机械师室显示器通知司机及随车机械师。火警解除后，可通过烟火报警主机显示屏对报警进行复位。

(18)乘客紧急制动报警

各车设置乘客紧急制动拉杆，同时通过 IO 模块采集乘客紧急制动操作，反馈给中央控制单元，并在显示屏上显示相关信息，同时设置请求干预按钮，司机可以通过按钮对乘客紧急请求进行干预。

(19)自动过分相

动车组具有 ATP 过分相和 APC 过分相两种自动过分相方式。列车优先采用 ATP 系统自动过分相，当 ATP 装置被隔离、过分相命令无效时，APC 过分相装置接收地感器信号，自动执行列车过分相。

ATP 系统自动过分相信号通过输入输出模块传输至中央控制单元，APC 系统过分相预告/恢复、强断信号通过输入输出模块采集，同样通过 MVB 车辆总线传输至中央控制单元。ATP 输出过分相选择模式信号为高电平时，中央控制单元采用 ATP 系统过分相信号，ATP 输出过分相选择模式信号为低电平时，将自动转入 ATP 系统自动控制通过分相区。当 ATP 系统和 APC 系统都失效时，进行手动过分相。

3. 故障诊断

(1)故障诊断信息处理

1、2 级故障发生后，HMI 会根据不同的需求，实现在司机室或机械师室显示屏进行弹屏,并且发出报警提示声;3 级故障可在 HMI 查看。

(2)1 级故障显示

如图 2-73 所示,当发生 1 级严重故障时,主控端司机室和机械师室显示器将弹框并伴蜂鸣器报警,弹框包含故障代码、编组号、车厢号、故障内容及处理措施,弹框颜色为红色。故障复位或点【确定】键才消失。

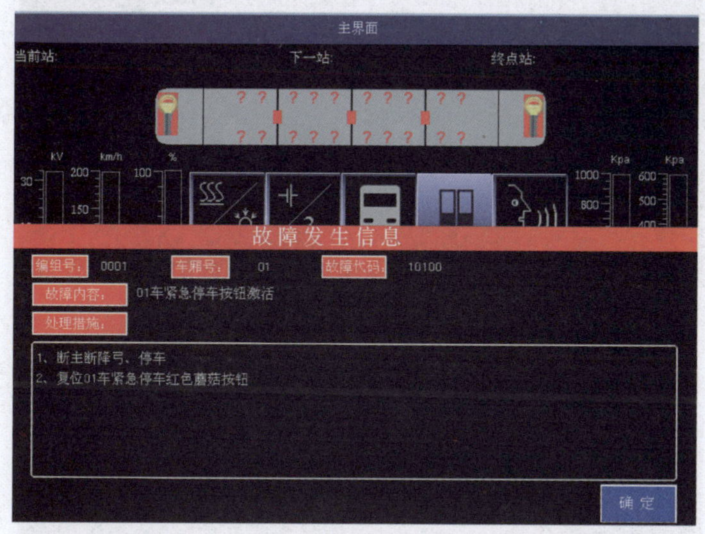

图 2-73　1 级故障显示(主控端司机室和机械师室)

非主控端司机室 HMI 在主页红色字体提示,如图 2-74 所示。

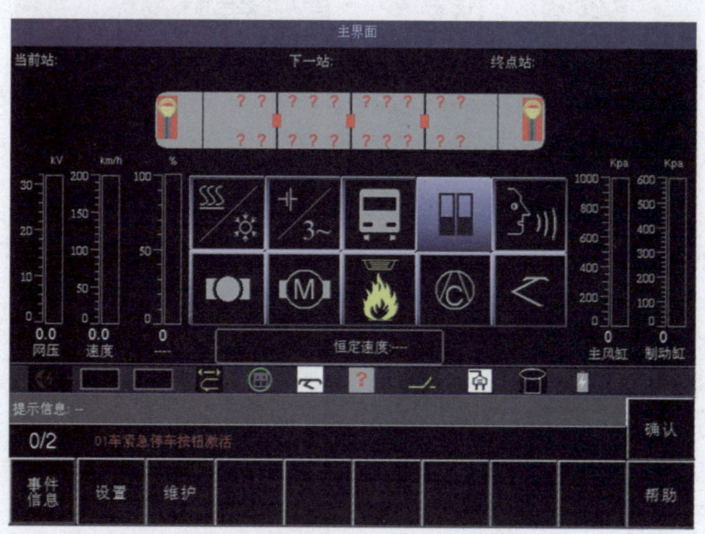

图 2-74　1 级故障显示(非主控端司机室)

(3)2 级故障显示

当发生 2 级故障时,不弹框,有蜂鸣器声,司机室 HMI 故障信息以黄色字体在主页的故障提示栏进行提示,如图 2-75 所示。

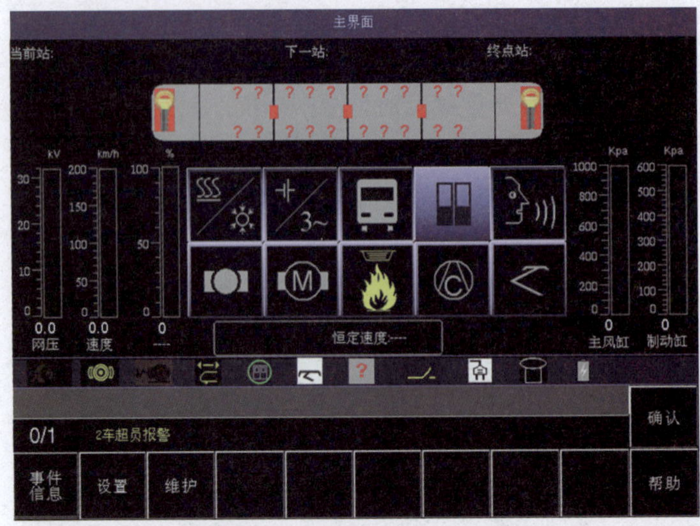

图 2-75　2 级故障显示(司机室)

机械师室 HMI 弹框显示,弹框色为黄色,伴蜂鸣器报警,如图 2-76 所示。

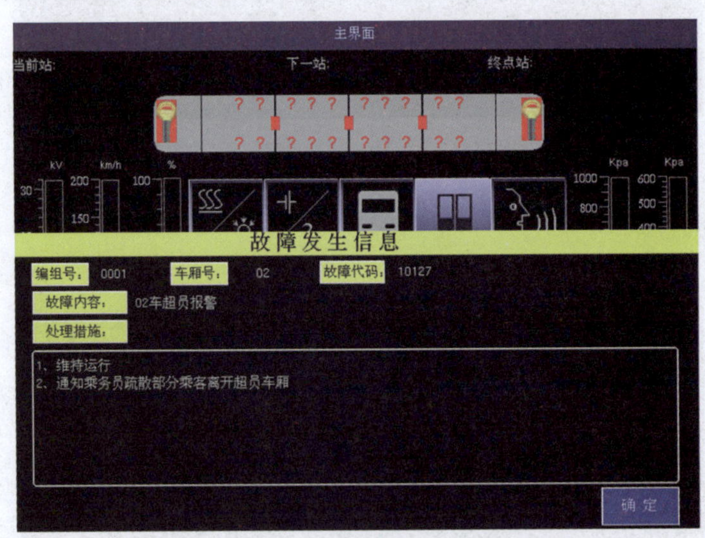

图 2-76　2 级故障显示(机械师室)

故障复位或点【确定】键才消失。

(4)3 级故障显示

发生 3 级故障时,不弹框也不在主页提示,但在事件信息和故障记录中可查询到。3 级故障记录如图 2-77 所示。

(5)故障数据存储

存储的事件数据记录分为故障数据记录、司机操作数据记录和环境数据记录等。

故障数据记录包含车辆代码、故障代码、故障所属系统、故障发生和恢复的时间、故障名称、故障描述、故障对策等信息。

司机操作数据记录包含车辆代码、事件代码、事件所属系统、事件发生和恢复的时间、事件名称、事件描述等信息。

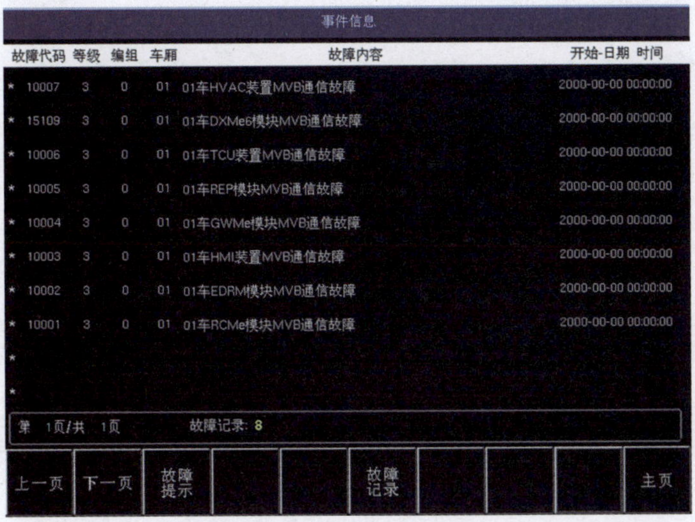

事件信息

	故障代码	等级	编组	车厢	故障内容	开始-日期 时间
*	10007	3	0	01	01车HVAC装置MVB通信故障	2000-00-00 00:00:00
*	15109	3	0	01	01车DXMe6模块MVB通信故障	2000-00-00 00:00:00
*	10006	3	0	01	01车TCU装置MVB通信故障	2000-00-00 00:00:00
*	10005	3	0	01	01车REP模块MVB通信故障	2000-00-00 00:00:00
*	10004	3	0	01	01车GWMe模块MVB通信故障	2000-00-00 00:00:00
*	10003	3	0	01	01车HMI装置MVB通信故障	2000-00-00 00:00:00
*	10002	3	0	01	01车EDRM模块MVB通信故障	2000-00-00 00:00:00
*	10001	3	0	01	01车RCMe模块MVB通信故障	2000-00-00 00:00:00
*						
*						

第　1页/共　1页　　故障记录: 8

上一页　下一页　故障提示　故障记录　主页

图 2-77　3 级故障记录

环境数据记录包含动车组速度、网压、网流或其他相关变量的信息，根据故障代码和所属系统，记录的环境变量可以分为不同组。环境数据可以用于对故障的深入分析及研究。

(6)故障数据下载

故障数据下载有本地下载和远程下载两种方式。

本地下载，网络系统采用以太网，通过 PTU 下载；远程下载，由 WTD 设备进行下载和无线传输。

程序装载和故障数据下载采用便捷式单元 PTU 工具软件。

(二)无线传输装置

上电(约 1 min)后，系统启动完毕，操作系统开始运行，应用程序再自动运行。观察 WTD 装置主机各插件面板指示灯是否正常。当判断 WTD 装置主机出现故障，断掉电源，再重新打开电源，装置能自动启动系统和应用程序，用户无需其他操作。

通过以太网接口连接 PTU 软件，可以实现车辆运行数据的实时在线监控。连接 PTU 软件也可实现对 WTD 本地记录的车辆运行数据下载和解析。

第十节　旅客信息

一、组成及原理

旅客信息系统主要由列车广播和对讲系统、旅客信息显示系统、影视娱乐系统、车载视频监控系统、Wi-Fi 系统组成。

全车设置列车级千兆工业以太网通信总线及 UIC 568 音频总线。旅客信息系统控制器、娱乐系统控制器通过工业以太网总线与车厢控制器通信。车厢控制器通过以太网接口与车内联络电话、乘客紧急报警装置通信，通过音频功放放大后驱动本车扬声器进行广播，通过车厢级 RS-485 总线与车内外信息显示器通信。

二、系统结构

列车广播和对讲系统、旅客信息显示系统拓扑图如图 2-78 所示。

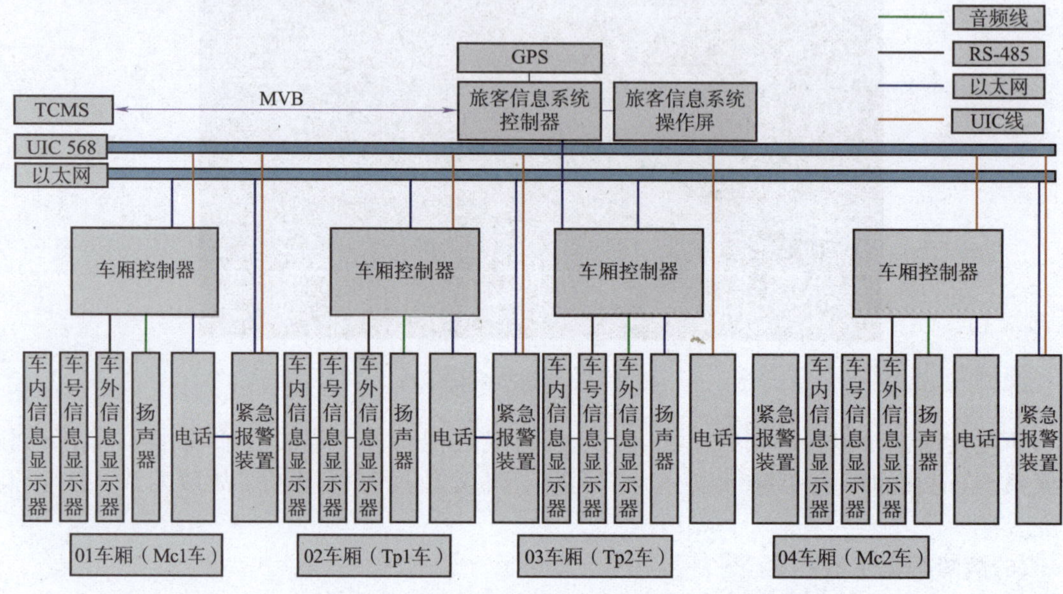

图 2-78 列车广播和对讲系统、旅客信息显示系统拓扑图

影视娱乐系统拓扑图如图 2-79 所示。

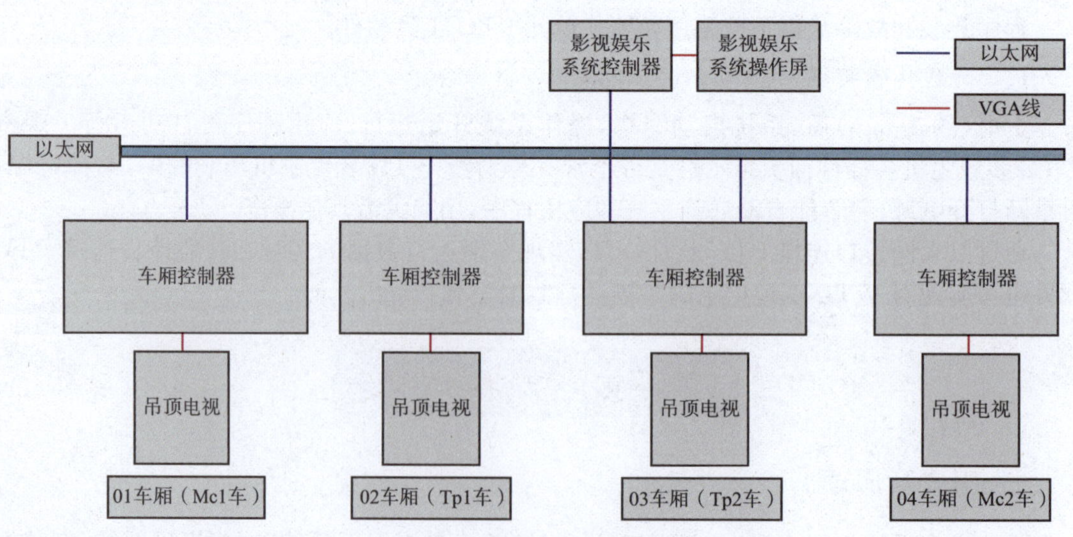

图 2-79 影视娱乐系统拓扑图

车载视频监控系统拓扑图如图 2-80 所示。

Wi-Fi 系统拓扑图如图 2-81 所示。

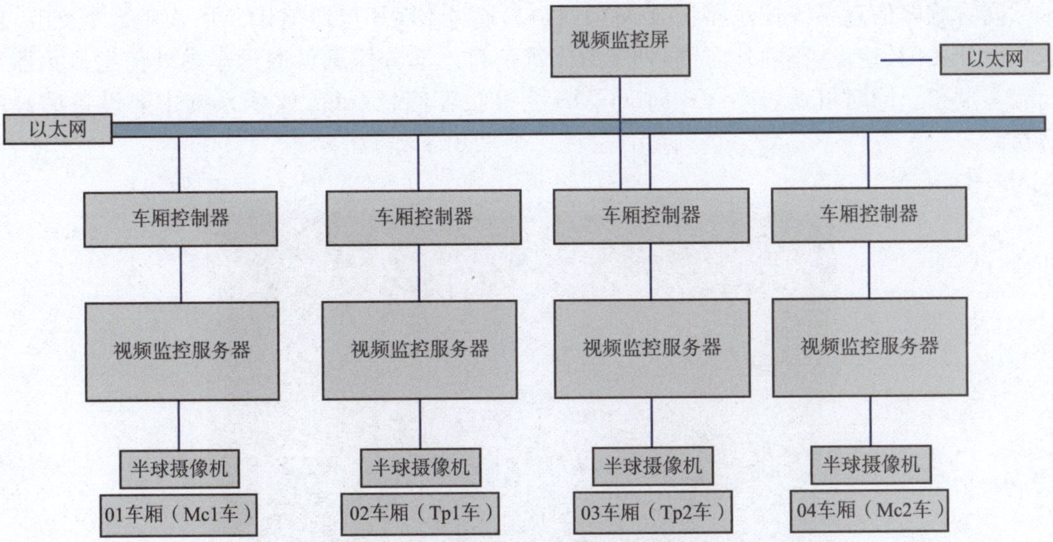

图 2-80　车载视频监控系统拓扑图

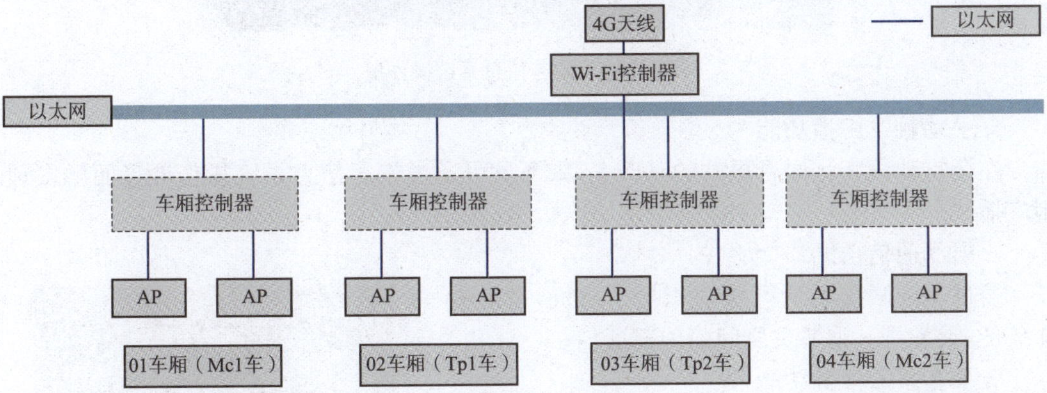

图 2-81　Wi-Fi 系统拓扑图

AP—无线接入点/无线路由

三、主要部件结构与功能

(一)列车广播和对讲系统

1. 人工广播功能

车内联络电话安装于驾驶室、乘务员室和机械师室，作为列车工作人员联络的终端，通过车内联络电话可以进行人工广播，本车电话广播时，电话外接的扬声器静音，广播结束后恢复正常。车内联络电话如图 2-82 所示。

图 2-82　车内联络电话

2. 自动广播功能

通过旅客信息系统操作屏(图 2-83)选择列车车次，即可实现自动广播。旅客信息系统控制器内设置 GPS 模块，通过 GPS 天线和 GPS 放大器采集 GPS 信息。

同时旅客信息系统控制器设有 MVB 接口，通过 MVB 与列车 TCMS 实现数据交互，获取车辆开关门、速度、车内外温度、列车时间等信息。部分信息可通过车内外信息显示器等向旅客发布。同时可通过 MVB 向 TCMS 上报旅客信息系统、娱乐系统主要设备的诊断信息。

图 2-83　旅客信息系统操作屏

3. 手动触发广播功能

在全自动数字化语音报站的基础上，乘务员可通过旅客信息系统操作屏界面触发预录制广播。

4. 内部通信功能

通过车内联络电话可实现司机—司机，司机—乘务员，乘务员—乘务员之间的内部通信。

5. 乘客紧急报警功能

在每个车厢配备 2 套乘客紧急报警器(图 2-84)，设置在每节车厢客室前后两端。当乘客按下乘客紧急报警器按钮，自动触发乘客紧急报警。自动触发乘客紧急报警后，乘客即可与司机实现对讲。对讲由司机话筒端挂断复位。

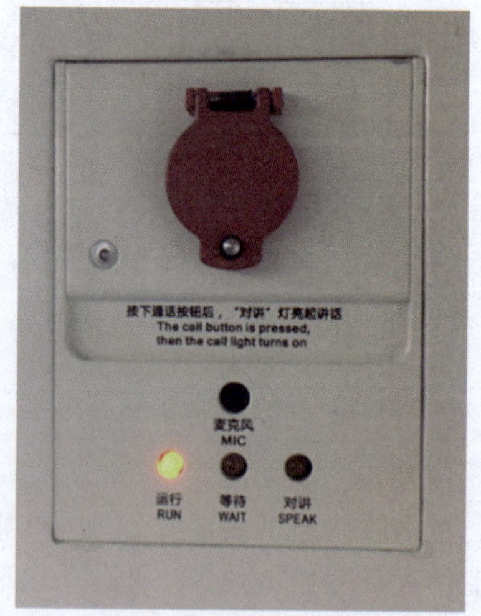

图 2-84　乘客紧急报警器

(二)影视娱乐系统

影视娱乐系统由影视娱乐系统控制器、影视娱乐系统操作屏、车厢控制器、公共影音播放系统等组成，可实现公共视频服务功能。

影视娱乐系统通过以太网络输出 1 路视频、3 路 MP3 广播节目，可播放 MPEG2、MPEG4、H. 264 等多种格式文件，具有顺序播、插播、定时播等播放功能。视频播出由司机室内的操作屏控制，能实现监听、监视正在播放的音视频节目。通过影视娱乐系统操作屏(图 2-85)控制音视频节目的播放、停止、暂停、前进、后退，可查询娱乐系统的设备状态，播放列表内的节目可循环播出。

在客室内设置电视(图 2-86)。旅客信息系统控制器内的音视频媒体节目通过以太网总线传输给车厢控制器,并在车厢控制中解码后,使用差分发送至电视,同时将媒体伴音送至广播系统的扬声器。

图 2-85　影视娱乐系统操作屏

图 2-86　LCD 吊顶电视

(三)旅客信息显示系统

1. 车内信息显示功能

每节车厢内端部两端各设置一台车内信息显示器。显示器内不含字库,字库存放在旅客信息系统控制器内,车内信息通过 RS-485 总线接收经车厢控制器转发的点阵信息显示。旅客信息系统初始化后,旅客信息及娱乐系统控制器根据列车当前线路,自动发送预定义信息至车内信息显示器,车内信息显示器划分为 2 个显示区域,左侧固定显示车厢号,其他信息显示在右侧。

车内信息显示器可自动显示下列信息:

(1)车次号;

(2)车厢号;

(3)起点站、当前站、下一站、终点站;

(4)途中信息:运行速度、车外温度等,同时可显示旅客关心的其他信息,如禁烟、卫生间占用、紧急信息等,如图 2-87、图 2-88 所示。

图 2-87　含禁烟标志的车内信息显示器

图 2-88　含厕显标志的车内信息显示器

2. 车外信息显示功能

每节车厢两侧车门附近设置车外信息显示器(图 2-89),车外信息显示器不含字库,字库存储在旅客信息系统控制器中,车外信息显示器通过 RS-485 接收经车厢控制器转发的点阵信息显示。车外信息显示器在阳光直射的情况下也具有很高的可读性。车外信息显示器由旅客信息系统控制器控制,可实现根据车速自动熄灭或点亮。大于 45 km/h 时,自动熄灭;小于 30 km/h 时,自动点亮。

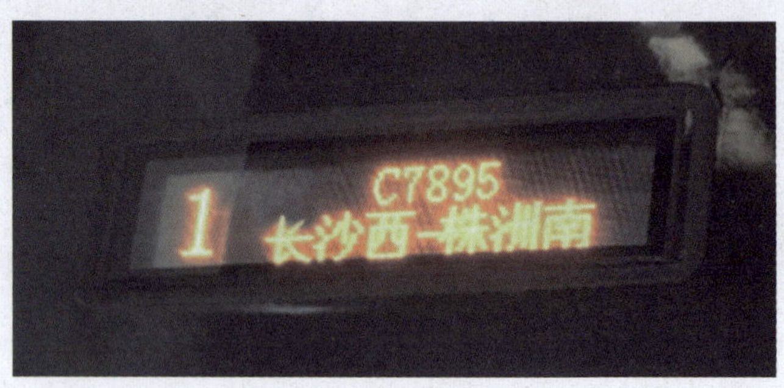

图 2-89 车外信息显示器

旅客信息系统启动后即初始化车外信息显示器。初始化完成后,车外信息显示器准备开始接收显示信息。在旅客信息及娱乐系统操作屏上输入车次号以设置旅客信息系统主机上的线路信息。旅客信息系统主机根据列车当前路线自动发送对应的线路信息到车外信息显示器,显示内容:车次、车厢号、起点站—终点站。车外信息显示器分三个显示区域,起点站—终点站从右向左滚动中英文交替显示,其他区域固定显示。

车外信息显示器可自动显示下列信息:

(1)车次号;

(2)车厢号;

(3)始发站和终点站。

3. 动态地图显示功能

每节车厢车门上方设置动态地图(图 2-90),素材存储于动态地图内部,接收旅客信息系统控制器发出的指令进行显示。

图 2-90 LCD 动态地图

旅客信息系统启动后即初始化动态地图。初始化完成后,动态地图准备开始接收控制指令。在旅客信息系统操作屏界面上输入车次号以设置旅客信息系统主控制器上的线路信息。旅客信息系统主控制器根据列车当前路线自动发送对应的线路信息到动态地图,显示内容:车次、起点站、终点站及站点信息等。

(四)车载视频监控系统

车载视频监控系统由视频监控服务器、客室摄像机(图 2-91)、司机室摄像机(图 2-92)、后视摄像机(图 2-93)、监控触摸屏组成,完成整车视频录像、监控轮循和视频回放。

各客室设置 2 台摄像机,司机室设置 1 台司机室摄像机,司机室两侧各设置 1 台后视摄像机，采用数字化视频处理技术，采用 H.264 压缩格式的高压缩比编码技术，将视频信号进行数字编码，通过环网交换机传输至监控存储，进行自动记录的同时在机械师室监控屏上显示，供车务人员实时监视客室内情况及数据备案查询。在监控触摸屏上可显示 4 路客室摄像机的视频图像。

在列车运行过程中机械师室的监控屏轮询车厢监控画面；在列车到站后显示后视摄像机监控图像，监控列车到站后乘客上下车实时情况。

图 2-91　客室摄像机

图 2-92　司机室摄像机

图 2-93　后视摄像机

（五）Wi-Fi 系统

Wi-Fi 系统由 4G 网关、Wi-Fi 系统控制器、Wi-Fi 天线（AP）、4G 天线组成，为乘客提供无线连接服务，乘客能够连接外网体验无线上网的相关服务。

四、基本使用操作

（一）列车广播和对讲系统

通过列车广播和对讲系统可进行全列人工广播、单车人工广播、手动触发的全列服务信息广播、手动触发的全列服务信息广播、备用广播、司机对讲、乘务员（含乘务员室、机械师室）对讲、紧急对讲、车次设置、车内信息显示、车外信息显示、音频设置、系统维护测试。

(二)影视娱乐系统

登录影视娱乐系统后可进行视频播放控制、视频播放顺序设置、监听监播、背景音乐设置、MP3 设置、公共视频播放等操作。

(三)车载视频监控系统

登录车载视频监控系统后可进行实时监控、录像回放、设备管理、维护更新等操作。

(四)Wi-Fi 系统

Wi-Fi 系统上电后,使用手机等移动终端打开 WLAN,搜索"HUAQI1(调试状态)",WLAN 登录界面如图 2-94 所示。

图 2-94　WLAN 登录界面

点击连接,5 s 后转入网页认证,WLAN 认证界面如图 2-95 所示。

图 2-95　WLAN 认证界面

点击【认证】按钮,3 s 后即可认证成功,界面弹出"success",此时即可使用上网功能,

WLAN 认证成功界面如图 2-96 所示。

图 2-96　WLAN 认证成功界面

第十一节　空　调

一、组成及原理

CJ6 型动车组空调系统(图 2-97)由客室空调机组、司机室空调机组、司机室通风单元、压力保护控制装置组成。整车空调具有制冷、制热、预冷、预热、供应新风、排放废气、压力保护、气流的输送和分配等功能。空调系统控制具有温度控制、应急通风、紧急关闭、网络通信与故障诊断等工作模式,单车空调控制柜具有网络控制失效时的单车应急手动控制功能。本空调系统采用 R407C 环保制冷剂。在 Tp2(03 车)机械师室安装有 2 个手动控制的取暖器(仅适用 CJ6-0711～0715 车组)。

(1)客室空调机组通过控制可实现通风、预冷、制冷、预热、制热及紧急通风等功能。空调机组箱体采用铝合金材料,整列车的空调机组相同,可以互换。

(2)司机室空调机组结构型式为分体式结构,每台司机室配置一台空调机组,具有制冷、通风及紧急通风等功能。

(3)司机室通风单元结构型式为单元式,通过单独的风道从相邻空调送风道引入已冷却的空气送入司机室内。

(4)压力保护控制装置通过内置的压差传感器检测车辆内外的压力差,并根据采集数据发出控制指令,迅速关闭或打开相应的气动风阀,控制车内的压力变化,避免行驶时,车内外压差的急剧变化给乘客带来不适。

二、设备布置

客室空调机组采用顶置单元式结构,每辆车安装 2 台空调机组,整车共安装 8 台客室空调机组。空调通风系统配置见表 2-8。

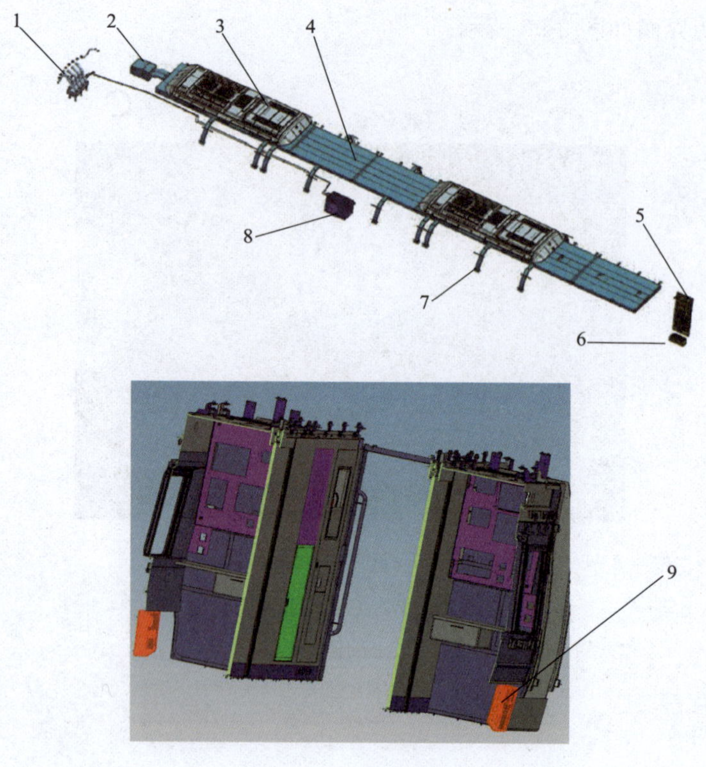

图 2-97　空调系统

1—司机室空调室内机；2—司机室通风单元；3—客室空调机组；4—主风道；
5—控制盘；6—紧急通风逆变器；7—侧墙回风支管；8—司机室空调室外机；
9—机械师室取暖器（仅适用 CJ6-0711～0715 车组）

表 2-8　空调通风系统配置

名　称	数　量			
	Mc1	Tp1	Tp2	Mc2
客室空调机组	2	2	2	2
风道系统	1	1	1	1
司机室空调机组	1	0	0	1
司机室通风单元	1	0	0	1
空调控制柜	1	1	1	1
压力保护装置	1	0	0	1
取暖器（仅适用 CJ6-0711～0715 车组）	0	0	2	0

司机室空调机组结构型式为分体式结构，由 1 台室外机、1 台室内机组成，室内机安装在司机室内部，室外机吊装在车体底板上，与车体之间通过安装座连接。

司机室通风单元结构型式为单元式，安装在司机室顶板上，与车体之间通过安装座连接，整车共安装 2 台司机室通风单元。

压力保护控制装置安装于每列车的头车中，每节头车设 1 套压力保护控制装置，每台空调机组内设置 1 套新风压力保护阀及 1 套废排压力保护阀。

空调风道系统布置在车顶，送回风道采用一体式结构，其中送风道布置在车顶中间，回风道布置在车顶两侧，送回风道之间隔离，形成单独的密封腔，并粘贴保温材进行隔热处理。

空调送风道布置在车顶中间，采用孔板送风方式。混合空气经机组处理后，由送风机通过送风口进入送风道，通过安装在风道下部的散流器进入中顶板与送回风道组成的密封腔内，然后通过中顶板上的送风孔送入客室。

乘务员室及机械师室各配置一台足部取暖器，制热功率 500 W。取暖器结构型式为单元式结构，安装在乘务员室及机械师室侧墙上，通过横流风机从足部取暖器面罩上的进风孔引入空气，经过 PTC 发热元件加热后，热空气从面罩下方的出风口送入（仅适用 CJ6-0711～0715 车组）。

三、主要部件结构与功能

（一）客室空调机组

客室空调机组主要技术参数见表 2-9。

表 2-9　客室空调机组主要技术参数

型号	KLD-35E
型式	顶置单元式
电源	主回路：三相 AC 380×(1±10%) V/(50±1) Hz
	控制回路：DC 110 V(DC 77～137 V)
制冷量/台	38.5 kW(TB/T 1804 名义工况)
制热量/台	20 kW(TB/T 1804 名义工况)
通风量	4 000 m^3/h　机外静压≥280 Pa
新风量	≥1 600 m^3/h
制冷剂	R407C
输入功率	约 18.0 kW
长×宽×高	3 850 mm×1 600 mm×420 mm (注：外形尺寸为不含安装座及导流罩尺寸，高度含底部保温)
壳体材料	铝合金，表面银灰面漆

（二）司机室空调机组

司机室空调机组主要技术参数见表 2-10。

表 2-10　司机室空调机组主要技术参数

型号	KLF-4.9-CJ6-E
型式	分体式
电源	主回路：三相 AC 380 V/50 Hz
	控制回路：DC 110 V

续上表

制冷量/台	4.86 kW(TB/T 1804 名义工况)
通风量	高挡：380 $m^3/h \times 2$
	低挡：330 $m^3/h \times 2$
制冷剂	R407C
输入功率	约 2.5 kW(额定)
壳体材料	不锈钢，无涂装

（三）司机室通风单元

司机室通风单元主要技术参数见表 2-11。

表 2-11　司机室通风单元主要技术参数

电源	AC 380 V/50 Hz
通风量	645 m^3/h、450 m^3/h、240 m^3/h
通风单元输入功率	约 0.22 kW(送风时)

（四）压力保护控制装置

压力保护控制装置主要技术参数见表 2-12。

表 2-12　压力保护控制装置主要技术参数

型号	PPU-02
电源	DC 24×(1±10%) V
输入功率	20 W
主要接口	对外有 1 个 CAN 接口
压力保护阀	气动阀门，分别安装在空调机组和废排装置内

（五）取暖器

取暖器主要技术参数见表 2-13。

表 2-13　取暖器主要技术参数(仅适用 CJ6-0711～0715 车组)

型式	单元式
电源	AC 380 V/50 Hz
额定功率	500 W
加热方式	PTC 陶瓷

四、基本使用操作

空调系统可以通过司机室 HMI 屏和空调功能选择开关进行设置，按照后操作优先的原则，空调执行最新得到的操作指令。

司机室能够通过网络发送整列车空调开、整列车空调关等指令控制各车厢空调机组工作于相应的工作模式。司机室 HMI 上包含空调监控界面，可以设置和监控整列车空调系统的工作状态。

客室空调盘内设有空调功能选择开关，可对客室空调运行模式及制冷目标温度进行选择。模式选择开关设测试 1、测试 2、停机、自动、23 ℃、24 ℃、25 ℃、26 ℃、27 ℃等九个挡位。

第十二节　给排水与卫生

一、组成及原理

给排水与卫生系统作为独立功能模块整体设计制造，是以各种功能各异的产品协调组合的一个产品模块系统。给排水与卫生系统主要由卫生间、清水箱和污物箱组成。以模块化形式组成的卫生间可以实现功能组件之间的快速替代，并尽可能不改变其他功能设置。卫生间最主要的两大功能就是方便和洗漱，这两项功能都需要与电路、水路相连接，既要有清水供应还要满足污水的排放以及污物的收集；同时收集乘客在卫生间内产生的杂物，并为乘客提供一个整理仪表的私密空间。无障碍卫生间除满足残障人士使用外，还提供一个为婴幼儿换尿布的场所。

清水箱主要功能是给卫生间提供清水。清水箱供水功能是通过车辆给卫生间水泵设备供电来实现相关功能。

污物箱主要功能是通过真空集便系统收集卫生间产生的粪便和洗手盆产生的灰水。

待机时，电气控制系统控制真空发生器将污物箱内抽至一定的真空度，并使该真空度始终保持在一定范围内，一般设定为－15～35 kPa。便器冲洗时，按下冲洗按钮，系统进入便器冲洗循环过程，首先气水控制盘上水罐内的水经过便器水增压单元时被加压，并对便器进行冲洗，持续冲洗一段时间(大约 2 s)后，便器中的排泄阀打开，便盆内的粪便污水在污物箱内真空的抽吸作用下，直接被抽至污物箱内。排污结束后，排泄阀关闭，水罐开始上水，直至水罐内的液位达到预设水位，则上水结束，系统进入待机状态。卫生间工作原理如图 2-98 所示。

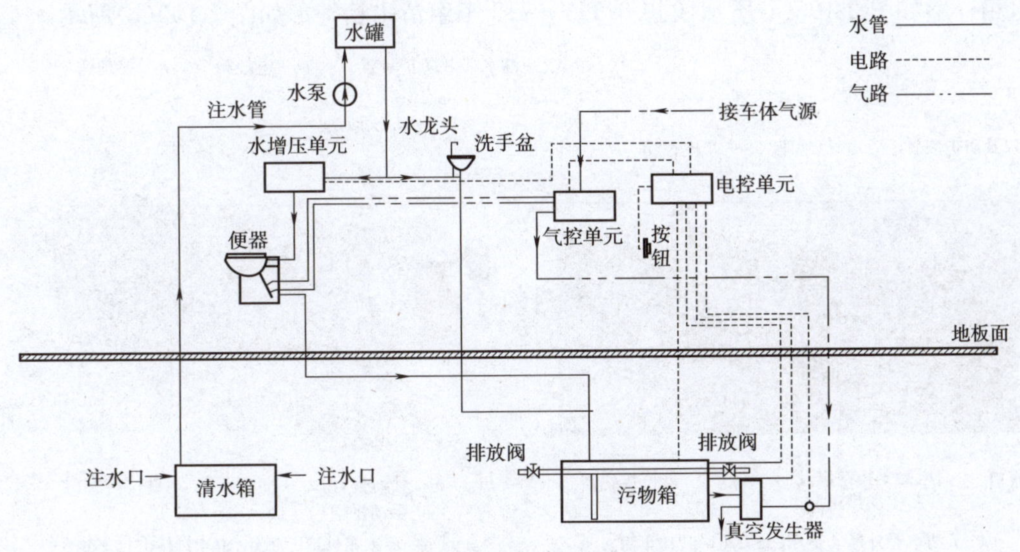

图 2-98　卫生间工作原理

二、设备布置

CJ6 型动车组给排水与卫生系统包括卫生间、清水箱和污物箱等，设备布置如图 2-99 所示。卫生间适合普通乘客和残障人士使用，方便轮椅的出入。清水箱位于列车底部，为卫生间供水。污物箱位于列车底部，用于收集卫生间产生的灰水以及污物。

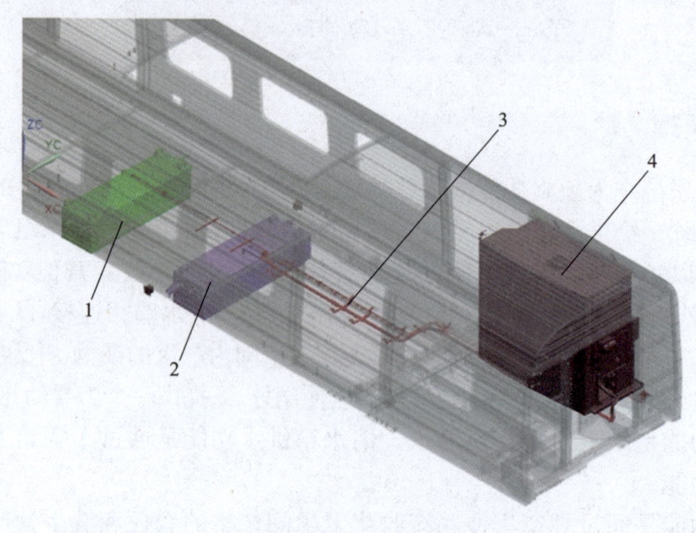

图 2-99 设备布置

1—清水箱；2—污物箱；3—管路；4—卫生间

三、主要部件结构与功能

(一)清水箱

清水箱悬挂在车身框架下，有 4 个吊环。水箱材质为不锈钢 304，CJ6-0701～0710 车组清水箱外形如图 2-100(a)所示，CJ6-0711～0715 车组清水箱外形如图 2-100(b)所示。

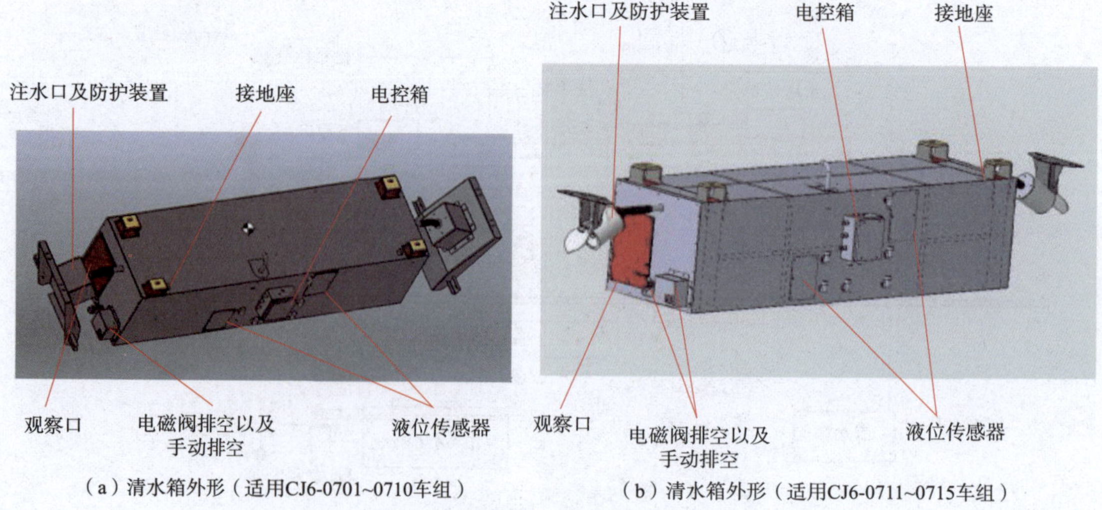

（a）清水箱外形（适用CJ6-0701~0710车组）

（b）清水箱外形（适用CJ6-0711~0715车组）

图 2-100 清水箱外形

（二）卫生间

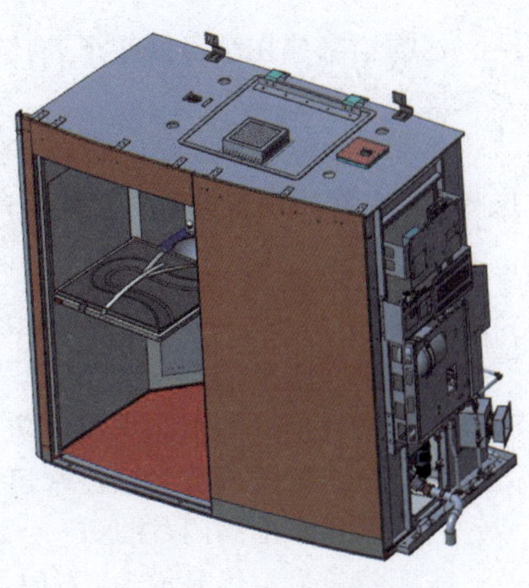

图 2-101　卫生间模型

卫生间属于模块化产品，在出厂前完成所有组装和测试，在车辆安装前被整体吊装进车体。

卫生间主要由墙体组成、外墙、手动门、顶板、地板组成，如图 2-101 所示。

1. 墙体组成

墙体组成主要包括便器侧墙及洗手台侧墙，由于车辆门口限制，卫生间墙体被分为几个可拆卸的模块。在墙体的某些区域开设了检查门，在检查门背侧区域设置一些支架来增加卫生间墙体的刚度和设备件的安装。

2. 外墙

外墙处于过道的一侧和车门的一侧，卫生间外侧墙体采用与整车一致的美工效果处理，通用卫生间外墙预留移门空间，通过相应的支架连接和支撑。

3. 手动门

手动门内外装饰表面处理与卫生间外墙一致，门周边采用铝型材封闭处理。卫生间门安装手动锁及有无人占用显示，当卫生间门被锁闭时，门锁触点发出占用信号，此信号用于旅客车厢内显示。移门导轨安装在卫生间顶部位置。

4. 顶板

顶板由两部分组成，一部分用于空调通风，另一部分为检查门，用于检修顶部设施。

5. 地板

地板为单独一个模块，预设车体连接点，用于卫生间在车辆上的连接。地板设置低门槛，方便轮椅的进出。

卫生间内部设施由洗手台区域、便器区域组成。

（三）集便装置

真空集便系统基于成熟部件设计，具备直接、高效的运输方式和耐用的系统构造。完整的真空集便系统包含西式便器单元、控制板、气动控制板等部件。

（四）污物箱

污物箱位于列车底部，用于收集卫生间产生的灰水以及污物，外形如图 2-102 所示。

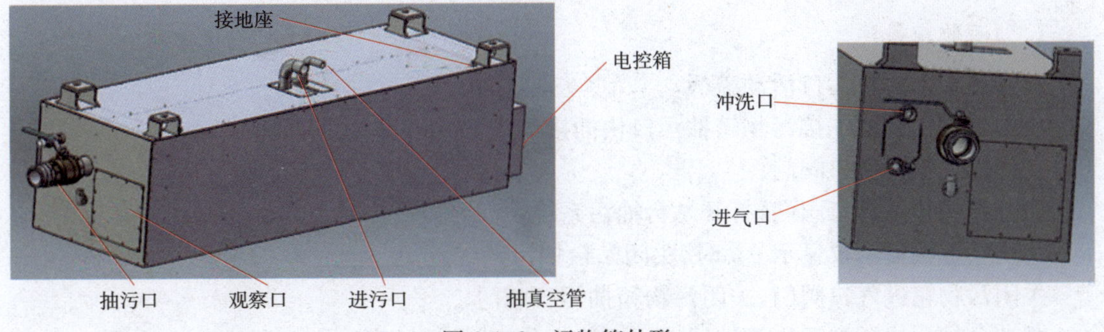

图 2-102　污物箱外形

污物箱悬挂在车身框架下，有 4 个吊环。污物箱内胆材质为不锈钢 316，外部加强筋以及蒙皮为不锈钢 304。

污物箱总容积为 500 L；设置有进污口、进气口(呼吸口)、冲洗口、抽污口、抽真空管；设置电控箱、观察口；设置有两个接地座；设置有五个液位，分别为 0%、25%、50%、75%、100%。

四、基本使用操作

(一)水箱注水

打开裙板上的水箱注水组件防护罩盖板；

将站台水枪插入清水箱注水口(注水接头满足 TB/T 1720—2017 的注水口要求)；

打开站台水枪阀门，注水；

水箱液位显示仪显示 100%时关闭水阀，分离站台水枪；

关闭注水组件防护罩盖板，注水结束。

注水组件防护罩与注水接头外形如图 2-103 所示。

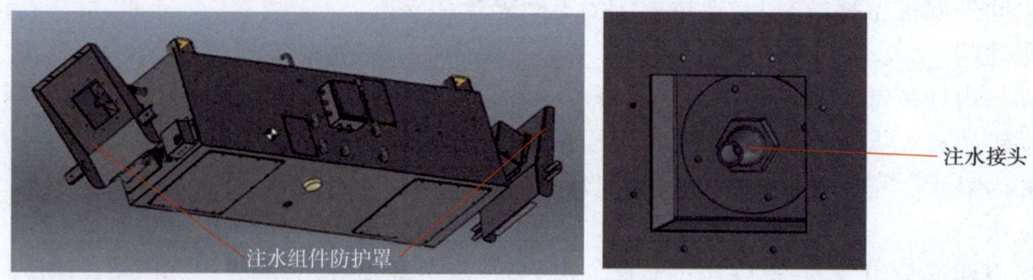

(a) 注水组件防护罩与注水接头外形（适用CJ6-0701~0710车组）

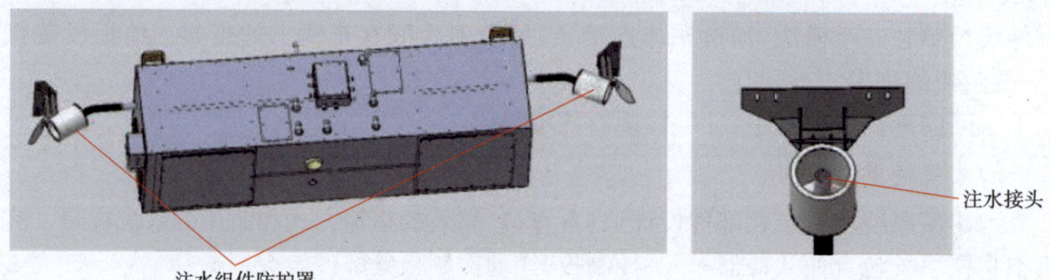

(b) 注水组件防护罩与注水接头外形（适用CJ6-0711~0715车组）

图 2-103 注水组件防护罩与注水接头外形

(二)污物箱排污

打开裙板上的排污口活动盖板；

将站台抽污快插连接污物箱抽污口快插接头；

打开污物箱进气口阀门；

打开污物箱抽污口阀门，打开站台抽污系统，开始排污；

污物箱液位显示仪显示 0%时，关闭站台抽污系统；

关闭污物箱进气口阀门，关闭污物箱抽污口阀门；

将站台抽污快插与污物箱抽污口快插接头分离，抽污结束。

（三）防冻排空

1. 电动防冻排空

启动辅助控制板上的防冻排空按钮，防冻排空开始；30 min后，防冻排空程序结束，防冻排空结束（无需人员值守）。

2. 手动防冻排空

打开车下清水箱上的防冻排空电磁阀开关，防冻排空开始；30 min后，检查水箱水是否排空，确认无水流出则关闭防冻排空电磁阀开关，防冻排空结束。

（四）卫生间报警

在卫生间内部按压SOS报警按钮（图2-104）后，卫生间外部的声光报警器闪烁，并发出报警声音。CJ6-0711～0715车组同时在司机室及机械师室HMI上弹屏显示，提醒司乘人员处理。

图2-104　卫生间SOS报警按钮

第十三节　外门及车内设施

一、组成及布置

车门系统包括司机室侧门、客室侧门和车厢内端门。

在司机室两侧各设置一套手动折页门，在Mc车每侧各设置2套双开电动电控塞拉门，Tp车每侧各设置3套双开电动电控塞拉门，在每节车厢连接处两端各设置一套端门。

车门系统布置如图2-105所示。

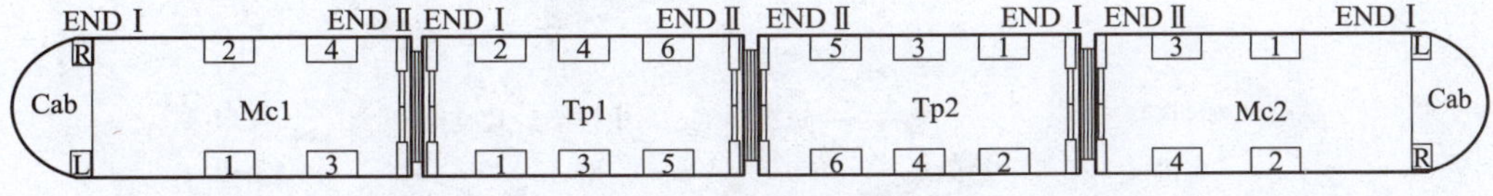

图2-105　车门系统布置

Cab—司机室；END Ⅰ—一位端；END Ⅱ—二位端；L—左侧门；R—右侧门；序号1～6—车门序号

二、主要部件结构与功能

（一）客室侧门

客室侧门主要技术参数见表2-14。

客室侧门采用电动电控塞拉门，由电子门控器控制无刷电机驱动门扇运动，由承载驱动机构、辅助锁、门扇、门框、EDCU、内外操作装置等部件构成；采用MVB（车辆网络）+CAN（门系统）网络通信方式进行控制传输、监控；采用机构螺旋锁闭+辅助锁闭装置保证运行安全性；采用多唇密封，确保密封性能；门扇厚度增加以提高门扇刚性及强度。

表 2-14 客室侧门主要技术参数

水平通过尺寸(宽度)	(1 300±4) mm
垂直通过尺寸(高度)	(1 850±10) mm
开关门延时时间	0～3.0 s 可调
开关门时间范围	3 s ± 0.5 s
供电电压	DC 110 V 波动范围:DC 77～121 V
车门关紧力	150 N (可调节范围 100～300 N)
探测最小障碍物	30 mm×60 mm (宽×高)
气密性指标	压力充至 5 200 Pa,门扇无啸叫、振动, 从 2 600 Pa 降为 1 000 Pa 的时间大于 210 s

客室侧门组成如图 2-106 所示。

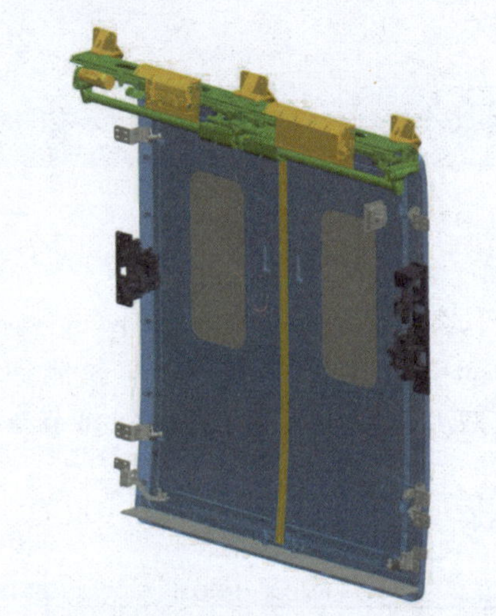

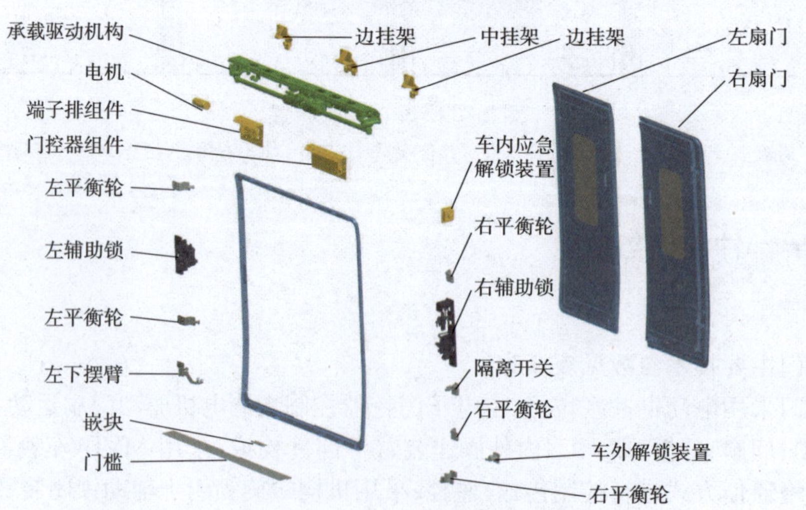

图 2-106 客室侧门组成

（二）司机室侧门

司机室侧门采用手动折页门。

司机室侧门由门框组件、门扇、门锁、踏板、止挡等部件组成，如图 2-107 所示。

司机室侧门通过宽度为 570 mm，通过高度为 1 800 mm。

（三）内端门

在每辆车的车辆连接位置设置有内端门，具体如图 2-108 所示。

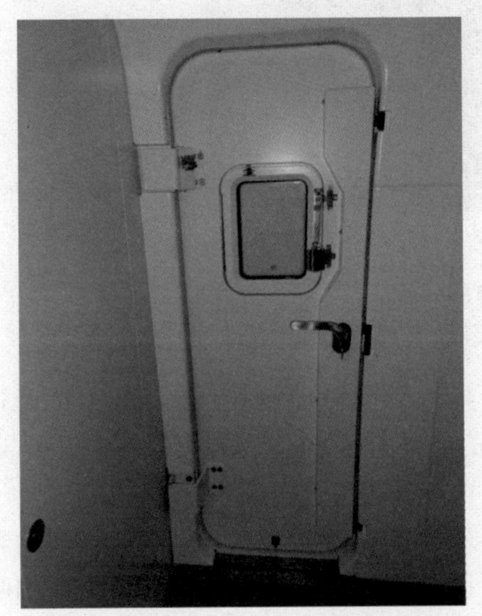

图 2-107　司机室侧门

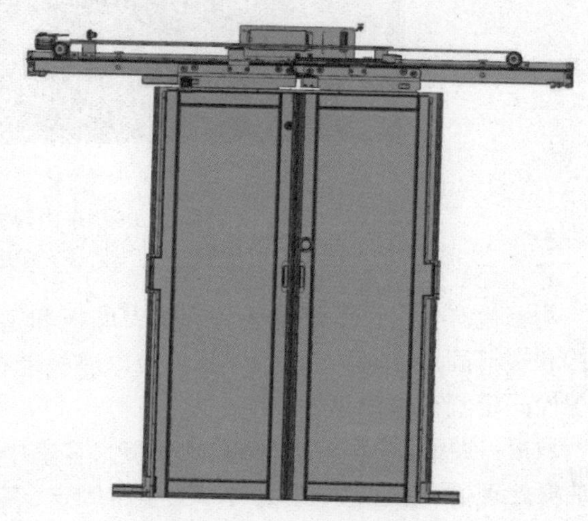

图 2-108　内端门结构

内端门为按钮式电动移动门，由一套装配好的门扇（含隔离锁、触摸开关）、一套与车体连接的承载导向机构（含电机驱动机构和短距离自动复位机构）、一套下导轨组件、一套外门框密封装置、一套手动/电动装置（安装在承载导向机构上）、电控系统（安装在车体上）等部件组成。内端门最小净通过宽度为 1 250 mm，从地板布面开始测量的自由通过高度为 2 000 mm。乘务员可以使用三角钥匙从门的两侧把门锁在关闭位置。在车体有 8° 倾斜时，即车辆在轨道超高和任何位置，内端门必须是可操作的。

每个门扇的内外侧均设置一个用于开关门的扣手；在车辆运行中，门扇和机构运行平稳，不能有异常声响；下滑道采用通长下滑道结构，保证门扇运行的平稳性；门扇为 8 mm 夹层玻璃，门必须使用合适的支架安装在车辆上，为了安装和维护，这些支架必须有足够的调整量。内端门在关闭位置应设置有锁闭装置，用以实现门系统的可靠锁闭。门锁使用四角钥匙打开或锁闭。

（四）车内设施

1. 结构部分

车内设施结构部分包括地板、侧墙板/门立柱罩、顶板（客室中顶板、侧顶板）、行李架、通过台等，如图 2-109 所示。

地板：地板采用铝蜂窝地板，在端部转向架的上方和牵引变压器的上部底架加贴阻尼材料隔振。地板表面铺装橡胶地板布。

图 2-109 车内设施结构部分

1—顶板；2—通过台；3—行李架；4—地板；5—座椅；6—侧墙板/门立柱罩

侧墙板/门立柱罩：侧墙板分为窗口墙板和窗下墙板。采用玻璃钢模压工艺，主要通过插接和螺钉固定在车体型材上，其中窗口墙板带有卷帘机构。门立柱罩采用玻璃钢模压，通过螺栓固定到车体门立柱。

顶板：顶板分为客室中顶板、侧顶板。客室中顶板采用冲孔铝板粘骨架的结构，表面采用油漆处理，两侧通过连接梁与车顶型材固定；客室侧顶板材质为芳纶蜂窝板，表面采用喷漆处理，LED 灯带安装在其上部型材上，通过安装卡固定。烟火报警器、扬声器、目的地显示器检修时需要拆卸对应位置 LED 灯和侧顶板。

行李架：采用铸铝托架、前后型材、透光隔板结构。透光隔板的设置方便乘客查看行李。更换隔板时只需拆卸行李架后型材压条即可。

通过台：通过台包括机械师/乘务员室和端部电气柜。柜体采用铝蜂窝复合结构，表面采用贴膜处理，与车体侧墙是通过插接型材连接的，与地板通过铆螺母、螺钉与车体连接。

2. 设备部分

车内设施设备部分主要包括内部门、客室座椅等。其中内部门主要包括乘务员室手动滑动门、机械师室手动滑动门、司机室后端门等，如图 2-110 所示；客室座椅主要包括双人座椅、折叠座椅。双人座椅主要由靠背、坐垫、侧扶手、座椅骨架、网兜及其他附属部件组成，如图 2-111所示。

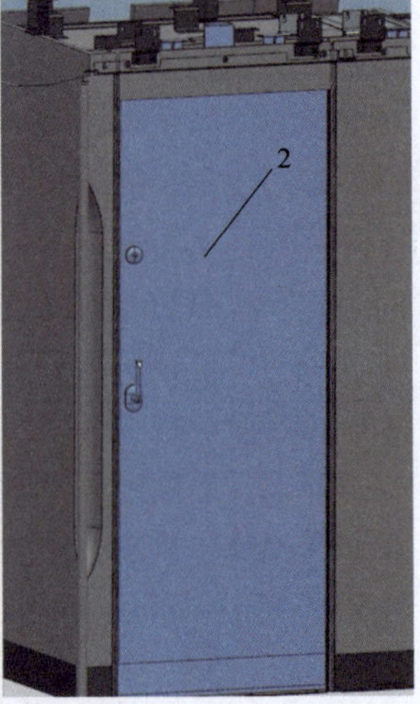

图 2-110 内部门

1—司机室后端门；2—机械师/乘务员室手动滑动门

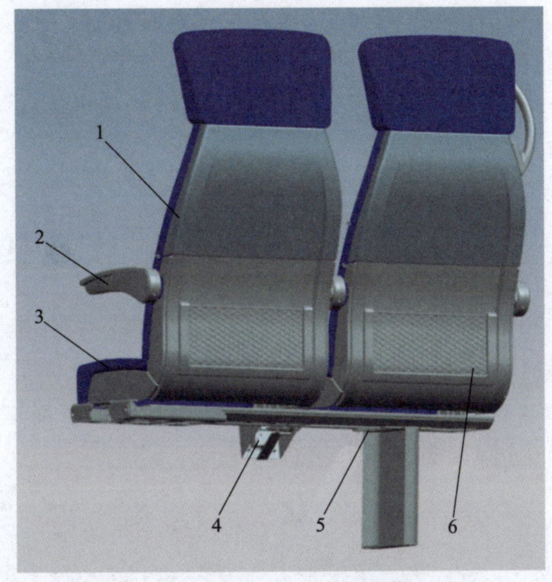

图 2-111　座椅

1—靠背；2—侧扶手；3—坐垫；4—插座；5—座椅骨架；6—网兜

第十四节　驾驶设施

司机室布置在 CJ6 型动车组两端的头车上，是司机对动车组的主要操纵平台。列车在运行过程中，司机根据线路信号状态和周边情况，通过对司机室内相关设备的相应操作，完成动车组牵引、制动控制，同时控制全列动车组的空调、车门和广播等设备。

一、组成及布置

驾驶设施主要由操纵设施和驾驶配套设施组成。操纵设施主要包括显示器、仪表、指示灯、开关按钮、通讯电话、司控器等，这些设备集中安装在操纵台上，共同完成操控动车组的操作；驾驶配套设施主要包括电气边柜、雨刮器、风笛、前照灯、遮阳帘、座椅等。CJ6 型动车组采用单司机驾驶模式，驾驶设施在司机室内据此布置：司机室前窗设置有雨刮器和遮阳帘；前窗上方设置前照灯；司机室侧窗下方设置电气边柜；司机室中部设置操纵台和司机座椅；司机室顶板设置司机室灯。

二、操纵设施

（一）操纵设施分类

操纵设施主要包括显示器、仪表、指示灯、开关按钮、通讯电话、司机控制器等。根据各设备的主要功能特点和动车组控制通信原理，对操纵设施分类如下：

（1）显示控制类：ATP 显示器（1 个）、HMI 显示器（1 个）、LKJ 显示器（1 个）、CIR 显示器。

（2）仪表指示类：电压表、双针压力表、BP 压力表等。

（3）主控操作类：司控器、紧急制动开关、VCB 扳键开关、受电弓扳键开关、复位按钮、紧急复位按钮、风笛扳键开关、撒砂扳键开关、操纵模式选择按钮。

(4)联络类:无线打印机、无线话筒、广播话筒等。

(5)辅助类:雨刮器开关、遮阳帘开关、开关左右门按钮、司机室灯开关、前照灯开关等。

(6)其他:司机室空调控制开关等。

(二)操纵设施布置

司机操纵台主要包括操纵台(台面操作区和仪表操作区)、司机台右侧柜、司机台左侧柜、脚踏板。操纵台设备布局如图 2-112 所示。

仪表盘功能区主要布置司机在行车过程中要操作的显示器、电话、仪表及指示灯等设备。此外,为了防止误操作,将紧急制动开关也布置在仪表盘立面上。仪表盘区设备从左往右依次布置车载无线电、LKJ 显示屏、紧急停车蘑菇按钮、ATP 显示屏、HMI 显示屏、拾音器、仪表指示灯、CIR 打印机,骨架帽檐上设置阅读灯。

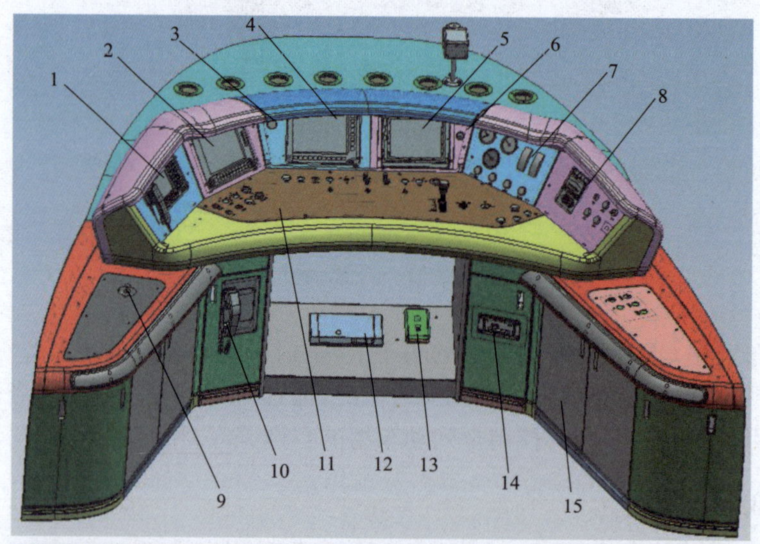

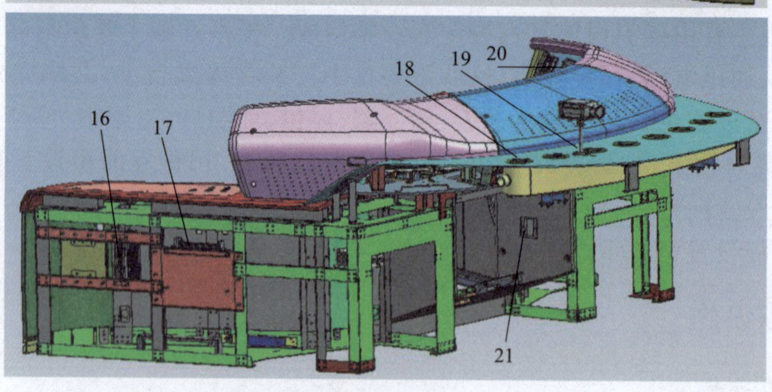

(a)操纵台设备布局(适用 CJ6-0701～0710 车组)

1—车载无线电;2—LKJ 显示屏;3—紧急停车蘑菇按钮;4—ATP 显示屏;5—HMI 显示屏;6—拾音器;7—仪表指示灯;8—CIR 打印机;9—音量调节器;10—I 型联络电话;11—台面操作区;12—司机无人警惕开关;13—风笛脚踏开关;14—EOAS 数据转储装置;15—右侧柜操作区;16—网络模块;17—端子排;18—空调出风口;19—线路摄像机;20—帽檐内镶嵌的阅读灯;21—方便插座

图 2-112

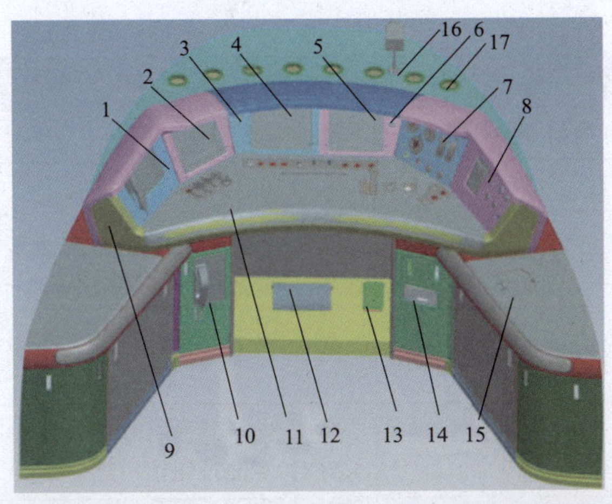

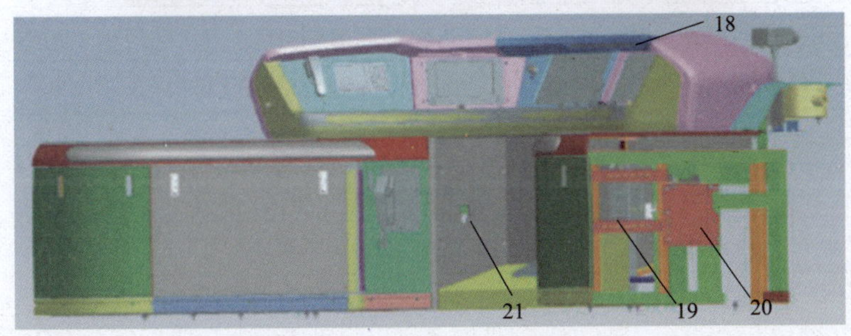

(b)操纵台设备布局(适用 CJ6-0711～0715 车组)

1—车载无线电;2—LKJ 显示屏;3—紧急停车蘑菇按钮;4—ATP 显示屏;5—HMI 显示屏;6—拾音器;7—仪表指示灯;8—CIR 打印机;9—音量调节器;10—I 型联络电话;11—台面操作区;12—司机无人警惕开关;13—风笛脚踏开关;14—EOAS 数据转储装置;15—右侧柜操作区;16—线路摄像机;17—空调出风口;18—帽檐内镶嵌的阅读灯;19—网络模块;20—端子排;21—方便插座

图 2-112　操纵台设备布局

司机台左侧柜面板上布置Ⅰ型联络电话的音量调节器,左侧柜内布置雨刮器水箱、控制盒等,柜门上布置Ⅰ型联络电话。

司机台右侧柜面板上布置控制开关,柜内布置端子排、灭火器、网络模块和阅读灯电源等,柜门上布置 EOAS 转储装置。

司机台脚踏板上布置司机无人警惕开关和风笛脚踏开关,左侧布置方便插座。

仪表盘上的各设备需要检修时,可以分别拆下几块帽檐上的螺钉,取下帽檐,即可取下每块独立的设备安装板,大大提高了检修效率,同时此结构隐藏了安装紧固件,较为美观。

(三)主要操纵设施功能

操纵台主要设备功能见表 2-15。

表 2-15　操纵台主要设备功能

序　号	名　　称	功　　能
1	手动过分相按钮	按下手动过分相按钮,红灯亮,启动手动过分相过程
2	雨刮器控制开关	控制雨刮器动作
3	遮阳帘开关	遮阳帘控制

续上表

序 号	名 称	功 能
4	头灯控制开关	头灯强弱控制
5	司机室顶棚灯仪表灯控制开关	司机室照明、仪表灯控制
6	开左门按钮	按下开左门按钮，整车左侧车门打开；当所有左侧车门已打开时，点亮按钮指示灯
7	左门释放按钮	按下左门释放按钮，整车左侧门允许被打开，点亮按钮指示灯
8	关左门按钮	按下关左门按钮，整车左侧车门关闭；当所有左侧车门关好时，点亮按钮指示灯
9	踏面清扫按钮	实施踏面清扫
10	停放制动施加按钮	施加停放制动（带红色灯）
11	停放制动缓解按钮	缓解停放制动（带绿色灯）
12	撒砂按钮	实施手动撒砂
13	风笛脚踏	触发高低音风笛
14	受电弓控制扳键	控制受电弓的升降
15	主断路器控制扳键	控制主断路器的闭合和断开
16	恒速按钮	按下恒速按钮，动车组开始恒速运行
17	空调模式选择开关	调节司机室空调工作模式、风量
18	空调温度选择开关	调节司机室空调温度
19	乘客紧急请求干预按钮	10 s 内干预乘客制动请求
20	开右门按钮	按下开右门按钮，整车右侧车门打开；当所有右侧车门已打开时，点亮按钮指示灯
21	右门释放按钮	按下右门释放按钮，整车右侧门允许被打开，点亮按钮指示灯
22	关右门按钮	按下关右门按钮，整车右侧车门关闭；当所有右侧车门关好时，点亮按钮指示灯
23	空调正常指示灯	司机室空调工作正常，绿色
24	空调故障指示灯	司机室空调故障，红色
25	所有门关好指示灯	确认整车车门关闭状态
26	乘客紧急请求指示灯	显示乘客紧急请求
27	窗加热按钮	按下窗加热按钮，启动窗加热功能
28	指示灯测试按钮	按下指示灯测试按钮，司机台上的所有指示灯均会点亮
29	洗车模式开关	按下洗车模式按钮，列车限速 3 km/h
30	制动施加指示灯	显示制动施加

续上表

序　号	名　　称	功　　能
31	制动缓解指示灯	显示制动缓解
32	前开闭机构开关	控制开闭机构舱门打开和关闭
33	开闭机构到位指示灯	开闭机构舱门关闭到位、打开至最大开度(到位后机械锁闭,否则警报灯亮)
34	开闭机构警示指示灯	开闭机构打开或关闭不到位
35	连挂按钮	按下连挂按钮,列车限速 5 km/h 进行连挂
36	解钩按钮	控制全自动车钩电气钩头后退,机械钩头自动解锁
37	司控器牵引制动单元	发出牵引/制动指令
38	司控器方向转换单元	将方向开关打到“向前”位,列车向前运行,将方向开关打到“向后”位,列车限速推行
39	司控器钥匙开关	司控器钥匙开关打到“ON”位,列车激活

(四)基本使用操作

操纵台主要操纵设施使用操作见第三章。

三、驾驶配套设施

驾驶配套设施主要包括电气边柜、雨刮器、前照灯、遮阳帘、座椅等。

(一)电气边柜

操纵台电气边柜位于操纵台操控区的左右两侧,左柜主要布置雨刮器的水箱、控制盒等设备,如图 2-113 所示。右柜主要布置端子排、网络模块、灭火器、阅读灯电源等设备,如图 2-114 所示。

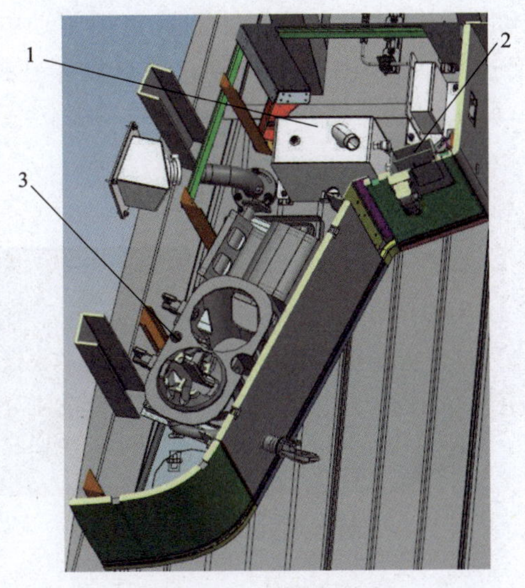

图 2-113　操纵台左柜

1—雨刮器水箱;2—雨刮器控制盒;3—过渡车钩

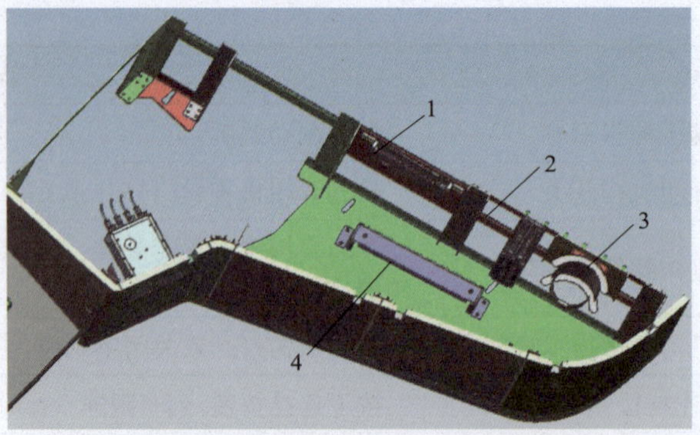

(a)操纵台右柜(适用 CJ6-0701～0710 车组)

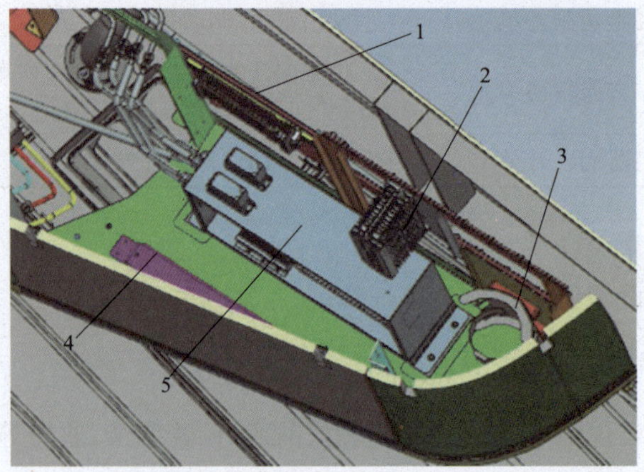

(b) 操纵台右柜(适用 CJ6-0711～0715 车组)

图 2-114 操纵台右柜

1—端子排;2—网络模块;3—灭火器;4—阅读灯电源;5—开闭机构电气柜

(二)雨刮器

驾驶室前窗安装有电动雨刮器装置。雨刮器装置包括驱动电机、刮臂组成、刮片组成、控制箱、水箱、穿墙接头、连接导线、车内输水管等。通过设置在操纵台上的雨刮器控制开关,实现启动、关闭雨刮器,调整雨刮器动作速度、喷水等功能。

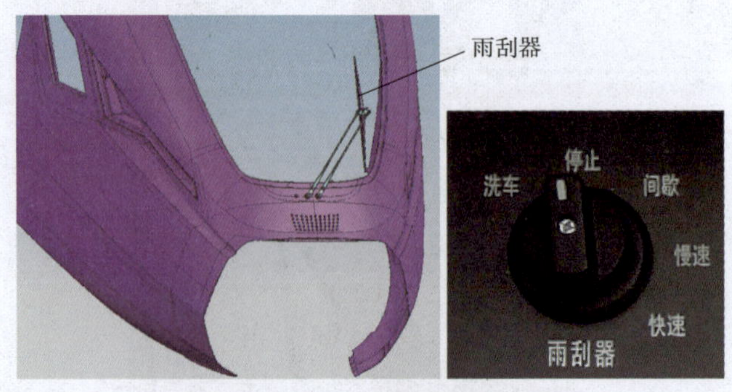

图 2-115 雨刮器

(三)前照灯

司机前窗玻璃上侧和左右两侧布置有前照灯和标志灯,车辆在启动状态时,司机需打开头灯按钮，前照灯打开。车辆外部照明受司机室控制，当激活某一端的车头时该侧车头的白色运行灯点亮，另一侧车头红色运行灯自动点亮，激活一侧的车头远光、近光灯受司机控制，切换到弱光时近光灯点亮，切换到强光时远光灯点亮。前照灯如图 2-116 所示。

前组合灯通过操纵台左侧前照灯拨键开关控制，当司机室激活时，若头灯开关处于“强”，远光灯亮，若头灯开关处于“弱”，近光灯亮。头车司机室激活时，头车白色标识灯点亮，尾车红色标识灯点亮。前照灯控制开关如图 2-117 所示。

图 2-116　前照灯

图 2-117　前照灯控制开关

（四）遮阳帘

在司机室前窗玻璃内侧设置电动遮阳帘。遮阳帘由电动卷收机构和导杆组成。遮阳帘通过设在操纵台上的开关控制，即按即行，松开即停。遮阳帘如图 2-118 所示。

（五）座椅

CJ6 型动车组司机室设置司机座椅，如图 2-119 所示。司机座椅由头枕、靠背、扶手、坐垫、减振机构等组成。座椅设置挺腰机构，调节简单，舒适性高。

图 2-118　遮阳帘

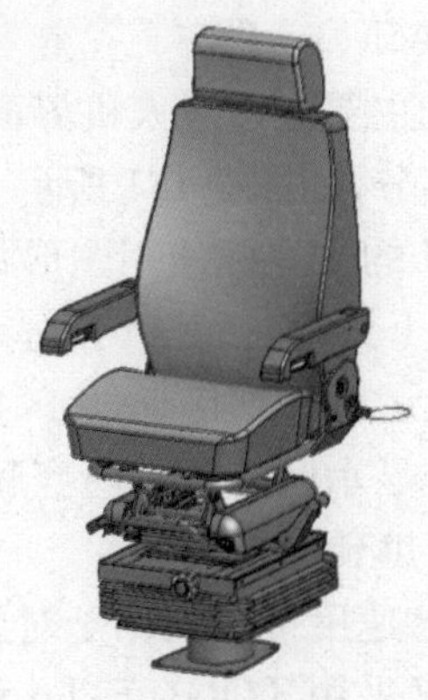

图 2-119　司机座椅

第十五节　电务车载系统

一、组成及布置

电务车载系统包括 ATP 系统、LKJ 系统及 CIR 系统。

ATP 系统、LKJ 系统及 CIR 系统显示器及操作界面位于司机室操纵台，主机分布在 01 车（Mc1）及 04 车（Mc2）的信号柜和继电器柜内，相应的通信天线分布在车顶和车底，速度传感器安装在车辆的轴端。

二、主要部件结构及功能

（一）ATP 系统

ATP 系统为列车自动防护系统，根据地面（应答器、轨道电路）提供的数据实时控制列车运行速度，防止列车运行时冒进、超速等，保证列车在行车许可内安全运行。

ATP 系统由 ATP 主机、BTM 主机、BTM 天线、FSK 天线、速度传感器、DMI 显示器等组成，如图 2-120 所示。

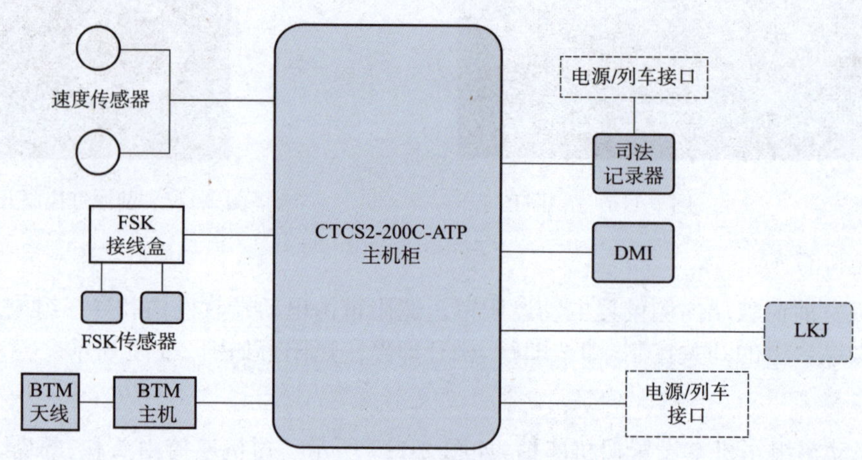

图 2-120　ATP 系统

1. DMI 显示器

司机主要通过对人机界面（DMI）的操作来实现对列车的控制。DMI 主要包括主显和辅显两部分，如图 2-121 所示。

DMI 的主界面使用图形化的方式显示由车载设备主机发送来的数据。显示界面被划分为 A～F 六个区域，A 区显示距离监控信息，B 区显示速度信息，C 区显示辅助驾驶信息，D 区显示运行计划信息，E 区显示监控信息，F 区显示功能键信息，如图 2-122 所示（仅用于说明各个显示区的显示内容和位置，数据显示不具备逻辑性）。

2. 速度传感器

ATP 速度传感器用于对当前列车速度进行检测，并通过速度信号进行安全计算。

ATP 采用 TQG15F-Tn 型六通道光电转速传感器。速度传感器均安装于 02 车和 03 车的非动力转向架 1 的轴端，如图 2-123 所示。

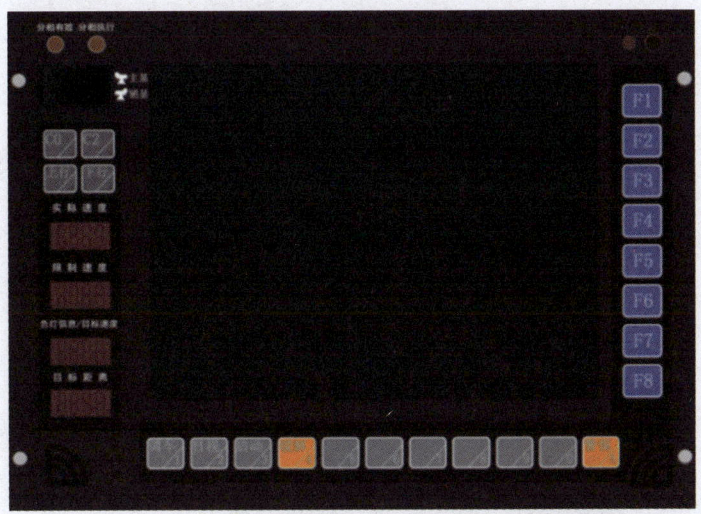

图 2-121　DMI 外观

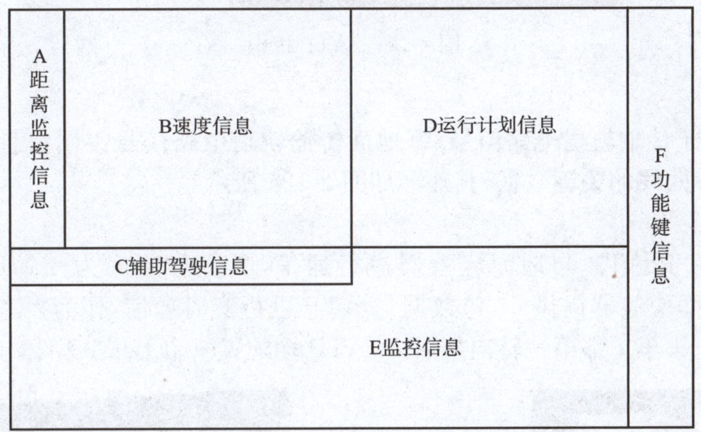

图 2-122　DMI 主界面区域划分

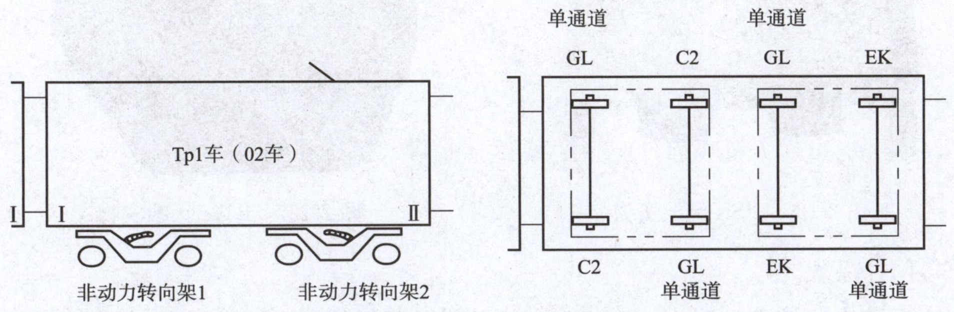

图 2-123　ATP 速度传感器分布

3. ATP 主机

ATP 主机由电源模块、风扇单元、BTM 单元、CFSK 单元等组成，用于进行控车曲线计算、控制输出安全信号（制动、牵引切除、过分相等），并对车辆反馈工况信号及当前 ATP 状态进行记录。ATP 机柜尺寸为 550 mm×1 054 mm×540 mm（宽×高×深），如图 2-124 所示。

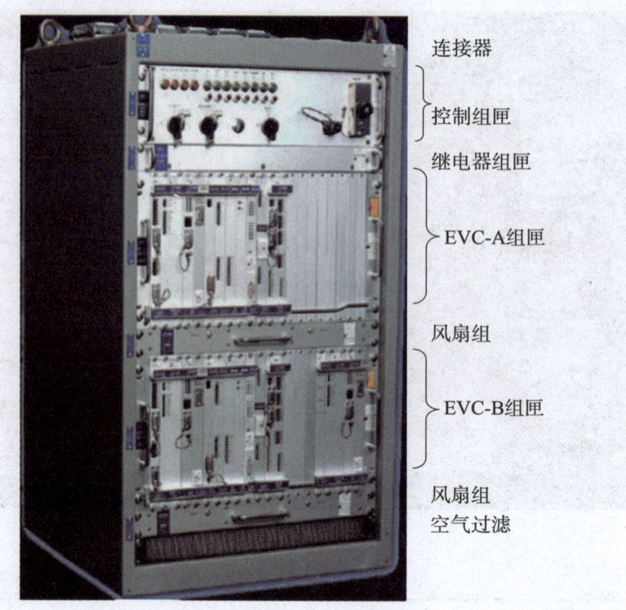

图 2-124 ATP 机柜

4. FSK 天线

FSK 天线用于传输轨道电路信号，将地面传输轨道电路信号占用信息提供给 ATP 进行计算，作为控车曲线的关键数据，其外形如图 2-125 所示。

5. BTM 天线

BTM 天线用于 ATP 与地面应答器进行通信，其上行频率为 4 MHz，下行频率为 27 MHz，通过地面应答器提供 68 包数据与 ATP 进行实时通信，作为控车曲线关键数据，BTM 天线安装于头车下部第一转向架后方，ATP 均配置一个 BTM 天线。

图 2-125 FSK 天线实物

图 2-126 BTM 天线实物

（二）LKJ 系统

LKJ 系统由监控主机箱、人机交互单元（又称屏幕显示器）、LKJ 功能扩展盒、GPS 信息接收装置、速度传感器、事故状态记录器及专用连接线缆等组成，如图 2-127 所示。

1. LKJ 主机

LKJ 主机为系统控制中心，其内部由 A、B 两组完全相同的控制单元组成（左边为 A 组，右边为 B 组），每组有八个插件位置，各插件位置以机箱垂直中心线为基准对称排列，从中心线开始往左、右，各插件排列顺序依次为：监控记录、地面信息、通信、模拟量输入/出、扩展通信、数字输入、数字量输入/出、电源。LKJ 主机插件排列如图 2-128 所示。

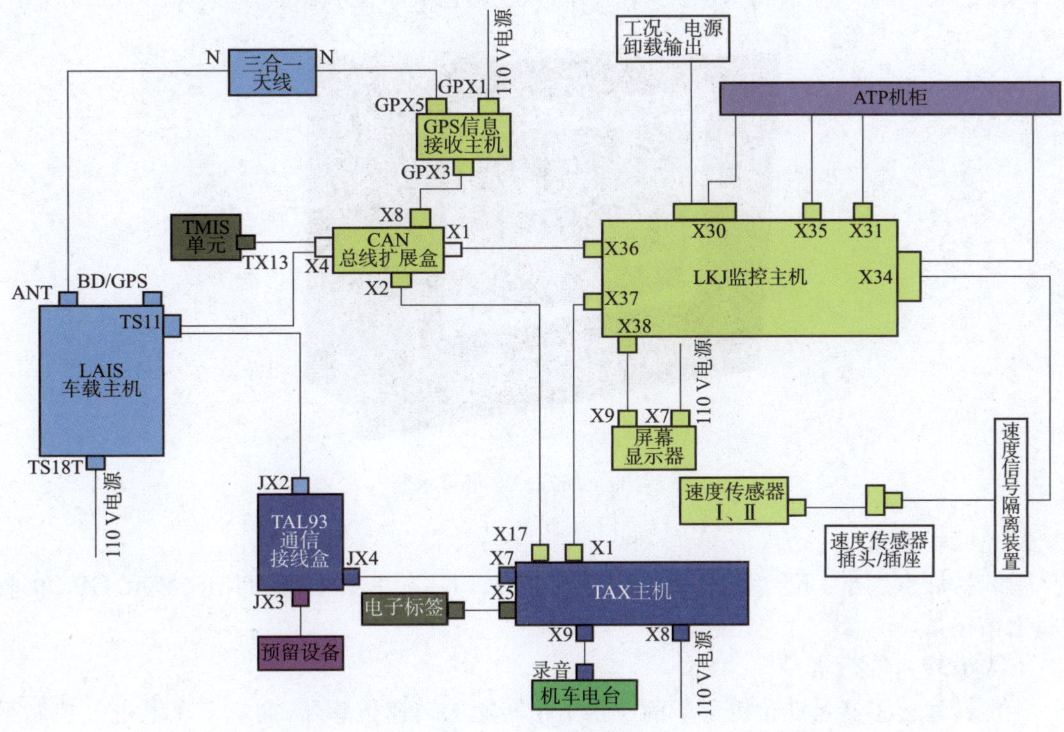

图 2-127　LKJ 系统

电源A	数字入出A	数字输入A	扩展通信A	模拟入出A	通信A	地面信息A	监控记录A	监控记录B	地面信息B	通信B	模拟入出B	扩展通信B	数字输入B	数字入出B	电源B

图 2-128　LKJ 主机插件排列

2. LKJ2000 型显示器

LKJ2000 型显示器采用 10 英寸 TFT 高亮度彩色液晶显示屏，其外形如图 2-129 所示。

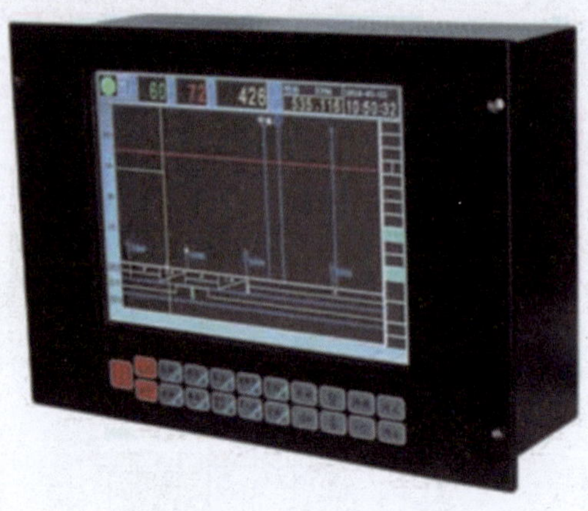

图 2-129 LKJ2000 型显示器

3. 总线扩展盒

总线扩展盒用于 LKJ 主机与 LAIS 车载主机、LKJ 功能扩展盒、TMIS 单元、GPS 接收主机通信接口。

4. 光电转速传感器

光电转速传感器是铁路机车车辆检测车轮转速的转速传感器，向机车车辆电气控制系统提供与车轮转数成比例的电脉冲信号，其安装位置如图 2-130 所示。

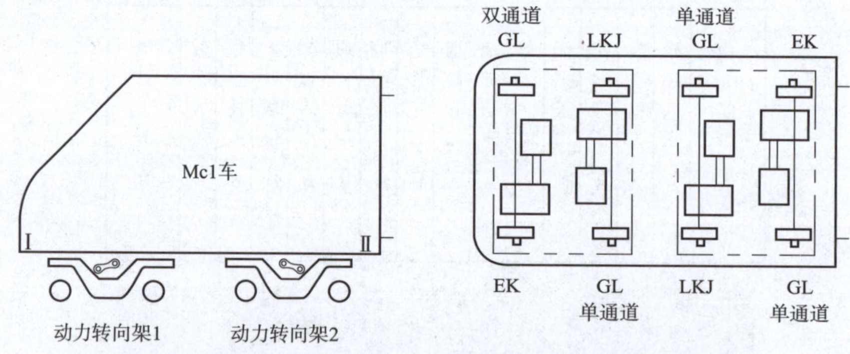

图 2-130 LKJ 速度传感器安装位置(标注 LKJ 的轴端处)

5. 电子标签

电子标签安装在车辆底部，用于向地面 AEI 设备传送动车组信息和接收地面上传的有关信息；车载编程器(TMIS 板)安装在动车组 TAX2 箱中，用于存储列车有关信息、向电子标签写入信息和接收地面上传到电子标签中的信息、与 LKJ 进行通信接收车次等信息并向 LKJ 传送地面上传的信息；标签电缆用于连接电子标签和 TAX 装置。电子标签实物如图 2-131 所示。

图 2-131 电子标签

6. TAX2 主机

TAX2 主机以电源单元和通信记录单元作为基本配置，该基本配置主要有串行通信功能、记录功能、数据转储功能和数据分析处理功能。

(三)CIR 系统

机车综合无线通信设备(CIR)是铁路无线列调通信系统机车电台的升级换代设备。该设备由主机、操作显示终端(MMI)、送(受)话器、扬声器、打印终端、连接电缆、天馈单元及机车数据采集编码器等组成，其中，主机又分为标准型和小型化两种。

CIR 设备用于铁路 GSM-R 和 450 MHz 无线列调系统，为机车与机车之间、机车和地面之间提供语音和数据的传输通道，如图 2-132、图 2-133 所示。

1. 主机、合路器

主机安装于 01 车(Mc1)及 04 车(Mc2)继电器柜内。主机包括 A、B 子架，均采用 3U 柜。主机采用一体化机箱式外形结构，如图 2-134 所示。

合路器实物如图 2-135 所示。

2. 操作显示终端

操作显示终端安装于司机室左侧台面，如图 2-136 所示，其实物如图 2-137 所示。

3. 送(受)话器

送(受)话器是指用于通信系统中的传声器和听筒，安装位置如图 2-136 所示。

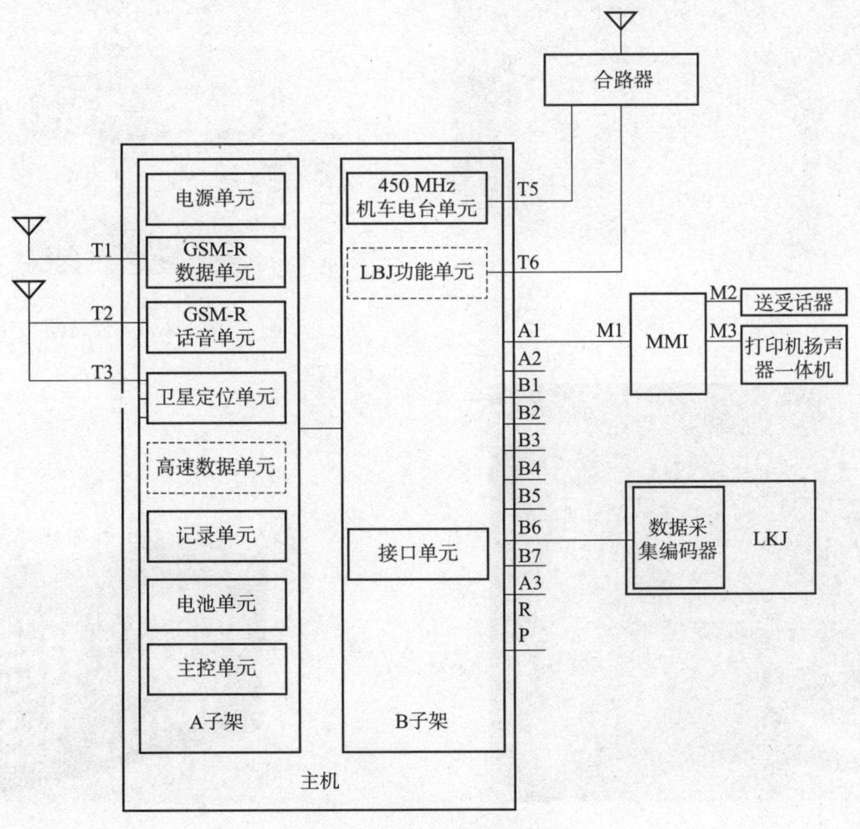

图 2-132　CIR 设备组成

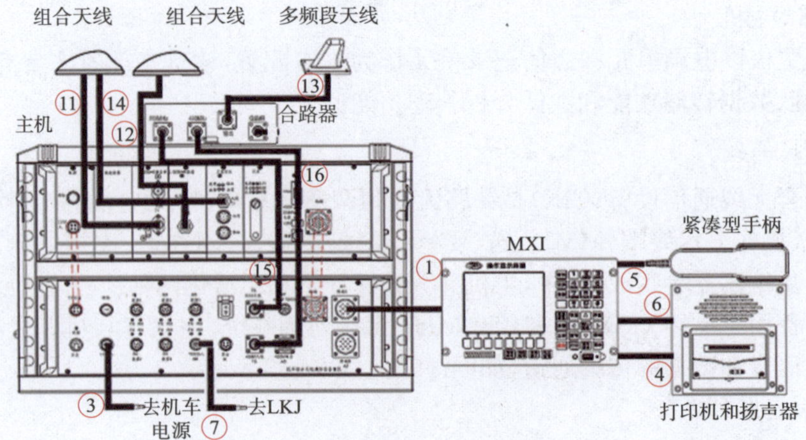

图 2-133 CIR 设备组成及连接

1—MMI 控制电缆；3—电缆电源；4—打印机电缆；5—紧凑型手柄电缆；6—扬声器电缆；7—TAX 电缆；
11—CSMR 语音天线电缆；12—GSMR 数据天线电缆；13—多频段天线电缆；
14—GPS 天线电缆；15—800 M 天线电缆；16—450 M 天线电缆

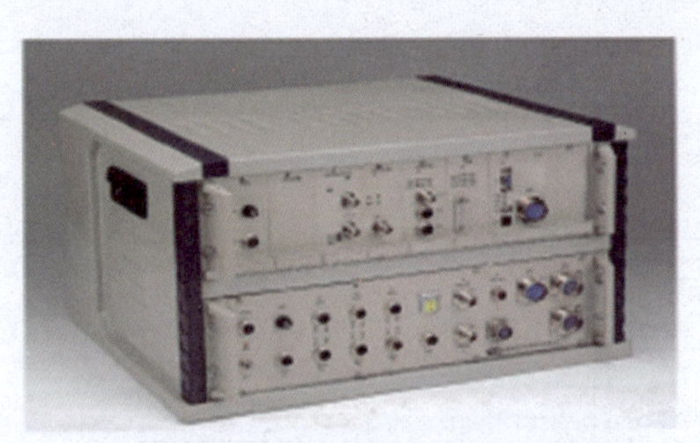

图 2-134 CIR 主机

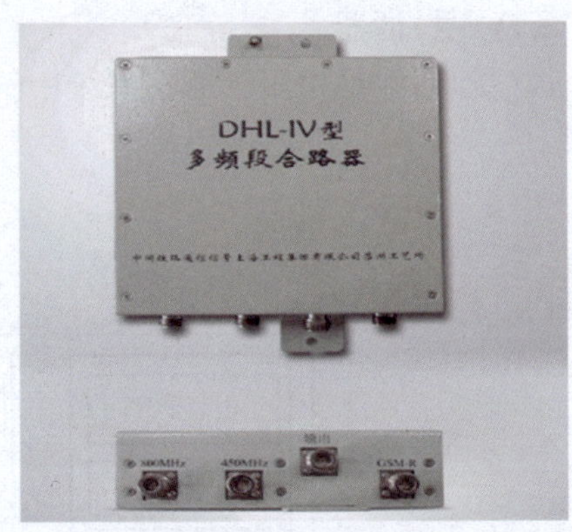

图 2-135 合路器

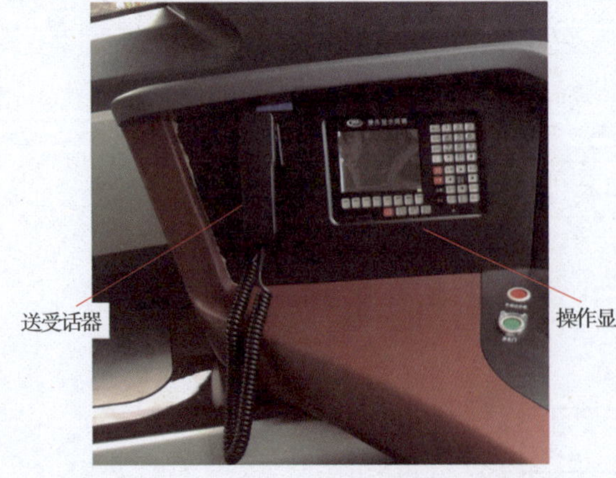

图 2-136 操作显示终端安装位置

图 2-137 操作显示终端

4. 打印机与扬声器

打印机与扬声器安装于司机室右侧台面，打印机扬声器一体化，即打印机和扬声器集中安装在同一块安装板上，再将此板安装在驾驶室便于司机操作的位置，如图 2-138 所示。

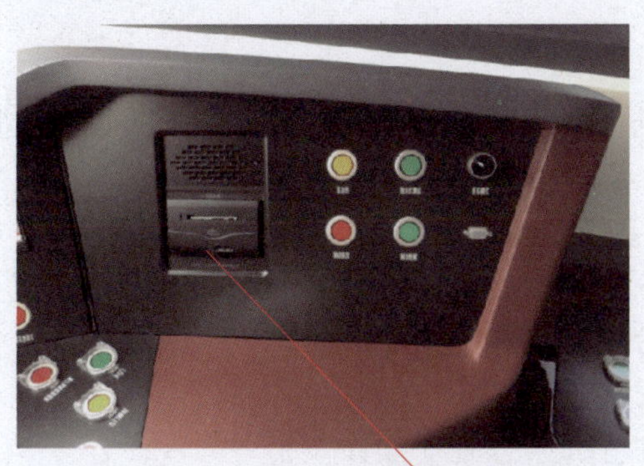

图 2-138　打印机与扬声器

5. 天线

多频段天线及 GPS-R＋GPS 组合天线 1、GPS-R＋GPS 组合天线 2 安装于 01 车(Mc1)及 04 车(Mc2)车顶，具体安装位置如图 2-139 所示。

多频段天线采用椭圆形天线，如图 2-140 所示。GPS 组合天线如图 2-141 所示。

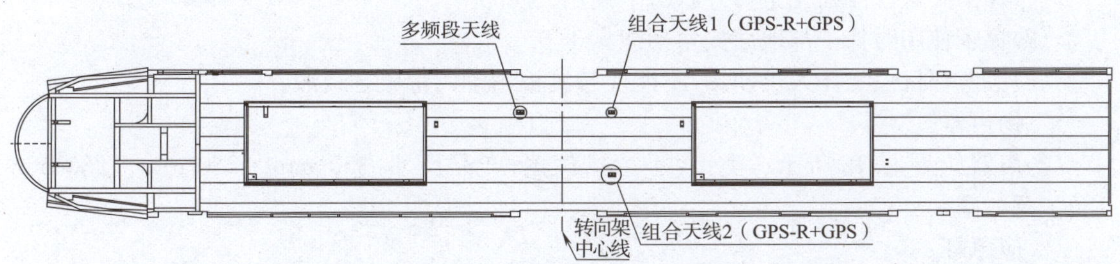

图 2-139　车顶天线安装位置

图 2-140　多频段天线

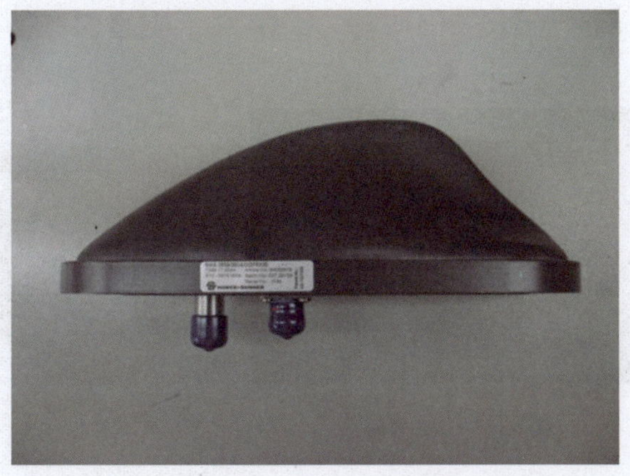

图 2-141　GPS 组合天线

第十六节 紧急设施和安全疏散

一、紧急设施

紧急设施可分为司机用紧急设备、客室应急设备、灭火设备、逃生设备及紧急按钮等，最大可能的为旅客提供一个安全可靠的乘车环境，具体如下：

司机用紧急设备：应急灯、响墩、扬声器、紧急制动按钮。

客室应急设备：防护网、紧急渡板、应急梯。

灭火设备：水性/干粉灭火器。

逃生设备：紧急窗、安全锤。

紧急按钮：紧急报警按钮、紧急制动操作设施。

二、紧急设施设备及其功能

（一）司机用紧急设备

在 03 车备品柜内各放置响墩、应急灯、扬声器等设备一套，当列车在运行途中出现紧急故障时用。

应急梯使用条件：

（1）梯子必须仅能在完全打开状况下使用。

（2）梯子使用时梯子与地面夹角不能大于 60°。

（3）应急梯仅供工作人员使用，不能代替渡板用于大量旅客疏散。

1. 扬声器

扬声器如图 2-142 所示。类型：手持扬声器；产品尺寸：350 mm×230 mm×230 mm（长×宽×高）。

2. 应急灯

应急灯如图 2-143 所示。类型：充电式 LED 灯；型号：YD-9000。

3. 响墩

响墩如图 2-144 所示。类型：75-1；数量：6 个。

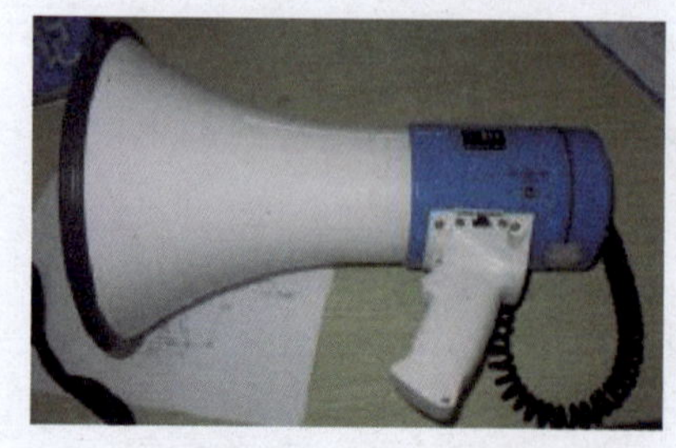

图 2-142 扬声器

图 2-143 应急灯

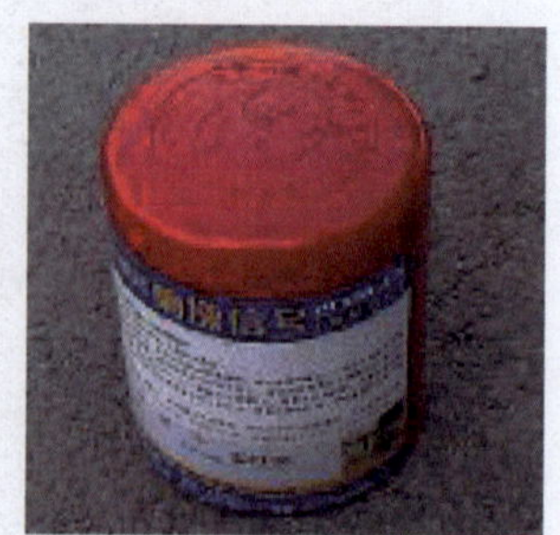

图 2-144 响墩

4. 紧急制动按钮

在司机操纵台设置紧急制动按钮，按下司机操纵台紧急制动按钮，施加紧急制动，紧急制动按钮位置如图 2-145 所示。

图 2-145　紧急制动按钮位置

紧急制动缓解：

紧急制动触发停车后，将紧急制动按钮旋转复位后，进行以下操作：按下停放制动施加按钮，确认停放制动施加红色指示灯亮，全列车停放制动施加；司控器手柄置于“常用制动”位。

(二)客室应急设备

CJ6 型动车组在 03 车(Tp2)设 1 套紧急渡板、4 套侧门防护网、1 套应急梯。

1. 应急梯

在 03 车内放置的梯子，是供司机紧急情况时无高站台处下车用。

(1)规格参数

尺寸：梯宽尺寸要求为 460 mm，梯级间隔等距离分布，收缩高度不超过 800 mm，最大使用高度不少于 2 000 mm。

自重：约 5 kg。

(2)材料

梯子主要由材质为铝合金的结构组装而成，部件表面进行消光(无抛光)处理，包括必要的(但不限于)防滑组件、支撑轨道体、移动轨道体、伸缩组件、定向脚轮、挂钩等。梯子实物如图 2-146 所示。

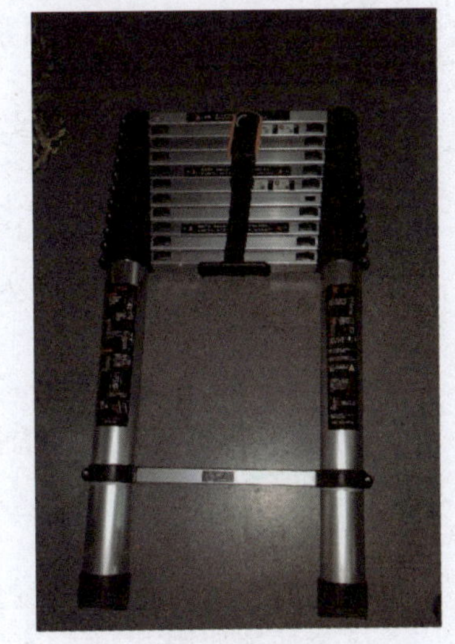

图 2-146　梯子

2. 侧门防护网

(1)规格参数

外形尺寸：1 350 mm×1 320 mm(高×宽)。

网格尺寸：160 mm×190 mm(高×宽)。

(2)材料

两侧护栏：不锈钢钢管。

护网：尼龙。

(3)使用方法

使用时根据具体情况打开合适数量的侧门,装好防护栏杆,为保证安全,只允许打开靠站台侧的车门,并需乘务人员值守。

防护栏杆安装在侧门门口处的扶手杆上,通过四个固定卡夹持在扶手杆上,具体如图 2-147 所示;安装时需保证编织网上的警示标识在车内看是正面。

图 2-147 侧门防护网

在使用时,从防护栏杆存放处取出防护栏杆,展开防护网,然后把防护栏杆立柱上两个卡箍上的拧紧螺栓用通用钥匙完全松开,把两个内盖板转动到与立柱平行,然后把卡子套在门口扶手杆上,立柱下端顶在地板面上,把可旋转的内盖板复原,使得卡箍把门口扶手杆套住,然后用通用钥匙拧紧紧固螺栓,这样卡箍便可与扶手杆紧固在一起。同样的操作方法,把另一侧的立柱固定在扶手杆上,防护栏杆安装完毕。

用完需要拆卸时,先用通用钥匙松开立柱卡箍上的紧固螺栓,松开行程至少 5 mm,然后便可以转动内盖板,脱离门口扶手杆,这样立柱便可以从扶手杆上取下。取下两根扶手杆,把可旋转压板复位,拧紧紧固螺栓,防止旋转压板晃动,然后用立柱把防护网卷起、捆扎,放回存放处。

3. 紧急渡板

(1)规格参数

外形尺寸:2 450 mm×450 mm(长×宽);扶手高 920 mm。

最大载荷:350 kg,约 4 人。

自重:23 kg。

材料:整体铝合金型材框架。

渡板为斜坡状,坡面带有凹凸防滑台阶,台阶高度约 33 mm,跨度约 150 mm。

(2)使用方法

使用前注意事项:

①工具室使用专用钥匙打开。

②为快速使用,拟救援下车的车门区域不得聚集过多人员。

③有专业人员在车下指挥协助(需 2 名专业人员操作,其中 1 人在车下)。

地面转移救援：

①渡板、防护绳和保护棒放置在备品室中，使用时打开备品室门即可取出，迅速转移到最近可开放的侧拉门门口处。

②渡板转移到门口位置，对正门口将渡板展开，展开长度可根据野外条件，车内距离外部地板高度较高时需全部展开，展开时需锁定，展开长度约 2.5 m。

③把渡板伸出端朝向车外，将渡板伸出车外并支撑在地面上，形成适当的坡度；渡板与车辆搭接处必须将渡板挂钩卡在侧拉门门口滑槽内。

④把 4 根保护棒分别插入渡板两侧的插槽内，将带有穿绳环的一端向上。

⑤将防护绳带小卡环的一端依次穿过侧拉门立罩扶手、保护棒上端穿环，并卡在渡板前端环内；将防护绳带大卡环的一端锁紧在防护绳上，保持防护绳拉紧状态。

⑥渡板安置妥当后引导车上人员有序迅速转移下车。

使用注意事项：

紧急渡板的理想使用条件：渡板与地板面夹角为 30°，即车内地板面与地面高度为 1 300 mm。

紧急渡板的极限使用条件：渡板与地板面夹角为 45°，即车内地板面与地面高度为 1 800 mm。

当车内地板面与地面高度大于 1 800 mm，需协助其他外来工具下车，其中当高度小于 2 200 mm 时，可临时采用司机用梯协助少量人员下车；当大于 2 200 mm 时，必须依靠其他外来工具下车。

(三)灭火设备

1. 分布及位置

在 01 车(Mc1)和 04 车(Mc2)司机室内放置一个 5 kg 的干粉灭火器；一位端和二位端端部放置两个 2 kg 的灭火器，包括一个水基型灭火器和一个干粉灭火器；其余各车在一位端和二位端端部各放置两个 2 kg 灭火器，包括一个水基型灭火器和一个干粉灭火器。全列车灭火器布置如图 2-148 所示。

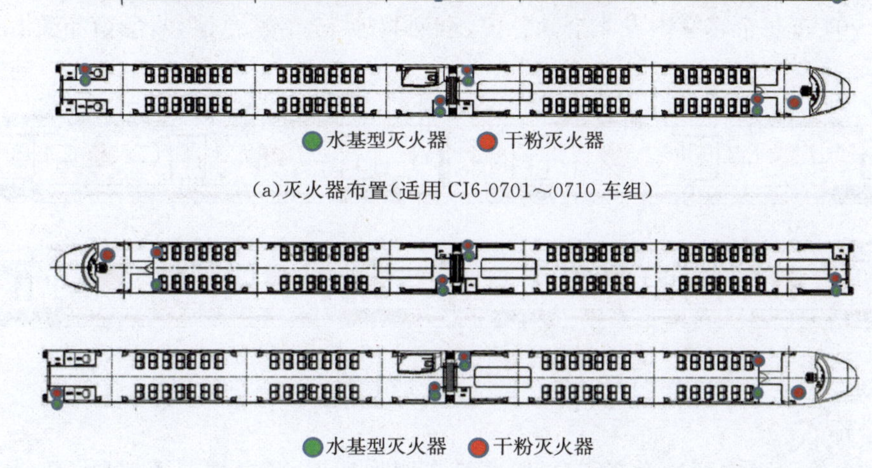

(a)灭火器布置(适用 CJ6-0701～0710 车组)

(b)灭火器布置(适用 CJ6-0711～0715 车组)

图 2-148　灭火器布置

灭火器安装位置如图 2-149 所示。

图 2-149　灭火器安装位置

2. 分类

水基型灭火器型号：MSWZ/2 型手提式水基型灭火器(2 kg)。

干粉灭火器型号：MFZABC2 手提式干粉灭火器(2 kg)、MFZABC5 型手提式干粉灭火器(5 kg)。

3. 检修维护

灭火器上压力指示表指针指示低于绿色区域时，更换灭火器。

(四)逃生设备

车内逃生设备包括紧急窗和安全锤。在列车发生危险事故时，旅客可以使用安全锤，按照操作说明敲碎安全窗玻璃逃生。

1. 紧急窗

在 01～04 车每个客室内设 4 个紧急窗，全列共计 16 个紧急窗，紧急窗布置如图 2-150 所示。

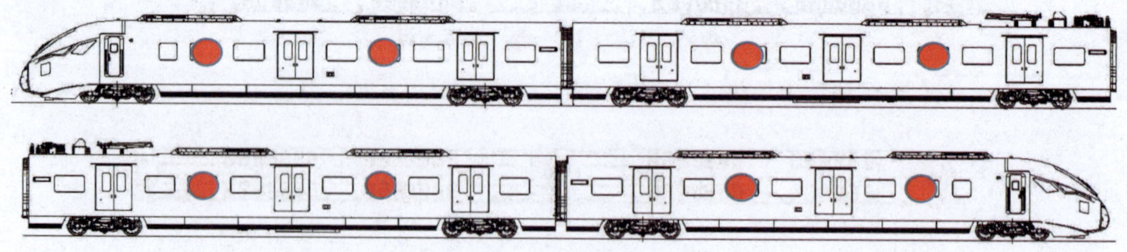

图 2-150　紧急窗布置

2. 安全锤

在车内每个紧急窗旁边设有安全锤，并带有明显标识，紧急情况下，可用安全锤敲碎紧急窗的玻璃逃生。安全锤使用分为三步，具体操作流程标识粘贴于逃生窗正上方。安全锤位置如图 2-151 所示。

(1)安全锤结构

锤头是高强度钢质实心结构,锤头硬度不低于 50～60 HRC。锤身有防滑设计,与锤头连接牢固,敲碎逃生窗玻璃的时间小于 20 s,敲碎玻璃所使用的力在 70～100 N 之间。安全锤结构如图 2-152 所示。

图 2-151　安全锤位置

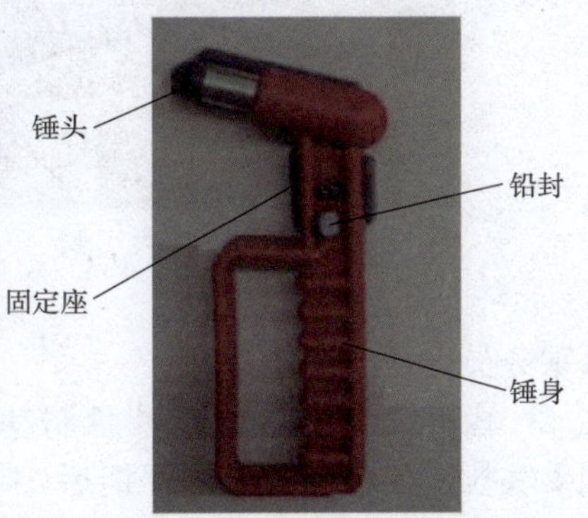

图 2-152　安全锤结构

(2)使用方法

①取下安全锤,用锤头敲击逃生玻璃红点至玻璃最外层。

②用力往外推玻璃。

③玻璃推落后从逃生窗有序逃脱。

3. 检修维护

产品功能外观检查,要求外观完好。

(五)紧急制动操作设施

为应对突发状况,在车辆内部界面设置了紧急制动操作设施,主要包括乘客紧急制动拉杆、乘务员室紧急制动拉杆、机械师室紧急制动拉杆、SOS 紧急呼叫按钮。

1. 乘客紧急制动拉杆

在每节车厢内端部设乘客紧急制动拉杆,当乘客拉下乘客紧急制动拉杆手柄,将在 HMI 自动触发紧急制动,乘客紧急制动拉杆布置和安装位置如图 2-153、图 2-154 所示。

当乘客拉下紧急制动拉杆手柄后,乘客紧急制动环路断开,列车延时 10 s 自动触发全紧急制动。司机操纵台上设有乘客紧急制动干预按钮,司机可以操纵此按钮抑制本次乘客紧急制动请求,使动车组继续行驶,以选择适当位置停车。当紧急制动拉杆手柄恢复后(由乘务员用四角钥匙对紧急制动拉杆手柄进行恢复),乘客紧急制动环路重新建立,紧急制动指令取消。

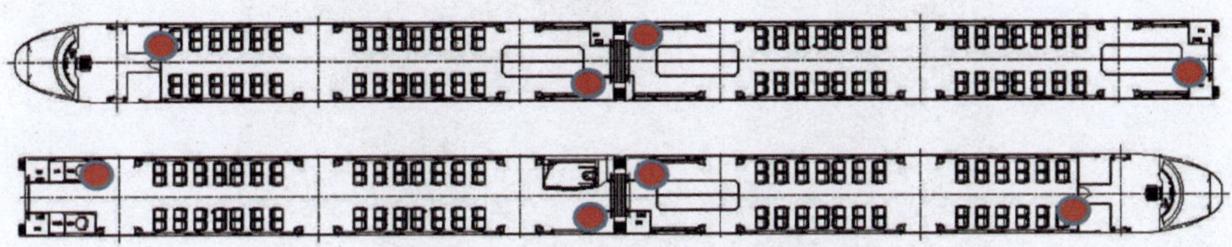

图 2-153　乘客紧急制动拉杆布置

图 2-154 乘客紧急制动拉杆安装位置

2. 乘务员室紧急制动拉杆

在 03 车乘务员室内设置紧急制动拉杆。当乘客拉下紧急制动拉杆手柄后，乘客紧急制动环路断开，列车延时 10 s 自动触发全紧急制动。司机操纵台上设有乘客紧急制动干预按钮，司机可以操纵此按钮抑制本次乘客紧急制动请求，使动车组继续行驶，以选择适当位置停车。当紧急制动拉杆手柄恢复后(由乘务员用四角钥匙对紧急制动拉杆手柄进行恢复)，乘客紧急制动环路重新建立，紧急制动指令取消。

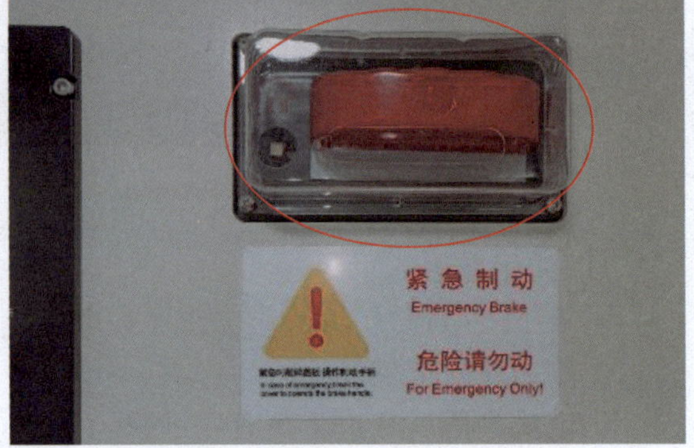

图 2-155 乘务员室紧急制动拉杆

乘务员室紧急制动拉杆如图 2-155 所示。

3. 机械师室紧急制动拉杆

在 03 车机械师室内设置紧急制动拉杆。当乘客拉下紧急制动拉杆手柄后，乘客紧急制动环路断开，列车延时 10 s 自动触发全紧急制动。司机操纵台上设有乘客紧急制动干预按钮，司机可以操纵此按钮抑制本次乘客紧急制动请求，使动车组继续行驶，以选择适当位置停车。当紧急制动拉杆手柄恢复后(由乘务员用四角钥匙对紧急制动拉杆手柄进行恢复)，乘客紧急制动环路重新建立，紧急制动指令取消。

机械师室紧急制动拉杆如图 2-156 所示。

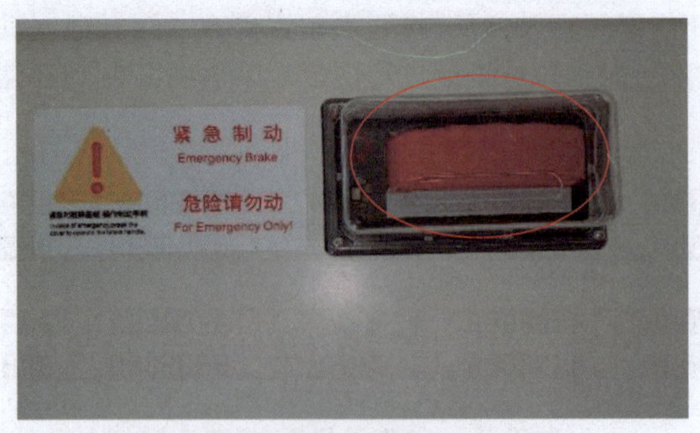

图 2-156 机械师室紧急制动拉杆

4. SOS 紧急呼叫按钮

卫生间设置 SOS 紧急呼叫按钮，为按压式结构，用于紧急情况下乘客报警。当按下按钮时，会触发厕所蜂鸣器鸣响，HMI 会进行提示。司乘人员针对实际情况采取相应措施。SOS 紧急呼叫按钮如图 2-157 所示。

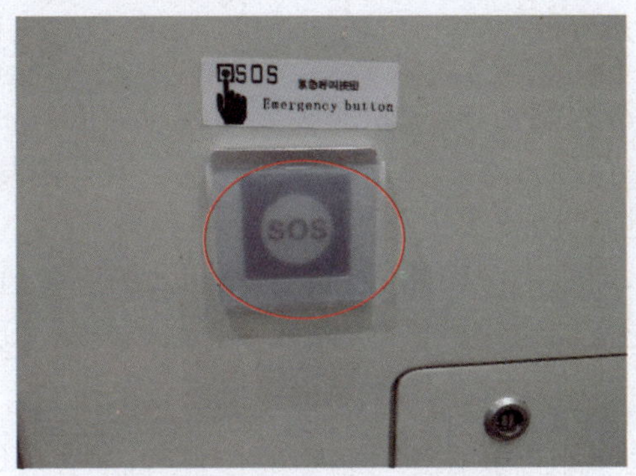

图 2-157　SOS 紧急呼叫按钮

三、火灾应急处置和紧急疏散

当火灾发生时，动车组配置有一定的紧急预警及紧急设备能满足乘客迅速疏散的要求。

(一)火灾应急处置

1. 火灾探测

客室、司机室、电气柜及其他防火重点部位设烟雾探测装置，监测到报警信号时可在司机室、机械师室中发出声光报警，烟雾探测器的布置如图 2-158 所示。

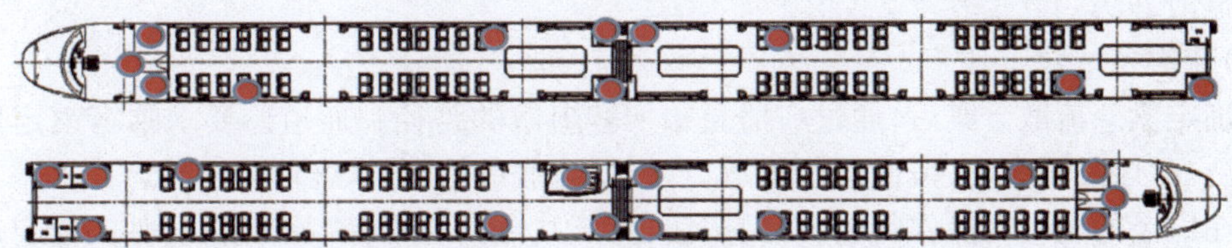

图 2-158　烟雾探测器布置

2. 紧急报警装置

乘客可以启用客室的紧急报警装置，可按照乘客紧急报警装置操作执行报警工作。

3. 启用灭火器

每个车厢的两端及司机室内配置有规定数量的灭火器，可按照灭火器的配置来使用相应的灭火器。

4. 紧急锤及安全窗的使用

每个车厢内都配置有一定数量的安全窗及紧急锤，可按照安全锤的使用规则及说明进行破窗逃生。

5. 紧急设施的使用

(1)在 03 车二位端工具柜内设置司机用折叠梯，供司乘人员紧急情况时在无高站台处下车用。

(2)在 03 车备品室设应急渡板,供乘客在紧急情况时使用。

6. 应急照明

车上安装有蓄电池箱,当主电源切断后,给车上应急照明系统供电,应急照明应能维持 120 min。

7. 应急通风

每节车内功能区设空调控制柜,空调系统控制单元设置在控制柜内。系统可在司机室和乘务员室内集中控制,也可通过本车控制柜单独控制。当车辆发生火灾,关闭新风阀和废排阀,切断外部新鲜空气进入,防止火灾蔓延。

车上安装有蓄电池箱,当主电源切断后,满足 90 min 的应急通风。紧急情况下,车载蓄电池作为电源供电,通过逆变器给风机供电,保证紧急通风持续 90 min 以上。

(二)火灾紧急疏散

动车组发生火灾时,动车组停靠在适合疏散的位置后,乘客可以从动车组上疏散撤离。

1. 疏散前的确认工作

动车组司机选择好位置并停车后,通知车上工作人员组织疏散。一般情况下停车位置不能选择在高架桥、隧道、桥梁等位置。

工作人员确认停车位置后,根据实际情况选择疏散方法:

动车组停放在站台上,人员可直接通过客室侧门疏散到站台;

动车组停放在平坦轨道上,人员可通过客室侧门疏散到没有列车通过的一侧,需要铺设紧急渡板,以便快速下车;

动车组停放在不能下车的位置,可通过救援动车组来转移,发生火灾的动车组和救援动车组并排,打开客室侧门,铺设紧急渡板,乘客快速转移到救援动车组上。

2. 疏散方法

(1)疏散到站台

①确定紧急疏散方案后,通过广播通知乘客疏散的路径和通道。要求乘客镇定地离开座位,逐一有序离开车辆,按需通往疏散口,根据疏散口的数量,合理分流乘客。

②在广播的同时需操作释放、开门按钮,打开站台侧的所有客室侧门。如不能自动打开客室侧门,则必须通过紧急装置来打开客室侧门。

注意:工作人员必须小心谨慎,确保乘客未试图从其他车门或者紧急逃生窗下车。

(2)疏散到无列车通过的轨道

①乘务员确定乘客下车的正确一侧后,根据紧急渡板数量和存放位置,确定紧急疏散口的位置。

疏散口的选择必须同时考虑以下因素:必须确定如何将乘客带离危险区;必须确定聚集疏散乘客的安全地点;乘务员必须保证乘客出口区域的安全。

②确定疏散方案后,立即通过紧急开门装置打开相应位置客室侧门,铺设紧急渡板。

注意:只能打开有紧急渡板的客室侧门。确保乘客未试图从其他车门或者紧急逃生窗下车。

③疏散方案确定后,才可通过广播要求乘客镇定地离开座位,通过疏散通道朝着既定方向逐一有序离开列车,并聚集在列车外的指定地点处。

(3)疏散到救援列车

①救援动车组到位后，根据着火动车组的情况和紧急渡板存放位置，确定疏散口位置。

注意：必须确保两辆列车之间的距离满足紧急渡板的搭接长度，且两辆列车地板之间的高度差不宜过大，两车之间的疏散通道非常稳固。

②确定疏散方案后，立即打开着火动车组和救援动车组相应位置客室侧门，铺设紧急渡板。

注意：只能打开有紧急渡板的客室侧门。确保乘客未试图从其他车门或者紧急逃生窗下车。

③通过广播要求乘客镇定地离开座位，并通过疏散通道朝着既定方向逐一有序离开列车，到达救援列车。

3. 紧急逃生窗疏散

在特殊情况下无法通过客室侧门疏散时，可使用紧急逃生窗疏散。

客室紧急逃生窗疏散：客室中的紧急逃生窗在紧急情况下可用逃生锤打破，从客室离开列车。

4. 紧急开门操作

紧急开门分为车内紧急开门和车外紧急开门两种情况。在车内门口处设有车内紧急解锁装置，如图 2-159 所示。在车外侧墙上设置车外紧急解锁装置，如图 2-160 所示。

图 2-159　车内紧急解锁装置

(1)车内紧急解锁操作步骤

①将车内紧急解锁装置的透明罩板敲碎。

②旋转解锁手柄到“解锁”位，将客室侧门解锁。

③手动向开门方向推门并打开车门。

如需退出紧急解锁状态，将解锁手柄旋转到“复位”：

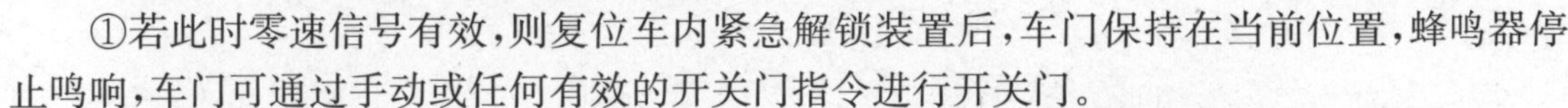

①若此时零速信号有效，则复位车内紧急解锁装置后，车门保持在当前位置，蜂鸣器停止鸣响，车门可通过手动或任何有效的开关门指令进行开关门。

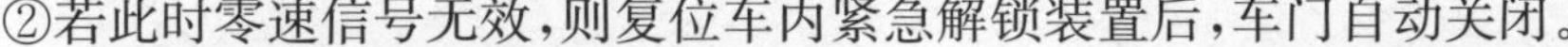

②若此时零速信号无效，则复位车内紧急解锁装置后，车门自动关闭。

(a) 车外紧急解锁装置（适用CJ6-0701~0710车组）

(b) 车外紧急解锁装置（适用CJ6-0711~0715车组）

图 2-160　车外紧急解锁装置

(2)车外紧急解锁操作步骤

①在紧急情况下拉起车外紧急解锁装置的白色手柄，直到将车门解锁(车门弹开一条缝隙)。

②被解锁车门的橙色指示灯点亮，蜂鸣器鸣响。

③手动向开门方向推门并打开车门。

车外紧急解锁装置功能与车内紧急解锁装置功能一致。

CJ6-0701～0710 车组车外紧急解锁装置的解锁手柄为自复位结构，松开手柄将自动恢复到初始位置。

CJ6-0711～0715 车组车外紧急解锁装置的解锁为四角钥匙解锁结构，通过四角钥匙进行解锁与复位。

第三章　CJ6 型动车组司机操作

第一节　正常驾驶

一、上车准备

（一）钥匙检查

上车前检查是否已随身携带以下钥匙。

序号	名　　称	实　　物
1	司机室门保险锁钥匙	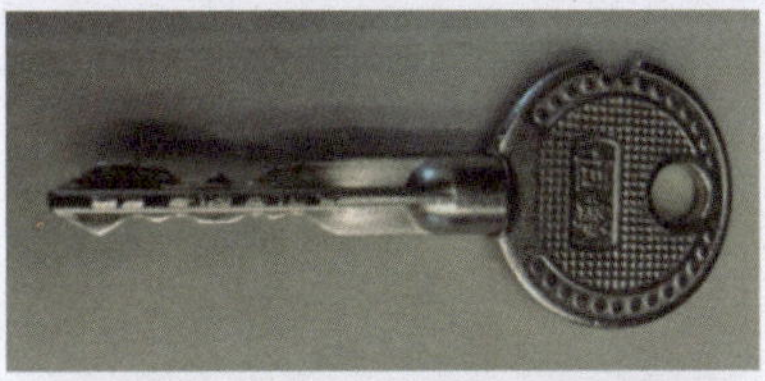
2	司机室后端门专用钥匙	
3	四角钥匙	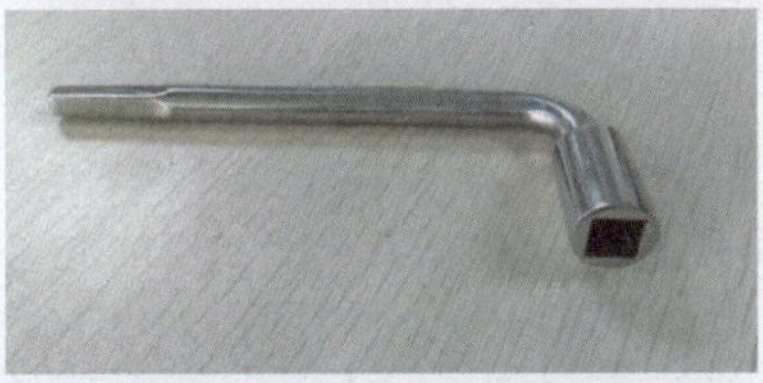
4	八角钥匙	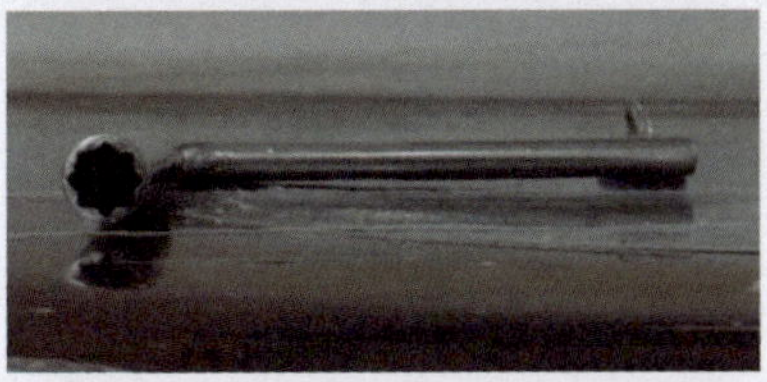
5	主控钥匙	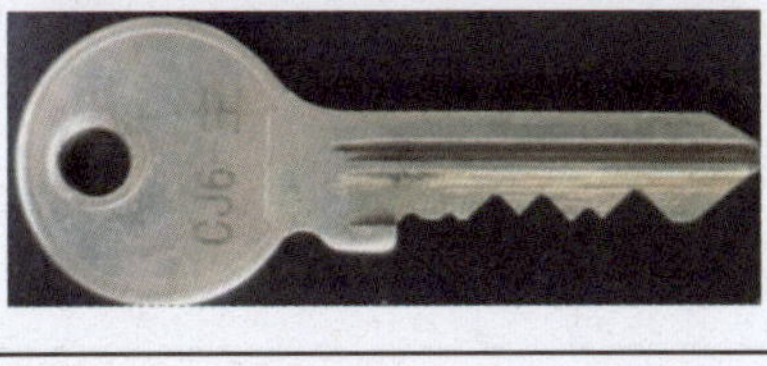

（二）进入司机室

序号	操作步骤及说明	
1	CJ6-0701～0710：插入司机室门保险锁钥匙，旋至绿点位，用四角钥匙将司机室侧门隔离锁旋至绿点位，打开司机室侧门。 CJ6-0711～0715：插入司机室门保险锁钥匙，旋至绿点位，从司机室侧门门锁外操作结构的上活动板伸入，然后用手掌向下按压下活动板，打开司机室侧门	 适用 CJ6-0711～0715 车组
2	进入司机室： (1)握内侧把手，关门。 (2)将保险锁旋转 90°，将保险锁打至红点"关"位即水平位。 (3)确认司机室侧门侧窗关好。若司机室门未关好，HMI 界面弹出本车司机室门未关到位提示，所有司机室侧门关好后，提示框会自动消失	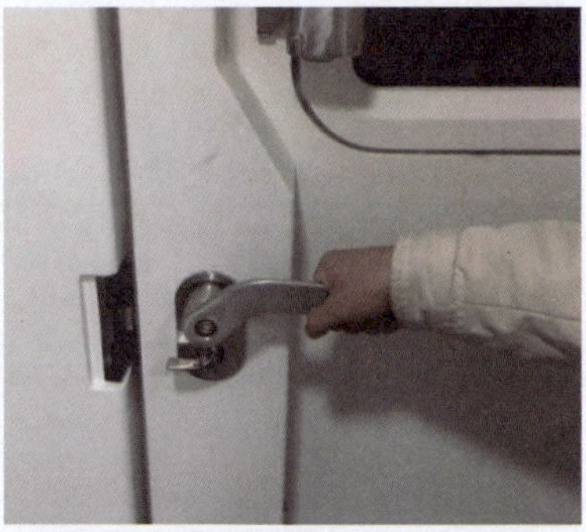 内侧把手  保险锁 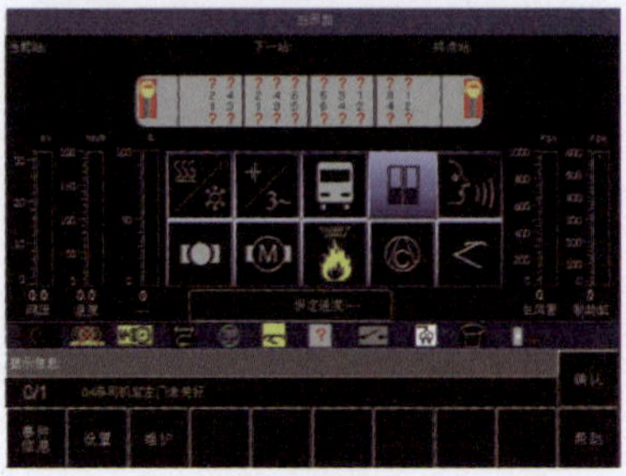 HMI界面

（三）非出库端

注意：以下操作重联动车组重联端司机室除外。

序号	操作步骤及说明	
1	确认动车组型号正确，车组号正确，受电弓降下状态，防护信号已撤除	
2	进入司机室，司机室内各仪表、显示器外观良好，确认操纵台各开关、手柄位置正确	
3	打开司机室后面的继电器柜，将自复位列车激活选择开关打到“激活”位（持续 2 s），投入主控钥匙，将主控钥匙旋至“开”位，激活司机室	=32-S101 0 激活　新激活 列车激活选择开关 列车激活选择开关 关 开 主控钥匙
4	确认操纵台上各指示灯、仪表显示正常，确认蓄电池电压不低于 96 V、总风缸压力不低于 600 kPa；网络系统初始化完成后主界面显示正常。 若蓄电池电压低于 96 V 但大于 92 V 或风压低于 600 kPa，应尝试升起受电弓、合主断，待蓄电池电压大于 96 V 且风压大于 600 kPa 后再开展其他作业。 若蓄电池电压低于 92 V，立即通知车辆人员处理	CRRC
5	确认操纵台停放制动红灯亮；主界面点击车门、受电弓、制动、牵引等图标，查看动车组的设备状态	停放制动施加 停放制动红灯亮

续上表

序号	操作步骤及说明	
6	根据随车机械师的要求选择相应的受电弓(动车组默认升远端弓),操作受电弓自复位拨键开关至“升弓”位持续 2 s,在 HMI 牵引主界面确认受电弓升起,确认网压在正常范围内	受电弓状态定义: 受电弓切除; 受电弓故障; 受电弓已经升起; 受电弓降下,但处于不允许升弓的状态; 受电弓已经降下,处于允许升弓的状态; 受电弓被选择
7	主界面主断路器标识状态变为“主断断开”后,操作主断路器自复位拨键开关至“合”位持续 2 s,在 HMI 主界面确认主断路器状态为“主断闭合”,在 HMI 主界面点击确认辅助变流器及充电机正常工作	主断路器自复位拨键开关 辅助变流器及充电机状态 主断路器状态定义: 主断断开并且有故障存在阻止合主断; 主断断开,处于不允许合的状态,主断环断开; 主断断开,处于允许合的状态,主断环闭合; 主断闭合,主断是合上的
8	按照第三章第一节“二、段(所)内检查作业”“(一)制动试验”“2. 制动试验流程”的要求进行制动试验	
9	拔出主控钥匙,退出司机室占用,当 HMI 界面右上方出现换端标识,动车组已进入换端模式	换端标识
10	离开司机室后,通过推拉门把手看门会不会被打开,确认司机室侧门和后端门锁闭	
⚠	注意: (1)ATP、LKJ 设备需投入主控钥匙后,才供电工作。 (2)辅助风压不足时,操作受电弓自复位扳键开关至“升弓”位,将启动辅助空压机工作进行打风,待风压充足后,不会自动升弓,需升弓条件满足后再次操作受电弓自复位扳键开关至“升弓”位进行升弓	

续上表

序号	操作步骤及说明	
⚠	(3)车组降弓后，在接触网有电的情况下，HMI 和网压表显示2 kV左右的感应电压属于正常现象。 (4)受电弓选择开关(空白处为“备用”位)有 4 个位置，即“02 车”“自动”“03 车”和“备用”位。若受电弓选择开关置于“02 车”时，投入主控，车组将升起 02 车受电弓；若受电弓选择开关置于“03 车”时，投入主控，车组将升起 03 车受电弓；若受电弓选择开关置于“自动”位时，投入主控，车组将默认升后弓；若受电弓选择开关置于“备用”位，投入主控，此时，受电弓未被选择，受电弓无法升起	=21-S104 自动 02车 03车 受电弓 选择开关 =28-S108 受电弓选择开关

(四)出库端

图示	操作步骤及说明	
1	进入操纵端司机室，检查及作业程序按照第三章第一节“一、上车准备”“(三)非出库端”序号 2～8 项。 注意：进入司机室可以通过司机室侧门进入，也可以通过司机室后端门进入，具体情况视用户规定。从司机室后端门进入后，确认后端门锁闭	司机室后端门
2	输入列控车载设备、CIR 有关数据	
⚠	注意： (1)ATP、LKJ 设备需投入主控钥匙后，才供电工作。 (2)辅助风压不足时，操作受电弓自复位扳键开关至“升弓”位，将启动辅助空压机工作进行打风，待风压充足后，不会自动升弓，需升弓条件满足后再次操作受电弓自复位扳键开关至“升弓”位进行升弓。 (3)车组降弓后，在接触网有电的情况下，HMI 和网压表显示 2 kV 左右的感应电压属于正常现象。 (4)当 HMI 报 4 个及以上牵引电机速度传感器信号异常时，需将车组 01 车和 04 车客室二位端电气柜中的【=23-F101】(CJ6-0701～0710：牵引控制单元 DCU1；CJ6-0711～0715：牵引控制单元 TCU1)和【=23-F102】(CJ6-0701～0710：牵引控制单元 DCU2；CJ6-0711～0715：牵引控制单元 TCU2)断路器断开 15 s，再投入	

二、段(所)内检查作业

(一)制动试验

动车组每天出库前(车辆整备)，须完成制动试验，制动试验采用人机交互的方式，试验结果须通过。

制动试验分为常用制动试验、紧急制动试验和防滑试验。

1. 试验前提

为保证制动试验条件成立，司机在制动试验前必须施加停放制动，并且切除保持制动，将主控端 Mc 车后端墙继电器柜中的保持制动缓解选择开关旋至“隔离”位，保持制动切除操作。主控端 Mc 车后端墙继电器柜面板如图 3-1 所示。

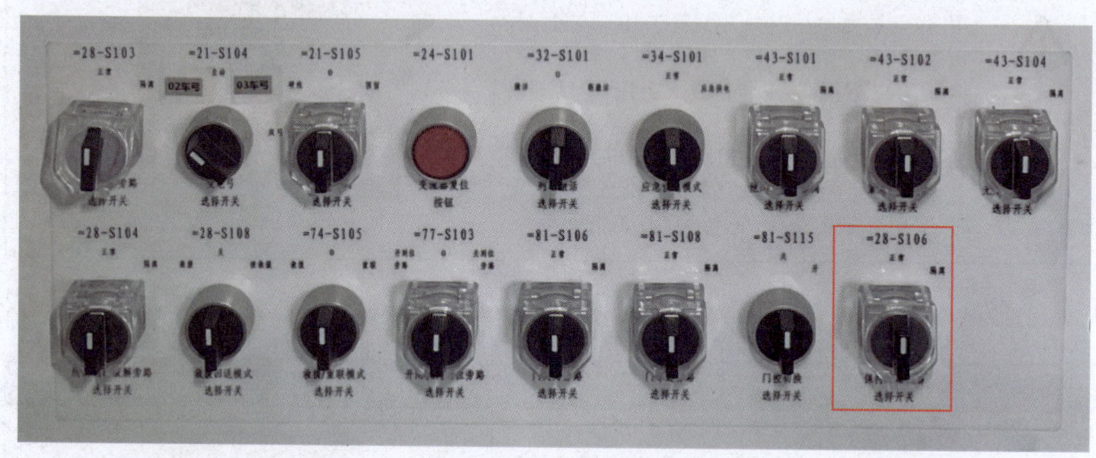

图 3-1　主控端 Mc 车后端墙继电器柜面板

制动试验根据 HMI 指令执行。司机首先点击【自检开始】按键，待每节车制动条件图标变绿(若图标为红色，表示本架制动试验条件不满足)，可进行“SB”(常用制动)、“EB”(紧急制动)、“WSP”(防滑)试验激活，并根据 HMI 提示进行操作。

(1)接收到常用制动试验指令后，各架的常用制动试验同时开始；

(2)接收到紧急制动试验指令后，各架的紧急制动试验同时开始；

(3)接收到防滑试验指令后，各架的防滑试验同时开始；

(4)ATP 未输出制动。

2. 制动试验流程

序号	操作步骤及说明	
1	在 HMI 显示屏界面点击【设置】按键	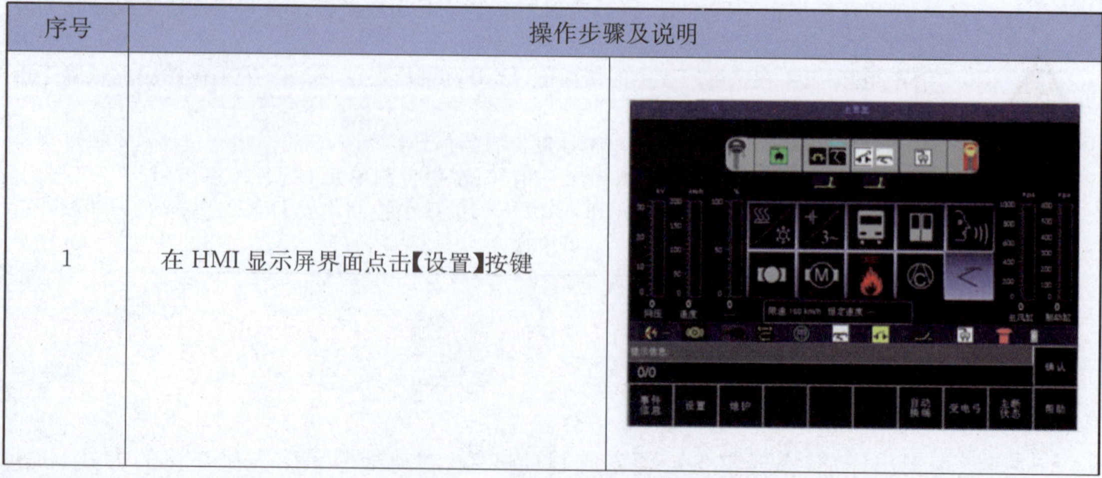

续上表

<table>
<tr><th>序号</th><th colspan="2">操作步骤及说明</th></tr>
<tr><td>2</td><td>在设置界面操作栏中点击【制动自检】按键进入“制动自检”界面</td><td> 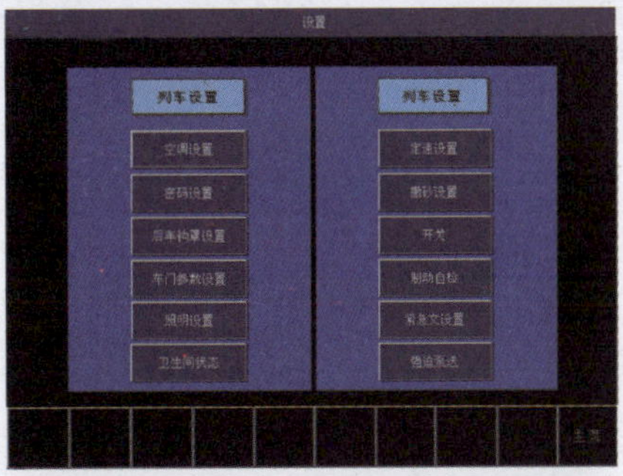</td></tr>
<tr><td>3</td><td>进入 HMI 中“制动自检”界面</td><td> 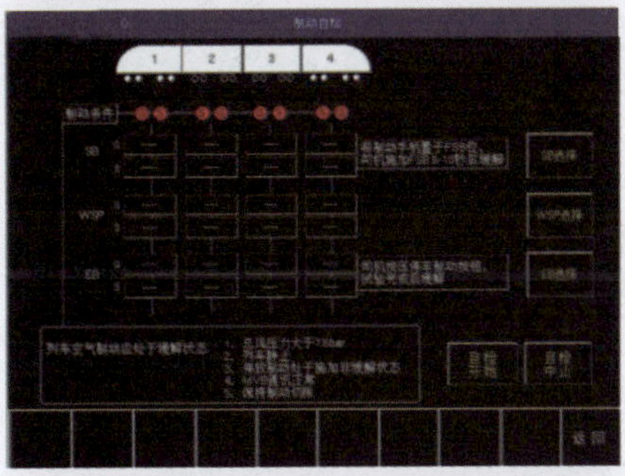</td></tr>
<tr><td>4</td><td>在 HMI 中“制动自检”界面点击【自检开始】。
待制动条件右侧圆形图标变绿色后，可执行常用制动、紧急制动以及防滑的测试功能</td><td> 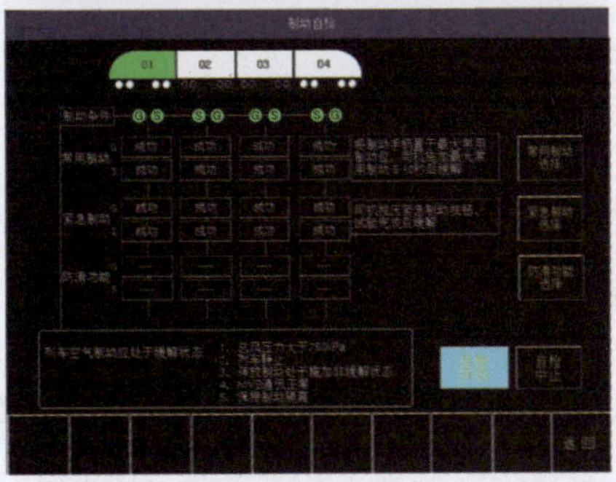</td></tr>
<tr><td>5</td><td colspan="2">在 HMI 中“制动自检”界面点击【SB 选择】，司机根据提示进行操作，试验过程及结果将在方框中以文字信息进行显示。
“进行中”表示正在试验过程中；
“成功”表示试验结果已通过；
“失败”表示试验结果未通过</td></tr>
<tr><td>6</td><td colspan="2">在 HMI 中“制动自检”界面点击【EB 选择】，司机根据提示进行操作，试验过程及结果将在方框中以文字信息进行显示。
“进行中”表示正在试验过程中；
“成功”表示试验结果已通过；
“失败”表示试验结果未通过。
紧急制动自检试验通过后，将紧急停车按钮复位</td></tr>
<tr><td>7</td><td colspan="2">在 HMI 中“制动自检”界面点击【WSP 选择】，试验过程及结果将在方框中以文字信息进行显示。
“进行中”表示正在试验过程中；
“成功”表示试验结果已通过；
“失败”表示试验结果未通过</td></tr>
</table>

续上表

序号	操作步骤及说明
8	制动试验结束后，点击【返回】按键。试验结束后，须将主控端 Mc 车后端墙继电器柜中的保持制动缓解选择开关旋至“正常”位，复位保持制动切除功能。 若司机想中途退出制动试验，可点击【自检中止】按键，退出制动试验。 若出现一个或多个自检失败的结果，司机需通知维护人员进行故障查询并处置
⚠	注意： (1)每一项制动试验完成并给出结果后，才能进行下一项制动试验操作。 (2)按下司机室操作台紧急停车按钮，动车组施加紧急制动，断主断降弓

（二）司机警惕

序号	操作步骤及说明	
1	在 HMI 显示屏的设置菜单中点击【开关】按钮，进入无人警惕测试界面，点击【无人警惕测试】按键	开关 【开关】按钮
2	等待 30 s 后，确认 HMI 扬声器播报“警惕”中文语音，HMI 屏显示报警。按下【无人警惕】按钮，然后松开【无人警惕】按钮，确认扬声器停止播报、HMI 显示器显示正常	【无人警惕】按钮
3	再次等待 30 s 后，确认 HMI 声光报警。脚踩操纵台下方脚踏开关，然后松开操纵台下方脚踏开关，确认声光报警停止、HMI 显示器显示正常	
4	再次等待 30 s 后，确认 HMI 声光报警。继续等待 5 s，动车组触发最大常用制动，同时封锁牵引，再继续等待 5 s，确认 HMI 声光报警、动车组触发紧急制动。按下【无人警惕】按钮，然后松开【无人警惕】按钮，确认 HMI 声光报警停止、报警显示正常	
5	再次等待 30 s 后，确认 HMI 声光报警。继续等待 5 s，动车组触发最大常用制动，同时封锁牵引，再继续等待 5 s，确认 HMI 声光报警、动车组触发紧急制动。脚踩操纵台下方脚踏开关，然后松开操纵台下方脚踏开关，确认声光报警停止、报警显示正常	

续上表

序号	操作步骤及说明	
6	在 HMI 显示屏的开关界面点击无人警惕测试【复位】按键，结束无人警惕测试	
⚠	注意： (1)无人警惕报警触发作为 3 级故障记录；无人警惕触发最大常用制动作为 1 级故障，弹屏；无人警惕触发紧急制动作为 1 级故障，弹屏。 (2)无人警惕报警声音为不间隔循环播放“警惕”，声光报警提示信息直到报警复位或紧急制动停车后才消除	

(三)塞拉门状态确认

序号	操作步骤及说明	
1	操作【左门释放】【右门释放】自复位按钮 2 s 后，操作【开左门】【开右门】自复位按钮 2 s 集控开门，通过 HMI 显示屏确认车门状态	
2	操作【关左门】【关右门】自复位按钮 2 s，通过 HMI 显示屏或所有门关好指示灯确认车门状态。所有门关好指示灯亮表示所有门已关好	所有门关好 所有门关好指示灯
3	在车门状态显示页面中，可以看见当前列车每个车外门的打开、关闭状态以及每个门的隔离和故障状态	车门状态 门切除； 紧急情况下，门紧急解锁； 维护按钮按下； 门严重故障； 门轻微故障； 障碍检测激活； 门关闭锁好； 除以上状态以外的状态，或这种状态不确定

(四)ATP、LKJ 及 CIR 系统检查

序号	操作步骤及说明
1	列车启动后，检查 ATP、LKJ、CIR 均得电且显示正常
2	通过 LKJ、ATP 正确输入车组和司机信息
3	通过 CIR 正确注册车次信息
4	通过 ATP、LKJ、CIR 上的设备按钮，完成调节设备提示音、屏幕亮度等操作

(五)前照灯状态确认

车组在司机室占用后，旋转头灯开关，前照灯打开。司机室占用端方向开关置于前向，前照灯点亮，非占用端车头为红色标志灯点亮。两端司机室都为非占用状态(此时蓄电池已

激活，但未投入主控)，两端都为红色标志灯。

操纵台左开关盘上有头灯开关，能够进行前照灯强光、弱光的选择，如图 3-2 所示。

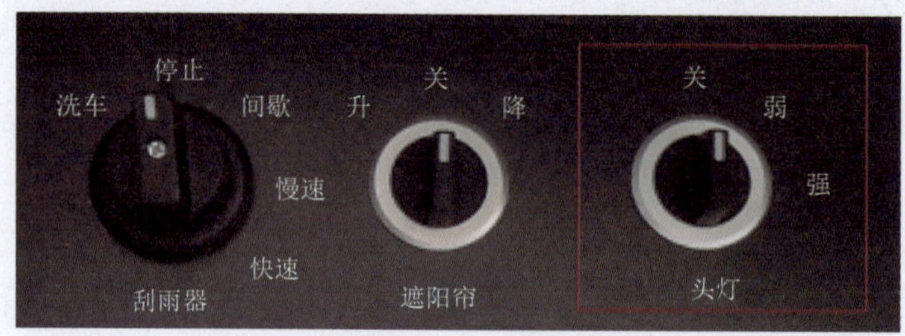

图 3-2　操纵台左开关盘(局部 1)

（六）风笛检查

序号	操作步骤及说明	
1	操作风笛选择开关，鸣笛，确认风笛高音、低音工作正常	高音 低音 风笛选择
2	踩下风笛脚踏开关，确认风笛高音、低音同时鸣笛正常	

三、司机室灯操作检查

司机室灯包括 3 个顶棚灯和司机室阅读灯，通过司机操纵台上的司机室顶棚灯仪表灯开关来开、关顶棚灯，如图 3-3 所示。

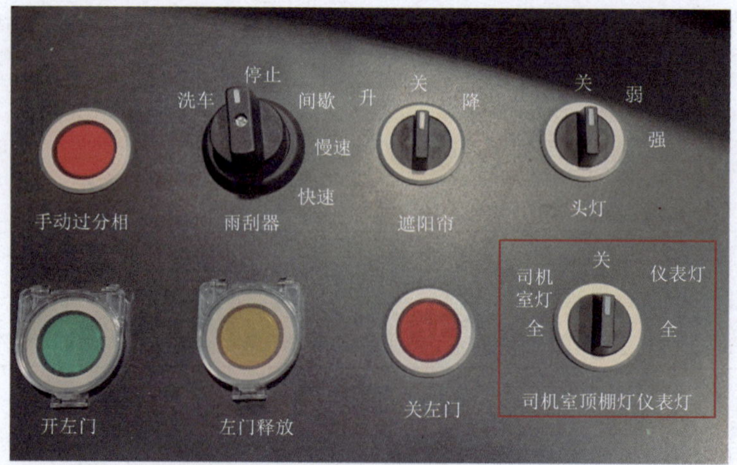

图 3-3　操纵台左开关盘(局部 2)

通过司机操纵台上帽檐底下的按钮开关可开、关阅读灯，操纵台上帽檐如图 3-4 所示。

图 3-4　操纵台上帽檐

四、雨刮器检查

通过司机操纵台上的雨刮器开关(图 3-5)可启动以下功能。

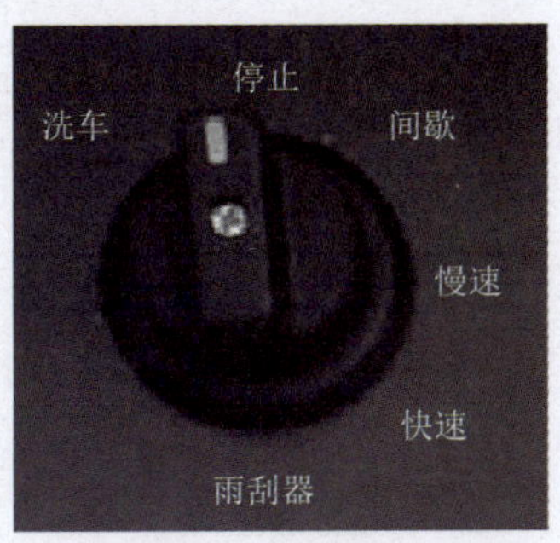

图 3-5　雨刮器开关

序号	操作步骤及说明
1	“洗车”位:雨刮器停在风挡玻璃中间
2	“停止”位:雨刮器保持在停止位置(从司机室内向外看,刮臂位于左侧)
3	“间歇”位:雨刮器开始间歇动作,雨刮器刮刷频率(10±1)次/min
4	“慢速”位:雨刮器持续慢速刮水,雨刮器刮刷频率(30±2)次/min
5	“快速”位:雨刮器持续快速刮水,雨刮器刮刷频率(45±3)次/min
6	按下雨刮器控制开关,雨刮器喷嘴喷射雨刷液至前挡风玻璃上
⚠	注意: (1)前窗玻璃上无水时禁止使用雨刮器,必须先喷淋再启动雨刮器。 (2)洗涤器无水时,且在无雨情况下,禁止使用雨刮器

五、发车准备与发车

序号	操作步骤及说明
1	激活列车，将自复位列车激活选择开关打到“激活”位 2 s，主控钥匙打到“开”位，方向选择开关在“0”位，司控器手柄在“0”位。升弓，合上主断，辅助逆变器启动，充电机启动 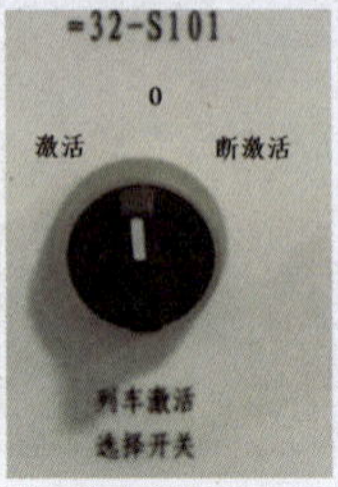 自复位列车激活选择开关 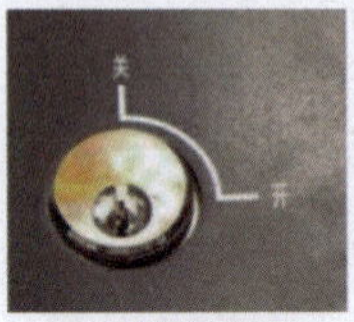　主控钥匙 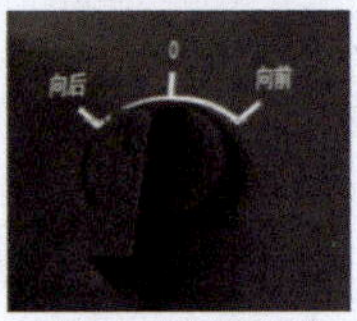 方向选择开关 　司控器手柄
2	信号开放后，缓解 ATP 紧急制动
3	确认前照灯已点亮
4	确认 ATP 信号符合要求
5	确认关门指示灯点亮
6	操作【停放制动缓解】按钮缓解停放制动，确认停放制动缓解灯亮
7	鸣笛（限鸣区段除外）
8	将方向开关打到“向前”位，司控器手柄推到“牵引”位，加速前进
	注意： （1）主控钥匙与方向选择开关之间的互锁关系： ①主控钥匙在“关”位处于锁住位置，只有在此时钥匙才能插入或取出。钥匙转动 90°到“开”位，此时，主控钥匙处于开的状态。 ②主控钥匙在“关”位时，方向选择开关被锁在“0”位，不能转动。 ③主控钥匙在“开”位时，方向选择开关可自由转动。 ④方向选择开关在“向前”或“向后”位时，主控钥匙被锁在“开”位，钥匙不能转动。 （2）司控器手柄与方向选择开关之间的互锁关系： ①方向选择开关在“0”位时，司控器手柄被锁在“0”位，不能前后推动。 ②方向选择开关在“向前”或“向后”位时，司控器手柄可自由推动。 ③司控器手柄在“0”位时，方向选择开关可在“向前”“0”“向后”之间转换。 ④司控器手柄离开“0”位时，方向选择开关被锁定在“向前”位或者“向后”位

六、途中作业

（一）牵引操作

序号	操作步骤及说明
1	动车组运行途中，司控器手柄可在“牵引”位和“制动”位来回操作，进行加减速控制
2	司控器手柄至“0”位时，则动车组开始惰行
3	车组施加制动时，牵引自动被切除
	注意：牵引和制动之间切换时需在“0”位稍作停留

（二）制动操作

正常情况下，增加或减少制动力时，司控器手柄应逐步进行。

在实施常用制动时，应结合列车速度、路线情况、目标速度、目标距离等条件，准确掌握制动时机和级位，在列车产生初步制动力后再逐步增加制动力，避免频繁操作司控器手柄，保持列车均匀减速。

1. 常用制动

序号	操作步骤及说明	
1	通过操作司控器手柄施加常用制动	司控器手柄
2	将司控器手柄推至制动区施加常用制动	
3	将司控器手柄置于“0”位，常用制动缓解	

2. 快速制动

序号	操作步骤及说明
1	通过操作司控器手柄推至“快速制动”位，施加快速制动
2	将司控器手柄置于“0”位，缓解快速制动

3. 紧急制动

序号	操作步骤及说明	
1	按下司机室操纵台【紧急停车】按钮，动车组施加紧急制动，分主断降弓	 【紧急停车】按钮
2	动车组停车后，按下【紧急停车】按钮并逆时针旋转缓解紧急制动	

4. 乘客紧急制动

序号	操作步骤及说明	
1	客室端部、乘务员室或机械师室内的乘客紧急制动拉杆被拉下后，司机室会有以下提示信息： (1)乘客紧急请求指示灯立即点亮。 (2)【乘客紧急请求干预】按钮指示灯立即点亮(持续 10 s)	 乘客紧急制动拉杆  乘客紧急请求指示灯  【乘客紧急请求干预】按钮指示灯
2	如果当前停车地点不理想，如在隧道或桥上，司机可在乘客紧急请求触发 10 s 内，按下【乘客紧急请求干预】按钮，暂时抑制当前乘客紧急制动请求，随后行车至合适停车地点，司机施加制动停车。 如果司机不进行干预操作，动车组将在乘客紧急制动拉杆被拉下 10 s 后，自动触发紧急制动。 注：(1)司机在 10 s 内执行干预操作或默认 10 s 后(未进行干预操作)，【乘客紧急请求干预】按钮指示灯熄灭。 (2)司机干预操作仅在乘客紧急请求触发的 10 s 内有效	
3	根据 HMI 的提示信息，随车机械师前往触发乘客紧急制动的所在车厢，并使用四角钥匙顺时针旋转复位乘客紧急制动拉杆。 注：由乘客紧急触发的紧急制动停车后，需复位乘客紧急制动拉杆才能缓解紧急制动	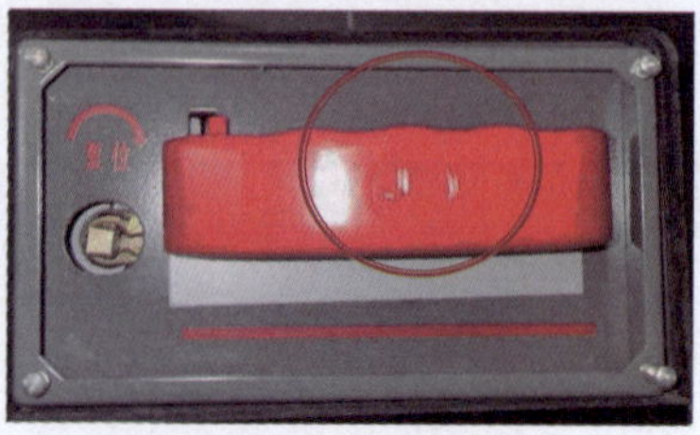 乘客紧急制动拉杆
4	司机确认乘客紧急请求指示灯熄灭后，正常运行	

5. 停放制动

序号	操作步骤及说明	
1	按下司机室操纵台【停放制动施加】按钮持续 2 s，施加停放制动。停放制动施加指示灯亮，表示停放制动已施加	 【停放制动施加】按钮
2	按下司机室操纵台【停放制动缓解】按钮持续 2 s，停放制动缓解。停放制动缓解指示灯亮，表示停放制动已缓解	 【停放制动缓解】按钮
⚠	注意：当列车运行速度 5 km/h 以上，任一节车意外施加停放制动，动车组自动施加快速制动	

6. 保持制动

序号	操作步骤及说明	
1	为防止坡道启动时溜车，保持制动在动车组静止时自动施加	
2	列车停车之后，将司控器手柄打到“牵引”区（牵引级位大于 20%），BCU 接收到 TCMS 发送的保持制动缓解指令后会自动缓解列车保持制动。 注意：司机室电气柜配置保持制动缓解选择开关，用于故障或试验工况，手动切除保持制动	 保持制动缓解选择开关

（三）恒速

序号	操作步骤及说明	
1	通过司机操纵台上的【恒速】按钮或 HMI 显示屏定速软开关可以实现动车组的恒速运行，即动车组将以当前速度恒速前进，恒速精度±3%	 【恒速】按钮

续上表

序号	操作步骤及说明
2	恒速模式退出，将司控器手柄打到“0”位或在 HMI“定速”界面点击【定速结束】软按钮，恒速运行模式退出。 注意：当司机通过 HMI“定速”界面关闭定速功能时，定速功能将保持直至主司控器回到“0”位。如果通过 HMI“定速”界面关闭定速功能，但主司控器还没有回到“0”位，在 HMI 上有相应的提示信息(退出定速模式请将司控器手柄回零)
3	HMI“定速”界面操作步骤： (1)在 HMI 主界面点击设置对话框，进入“设置”界面。 (2)在“设置”界面点击【定速设置】按钮。 (3)进入“定速”界面后，当列车速度到达需要速度时，点击 HMI【软定速】按钮，【恒速】按钮指示灯亮，定速功能启动。 定速按钮操作步骤： 当列车速度到达需要速度时，按下【恒速】按钮 2 s，【恒速】按钮指示灯亮，定速功能启动 定速设置按钮

(四)过分相操作

在过分相时，为了防止损伤动车组电气设备，采用惯性通过无电区，过分相分为 ATP 自动过分相、磁钢自动过分相和手动过分相三种方式。

序号	操作步骤及说明
1	动车组装备了 ATP 装置，正常驾驶时，优先执行 ATP 装置过分相命令
2	动车组装备了自动过分相装置，当 ATP 装置被隔离、过分相命令无效时，磁钢自动过分相装置接收地感器信号时，自动执行过分相，不需要做特别操作
3	当占有端 ATP 的自动过分相指令无效或 ATP 被隔离，且磁钢自动过分相主机输出故障信号时，必须进行手动过分相操作

1. 自动过分相操作

(1)ATP 自动过分相

序号	操作步骤及说明
1	ATP 接收到分相区信号，ATP 显示屏提示前方过分相的信息，司机需将司控器手柄置“0”位
2	列车主断断开
3	动车组经过过分相提醒标志，动车组经过分相“断”电标签，司机应确认主断必须处于断开状态
4	动车组进入无电区，在 HMI 屏上确认网压降至 5 kV 以下
5	动车组通过无电区后，在 HMI 屏上显示网压恢复至正常网压范围内
6	在离开分相区，在列车越过“合”电标签后，动车组主断路器自动闭合
7	对操纵台各仪表显示进行检查确认

当 ATP 过分相无效时，列车采用磁钢自动过分相。

(2)磁钢自动过分相

序号	操作步骤及说明
1	在进入无电区前,自动停止牵引,断开主断,将司控器手柄置“0”位惰行通过无电区,出了无电区后,HMI 弹屏提示自动过分相已完成,自动投入主断、再次进行牵引
2	列车主断断开
3	动车组经过过分相提醒标志,动车组经过分相断电标签,司机应确认主断必须处于断开状态
4	动车组进入无电区,在 HMI 屏上确认网压降至 5 kV 以下
5	动车组通过无电区后,在 HMI 屏上显示网压恢复至正常网压范围内
6	在离开分相区,在列车越过“合”电标签后,动车组主断路器自动闭合
7	运行中每次过分相后应对操纵台各仪表显示进行检查确认

2. 手动过分相操作

序号	操作步骤及说明	
1	列车运行至过分相无电区前,司机应提前确认受电弓升起的车号(02 车或 03 车),估算头车距升弓车厢的距离,及时将司控器手柄退回“0”位	
2	列车运行至过分相无电区前,司机要集中精力,加强瞭望,并结合当时的列车运行速度,操作【手动过分相】按钮,并保持 2 s,手动过分相指示灯亮	手动过分相 手动过分相指示灯
3	确认手动过分相指示灯亮,通过 HMI 显示屏主界面确认主断路器断开	
4	动车组进入无电区,在 HMI 屏上确认网压降至 5 kV 以下	
5	动车组通过无电区后,在 HMI 屏上显示网压恢复至正常网压范围内	
6	在离开分相区,动车组主断路器自动闭合	
7	运行中每次过分相后应对操纵台各仪表显示进行检查确认	

七、同向继乘

序号	操作步骤及说明
1	交班司机
1.1	检查动车组停车状态
1.2	司控器手柄置于最大常用制动位
1.3	与接班司机按规定交接
2	接班司机
2.1	检查通信设备工作正常
2.3	上车与交班司机按规定交接

(一)换端操作

序号	操作步骤及说明
1	车组停稳后,操作【停放制动施加】按钮持续 2 s,施加停放制动,确认停放制动施加指示灯亮
2	将司控器手柄置于“0”位,方向选择开关置于“0”位
3	将主控钥匙旋至“0”位,拔取主控钥匙,确认 HMI 界面右上方显示换端标识,动车组进入换端模式,锁闭司机室门,检查确认后部标志灯点亮 换端标识
4	进入另一端司机室,确认司机室继电器柜内的受电弓选择开关位置与当前升起的受电弓保持一致。 确认司机室防护用品、灭火器齐全良好,操纵台各开关、手柄位置正确
5	投入司机主控钥匙,右旋至“开”位,退出换端模式,方向选择开关置于“前”位,确认 HMI 显示司机室占用
6	进行简略制动试验: 确认停放制动施加。 (1)将司控器手柄置于最大常用制动位,通过压力表或者 HMI 确认制动缸压力大于 180 kPa。将司控器手柄置于“0”位,通过压力表或者 HMI 确认制动缸压力小于 180 kPa。 (2)将司控器手柄置于“快速制动”位,通过压力表或者 HMI 确认制动缸压力大于 200 kPa。将司控器手柄置于“0”位,通过压力表或者 HMI 确认制动缸压力小于 200 kPa。 (3)试验完毕,司控器手柄置于最大常用制动位。 (4)确认制动力施加
7	输入 CIR、列控车载设备的相关数据
8	做好开车准备

(二)进站停车

序号	操作步骤及说明
1	根据线路情况施加常用制动减速进站
2	动车组停稳后,将司控器手柄推到“制动”位
3	按下【左门释放】或【右门释放】自复位按钮持续 2 s,释放站台一侧的列车车门。操作要求见第三章第一节“二、段(所)内检查作业”“(三)塞拉门状态确认”
4	按下【开左门】或【开右门】自复位按钮持续 2 s,打开站台一侧的列车车门。操作要求见第三章第一节“二、段(所)内检查作业”“(三)塞拉门状态确认”
5	按下【关左门】或【关右门】自复位按钮持续 2 s,锁闭站台一侧的列车车门,将车门关闭。操作要求见第三章第一节“二、段(所)内检查作业”“(三)塞拉门状态确认”
6	具备发车条件,做好发车准备

八、通用驾驶注意事项

(一)司机座椅

01 车、04 车司机室内设置单司机座椅,座椅采用剪刀架式减振系统,机械调节,调节操作简单，具有较高的舒适性和可靠性。司机室座椅主要结构及操作手柄位置如图 3-6 所示。

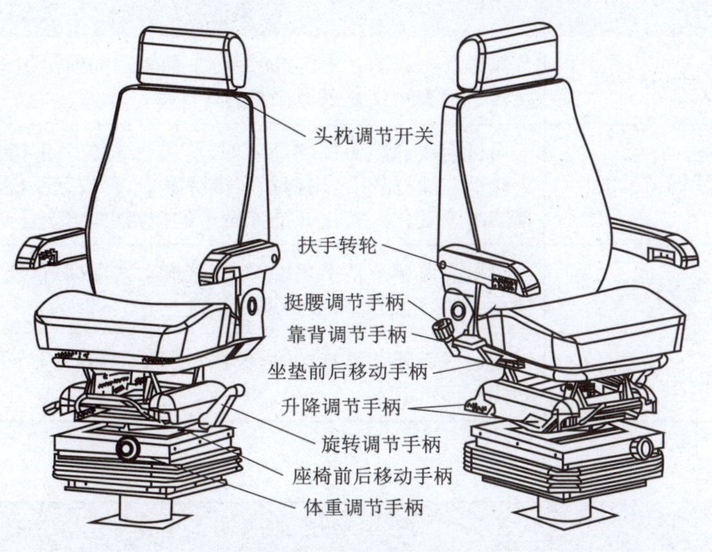

图 3-6　司机室座椅

序号	部件名称	操作/控制方法
1	升降调节手柄	司机坐上座椅后，为了工作的方便，需要调节座椅坐垫的前部高度或后部高度时，司机只需放下右手，轻提升降调节手柄后，利用司机本人的体重，座椅前沿在体重的作用下自然下降，当达到司机需要的高度时，即松开右手，此时，升降高度即自行锁定于这一位置。若需要座椅升高时，司机同样用右手轻提手柄，升降机构在弹簧的弹力作用下自动升高，松开右手即能定位
2	旋转调节手柄	司机坐上座椅后，为了工作方便，需要将座椅转到某一角度时，将左手放下，提起旋转调节手柄，使其手柄与限位块分离，司机用蹬地的脚和腰部扭动的力就能将座椅旋转，当旋转到司机需要的角度时，即左手松开该调节手柄，座椅在旋转力的作用下，自行定位。若需再改变方向时，再用左手提起手柄，重复上述动作即可完成±30°、±60°、±90°、±180°、±360°的旋转并定位锁止
3	座椅前后移动手柄	需要座椅前后移动时，司机用右手轻提座椅前后移动手柄，然后用脚蹬地，稍用力即可使座椅往前或往后移动，当移动到满意的位置时，司机的右手即可松开手柄，使其定位于这一位置
4	坐垫前后移动手柄	司机坐上座椅后需要调整坐垫相对靠背的前后位置时，将右手垂下，握住坐垫前后移动手柄，并往上轻提，此时司机利用自己臀部的力，即可使坐垫前后移动，当坐垫达到满意的位置时，司机即松开右手，坐垫就自行定位于这一位置
5	靠背调节手柄	靠背倾仰角范围在 80°～170°之间。司机坐上座椅后需要调节靠背的倾仰角时，将右手垂于后下角，握住靠背调节手柄并提起，此时，利用司机本人背靠的力即可使靠背倾斜，当达到司机满意的角度时，即松开手柄，此时靠背即自行定位于这一位置。若需要靠背向前转动时，只需右手提起手柄，靠背在弹簧弹力作用下，自动往前转动，当右手松开时，即自行锁定于这一位置

续上表

序号	部件名称	操作/控制方法
6	挺腰调节手柄	弧形箭头表示:“+”方向旋转手柄表示向前挺出 0°～12°;“－”方向旋转手柄表示恢复到原来位置
7	头枕调节开关	司机需要调整头枕的高度时,将左手或右手手指,伸入靠背左上方头枕下左插杆外沿,用拇指轻推弹簧卡,再提起头枕,即实现头枕五个挡的高度变化。若松开推弹簧卡的拇指,即可定位于这一位置
8	扶手转轮	司机需要调节扶手角度时,直接扳动扶手即可,当无法调节时,转动扶手手轮,可增加调节角度
9	体重调节手柄	当司机需要调整减振时,根据自身重量转动调节手柄使其达到合适的位置即可

(二)遮阳帘

序号	操作步骤及说明	
1	把遮阳帘控制开关打至“降”,遮阳帘下降	升 关 降 遮阳帘 遮阳帘控制开关
2	把遮阳帘控制开关打至“升”,遮阳帘上升	
3	把遮阳帘控制开关打至“关”,遮阳帘停止运动	
⚠	注意: 电动遮阳帘切勿手动操作(手动操作将导致电机内部损坏,不能运行)。 当遮阳帘电机偶发故障且恰好帘布处于低位置时,可将两侧限位器的蝶形螺栓逆时针拧开连同帘布沿着两侧导杆往上方推,到合适位置顺时针拧紧限位器即可	蝶形螺栓 限位器

(三)撒砂

撒砂系统可由司机手动操作或在列车空转与制动滑行过程中自动施加。撒砂系统控制包括手动撒砂和自动撒砂两种控制模式。

1. 自动撒砂

序号	操作步骤及说明
1	当满足以下任一条件时,就会自动撒砂,司机无需操作: 在列车速度大于 10 km/h 时,任一车辆 BCU 在制动工况下检测出滑行激活(持续 2 s)。 牵引工况下,TCMS 接收到任一车辆 TCU 发出的“空转”信号
2	TCMS 应监控撒砂状态并显示: 自动撒砂动作时,以文本的信号提示司机

2. 手动撒砂

序号	操作步骤及说明	
1	司机按压操纵台上的自复位【撒砂】按钮2 s以上，撒砂按钮指示灯亮，开始手动撒砂。松开自复位撒砂按钮，停止手动撒砂	【撒砂】按钮
2	5 km/h以上可手动按压【撒砂】按钮持续撒砂(不限制撒砂时间)。 5 km/h以下每次允许手动撒砂不超过10 s	

(四)司机室空调

1. 司机室空调操作

序号	操作步骤及说明
1	司机室空调可通过模式选择开关、温度选择开关调节工作模式和设定温度
2	模式选择开关： 将模式选择开关打到“停止”位，司机室空调停止运行。 将模式选择开关打到“通风”位，司机室空调仅通风机运行。 将模式选择开关打到“弱冷”位，司机室空调通风机、冷凝风机、空压机运行，通风机低速运转。 将模式选择开关打到“强冷”位，司机室空调通风机、冷凝风机、空压机运行，通风机高速运转
3	温度选择开关调节范围19～28 ℃共十挡，梯度为1 ℃

2. 司机室通风单元操作

序号	操作步骤及说明	
1	司机室通风单元可通过司机室内顶板上的模式选择开关、风速选择开关调节工作模式和风机风速	风速选择开关 模式选择开关
2	模式选择开关： 将模式选择开关打到“停机”位，司机室通风单元停止运行。 将模式选择开关打到“通风”位，司机室通风单元仅风机运行。 将模式选择开关打到“半暖”位，司机室通风单元风机运行，一组电加热运行。 将模式选择开关打到“全暖”位，司机室通风单元风机运行，两组电加热均运行	
3	风速选择开关： 将风速选择开关打到“Ⅰ”位，司机室通风单元风机低速运行。 将风速选择开关打到“Ⅱ”位，司机室通风单元风机中速运行。 将风速选择开关打到“Ⅲ”位，司机室通风单元风机高速运行	

（五）退行

序号	操作步骤及说明
1	将方向选择开关旋至“向后”位
2	在司机室主控端断开 ATP 电源空开，将靠近牵引机车一端 ATP 柜内的 ATP 紧急制动隔离开关置于隔离位，30 s 后恢复 ATP 电源空开
3	操作【停放制动缓解】按钮缓解停放制动，确认停放制动缓解
4	鸣笛（限鸣区段除外）
5	使用司控器手柄来控制速度，列车退行速度自动控制不超过 10 km/h

（六）司机室挡风玻璃加热

序号	操作步骤及说明	
1	司机操作【窗加热】按钮持续 2 s，前窗开始加热，窗加热指示灯亮，当温度大于 38 ℃或工作 10 min 停止加热，窗加热指示灯灭	【窗加热】按钮
⚠	注意： 当需要用雨刮器时，CJ6-0701～0710 车组电动雨刮器/窗加热【＝77-F101】需闭合；CJ6-0711～0715 车组前窗玻璃加热【＝72-F101】需闭合。 当温度低于(14±3) ℃时，加热系统自动加热；当温度高于(28±3) ℃时，停止加热。 前窗玻璃低于 34 ℃时，手动控制加热才有效，当温度大于 38 ℃或工作 10 min 停止加热，窗加热指示灯灭	电动雨刮器/窗加热【＝77-F101】　前窗玻璃加热【＝72-F101】

九、入段（所）作业

（一）洗车

序号	操作步骤及说明
1	动车组于洗车库前停稳
2	在司机操纵台上操作洗车模式选择开关，将洗车模式选择开关置于“洗车”位，进入洗车模式
3	操作动车组进入洗车库，此时动车组最高运行速度为 3 km/h
4	洗车完毕后，将洗车模式选择开关置于“正常”位，退出洗车模式

（二）存放

室外温度较低或降雪等条件，为避免动车组结冰可能影响动车组正常运行，建议采用有电存放操作。在库内或环境温度较高不需要保温的条件下，可进行无电存放。

1. 有电状态存放

有电状态存放适用于下列条件：

（1）有执行空气调节或供暖的需要。

（2）动车组停车较长时间并防止人员通过手动操作外门进入列车。

序号	操作步骤及说明
1	操作【停放制动施加】自复位按钮持续 2 s，施加停放制动，停放制动施加灯亮，确认全车停放制动均已施加
2	操作按钮【关左门】或【关右门】自复位按钮 2 s，关闭外门，并通过 HMI 显示屏确认所有车门处于关闭状态
3	将司控器手柄和方向选择开关置于“0”位，拔下主控钥匙
4	恢复操纵台所有开关到正常位，确认受电弓处于升起状态，主断处于闭合状态，空调系统正常工作
5	下车并锁闭司机室门锁

2. 无电状态存放

无电状态存放适用于下列条件：

（1）动车组长期不使用。

（2）没有冻结或过热危险。

（3）车组内无易腐物体。

（4）可通过手动操作外门进入列车。

序号	操作步骤及说明
1	操作【停放制动施加】自复位按钮持续 2 s，施加停放制动，停放制动施加灯亮，确认全车停放制动均已施加
2	注销 CIR，断开“列车无线（无线电）”
3	操作主断路器扳键至“断”位，HMI 显示屏上确认主断路器断开
4	操作受电弓扳键至“降弓”位，HMI 显示屏上确认受电弓降下
5	将司控器手柄和方向选择开关置于“0”位
6	将主控钥匙开关逆时针旋转至“关”位，列车激活旋转至“断激活”位持续 2 s，蓄电池断电操作完成
7	离开司机室，锁闭司机室门
⚠	注意：断开电池前应确保已施加停放制动。如果停放制动装置的应用条件无法确保，则司机需要采取措施防止出现列车的意外移动（如使用止轮器）

第二节　重联及解编

一、重联

序号	操作步骤及说明	
1	重联过程中，移动的车作为主控车，静止的车作为被控车	
2	动车组被控车进入连挂线路停车，施加停放制动	
3	动车组主控车进入连挂线路，距离被控车大于 5 m 以上停车，施加停放制动	
4	分别确认两重联动车组连挂端开闭机构控制器断路器(【=24-F104】输入输出 2)和重联控制断路器(CJ6-0701～0710:【=72-F101】,CJ6-0711～0715:【=74-F101】)处于闭合位置，确认车端【总风(Z10)】截断塞门处于开通位置(手柄与管路平行)	
5	按压动车组待重联连挂端前开闭机构开关持续 2 s，打开开闭机构。确认主控车与被控车待重联连挂端开闭机构到位绿色指示灯【=77-P101】点亮	 开闭机构到位指示灯
6	下车确认主控车与被控车车组开闭机构处于打开并锁闭状态，电气车钩和机械车钩处于待连挂位，根据实际情况安装机械钩导向杆	
7	被控车进入换端模式，主控车缓解停放制动，操纵动车组以不超过 5 km/h 的速度进行连挂(提示：司控器手柄需在“牵引”位)。 注意：主控车可以通过按压司机右后方【连挂】按钮限制连挂速度，以不高于 5 km/h 的速度进行连挂，连挂完毕后再次按压【连挂】按钮，取消速度限制	
8	连挂完成后，确认电气车钩和机械车钩连挂良好；主控车及从控车 HMI 显示屏上确认 8 辆编组显示状态正常，施加停放制动	
9	主控车非连挂端重新投入主控，确认动车组状态正常，施加停放制动，查看 HMI 屏牵引主界面、制动主界面，确认整个 8 辆编组网络通信正常，升弓、合主断	
10	在主控端将【=74-S105】置于“重联”位，按照第三章第一节“二、段(所)内检查作业”“(一)制动试验”的要求进行制动试验	 救援/重联模式选择开关

续上表

序号	操作步骤及说明	
11	注：开闭机构可在 HMI 进行开关操作，用于操作远端开闭机构。 投入主控钥匙，在 HMI 点击【设置】—【远端开闭机构设置】，按压【远端开闭机构开】或【远端开闭机构关】软按键持续 2 s，HMI 上确认开闭机构到位，下车检查开闭机构打开并锁闭良好或关闭并锁闭良好，状态正常	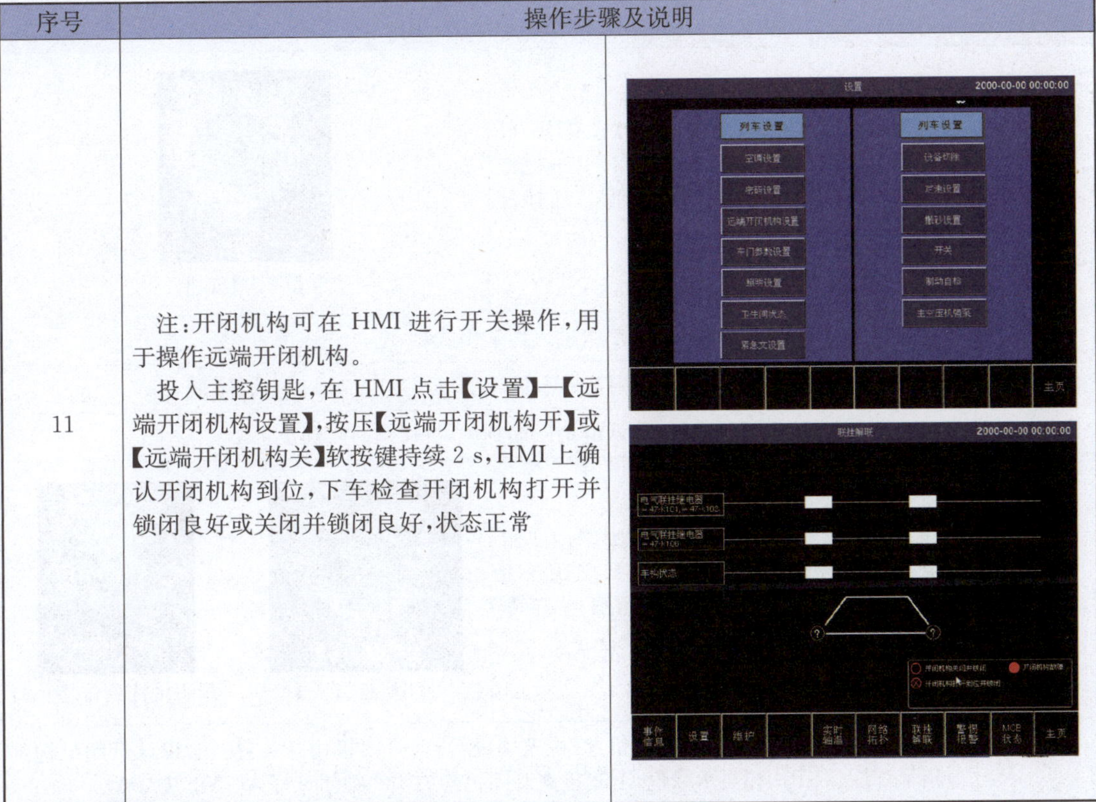

二、解编

序号	操作步骤及说明	
1	两列动车组重联状态进入解编线路后停车，动车组施加停放制动，恢复【=74-S105】旋钮置于“0”位	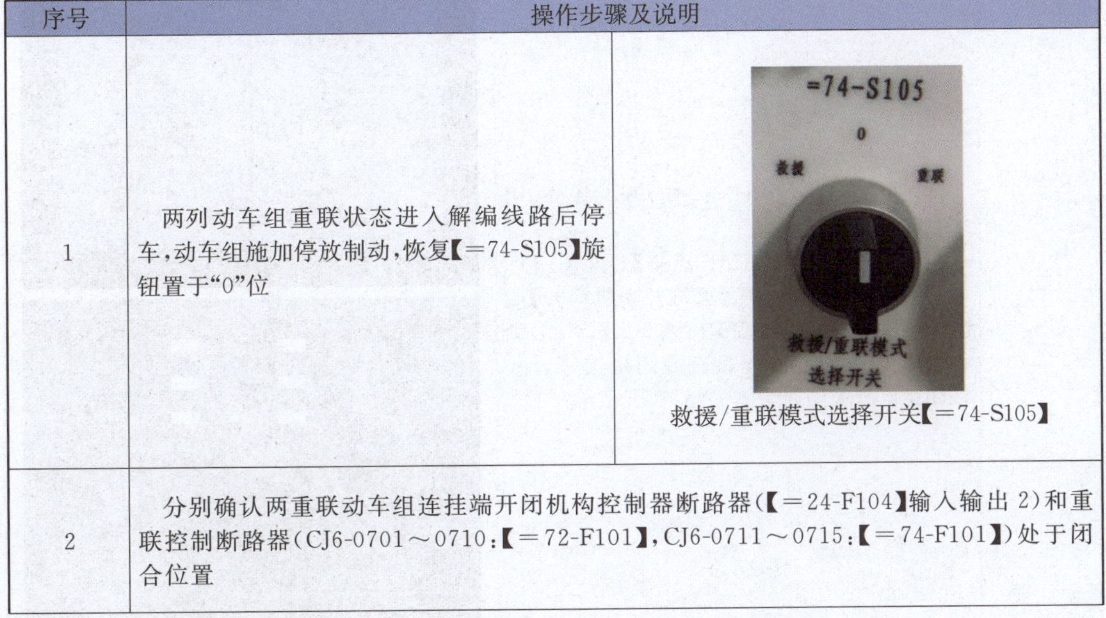 救援/重联模式选择开关【=74-S105】
2	分别确认两重联动车组连挂端开闭机构控制器断路器(【=24-F104】输入输出 2)和重联控制断路器(CJ6-0701～0710:【=72-F101】,CJ6-0711～0715:【=74-F101】)处于闭合位置	

续上表

序号	操作步骤及说明	
3	进入连挂端司机室，确认连挂状态正常，投入主控钥匙，按压【解钩】按钮 2 s，下车检查确认电气连接器分离，机械钩钩舌与连挂杆解锁，处于待分开状态 	【解钩】按钮
4	施加停放制动，拔取主控钥匙，车组进入换端模式	
5	在非连挂端投入主控钥匙，缓解停放制动，牵引动车离开 5 m 以上后停车	
6	解编动车组后，取下导向杆，确认电钩回缩到位，机械钩回复到位	
7	动车组解编端投入主控钥匙，按压动车组操纵台【前开闭机构开关】按钮 2 s，确认开闭机构到位指示灯【=77-P101】显示绿色，下车检查开闭机构关闭并锁闭良好，状态正常 	【前开闭机构开关】按钮 　开闭机构到位指示灯
8	被解编动车组解编端投入主控钥匙，按压操纵台【前开闭机构开关】按钮，确认开闭机构到位指示灯【=77-P101】显示绿色，下车检查开闭机构关闭并锁闭良好，状态正常	
9	解编作业完成	
10	注：开闭机构可在 HMI 进行开关操作，用于操作后端开闭机构。 投入主控钥匙，在 HMI 点击【设置】—【远端开闭机构设置】，按压【远端开闭机构开】或【远端开闭机构关】软按键持续 2 s，HMI 上确认开闭机构到位，下车检查开闭机构打开并锁闭良好或关闭并锁闭良好，状态正常 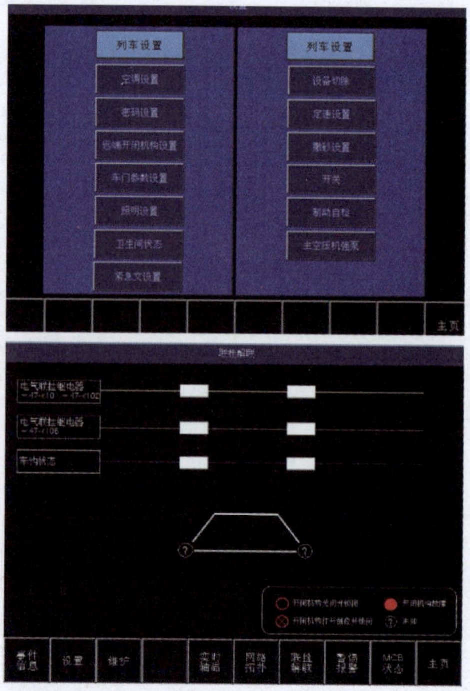	

三、手动解编操作

序号	操作步骤及说明
1	两列动车组重联状态进入解编线路后停车，动车组施加停放制动，恢复【＝74-S105】旋钮置于“0”位  救援/重联模式选择开关【＝74-S105】
2	断开重联动车组主断路器，降下受电弓，并将方向手柄操作至“0”位
3	断开两编组重联端电气车钩的空气管连通（即关闭电气车钩截断阀门）
4	使用规格 24 mm（对边尺寸）的套筒扳手逆时针旋转传动杆的六角头，使电气车钩回退至待挂位，将扳手放回原位
5	取下车钩上的解钩手柄，同时向外拉拽两列动车组解钩手柄，直至车钩锁打开，两机械车钩解编
6	确认钩锁处于解钩位置后将手柄挂入手柄架中
7	解编动车组非重联端投入主控，升起受电弓并闭合主断路器，缓解停放制动，牵引动车组离开 5 m 以上后停车，施加停放制动
8	动车组解编后，取下两动车组重联端导向杆，恢复两动车组解编端电气车钩的空气管连通（即打开电气车钩截断阀门），确认电钩回缩到位，机械钩回复到位
9	两动车组解编端分别投入主控钥匙，按压操纵台前开闭机构开关，确认开闭机构到位指示灯【＝77-P101】显示绿色，下车检查开闭机构关闭并锁闭良好，状态正常
10	解编作业结束

第三节　动车组相互救援

一、救援

序号	操作步骤及说明
1	驾驶救援动车组至指定救援地点后，制动停车，停车后施加停放制动
2	按压操纵台【前开闭机构开关】按钮 2 s，打开开闭机构，确认开闭机构到位指示灯显示绿色  【前开闭机构开关】按钮 　开闭机构到位指示灯

续上表

序号	操作步骤及说明	
3	随车机械师确认救援连挂端的【列车(Z11)】【列车管(BP)】截断塞门处于导通状态(手柄平行位)(CJ6-0711～0715 车组无需确认 Z11 状态);【总风(Z10)】截断塞门处于导通状态(手柄平行位)。 关闭电钩截断塞门	
4	随车机械师下车观察开闭机构打开并锁闭良好,检查确认车钩处于待连挂状态,确认电气车钩处于缩回位置,关闭电气车钩驱动气缸管路截止阀(红色把手与管路垂直为关闭),隔离电气车钩,做好连挂前准备	
5	确认被救援动车组连挂准备就绪后,救援动车组缓解停放制动以不高于 5 km/h 的速度进行连挂,连挂完毕后,施加停放制动。 注意:救援车可以通过按压司机右后方【连挂】按钮限制连挂速度,以不高于 5 km/h 的速度进行连挂,连挂完毕后再次按压【连挂】按钮,取消速度限制	
6	连挂后,在非连挂端激活主控后,缓解停放制动,试拉,联控随车机械师确认车钩连接良好	
7	停止试拉,司机施加停放制动,拔出司机主控钥匙,车组进入换端模式,根据需要加防跳止挡	
8	将救援动车组连挂端司机室继电器柜的救援回送模式选择开关置于“救援”位	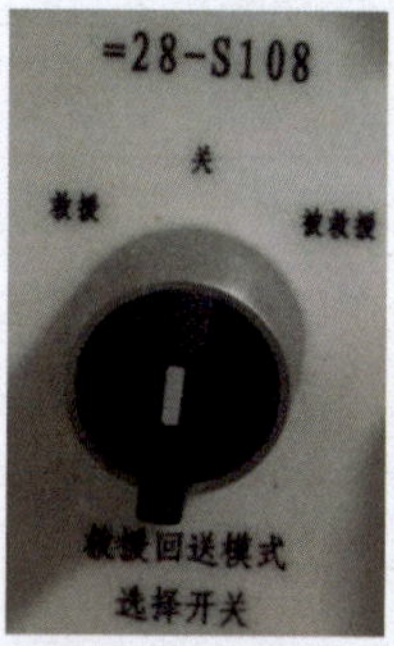 救援回送模式选择开关
9	随车机械师打开位于连挂端 BP 救援转换装置附近【BP 救援(T2)】【BP 总风(T4)】【被救援 MR 通(T6)】截断塞门(手柄与管路平行为开通)。确认被救援动车组进入 BP 救援状态	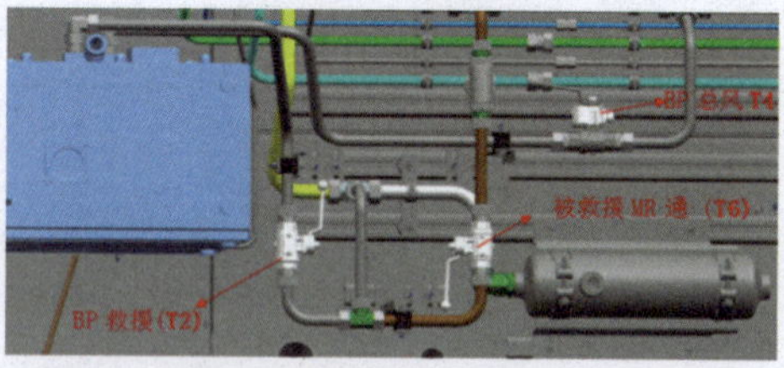 适用 CJ6-0701～0710 车组 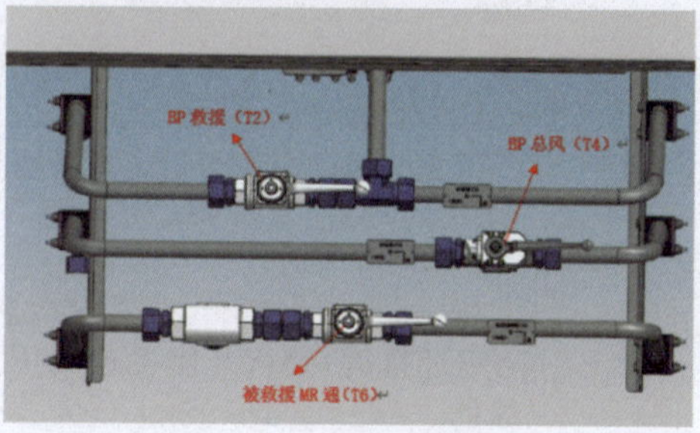 适用 CJ6-0711～0715 车组

续上表

序号	操作步骤及说明	
10	司机在非连挂端司机室插入司机主控钥匙，确认被救援动车组常用制动处于缓解状态，将方向选择开关置于“向前”位，准备进行制动试验（仅进行最大常用制动试验）。 注意：救援动车组已施加保持制动 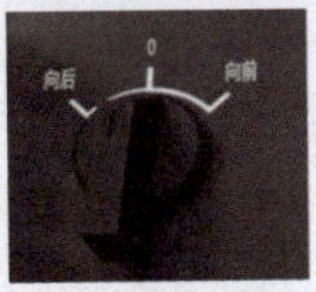	向后 0 向前 方向选择开关
11	救援动车组激活端司机施加最大常用制动，救援动车组激活端司机通过 HMI 确认救援动车组制动缸压力大于 180 kPa，被救援动车组连挂端司机通过 HMI 制动界面确认被救援动车组制动已施加，并告知救援动车组司机	
12	救援动车组激活端司机收到被救援动车组司机制动已施加的反馈后，缓解常用制动，救援动车组司机通过 HMI 确认救援动车组最大常用制动已缓解，被救援动车组连挂端司机通过 HMI 制动界面确认被救援动车组制动已缓解，并告知救援动车组司机	
13	试验完毕，将救援动车组激活端司机室司控器手柄置于制动区，缓解停放制动，确认两列车停放制动已缓解	
14	完成发车准备，确认被救援动车组发车准备就绪，操纵列车将被救援列车送至指定位置	
15	操作救援动车组停车，操作并确认救援动车组救援回送模式选择开关【＝28-S108】置于“正常”位，连挂端【BP 救援（T2）】【BP 总风（T4）】【被救援 MR 通（T6）】截断塞门、电钩截断塞门恢复为正常状态	
16	确认被救援动车组做好防溜后，进行解编作业（按 CJ6 型动车组重联及解编操作程序执行）	

二、被救援

序号	操作步骤及说明	
1	司机投入主控钥匙，将主控钥匙旋至“开”位，激活司机室，施加停放制动，按压动车组操纵台【前开闭机构开关】按钮 2 s，开闭机构到位指示灯显示绿色，确认开闭机构打开并锁闭到位，断主断、降弓。 注意： （1）【前开闭机构开关】按钮不能打开开闭机构时，可以采取手动操作打开开闭机构。 （2）被救援动车组停放制动功能不正常时需安放铁靴。 （3）确认动车组主断断开、受电弓处于降下状态 	前开闭机构开关  【前开闭机构开关】按钮 开闭机构到位 开闭机构到位指示灯
2	随车机械师确认【列车（Z11）】截断塞门处于开通位置（手柄与管路平行）。（CJ6-0711～0715 车组无需确认 Z11 状态） 下车检查确认开闭机构打开并锁闭到位，电钩、机械钩缩回到位，关闭电钩截断塞门（手柄与管路垂直为关闭），隔离电气车钩 	截止阀

续上表

序号	操作步骤及说明
3	操作并确认位于连挂端的【BP 救援（T2）】【BP 总风（T4）】【被救援 MR 通（T6）】截断塞门处于“打开”位（手柄与管路平行为开通）
4	待与救援动车组连挂完成并试拉后，随车机械师确认车钩连接良好，根据需要加防跳止挡
5	司机将方向选择开关置于“向前”位。 随车机械师将连挂端司机室救援回送模式选择开关【＝28-S108】置于“被救援”位。 将连挂端司机室保持制动缓解选择开关【＝28-S106】置于“隔离”位。 将连挂端无人警惕隔离选择开关【＝43-S104】右旋至“隔离”位。 断开连挂端的 ATP 电源空开，将连挂端 ATP 柜内的 ATP 紧急制动隔离开关、LKJ 隔离开关（隔离开关 G1）置于隔离位，30s 后恢复 ATP 电源空开
6	关闭 02、03 车升弓柜内升弓隔离塞门 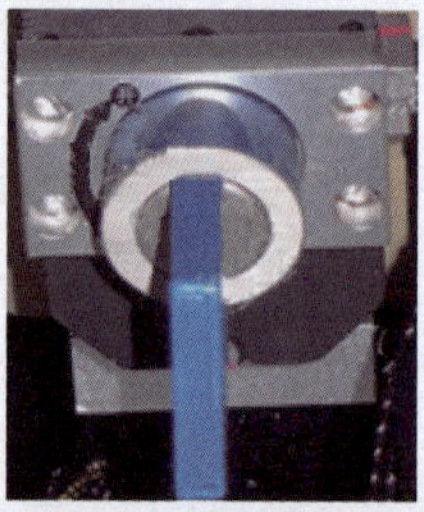 | 适用 CJ6-0701～0710 车组 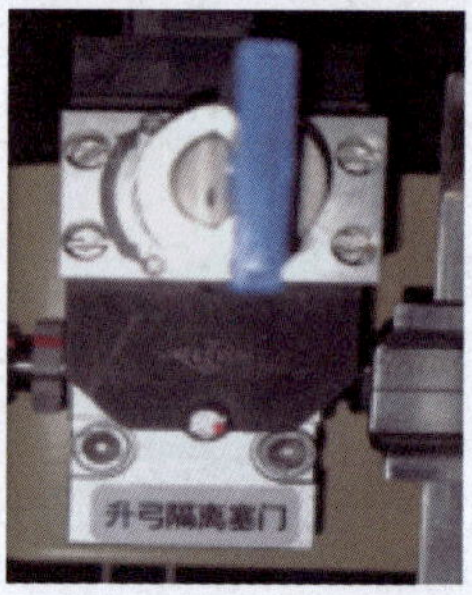 适用 CJ6-0711～0715（带标识）车组
7	连挂完成后，准备进行制动试验
	注意：被救援动车组紧急制动 30 s 后，救援动车组方可恢复紧急制动（30 s 内列车管排气是正常现象）
8	救援动车组施加最大常用制动时，确认被救援动车组制动已施加
9	救援动车组缓解常用制动，确认被救援动车组制动已缓解
10	操作并确认停放制动已缓解，撤除防溜，发车准备就绪，通知救援动车组，将被救援动车组救援至指定位置
11	停车后做好防溜，操作并确认被救援动车组连挂端【BP 救援（T2）】【BP 总风（T4）】【被救援 MR 通（T6）】截断塞门处于“关闭”位（手柄与管路垂直为关闭）；打开 02、03 车升弓柜内升弓隔离塞门，救援回送模式选择开关【＝28-S108】置于“正常”位；保持制动缓解选择开关【＝28-S106】置于“正常”位；恢复 ATP、LKJ 至“正常”位；恢复电钩截断塞门
12	解编作业按 CJ6 型动车组重联及解编操作程序执行
13	救援过程结束

三、救援行驶过程中的注意事项

序号	操作步骤及说明
⚠	注意：救援过程中避免制动和牵引之间快速切换，做好平稳操作，应尽量避免实施紧急制动。施加紧急制动后，应立即下车检查确认救援连挂端及相邻两个连挂端面状态
⚠	注意：救援过程中，需在被救援动车组连挂端司机室密切监视蓄电池电压和总风压力，确认其在要求范围内，其中总风压力应在 530 kPa 以上，若低于 530 kPa，需停车检查，待风压恢复正常后行车，蓄电池电压应在 92 V 以上，若低于 92 V 电压，需停车充电，若不具备充电条件，切除被救援动车组停放制动和空气制动，进行滚动试验后限速运行

第四节　机车救援及回送

一、动车组 2 h 及以上时间的无动力回送

动车组可以一列回送/救援。每列动车组均配备有过渡车钩(带 BP 橡胶软管)、安装橡胶软管的扳手等搭载物品。

动车组的回送采用回送车与动车组固定连接，机车牵引回送。由于动车组两头车采用 10 型车钩，其高度为 1 000 mm，而回送车车钩距轨面高度为 880 mm，为 15 号车钩，所以回送车与动车组通过过渡车钩连接。

(一)连挂准备

序号	操作步骤及说明	
1	动车组停车，施加停放制动，保持动车组处于制动状态，断主断、降弓	
2	随车机械师确认动车组 MR 压力在 600 kPa 以上(空压机可正常工作时)，空气弹簧处于正常高度	
3	动车组蓄电池的电压(DC 110 V 控制电路)至少须在 103 V 以上(必要时进行充电)	
4	按压动车组操纵台【前开闭机构开关】按钮 2 s，开闭机构到位指示灯显示绿色，确认开闭机构开到位。特殊情况可手动打开开闭机构	 【前开闭机构开关】按钮　开闭机构到位指示灯
5	确认连挂端开闭机构打开后，将连挂端无人警惕隔离选择开关右旋至“隔离”位；确认连挂端已投主控，连挂端方向开关置于“向前”位	 无人警惕隔离选择开关

续上表

序号	操作步骤及说明
6	断开连挂端的 ATP 电源空开，将连挂端 ATP 柜内的 ATP 紧急制动隔离开关、LKJ 隔离开关(隔离开关 G1)置于“隔离”位，30 s 后恢复 ATP 电源空开
7	下车确认开闭机构打开并锁闭到位，检查密接式车钩、电气连接器状态良好；确认电气车钩、机械车钩处于缩回位置，关闭电气车钩驱动气缸管路截止阀(红色把手与管路垂直为关闭)
8	安装过渡车钩，确认过渡车钩安装良好

(二)牵引机车与回送车连挂

序号	操作步骤及说明
1	牵引机车与回送车连挂完成后，动车组司机等待回送车与动车组进行连挂

(三)回送车与动车组连挂

序号	操作步骤及说明	
1	回送车停在离动车组 5 m 以上的位置	
2	待随车机械师确认连挂准备就绪后，司机以5 km/h以下的速度移动机车并使回送车与动车组连挂	
3	连挂后试拉，联控随车机械师确认车钩连接良好，安装防跳止挡	
4	在无带电操作的前提下，安全连接好回送车与动车组电源线	
4	随车机械师确认连挂端【列车(Z11)】截断塞门处于开通位置(手柄与管路平行)(CJ6-0711～0715 车组无需确认 Z11 状态)；打开位于连挂端【BP 救援(T2)】【BP 总风(T4)】【被救援 MR 通(T6)】截断塞门(手柄与管路平行为开通)；关闭 02、03 车升弓柜内升弓隔离塞门	
5	待回送车启动发电机组后，司机通过 HMI 屏确认回送车供电正常，直流电压为 110 V	
6	司机将连挂端司机室保持制动缓解选择开关旋至“隔离”位，将连挂端救援回送模式选择开关置“被救援”位	 保持制动缓解选择开关 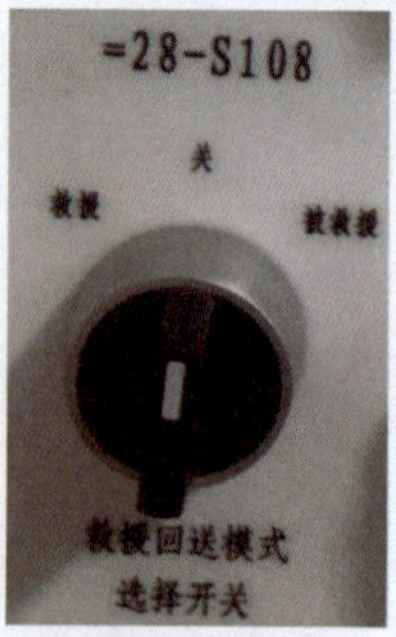　救援回送模式选择开关

（四）连挂确认试验

序号	操作步骤及说明
1	机车向动车组充风至 600 kPa，动车组常用制动缓解，准备进行制动试验
2	司机操作机车单阀全制，自阀减压 100 kPa，通过 HMI 屏确认动车组全车的 BC 压力大于 50 kPa
3	机车单阀全制，自阀置于“运转”位，使 BP 压力逐渐地从 500 kPa 上升至 600 kPa，确认动车组全车的 BC 压力下降为零
4	连挂及相关试验完成

（五）动车组回送时限制因素

序号	操作步骤及说明
⚠	被救援动车组制动系统正常，回送限速 120 km/h。 被救援动车制动系统不正常，回送限速： 1 架空气制动切除，回送限速 100 km/h； 2 架空气制动切除，回送限速 90 km/h； 3 架空气制动切除，回送限速 80 km/h； 4 架空气制动切除，回送限速 60 km/h； 所有空气制动切除，回送限速 5 km/h
⚠	回送途中不得通过半径小于 180 m 的曲线
⚠	回送途中不允许中途转向折角运行。 如确需折角牵引时，随车人员必须将不与回送车连挂端的动车组设备恢复到正常状态，将与回送车连挂端的动车组设备重新按照动车组 2 h 及以上时间的无动力回送操作进行作业
⚠	监控动车组的制动和缓解情况，确认途中无异常声响和振动。 动车组在回送途中应避免紧急制动，不得已实施紧急制动停车后，司机应立即通知机后第一位随车押运人员和随车机械师，经检查确认过渡车钩状态良好后方可继续运行
⚠	被救援时，当动车组 110 V 电源失电时，动车组上被激活救援回送装置失电，快速排制动管风，救援机车施加紧急制动，同时，动车组运输车组也施加紧急制动

二、动车组 2 h 内的无动力回送或机车救援

动车组 2 h 内无动力回送或机车救援可以采用机车与动车组直接通过过渡车钩连接。机车列车管压力为 600 kPa。

（一）连挂准备

序号	操作步骤及说明
1	动车组停车，施加停放制动，保持动车组处于制动状态，断主断、降弓
2	随车机械师确认动车组 MR 压力在 600 kPa 以上（空压机可正常工作时），空气弹簧处于正常高度
3	动车组蓄电池的电压（DC 110 V 控制电路）至少须在 103 V 以上（有充电条件时，必要时进行充电）

续上表

序号	操作步骤及说明	
4	按压动车组操纵台【前开闭机构开关】按钮2 s,开闭机构到位指示灯显示绿色,确认开闭机构开到位。特殊情况可手动打开开闭机构 	【前开闭机构开关】按钮 　开闭机构到位指示灯
5	确认连挂端开闭机构打开后,将连挂端无人警惕隔离选择开关右旋至“隔离”位;确认连挂端已投主控,连挂端方向开关置于“向前”位 	无人警惕隔离选择开关
6	断开连挂端的ATP电源空开,将连挂端ATP柜内的ATP紧急制动隔离开关、LKJ隔离开关(隔离开关G1)置于隔离位,30 s后恢复ATP电源空开	
7	下车确认开闭机构打开并锁闭到位,检查密接式车钩、电气连接器状态良好;确认电气车钩、机械车钩处于缩回位置,关闭电气车钩驱动气缸管路截止阀(红色把手与管路垂直为关闭)	
8	安装过渡车钩,确认过渡车钩安装良好	

(二)机车与动车组连挂

序号	操作步骤及说明	
1	机车停在离动车组5 m以上的位置	
2	待随车机械师确认连挂准备就绪后,司机以不超过5 km/h的速度移动机车,与动车组连挂	
3	连挂后试拉,随车机械师确认车钩连接良好,安装防跳止挡	
4	随车机械师把机车与动车组的列车管连接	
5	机械师确认动车组连挂端【列车(Z11)】截断塞门处于开通位置(手柄与管路平行)(CJ6-0711～0715车组无需确认Z11状态);打开位于连挂端【BP救援(T2)】【BP总风(T4)】【被救援MR通(T6)】截断塞门(手柄与管路平行为开通);关闭02、03车升弓柜内升弓隔离塞门。 动车组司机将连挂端司机室保持制动缓解选择开关右旋至“隔离”位,将连挂端救援回送模式选择开关置“被救援”位 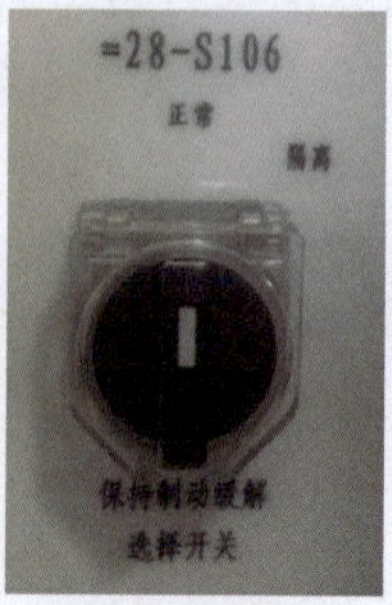	保持制动缓解选择开关 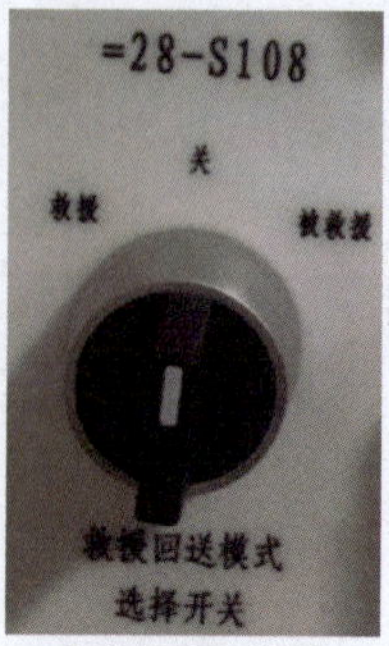　救援回送模式选择开关

(三)连挂确认试验

连挂确认试验同 2 h 以上无动力回送。

回送途中需要确认的事项：

序号	操作步骤及说明
1	运行中通过司机操作台压力表确认动车组总风压力不低于 530 kPa，直流电源电压不低于 DC 92 V，当直流电源电压降至 DC 92 V 时，申请就近站停车充电，若不具备充电条件，切除空气制动和停放制动，进行滚动试验后限速运行
2	监控动车组的制动和缓解情况，确认途中无异常声响和振动
3	运行中应尽量避免紧急制动，发生紧急制动后须下车检查车钩连接状态

第五节　紧急情况驾驶

一、火警

确认火情后，随车机械师立即通知司机。司机采取降速措施，待随车机械师确认火警情况。

随车机械师应对动车组设备进行检查，若火情原因不明时，禁止再次送电；若确认火情不影响行车安全时，签认后通知司机维持运行，运行途中随车机械师重点监控。

若误报，待随车机械师复位烟火探测设备后，正常行车。

二、火灾发生处置措施

序号	操作步骤及说明
1	将列车驾驶至适宜的紧急停靠点。 发生此类情况时，司机必须将列车驾驶至适宜的紧急停靠点(避免列车停靠在站外线路上、桥上及隧道中)
2	确定受火灾影响的区域。 火警单元探测到的火灾会显示在司机和机械师的 HMI 屏上，同时会发出报警信号。通过选择 HMI 屏上的诊断信息，可以确定受火灾影响的车以及该车中受火灾影响的区域。呼叫乘务员，通知其有关受火灾影响的车以及该车中受影响的区域
3	关闭空调系统。 出现火灾时，为了控制烟雾，必须关闭整列列车的空调系统(在 HMI 主界面点击【设置】对话框进入“设置”界面，再点击【空调设置】进入“空调设置”界面，将空调系统关闭)。 此时，必须在 HMI 屏上关闭整列列车的空调系统。 如果列车外面发生火灾，也必须关闭整列列车的空调系统，以避免烟雾进入列车内

续上表

序号	操作步骤及说明
4	通知控制中心，报告如下信息： 火警情况； 受火灾影响的车和区域； 对其他铁路车辆临时封闭的线路区间； 与控制中心进行协调，确定停靠列车以疏散乘客的停靠点
	注意：火灾报告以及随后执行的救援措施必须符合操作人员规章制度

三、列车疏散采取的措施

注意：

(1)如果必须疏散列车，则应当以国铁集团的规则和规程为准。

(2)开展疏散工作时不允许将列车停靠在站外线路上、桥上或隧道中。必须将列车停靠在车站内，以便乘客安全下车。

(3)应要求乘客向列车头部或尾部移动，否则就可能在邻近车厢中造成拥挤。

开展疏散工作时，遵守以下顺序采取措施：

(1)将列车驾驶至适宜的紧急停靠点；

(2)通知控制中心；

(3)疏散列车；

(4)停放列车。

(一)释放外门

序号	操作步骤及说明	
1	根据需要操作【左门释放】或【右门释放】自复位按钮持续 2 s	
2	确认车门释放灯亮后即可通过操作【开左门】或【开右门】自复位按钮持续 2 s 进行集控开门	

（二）通过紧急逃生窗离开列车

车厢中的紧急逃生窗有明显的标识，设置在车辆四角处车门附近。按照下列步骤对紧急出口进行准备。

序号	操作步骤及说明
1	握住位于紧急逃生窗旁边安全锤侧部，将其从支架上取出
2	使用安全锤从标红的砸开点砸碎里面的窗玻璃。砸开点的窗玻璃破碎成很多小块
3	使用安全锤砸开外层窗玻璃
4	将两块玻璃砸碎后，用手的压力将紧急逃生窗向外推出去，形成逃生口

四、紧急设备布置位置

车内配备紧急逃生窗和安全锤、旅客应急乘降梯、灭火器等应急设备。

为满足紧急情况下乘客从窗口逃生的功能要求，在客室内设置能够击碎的紧急逃生窗，如图 3-7 所示。紧急逃生窗上设有红色圆形标记敲击点，该标记具有夜光功能，紧急逃生窗旁设有安全锤，使用安全锤击碎玻璃后，整个玻璃便可与窗框脱离，以便紧急情况下的逃生。

图 3-7　紧急逃生窗和安全锤

五、异常天气驾驶

当动车组行驶途中遇到大风、大雨、大雪等异常天气时，司机应根据实际情况小心驾驶，并及时将途中情况告知控制中心。

异常天气驾驶操作建议如下：

若遇雨雪及霜冻天气导致轨道黏着力降低时，司机在起车时应使用适度的牵引力或目标速度，或制动时尽量减少使用“大制动力”，从而避免车轮打滑。同时，也可在行车过程中采用撒砂方式，增加轮轨之间的摩擦力。

针对在凝露、结霜、大雾等恶劣天气下车辆出现的滑行情况，建议措施如下：

（1）建议合理控制车速，施加小级位制动，如出现滑行情况，建议司控器手柄操作维持现有制动级位或稍降低制动级位，但在本次制动过程中，非必要情况下，司控器手柄禁止回“0”位。

(2)建议动车组在湿滑坡道区段提前手动撒砂,改善轮轨黏着避免或降低轮对滑行。

异常天气驾驶速度控制建议:

环境条件	限速要求
环境风速不大于15 m/s	可以正常速度运行
环境风速大于30 m/s	严禁动车组进入风区
在线路中心线距站台边缘为1 750 mm的正线、到发线办理动车组列车通过时,环境风速不大于15 m/s	速度不得超过80 km/h
在线路中心线距站台边缘为1 750 mm的正线、到发线办理动车组列车通过时,环境风速超过15 m/s	运行速度不得超过45 km/h,并注意运行
重点防洪地段1 h降雨量达到45 mm及以上	运行速度不大于120 km/h
重点防洪地段1 h降雨量达到60 mm及以上	运行速度不大于45 km/h
有砟轨道区段道砟面积雪厚度50 mm以上时	限速160 km/h及以下

六、紧急牵引模式

动车组网络系统出现重大故障,列车不能正常驾驶,且列车处于危险轨道段(例如在隧道或桥上),使用紧急牵引模式,可在紧急情况下开动列车至下一站以使轨道畅通以便让旅客撤离列车。

紧急运行模式(自动)限速60 km/h,等动车组运行到检修站时,再实施检修。

序号	操作步骤及说明
1	车停稳后,操作【停放制动施加】自复位按钮施加停放制动,通过操纵台上的停放制动施加指示灯确认停放制动施加
2	断开主断路器,降下受电弓
3	断开两头车继电器柜网关【=24-F101】断路器
4	将全列客室空调通过各车空调柜手动开关调至半暖或半冷
5	根据运行方向需要,将方向选择开关置于"向前"位或"向后"位
6	将主控车司机室继电器柜紧急牵引模式选择至"硬线"位,保持制动隔离开关打至"隔离"位
7	将主控车司机室司机警惕装置隔离开关打到"隔离"位
8	操作司机室继电柜受电弓选择开关进行前后弓选择
9	操作升弓、合主断
10	操作【停放制动缓解】按钮缓解停放制动,通过操纵台上的停放制动缓解指示灯确认停放制动缓解,绿色表示列车停放制动已缓解
11	按照滚动试验要求,通知司机进行滚动试验,滚动试验正常后,按照限速要求牵引行车

续上表

序号	操作步骤及说明
⚠	注意： 紧急模式为网络系统完全瘫痪状态进入的模式，是一种通过硬线控制电路实施临时的、短时的以及牵引功率受限的行车模式。 紧急模式启动前确认所有空调手动关断。紧急模式启动后，每个单车可由随车机械师或乘务员进行手动操作模式。 若单车停放制动被隔离，需将停放缓解旁路选择开关【＝28-S103】旋转至“隔离”位，动车组才能正常牵引。 每次推动司控器手柄时(任意牵引位)都是 67.5%牵引力行驶，但限速 60 km/h。 过分相时，需要手动断开主断。 乘客紧急制动不起作用。 车轮防滑和撒砂不起作用。 火灾报警不起作用。 网络瘫痪时，列车速度可以通过速度表读取

七、操作模式车组自动限速

序号	模式	车组自动限速
1	连挂模式	车组自动限速 5 km/h
2	洗车模式	车组自动限速 3 km/h
3	退行模式	车组自动限速 10 km/h
4	紧急牵引模式	车组自动限速 60 km/h
5	紧急制动隔离模式	车组自动限速 60 km/h

第四章　CJ6 型动车组应急故障处置

第一节　应急故障处置注意事项及基本操作

一、应急故障处置注意事项

（一）故障处理前

1. 诊断代码显示

发生故障时，HMI 屏在当前界面左下方会显示故障信息。当故障条数多于 1 条时，可在“故障记录信息”界面显示并查看。

HMI 主界面如图 4-1 所示。

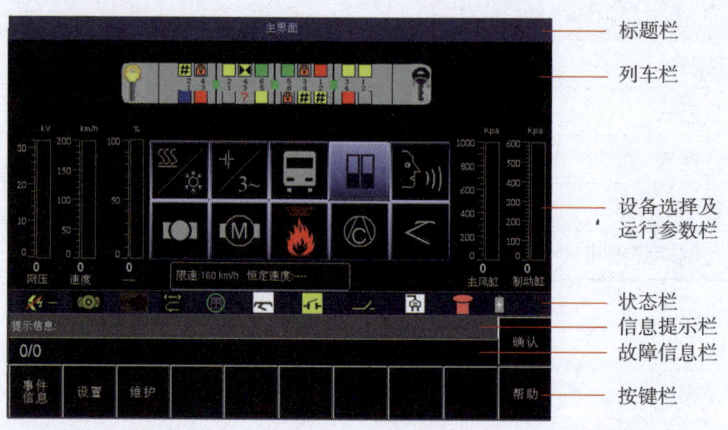

图 4-1　主界面

主界面分为 7 个区，共包含以下主要行车内容：

标题栏：界面标题，时间日期。

列车栏：列车设备的状态及钥匙占有状态，占有端钥匙开关显示为黄色。

设备选择及运行参数栏：主要参数的显示，切换列车栏设备显示的按钮。

状态栏：电制动、制动、停放制动、列车方向、安全环路、受电弓、主断路器、车顶隔离开关、库用电源、紧急停车按钮、紧急供电、牵引封锁等状态。

信息提示栏：循环滚动式显示信息提示。

故障信息栏：显示当前最新故障，点击【确认】按键将显示下一条。

按键栏：其他界面按键。

在主界面中点击【事件信息】按键，进入“事件信息”界面，如图 4-2 所示。在有故障发生的情况下，【事件信息】按键会不停闪动红色，以告知司机有故障发生。

“事件信息”界面中包含以下故障内容：

故障代码；

故障等级；

故障发生的具体车厢号；

故障发生的具体车辆编组编号；

故障内容；

故障发生的时间、日期。

“事件信息”界面中显示出现的消息(最多 999 条)，每页最多可显示 11 条。可用屏幕上的【上一页】【下一页】按键进行翻页。

0　事件信息

	故障代码	等级	编组	车厢	故障内容	开始-日期 时间
*	10007	C	0	1	HVAC装置MVB通信故障	2000-00-00 00:00:00
*	10006	C	0	1	TCU装置MVB通信故障	2000-00-00 00:00:00
*	10005	C	0	1	REP模块MVB通信故障	2000-00-00 00:00:00
*	10004	C	0	1	GWMe模块MVB通信故障	2000-00-00 00:00:00
*	10003	C	0	1	HMI装置MVB通信故障	2000-00-00 00:00:00
*	10002	C	0	1	EDRM模块MVB通信故障	2000-00-00 00:00:00
*	10001	C	0	1	RCMe模块MVB通信故障	2000-00-00 00:00:00
*						
*						
*						
*						

上一页　下一页　故障信息　故障记录　主页

图 4-2　“事件信息”界面

在“事件信息”界面中，选择某一条故障，点击【故障信息】按键，即进入对应的“事件信息处理”界面中，如图 4-3 所示。事件信息处理是对当前选中的故障的处理方法的简单说明。根据简单的操作提示，可以尽快将此条故障处理完毕。

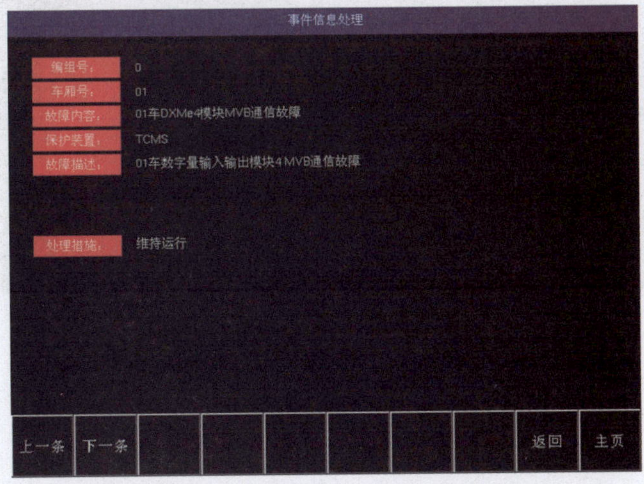

图 4-3　“事件信息处理”界面

“事件信息处理”界面中包含以下内容：

故障发生的具体车厢号(整车报警用 0 代替车厢号)；

故障内容；

保护装置；

故障描述；

处理措施。

可用屏幕上的【上一条】【下一条】进行条目选择。

在“检修菜单”界面中点击【故障记录信息】按键，进入“故障记录信息”界面，如图 4-4 所示。此界面显示以下故障内容：

故障代码；

故障等级；

故障发生的具体车辆编组编号；

故障发生的具体车厢号；

故障名称；

故障开始的日期及时间；

故障结束的日期及时间；

当前的故障页码及总页码。

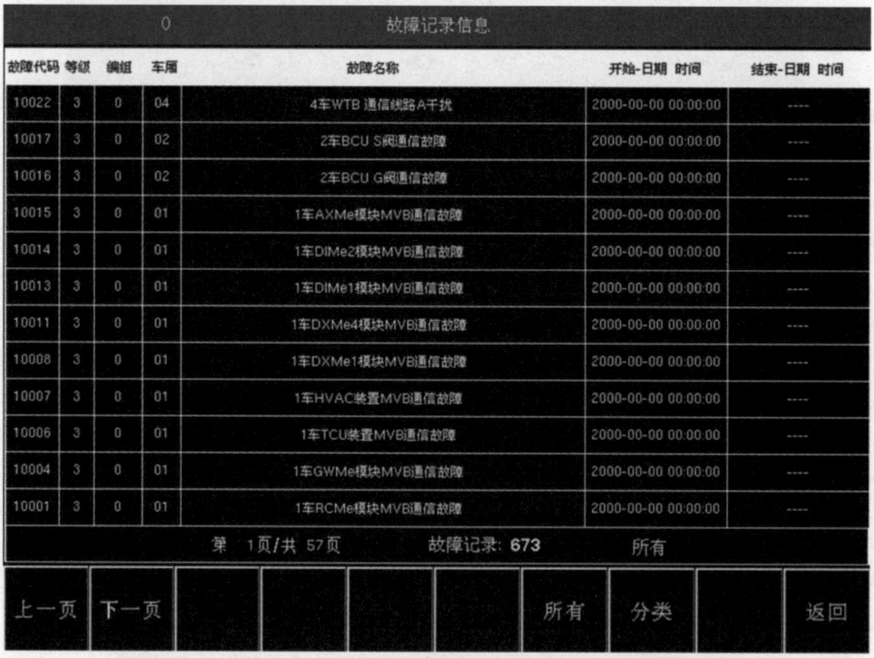

0　故障记录信息

故障代码	等级	编组	车厢	故障名称	开始-日期 时间	结束-日期 时间
10022	3	0	04	4车WTB通信线路A干扰	2000-00-00 00:00:00	----
10017	3	0	02	2车BCU S阀通信故障	2000-00-00 00:00:00	----
10016	3	0	02	2车BCU G阀通信故障	2000-00-00 00:00:00	----
10015	3	0	01	1车AXMe模块MVB通信故障	2000-00-00 00:00:00	----
10014	3	0	01	1车DIMe2模块MVB通信故障	2000-00-00 00:00:00	----
10013	3	0	01	1车DIMe1模块MVB通信故障	2000-00-00 00:00:00	----
10011	3	0	01	1车DXMe4模块MVB通信故障	2000-00-00 00:00:00	----
10008	3	0	01	1车DXMe1模块MVB通信故障	2000-00-00 00:00:00	----
10007	3	0	01	1车HVAC装置MVB通信故障	2000-00-00 00:00:00	----
10006	3	0	01	1车TCU装置MVB通信故障	2000-00-00 00:00:00	----
10004	3	0	01	1车GWMe模块MVB通信故障	2000-00-00 00:00:00	----
10001	3	0	01	1车RCMe模块MVB通信故障	2000-00-00 00:00:00	----

第 1页/共 57页　故障记录：673　所有

上一页　下一页　所有　分类　返回

图 4-4 “故障记录信息”界面

在“故障记录信息”界面中点击【分类】按键，进入“故障分类”界面。选择相应按钮，“故障记录信息”界面将只显示所选的故障内容，如图 4-5 所示。

2. 高度重视组合性故障

发生组合性故障时，往往可能存在严重的机械或电气故障，随车机械师应高度警惕此类故障，严格按照《CJ6 型动车组途中应急故障处理手册》进行检查确认。《CJ6 型动车组途中应急故障处理手册》中编入了典型的应急故障处置，但不可能涵盖所有的故障工况；其中未涵盖的故障，请求地面技术支持。

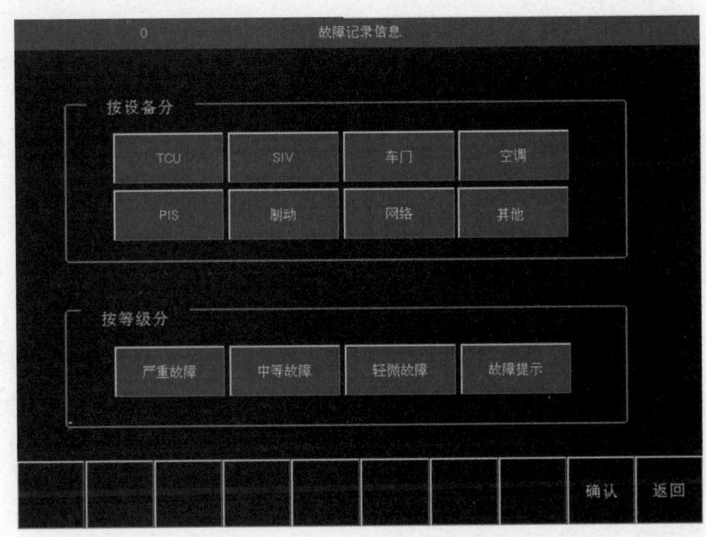

图 4-5　“故障记录信息”界面

（二）故障处理中

1. 熟练掌握复位、切除等方法

CJ6 型动车组采用的是硬线与继电器逻辑控制，大量的复杂功能是依靠软硬件结合控制来实现，很多故障也是通过对软硬件复位的方式进行消除，因此随车人员应熟练掌握 CJ6 型动车组的各种复位、切换及切除方法，各种复位说明详见后续章节。

2. 权衡处置方案

应急处理时需重视时效性，很多故障可能导致列车运行性能降低，但仍旧可以维持运行，经过处理，也许可以恢复列车的运行性能，但也可能会因耗时过多，错过了行车时间而造成较大晚点，甚至有可能处理不当而造成故障扩大化。因此随车机械师应综合各种情况，判断选择在前方车站采取处理措施、恢复性能，还是维持现状继续运行。

3. 重联动车组故障处置原则

重联动车组配置成功后可视为一个整体，多数故障可以按照单列动车组的方法进行处理，即哪一列动车组发生故障，按哪一列动车组的应急处理措施执行，两列动车组同时发生故障时按照较为安全的应急处理措施执行。重联动车组在正常连挂方式下（即电气车钩和机械车钩均连接）经应急处理后如无法运行，应首先将电钩解开后各自激活，根据两列动车组的不同状态采用单组自动力运行或互为救援故障车组。

（三）故障处理后

动车组故障丧失移动能力无法处理时（如全列无法供电、全列无牵引、重大机械故障等）应立即申请救援。若动车组依然具有低速运行能力时，随车机械师应及时将运行条件通知司机，由司机告知发生局行车调度。是否需采用救援等后续处置方案由发生局与担当局调度结合动车组运行能力情况、具体线路情况等协商确定。

动车组继续运行时，需重点对故障车厢进行巡视，加强监控，如出现异常振动或异音，应立即通知司机停车，下车检查。

（四）救援

1. CJ6 型动车组被救援时

救援车辆可能为 CJ6 型动车组或其他型号动车组及机车，一般优先采用不需要使用过渡车钩模块的同型动车组救援，同型救援时一般优先选择电钩连挂的重联模式。

其他型号动车组及机车救援时，需在被救援动车组上安装适配的统型过渡车钩模块及救援机车提供的适配过渡车钩模块。

完成救援车组及被救援动车组的相关设置及状态确认后，连挂。

被救援过程中，司机需在连挂端司机室密切监视总风风压和蓄电池电压。

动车组总风风压低于 530 kPa 时需停车检查，风压正常后行车，必要时切除停放制动或空气制动；动车组蓄电池电压低于 92 V 时需停车充电。不具备充电条件需切除停放制动和（对接）空气制动。

2. CJ6 型动车组救援其他同型动车组时

随车机械师准备，同型动车组相互救援时不需使用过渡车钩模块。

二、基本操作项目

（一）各级复位操作方法

1. 蓄电池彻底断电

（不适用）

2. 蓄电池接触器断电复位

名称	1.2.1.2.1　大复位操作	
适用	CJ6 型动车组	
注意	(1) ⚠ 大复位操作前须关闭全列侧门，复位之后须重新输入车次。 (2) ⚠ 大复位须在动车组静止状态下进行	
步骤	处理过程	
1	停车断高压： 在停车状态下，做好防溜，断开主断路器、降下受电弓	升 0 降 受电弓　合 0 断 主断路器

续上表

 2	手柄操作： 将司控器手柄、方向选择开关置中间位，将司机主控钥匙置于“关”，将主控端车继电器柜的自复位列车激活选择开关【＝32-S101】向右旋转到“断激活”位 2 s，蓄电池断电；30 s 后，将列车激活选择开关【＝32-S101】向左旋转到“激活”位 2 s，列车重新激活	 

名称	1.2.1.2.2　变流器小复位操作	
适用	CJ6 型动车组	
注意	⚠ 变流器小复位操作只对变流器的轻故障起复位作用	
步骤	处理过程	
	变流器小复位操作：按压主控端车继电器柜内变流器复位按钮【＝24-S101】3 s 以上，使变流器复位，变流器重新投入工作	=24-S101 变流器复位 按钮

3. 设备远程切除/复位操作

名称	1.2.1.3.1　设备远程切除/复位操作
适用	CJ6 型动车组
注意	(1) ⚠ 受电弓、主断路器切除时，须在动车组所有受电弓降下状态下进行。 (2) ⚠ “高隔主断”界面可进行无人警惕测试功能，选择测试按钮，开始无人警惕功能测试，选择复位按钮，结束无人警惕功能测试

续上表

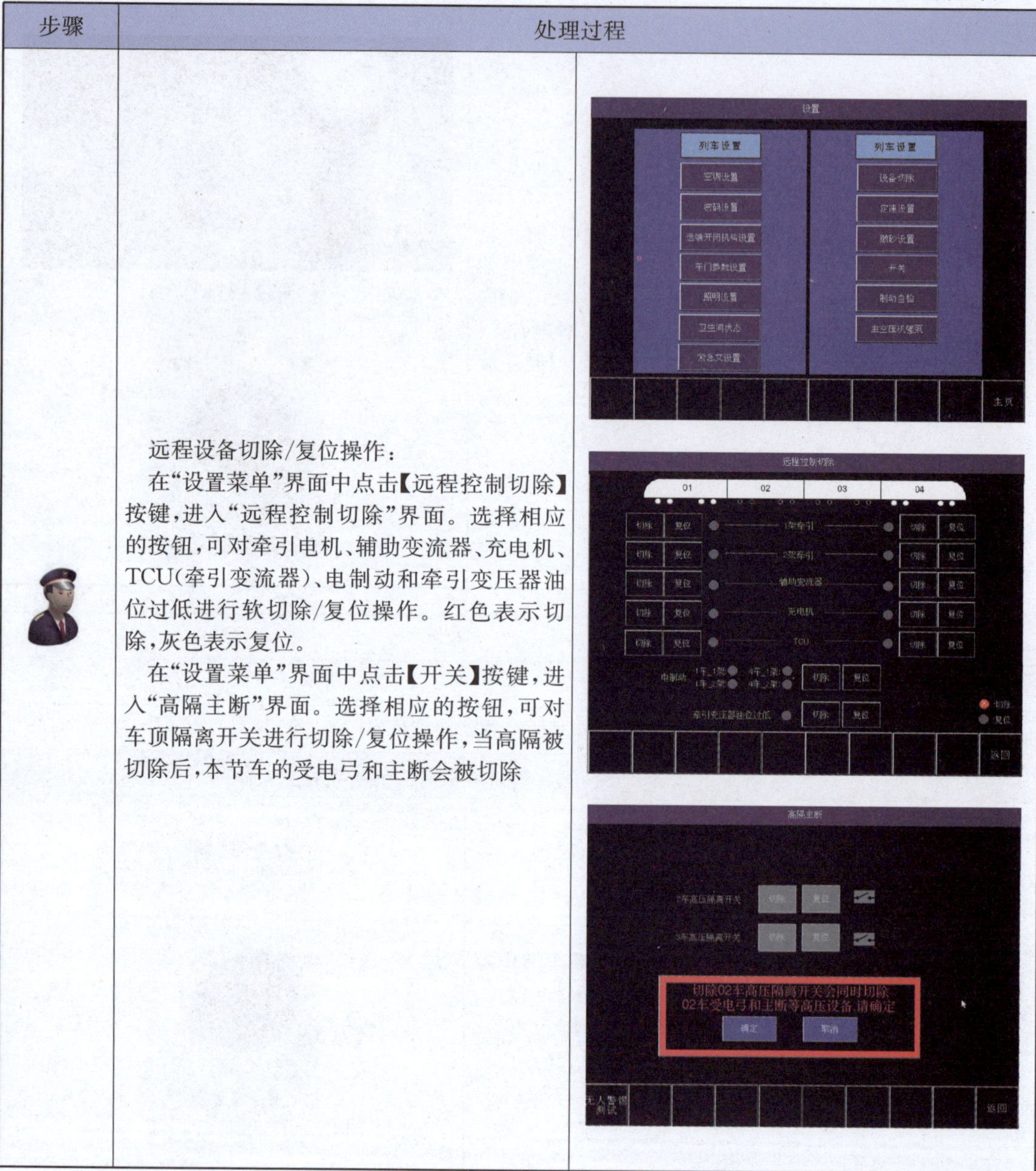

步骤	处理过程
	远程设备切除/复位操作: 在“设置菜单”界面中点击【远程控制切除】按键,进入“远程控制切除”界面。选择相应的按钮,可对牵引电机、辅助变流器、充电机、TCU(牵引变流器)、电制动和牵引变压器油位过低进行软切除/复位操作。红色表示切除,灰色表示复位。 在“设置菜单”界面中点击【开关】按键,进入“高隔主断”界面。选择相应的按钮,可对车顶隔离开关进行切除/复位操作,当高隔被切除后,本节车的受电弓和主断会被切除

(二)制动切除操作

1. 空气制动切除

名称	1.2.2.1　空气制动切除
适用	CJ6 型动车组
注意	(1) ⚠ 每台转向架设有单独的空气制动切除塞门[1 架制动隔离(常开)【B22】,2 架制动隔离(常开)【B21】],并布置在客室内,具体位置在红框所圈座位处

续上表

<table>
<tr>
<td>注意</td>
<td>
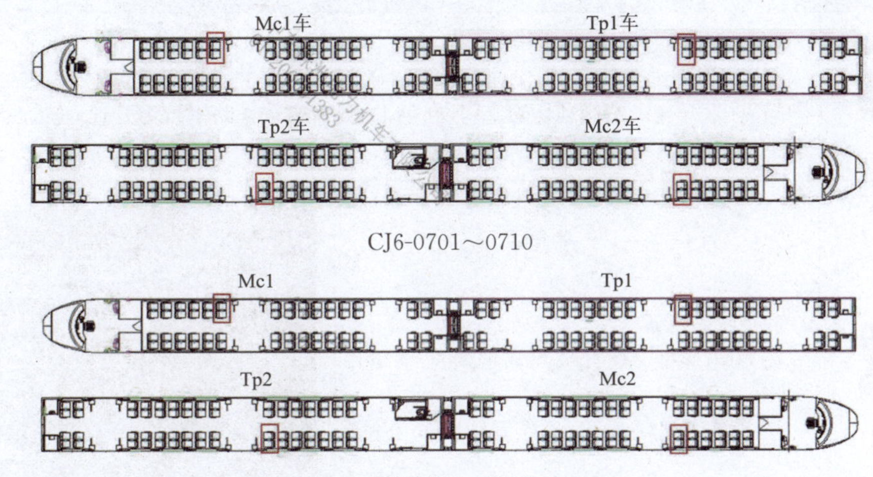

CJ6-0701～0710
CJ6-0711～0715
为防止乘客误操作，1 架制动隔离（常开）【B22】、2 架制动隔离（常开）【B21】布置在柜台内，操作塞门前须用方形钥匙打开。

（2）⚠ 每节车转向架切除塞门柜体内靠近车体中心线的切除塞门为 2 架制动隔离（常开）【B21】，用于切除转向架 2 的空气制动；靠近车门的切除塞门为 1 架制动隔离（常开）【B22】，用于切除转向架 1 的空气制动（CJ6-0701～0710）。
（3）⚠ 01、04 车塞门柜体左边是 2 架制动隔离（常开）【B21】，右边是 1 架制动隔离（常开）【B22】；02、03 车塞门柜体左边是 1 架制动隔离（常开）【B22】，右边是 2 架制动隔离（常开）【B21】（CJ6-0711～0715）。
每架制动对应示意位置：
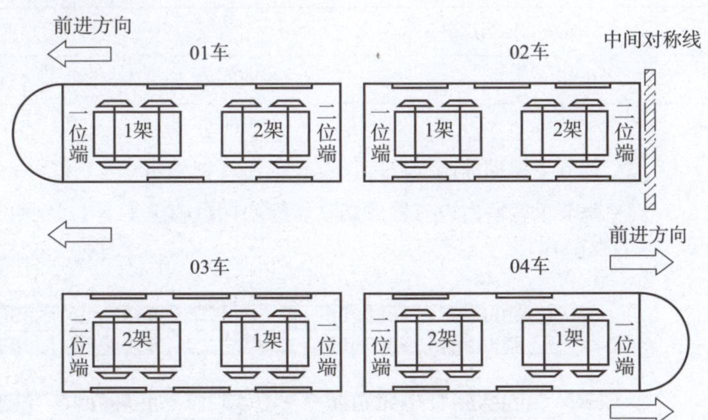

（4）⚠ 空气制动切除操作后，本架空气制动缓解，司机需按制动切除后的限速要求运行
</td>
</tr>
</table>

续上表

步骤	处理过程
 1	切除空气制动： 用方形钥匙打开柜体门，关闭车辆客室座椅下柜内 2 架制动隔离（常开）【B21】或者 1 架制动隔离（常开）【B22】制动切除塞门（红色手柄，手柄与管路平行为开通，垂直为关闭），切除本架空气制动
 2	制动状态确认： 在 HMI 界面，查看被隔离的转向架是否切除。 注： 图标点亮表示空气制动切除
 3	司机施加最大常用制动，点击进入 HMI“制动信息”界面，确认已切除转向架制动缸（BC）压力为 0

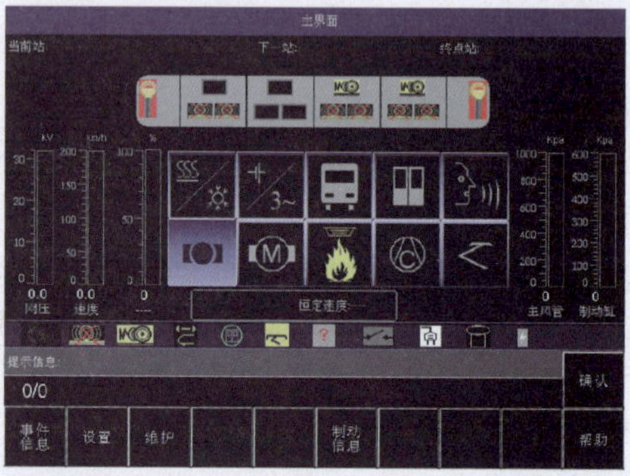

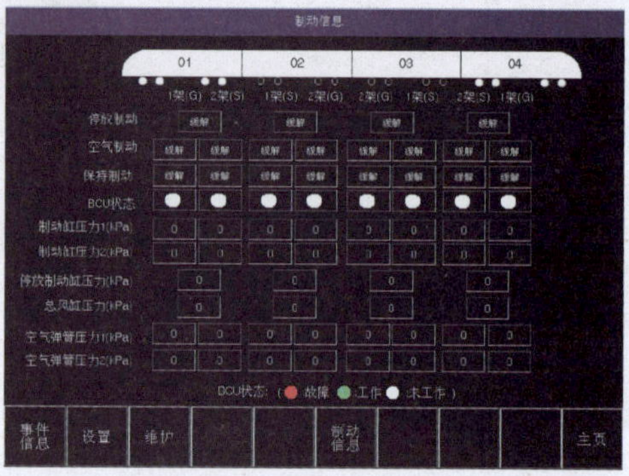

2. 停放制动切除

名称	1.2.2.2　停放制动切除
适用	CJ6 型动车组
注意	(1) ⚠ 每节车辅助控制模块内设有一个停放制动切除塞门【B11.05】(CJ6-0701～0710)。 ⚠ 每节车客室内设有停放制动切除塞门【B30】，具体位置见红框所圈座椅位置（CJ6-0711～0715）。 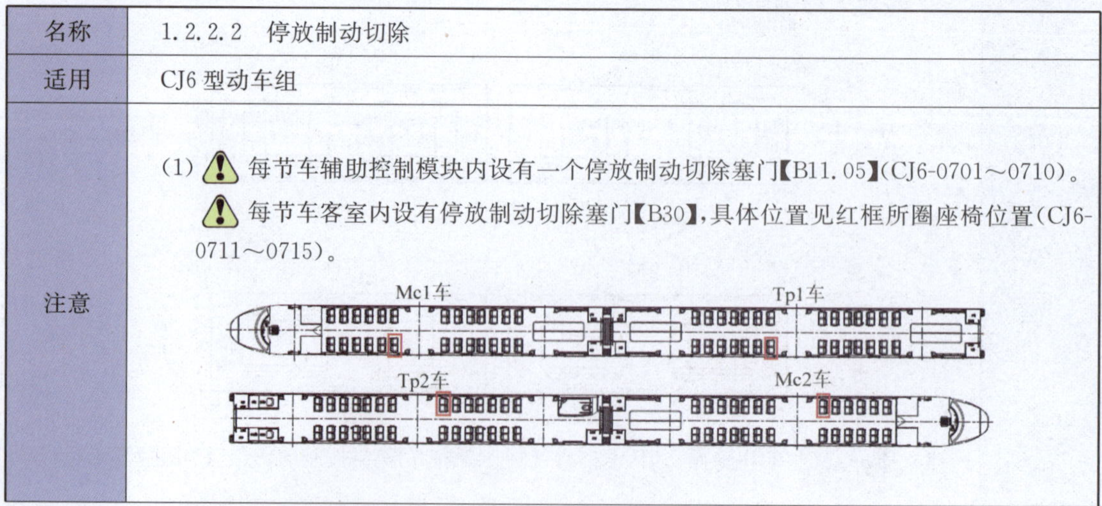

续上表

注意	 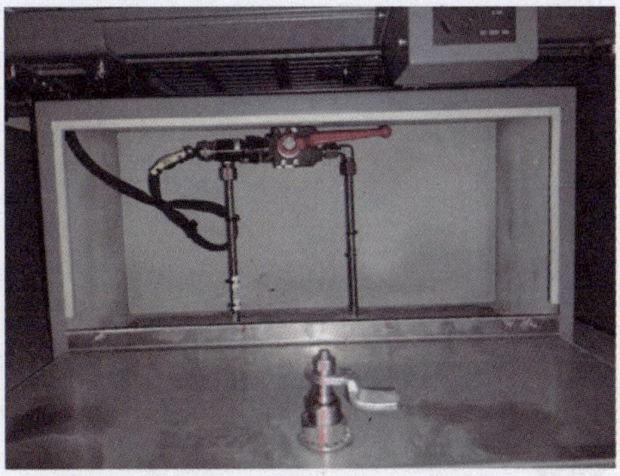 (2) ⚠ 停放制动手动切除后，若不进行停放制动旁路，则列车将实施牵引封锁。 (3) ⚠ 单节车辆停放制动手动切除前，须先切除本节车辆空气制动。 (4) ⚠ 全列车停放制动手动切除前，列车须先双向放置铁鞋，切除空气制动。 (5) ⚠ 停放制动切除后，随车机械师手摇带停放的制动夹钳，确认制动夹钳处于缓解状态。 (6) ⚠ 停放制动切除后，须立即恢复本节车的空气制动。 (7) ⚠ 停放制动切除后，须进行滚动试验	
步骤	处理过程	
1	空气制动切除： 按照 1.2.2.1 空气制动切除的操作方法，将 1 架制动隔离（常开）【B22】和 2 架制动隔离（常开）【B21】旋至“关闭”位，切除对应车厢的空气制动	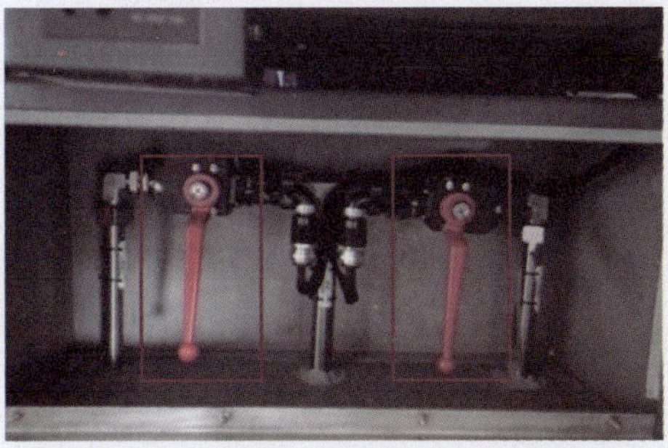
 2	空气制动切除确认： 施加最大常用制动，通过 HMI“制动信息”界面，确认已切除车厢制动缸（BC）压力为 0	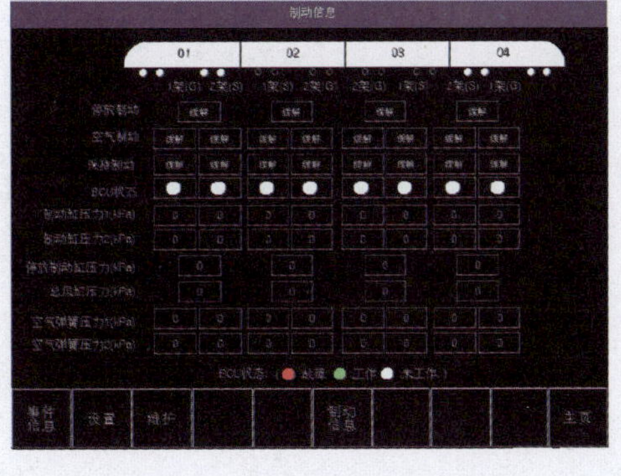

续上表

步骤	处理过程	
 3	停放制动供风切除： 下车操作底架下辅助控制装置控制箱的停放制动隔离塞门至"关闭"位，确认停放制动隔离塞门排风口将停放制动缸内压缩空气排空(排气声从有到无)。图示红框内的停放制动隔离塞门手柄为"关闭"位(CJ6-0701～0710)。 用方形钥匙打开柜体门，关闭车辆客室座椅下柜内停放制动隔离(常开)【B30】(红色手柄，手柄与管路平行为开通，垂直为关闭)，切除本车停放制动(CJ6-0711～0715)	 CJ6-0701～0710 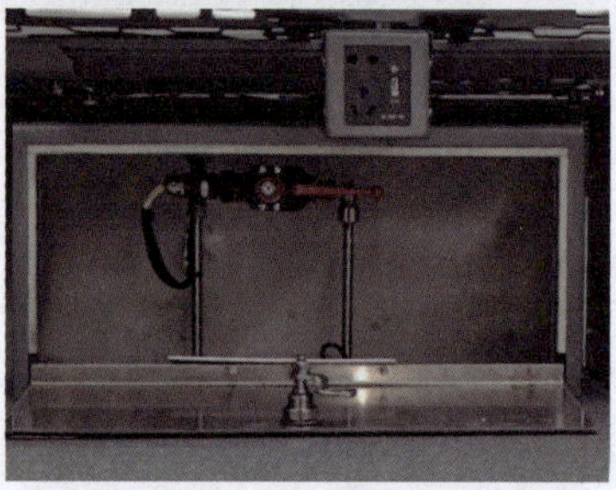 CJ6-0711～0715
 4	停放制动缸手动缓解： 在对应车厢一侧逐个拉停放制动缓解拉绳(每个停放制动夹钳在转向架两侧均设有拉绳，操作任一侧即可)，每轴拉 1 个，共 4 个，手动缓解停放制动	
 5	停放制动缓解确认： 手摇带停放制动缸的制动夹钳，观察制动夹钳状态，确认所有夹钳已缓解	

续上表

步骤	处理过程	
 6	空气制动恢复： 将本节车的空气制动切除塞门 1 架制动隔离（常开）【B22】和 2 架制动隔离（常开）【B21】的手柄旋至“开通”位	
 7	常用制动确认： 施加最大常用制动，通过 HMI“制动信息”界面确认，对应车有制动缸压力显示	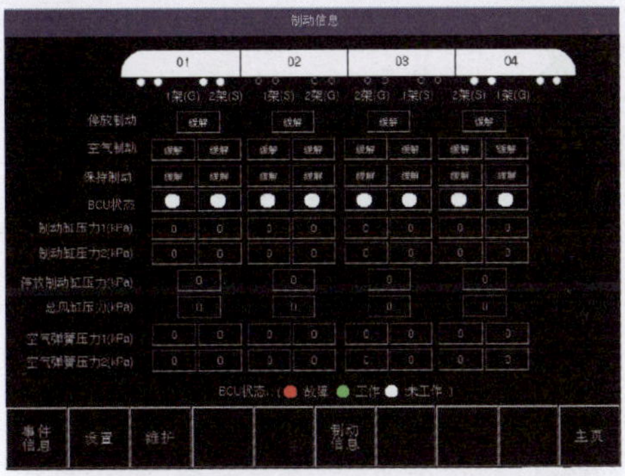
  8	停放制动旁路： 操作司机室电气柜内停放缓解旁路选择开关旋钮至“隔离”位，并确认停放缓解指示灯点亮。 注：（停放制动旁路仅解除因停放制动施加导致的牵引封锁功能）	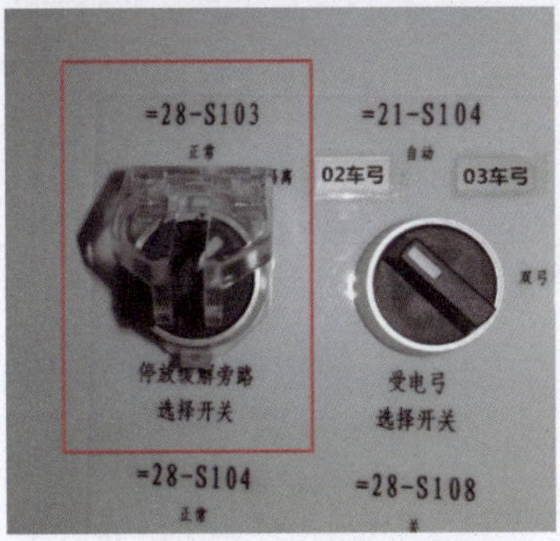
  9	滚动试验确认： 停放制动切除完毕后，随车机械师通知司机操纵动车组以不高于 5 km/h 的速度运行，随车机械师车下检查动车组轮对是否出现抱死、异音及异常振动等	
 10	前方站停车检查： 停放制动切除维持运行后，随车机械师按规定申请前方站停车检查，利用点温枪对停放制动切除的制动盘进行点温	

3. 停放制动和空气制动全部切除

名称	1.2.2.3 停放制动和空气制动全部切除
适用	CJ6 型动车组
注意	(1) ⚠ CJ6 型动车组停放制动夹钳设置于 01、02、03、04 车，每车 4 根轴，各轴均有 1 个停放制动缸。 (2) ⚠ 其他注意事项见停放制动及空气制动切除相应部分
步骤	处理过程
1	空气制动切除： 按照 1.2.2.1 空气制动切除的操作方法，将 1 架制动隔离(常开)【B22】和 2 架制动隔离(常开)【B21】旋至“关闭”位，切除对应车厢的空气制动
2	制动切除确认： 施加最大常用制动，通过 HMI“制动信息”界面，确认已切除车厢制动缸(BC)压力为 0
3	停放制动供风切除： 下车操作底架下辅助控制装置控制箱的停放制动隔离塞门至“关闭”位，确认停放制动隔离塞门排风口将停放制动缸内压缩空气排空(排气声从有到无)。图示红框内的停放制动隔离塞门手柄为“关闭”位(CJ6-0701～0710)。 用方形钥匙打开柜体门，关闭车辆客室座椅下柜内停放制动隔离(常开)【B30】(红色手柄，手柄与管路平行为开通，垂直为关闭)，切除本车停放制动(CJ6-0711～0715) CJ6-0701～0710 CJ6-0711～0715

续上表

<table>
<tr><th>步骤</th><th colspan="2">处理过程</th></tr>
<tr><td> 4</td><td>停放制动缸手动缓解：
在车辆一侧逐个拉停放制动缓解拉绳（每个停放制动夹钳在转向架两侧均设有拉绳，操作任一侧即可），每轴拉 1 个，共 4 个，手动缓解停放制动</td><td> </td></tr>
<tr><td> 5</td><td>停放制动缓解确认：
手摇带停放制动缸的制动夹钳，观察制动夹钳状态，确认所有夹钳已缓解</td><td> </td></tr>
<tr><td>  6</td><td>停放制动旁路：
操作司机室电气柜内停放缓解旁路选择开关旋钮至“隔离”位，并确认停放缓解指示灯点亮。
注：（停放制动旁路仅解除因停放制动施加导致的牵引封锁功能）</td><td> 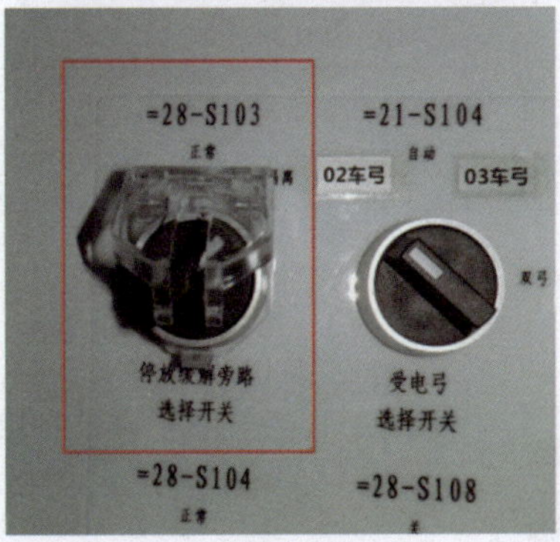=28-S103
=21-S104
02车弓
03车弓
停放缓解旁路选择开关
受电弓选择开关
=28-S104
=28-S108</td></tr>
<tr><td>  7</td><td colspan="2">滚动试验确认：
停放制动切除完毕后，随车机械师通知司机操纵动车组以不高于 5 km/h 的速度运行约 20 m，随车机械师车下检查动车组轮对是否出现抱死、异音及异常振动等</td></tr>
<tr><td> 8</td><td colspan="2">前方站停车检查：
停放制动切除维持运行后，随车机械师按规定申请前方站停车检查，利用点温枪对制动切除的制动盘进行点温</td></tr>
</table>

4. 紧急制动隔离

名称	1.2.2.4 紧急制动隔离	
适用	CJ6 型动车组	
注意	⚠ 紧急制动隔离时，司机室紧急停车按钮、乘客紧急制动装置、ATP 施加的紧急制动、救援机车产生的紧急制动将不能触发紧急制动，车辆自动限速 60 km/h。紧急制动隔离时，司机可通过操纵司控器手柄施加常用制动和快速制动	
步骤	处理过程	
1	紧急制动隔离： 将司机室电气柜内的紧急制动隔离选择开关【=43-S102】打至“隔离”位	=43-S101 =43-S102 =43-S104
2	制动状态确认： HMI 提示紧急制动环路处于隔离状态，列车自动限速 60 km/h	

（三）轴温报警切除/复位操作

名称	1.2.3 轴温报警切除/复位操作	
适用	CJ6 型动车组	
注意	无	
步骤	处理过程	
1	轴温报警切除/复位操作： 通过开/闭每节车二位端电气设备柜中走行部车载故障诊断系统开关（01、04 车：【=49-F101】；02、03 车：【=49-F201】）可切除/复位相应车一位端和二位端转向架的轴温报警功能	=24-F105 =28-F101 =28-F102 =28-F103 =49-F101 =82-F102 输入输出2反馈 网关阀/智能阀电源 停放制动 制动反馈 走行部车载故障诊断系统 门驱动单元

（四）空调切除操作

名称	1.2.4 空调切除操作
适用	CJ6 型动车组
注意	无

续上表

步骤	处理过程	
	空调切除操作： 可通过断开空调控制盘中的断路器来切除本辆车空调的运行。 断开断路器 1Q 可切除本节车中空调机组 1 的运行，断开断路器 2Q 可切除本节车机组 2 的运行，断开断路器 1Q、2Q 和 6Q 可切除本节车空调机组的运行	1Q 2Q 6Q

（五）滚动试验

名称	1.2.5　滚动试验
适用	CJ6 型动车组
注意	无
步骤	处理过程
1	低速动车： 随车机械师通知司机操纵动车组，以不高于 5 km/h 的速度运行
2	车下确认： 随车机械师车下目视确认：动车组相应车厢故障轴轮对转动是否正常，是否出现抱死、异音及异常振动等

（六）客室侧门操作

1. 客室侧门隔离操作

名称	1.2.6.1　客室侧门隔离操作
适用	CJ6 型动车组
注意	(1) 未处于完全关闭位置的门，或隔离锁锁不到位、锁不上时，车门将不能被隔离锁可靠的锁定。 (2) 隔离操作后，应该以隔离锁锁舌可靠的插入锁口板为准，并且隔离到位时隔离锁的指示标识(红点)应出现在“关”位。同时触发隔离状态检测开关，传输给 HMI，并在 HMI 屏上显示此门隔离，同时门的本地隔离指示灯点亮。 (3) 车门隔离后内外紧急解锁操作失效

续上表

<table>
<tr><th>步骤</th><th colspan="2">处理过程</th></tr>
<tr><td>1</td><td>车门隔离操作：
手动关闭车门至关到位后，用四角钥匙操作门扇上的隔离锁将车门可靠锁闭隔离</td><td></td></tr>
<tr><td>2</td><td>确认车门是否隔离(切除)成功：
乘务员确认隔离锁的指示标识(红点)已出现在“关”位。同时触发隔离状态检测开关，本地隔离指示灯(红色车门状态指示灯)点亮。
司机在 HMI 查看车门状态，此门已处于隔离(切除)状态</td><td></td></tr>
</table>

2. 客室侧门紧急开门操作

<table>
<tr><td>名称</td><td colspan="2">1.2.6.2　客室侧门紧急开门操作</td></tr>
<tr><td>适用</td><td colspan="2">CJ6 型动车组</td></tr>
<tr><td>注意</td><td colspan="2">(1) ⚠ 紧急解锁状态解除后需要及时复位车内紧急开门装置，通过逆时针旋转手柄至“复位”位置，将解锁装置复位，否则车门无法关闭，动车组无法动车。车内紧急开门装置，乘务人员可通过通用四角钥匙操作，乘客需要打碎表面罩板，然后才能操作。
(2) ⚠ 车外紧急开门装置通过操作拉板进行解锁，拉板为自复位。
(3) ⚠ 当车速大于 10 km/h 时，紧急开门装置失效。
(4) ⚠ 当车速小于等于 10 km/h 时，且零速信号无效时，紧急开门装置可以解锁车门，但是装置复位后门将自动关闭。
(5) ⚠ 当零速信号有效时，操作紧急开门装置将解锁对应车门，复位紧急开门装置，门停留在当前位置</td></tr>
<tr><th>步骤</th><th colspan="2">处理过程</th></tr>
<tr><td>1</td><td>车内紧急开门操作：
(1)在零速信号有效时：乘务人员用四角钥匙操作紧急开门装置，或由乘客破坏透明保护罩，直接旋转紧急开门装置的把手，到“解锁”位，然后手动往开门方向拉动门扇打开车门。门扇将保持在开门位置。
(2)在零速信号无效，但速度小于 10 km/h 时，乘务人员用四角钥匙操作紧急开门装置，或由乘客破坏透明保护罩，直接旋转紧急开门装置的把手，到“解锁”位，车门将被解锁，动车组自动施加紧急制动停车，若在零速信号无效时，复位解锁装置，车门将关闭，若零速信号有效，则车门将保持解锁，此时可以手动打开车门。
(3)速度大于 10 km/h 时，操作车内紧急开门装置将无法解锁车门</td><td></td></tr>
</table>

续上表

步骤	处理过程	
2	车外紧急开门操作： (1)在速度低于 5 km/h 时，按指示多次拉放门口处的紧急开门装置，车门被解锁后手动拉开车门。 (2)在速度大于 5 km/h 并小于 10 km/h 时，按指示操作门口处的紧急开门装置并使装置保持在“解锁”位置，车门被解锁后手动拉开车门。 (3)速度大于 10 km/h 时，操作车外紧急开门装置将不能打开车门	车外紧急开门装置 紧急开门装置 CJ6-0701～0710 解锁 复位 车外紧急开门装置 CJ6-0711～0715
3	紧急状态处置完毕后及时复位车内紧急解锁装置，然后通过手动或者在司机室内集控关闭打开的车门	

（七）紧急牵引模式

名称	1.2.7　紧急牵引模式
适用	CJ6 型动车组
注意	(1) ⚠ 当网络系统瘫痪、显示屏黑屏或司控器发生故障时，列车可启用紧急牵引模式。 (2) ⚠ 需要采用手动断开/闭合主断的方式进行过分相操作。 (3) ⚠ 司机对讲和人工广播仍可用。 (4) ⚠ 操作紧急牵引选择开关前，动车组须处于静止状态，且列车激活，司控器钥匙占有，列车处于分主断、降弓状态。 (5) ⚠ 紧急牵引模式，自动限速 60 km/h。 (6) ⚠ 仅适用于类似需紧急疏散必须行车的场景
步骤	处理过程
1	操作准备： 停车后，司机确认仅有一个司机室被占用，断开主断、降下受电弓，施加停放制动，通知随车机械师

续上表

步骤	处理过程	
 2	紧急牵引模式操作： 随车机械师将主控端车继电器柜内紧急牵引选择开关【＝21-S105】旋转到“硬线”位，启用紧急牵引模式，此时列车采用纯硬线控制	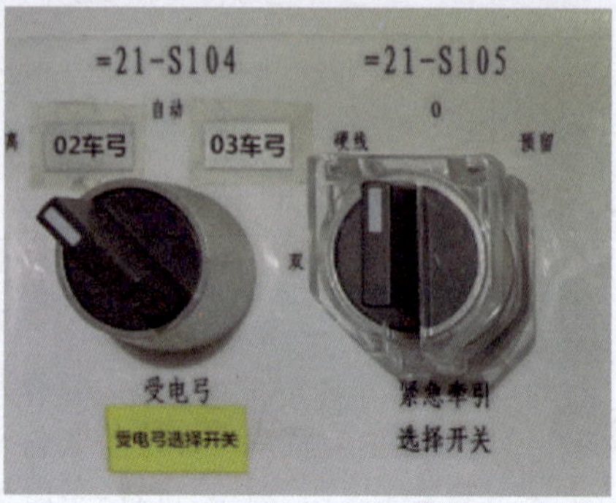
  3	维持运行： 随车机械师通知司机操作升弓，闭合主断，司机缓解停放制动，在紧急牵引模式下自动限速60 km/h行车。随车机械师监控各车转向架状态，是否有异音、异常振动	

（八）前端机构开关

1. 自动操作开闭机构

名称	1.2.8.1　自动操作开闭机构	
适用	CJ6型动车组	
注意	注意做好安全防护工作，避免造成人身伤害。车下确认时，禁止鸣笛	
步骤	处理过程	
 1	自动打开开闭机构操作： (1)随车机械师确认司机继电器柜开闭机构电源开关(CJ6-0701～0710：列车连挂供电【＝72-F101】，CJ6-0711～0715：列车连挂供电【＝74-F101】)处于“闭合”位。 (2)司机按下【前开闭机构开关】按钮2 s，随车机械师车下确认开闭机构打开到位，司机确认开闭机构到位指示灯亮	 CJ6-0701～0710 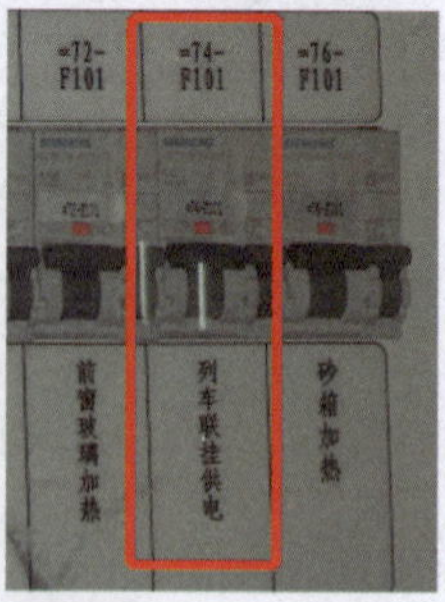　CJ6-0711～0715 

续上表

步骤	处理过程	
  2	自动关闭开闭机构操作： (1)随车机械师确认司机继电器柜开闭机构电源开关【=72-F101】处于“闭合”位。 (2)司机按下【前开闭机构开关】按钮 2 s，随车机械师车下确认开闭机构关闭到位，司机确认开闭机构到位指示灯亮	 开闭机构到位

2. 手动操作开闭机构

名称	1.2.8.2　手动操作开闭机构	
适用	CJ6 型动车组	
注意	(1) ⚠ 此方法适用于车辆无电操作开闭机构，应保持车辆静止，并禁止鸣笛。 (2) ⚠ 车下手动打开开闭机构时，注意安全	
步骤	处理过程	
 1	断路器检查： 随车机械师确认司机继电器柜开闭机构电源开关(CJ6-0701～0710：【=72-F101】，CJ6-0711～0715：【=74-F101】)处于“断开”位	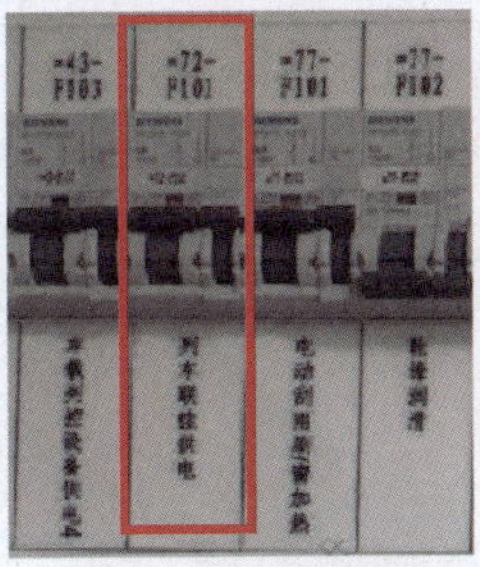 CJ6-0701～0710 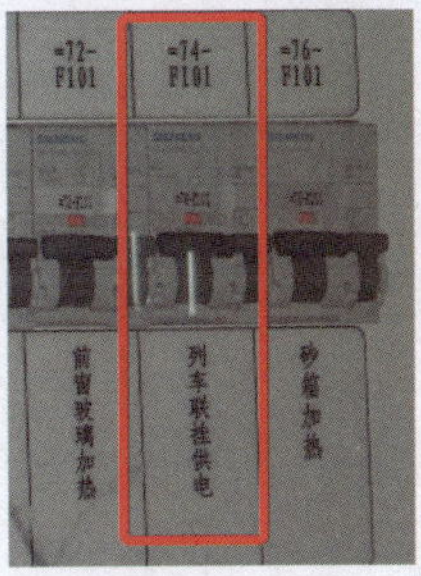　CJ6-0711～0715
 2	截断风源操作： (1)打开检修门(CJ6-0701～0710：头罩右侧门，CJ6-0711～0715：司机台右边柜门)。 (2)关闭检修门内气动控制面板上的气源开关，将开关置于“OFF”位。 (3)打开排气开关，将开关置于“ON”位，排净压缩空气	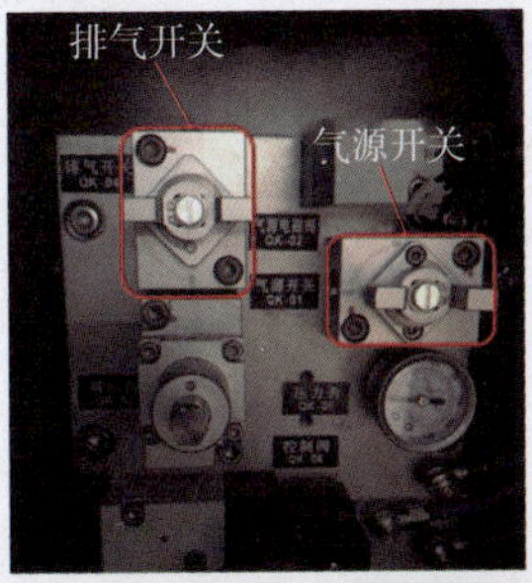 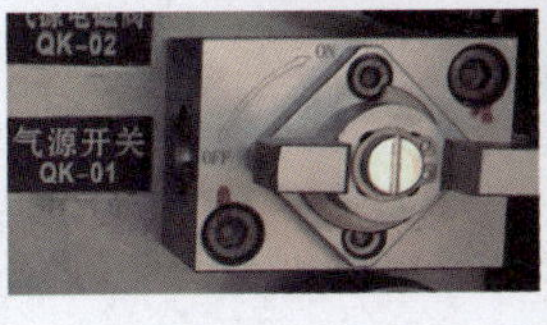 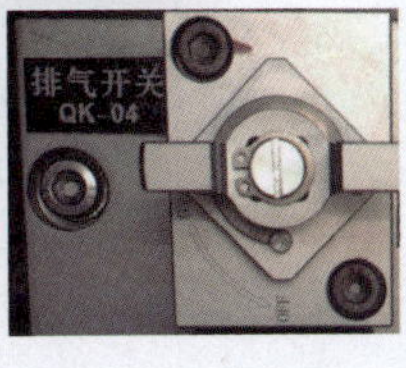 排气开关　气源开关 气源开关 QK-01　排气开关 QK-04

续上表

步骤	处理过程	
 3	手动打开开闭机构操作： 开闭机构的手动“解锁”位于头罩底部两侧，左右舱门需分别操作。 (1)使用规格 16 mm(对边尺寸)的套筒扳手向舱门打开反方向旋转底部的六角解锁杆，解除机械锁闭。 (2)解锁后，继续使用套筒扳手向舱门打开反方向旋转解锁杆，至开闭机构在打开状态下锁定	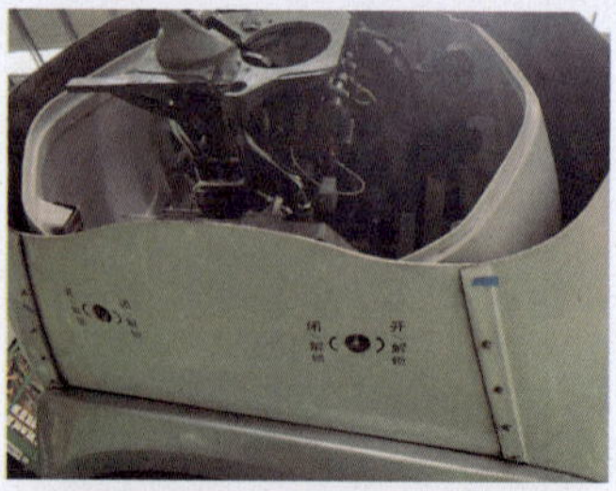 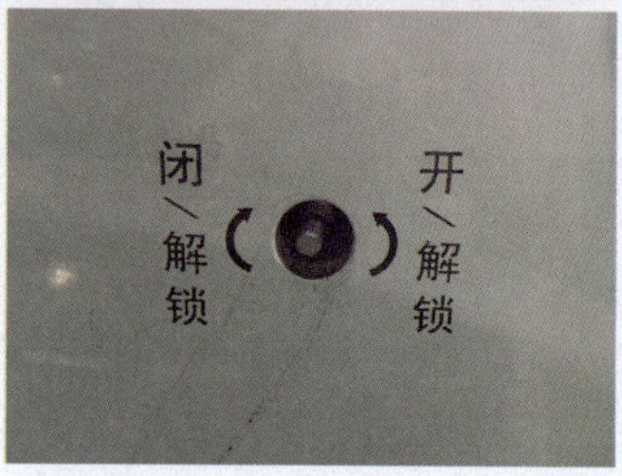
 4	手动关闭开闭机构操作： (1)使用规格 16 mm(对边尺寸)的套筒扳手向舱门关闭方向旋转六角解锁杆，解除机械锁闭。 (2)解锁后，继续使用套筒扳手向舱门关闭方向旋转解锁杆，至开闭机构在关闭状态下锁定	

3. 过渡车钩安装(本车适配—模块 3)

名称	1.2.8.3　过渡车钩安装(本车适配—模块 3)	
适用	CJ6 型动车组	
注意	⚠ 注意做好安全防护工作，避免造成人身伤害	
步骤	处理过程	
 1	取出模块： 从司机台左柜中取出过渡车钩模块 3，运至动车组连挂端。 其中 CJ6-0711～0715 车组的过渡车钩存放在柜内的抽屉式托盘上。取下托盘插销，按下托盘两侧锁定把手并向外拖出	 过渡车钩模块 3 　CJ6-0701～0710(无托盘)   CJ6-0711～0715(有托盘)
 2	检查车钩： 打开开闭机构，检查确认 T2 处于“截断”位，确认司机室 BP 风压表压力为 0，检查前端车钩及过渡车钩，保证各连挂机构运动自如	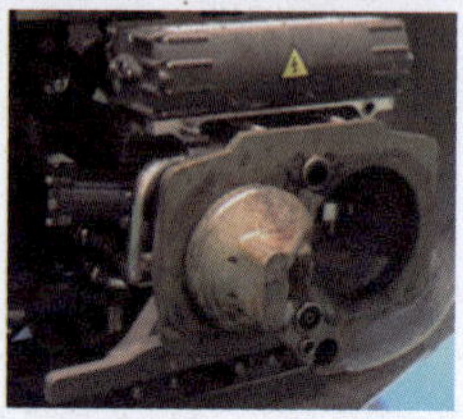

续上表

步骤	处理过程	
3	截断气路： 关闭电气车钩驱动气缸管路截止阀（红色把手与管路垂直为关闭）	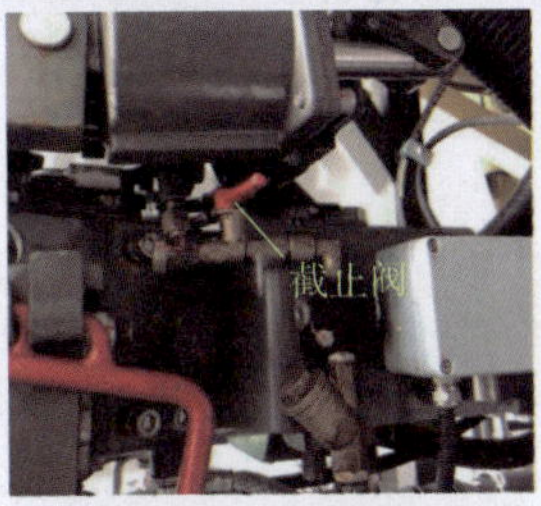 截止阀
4	清洁车钩： 清洁过渡车钩和前端车钩的接触面，清除两车钩头凸凹锥上异物	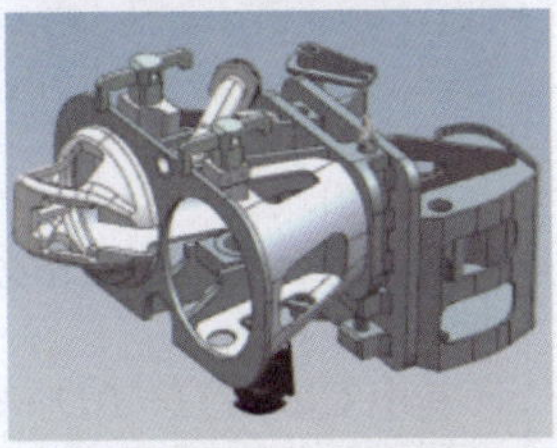
5	安装模块： 使用辅助挂钩将过渡车钩挂在全自动车钩上沿，用力下压过渡车钩，触发自动车钩完成连挂操作，确认无干涉	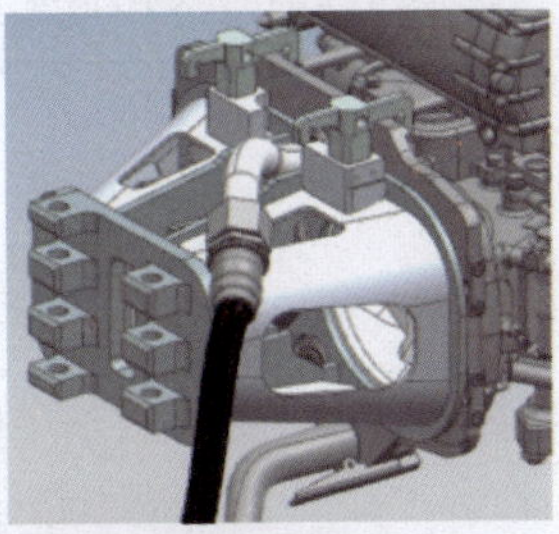
6	确认连挂到位： 确认车钩指针处于红点位置，同时确认车钩钩舌处红线重合	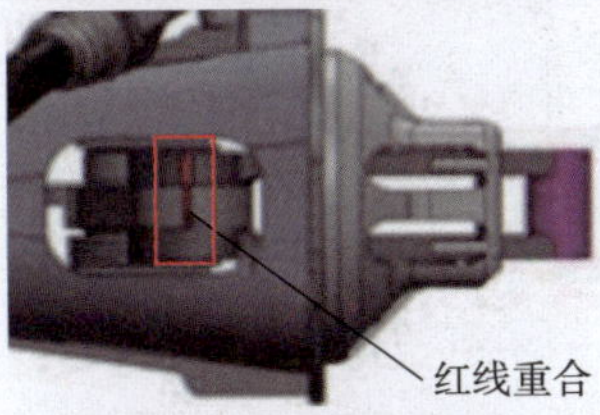 红线重合
7	后续工作： 如为机车救援（或回送），将本车自带的适配模块 4 提前安装到本车适配模块上。 连挂前须确认相互连挂的车钩中心水平线高度差不得超过 50 mm。如高度差超限，由随车机械师调整过渡车钩高度，允许往上调整一格；回送或者救援完成后须对连接销和过渡车钩进行状态检查，如变形应进行更换。 备注： 如出现连挂后，电气车钩意外伸出的情况，可手动将电钩缩回，操作如下： 先关闭气路截止阀（红色把手与管路垂直为关闭），再使用规格 24 mm（对边尺寸）的套筒扳手逆时针旋转解钩螺母	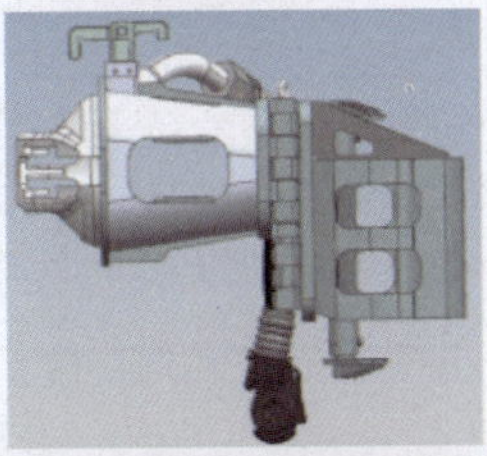  解钩螺母 截止阀

4. 过渡车钩安装(机车适配—模块 4)

名称	1.2.8.4　过渡车钩安装(机车适配—模块 4)	
适用	CJ6 型动车组	
注意	⚠ 由于采用插销配合结构,存在 180°反装的风险。安装时应注意,过渡车钩的凸锥应位于右手侧(被救援车司机室的瞭望方向)	
步骤	处理过程	
1	取出模块: 从司机台左柜中取出过渡车钩模块 4,运至动车组连挂端。 其中 CJ6-0711～0715 车组的过渡车钩存放在柜内的抽屉式托盘上。取下托盘插销,按下托盘两侧锁定把手并向外拖出	 过渡车钩模块 4 　CJ6-0701～0710   按下拖出　取出 CJ6-0711～0715
2	确认取下防跳架: 在与救援车车钩连挂前,应取下防跳架	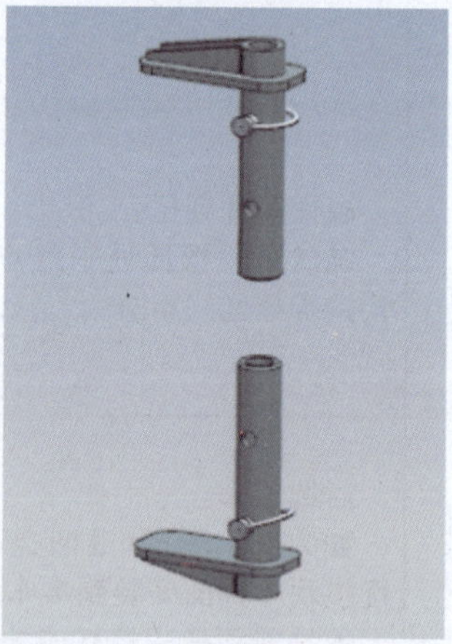
3	安装模块: 把机车适配模块通过图示结构安装至本车适配模块上,依次穿入插销,并插入 R 形销	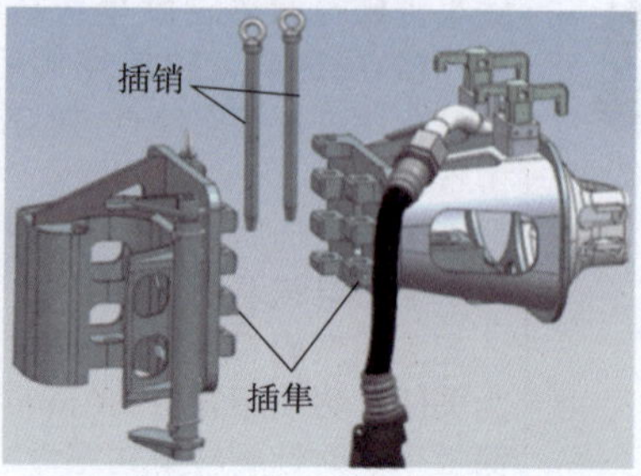 插销 插隼

续上表

步骤	处理过程
4	连挂操作： (1)连挂前须确认相互连挂的车钩中心水平线高度差不得超过 50 mm。如高度差超限，由随车机械师调整过渡车钩高度，允许往上调整一格。 (2)机车距动车组 3 m 处停车，将机车车钩操作到“全开”位，以不大于 3 km/h 的速度向连挂方向缓慢运行，使机车车钩和过渡车钩撞击完成连挂
5	试拉： 连挂好后进行试拉，以确保车辆稳妥连挂
6	安装防跳架： 连挂后重新安装防跳架。防跳架不可反装。 防跳架止挡应朝向机车方向
7	后续操作： (1)以上步骤完成后进行连接风管、制动试验等工作。 (2)回送或者救援完成后须对连接销和过渡车钩进行状态检查，如变形应进行更换

5. 过渡车钩拆卸(动车适配—模块 3)

名称	1.2.8.5　过渡车钩拆卸(动车适配—模块 3)	
适用	CJ6 型动车组	
注意	注意做好安全防护工作，避免造成人身伤害	
步骤	处理过程	
1	拆除模块： 确认 T2、T4、T6 塞门处于“关闭”位，确认司机室 BP 风压表压力为 0，拉动手动解钩手柄，将连挂车过渡车钩模块取下	
2	存放模块： 将拆除的过渡车钩模块存放在动车组上	

6. 过渡车钩拆卸(机车适配—模块 4)

名称	1.2.8.6　过渡车钩拆卸(机车适配—模块 4)	
适用	CJ6 型动车组	
注意	⚠ 注意做好安全防护工作,避免造成人身伤害	
步骤	处理过程	
1	分离连接风管: 关闭动车组 T2、T4、T6 截断塞门,确认司机室 BP 风压表压力为 0,关闭机车连挂端折角塞门,分离过渡车钩模块与机车之间的连接风管	
2	机车解钩: 随车机械师手动解钩,向上拉动机车车钩的解钩杆,使机车车钩处于解锁状态;待机车向后缓慢移动,与过渡车钩分离	
3	拆除模块: 拔出连接销上的 R 形销,拆除连接销,拆除机车适配—模块 4	
4	存放模块: 将拆除的过渡车钩模块存放在动车组上	

(九)轮缘润滑切除/复位操作

名称	1.2.9　轮缘润滑切除/复位操作	
适用	CJ6 型动车组	
注意	无	
步骤	处理过程	
	轮缘润滑报警切除操作: 将司机室继电器柜内的空开【=77-F102】断开,轮缘润滑被切除。 轮缘润滑报警复位操作: 将轮缘润滑空开闭合,恢复相应车的轮缘润滑功能	

第二节　应急故障处置办法

一、车体

(一)动车组运行途中走行部异声

名称	2.1.1　动车组运行途中走行部异声
适用	CJ6 型动车组
现象	随车机械师发现或接到列车工作人员反映动车组有拖、拉、击打声，上下振动声，连续摩擦声
行车	司机施加制动停车
原因	转向架部件松脱或旋转件卡滞、轮对剥离擦伤等造成
注意	无
步骤	处理过程
1	故障确认、下车检查： 按规定程序申请下车检查，对全列动车组技术状态进行确认
2	机械故障、不影响行车安全： 若故障暂不能修复，但不影响行车安全时，随车机械师临时应急处理后根据车组情况按照“附录三　限速表”通知司机限速运行，运行途中随车机械师对动车组运行情况进行重点盯控
3	机械故障、影响行车安全： 若故障影响行车安全且不能修复时，随车机械师按规定程序做好防护并通知司机申请救援

(二)动车组运行途中车体异常晃动

名称	2.1.2　动车组运行途中车体异常晃动
适用	CJ6 型动车组
现象	动车组运行途中遇有突发剧烈上下跳动；车体剧烈摆动；连接处明显下垂；走行部有剧烈摩擦振动声等异常状态
行车	司机施加制动停车

续上表

原因	转向架部件松脱或旋转件卡滞，轮对剥离擦伤，转向架空气弹簧爆裂，抗侧滚扭杆、减振器失效等造成
注意	无
步骤	处理过程
1	故障确认、下车检查： 按规定程序申请下车检查，对全列动车组技术状态进行确认
2	机械故障、不影响行车安全： 若故障暂不能修复，但不影响行车安全时，随车机械师临时应急处理后根据车组情况按照“附录三　限速表”通知司机限速运行，运行途中随车机械师对动车组运行情况进行重点盯控
3	机械故障、影响行车安全： 若故障影响行车安全且不能修复时，随车机械师按规定程序做好防护并通知司机申请救援

（三）动车组运行途中撞击异物

名称	2.1.3　动车组运行途中撞击异物
适用	CJ6 型动车组
现象	动车组运行途中撞击异物
行车	司机施加制动停车
原因	异物侵限
注意	无
步骤	处理过程
1	故障确认、下车检查： 按规定程序申请下车检查全列动车组确认技术状态(检查时应对动车组列车双侧进行检查)
2	头罩状态确认： 头罩损坏开裂、不能正常闭合时，动车组限速 80 km/h，运行途中随车机械师对动车组运行情况进行重点盯控

续上表

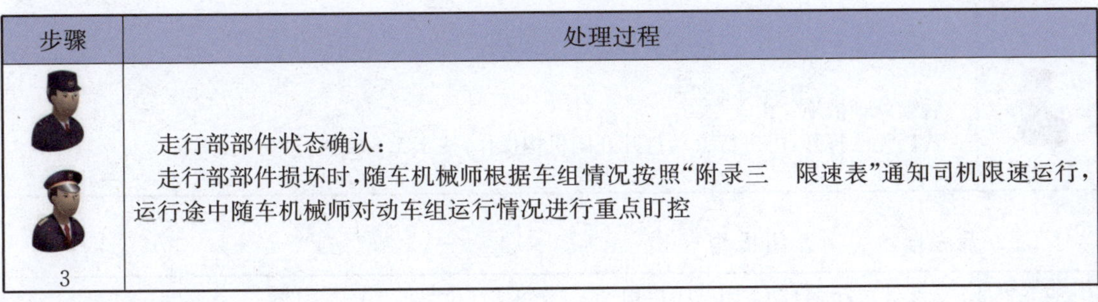

步骤	处理过程
3	走行部部件状态确认： 走行部部件损坏时，随车机械师根据车组情况按照“附录三　限速表”通知司机限速运行，运行途中随车机械师对动车组运行情况进行重点盯控

二、车端连接

(一)无法自动打开开闭机构

名称	2.2.1　无法自动打开开闭机构
适用	CJ6 型动车组
现象	按下【前开闭机构开关】按钮，开闭机构不打开
行车	司机施加制动停车
原因	(1)司机室配电盘中开闭机构电源开关断路器处于“断开”位。 (2)01 车或 04 车司机室头罩内开闭机构气动控制箱(CJ6-0701～0710)面板上/司机台右边柜电气柜(CJ6-0711～0715)面板上气源开关处于“OFF”位
注意	无
步骤	处理过程
1	断路器状态确认： 开闭机构电源开关断路器是否处于“断开”位，若断开，则闭合 CJ6-0701～0710　CJ6-0711～0715
2	供风管路确认： 检查 01 车或 04 车头罩内开闭机构气动控制箱(CJ6-0701～0710)/司机台右边柜内(CJ6-0711～0715)面板上气源开关和排气开关，若气源开关处于“OFF”位，则将开关置于“ON”位，若排气开关处于“ON”位，则将开关置于“OFF”位

续上表

步骤	处理过程
3	后续处理措施： 若仍无法打开，可进行手动打开开闭机构操作，按 1.2.8.2 执行

（二）无法自动关闭开闭机构

名称	2.2.2　无法自动关闭开闭机构	
适用	CJ6 型动车组	
现象	按下【前开闭机构开关】按钮，开闭机构不关闭	
行车	司机施加制动停车	
原因	(1)司机室配电盘中开闭机构电源开关断路器处于“断开”位。 (2)01 车或 04 车司机室头罩内开闭机构气动控制箱(CJ6-0701～0710)面板上/司机台右边柜电气柜(CJ6-0711～0715)面板上气源开关处于“OFF”位	
注意	无(有特殊工具)	
步骤	处理过程	
1	断路器状态确认： 检查开闭机构电源开关断路器是否处于“断开”位，若断开，则闭合	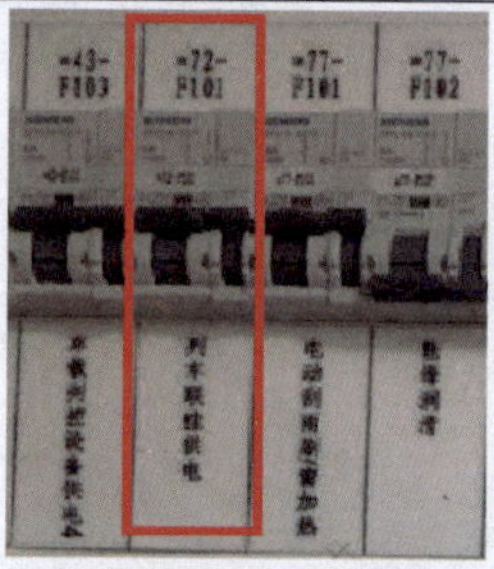 CJ6-0701～0710 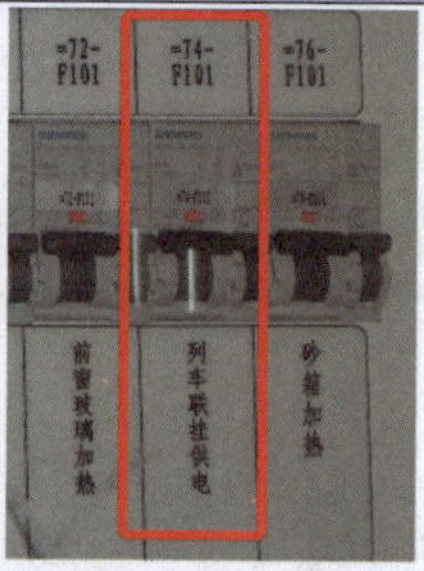　CJ6-0711～0715
2	供风管路确认： 检查 01 车或 04 头罩内开闭机构气动控制箱(CJ6-0701～0710)/司机台右边柜内(CJ6-0711～0715)面板上气源开关和排气开关，若气源开关处于“OFF”位，则将开关置于“ON”位。若排气开关处于“ON”位，则将开关置于“OFF”位	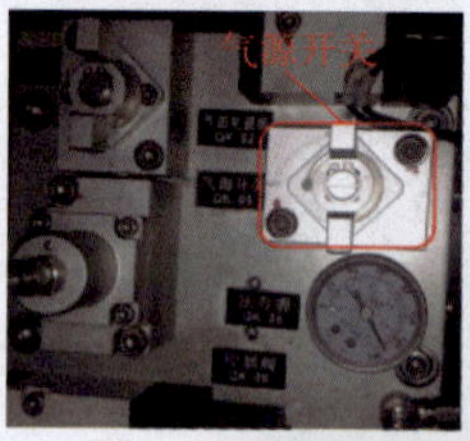 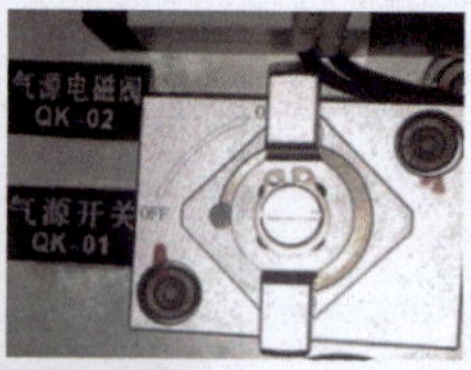 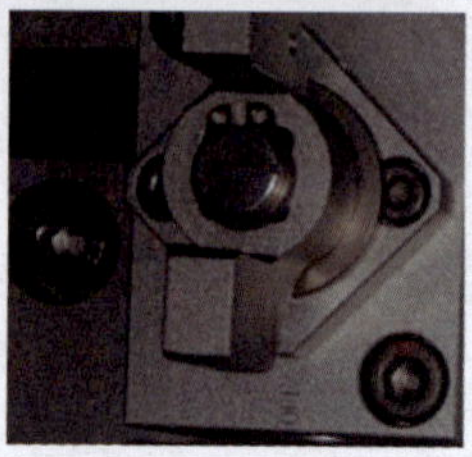
3	后续处理措施： 若仍无法关闭，可进行手动关闭开闭机构操作，按 1.2.8.2 执行	

(三)开闭机构供风管路漏风

名称	2.2.3　开闭机构供风管路漏风	
适用	CJ6 型动车组	
现象	司机前舱有漏风声音,开闭机构闭合不到位,总风压力下降	
行车	根据车辆状态行车: (1)漏风量小,则维持运行。 (2)漏风量大,总风压下降较快,则施加制动停车	
原因	头罩前舱内开闭机构管路漏风	
注意	无	
步骤	处理过程	
  1	漏风程度确认: 根据漏风声音判断泄漏量,如果泄漏量较小,可暂不处理,到前方折返站再检查处理。如果泄漏量较大,则按照第 2 步处理	
  2	关闭气路: 如果泄漏量较大,总风压力下降较快,随车机械师按照规定程序申请下车检查,关闭头罩内开闭机构气动控制箱(CJ6-0701～0710)/司机台右边柜内(CJ6-0711～0715)面板上气源开关,将开关置于“OFF”位。 待总风压恢复到大于 850 kPa 后方可维持运行,运行途中随车机械师对动车组总风压进行重点监控 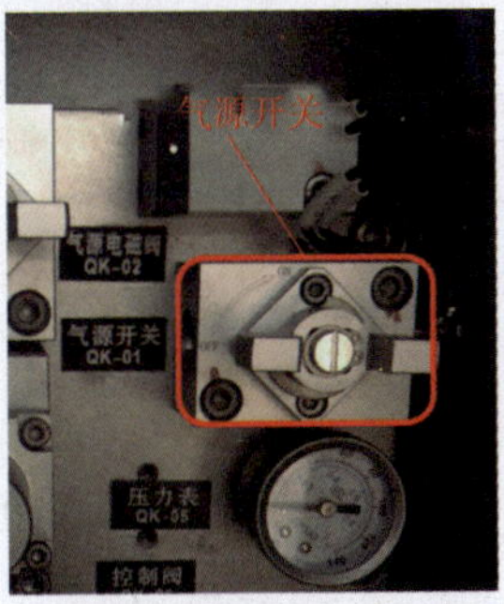	气源开关 气源电磁阀 QK-02 气源开关 QK-01 压力表 QK-05 控制阀

三、转向架及其辅助

(一)轴箱轴承温度预警(2001)

名称	2.3.1　轴箱轴承温度预警(2001)
适用	CJ6 型动车组
现象	HMI 自动弹出故障画面提示“轴箱轴承温度预警”,转向架故障诊断系统主机亮黄灯并伴有低频蜂鸣器响声
行车	司机施加常用制动,限速 120 km/h
原因	(1)监控部位温度过高。 (2)误报
注意	无

续上表

步骤	处理过程	
 1	故障提示： HMI 自动弹出故障画面提示“轴温预警，请限速 120 km/h 运行”，机械师室转向架故障诊断系统主机亮黄灯并伴有低频蜂鸣器响声时，按压【故障信息】键，确认故障信息，立即限速 120 km/h 运行	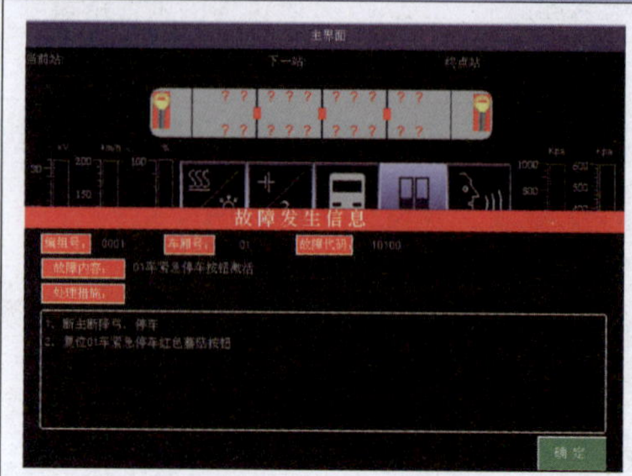
2	(1)故障确认： 随车机械师按下转向架故障诊断系统主机“▲”和“▼”键，查看报警记录，确认故障位置和类型。 (2)系统复位： 随车机械师复位故障转向架对应车电气设备柜中转向架故障诊断系统分机断路器（01、04 车：【＝49-F101】；02、03 车：【＝49-F201】），断开 15 s，再闭合。 (3)密切关注“轴箱温度”信息界面。 (a)温度监控： 密切关注主机“实时数据”信息，观察温度变化，并重点监控故障车辆的振动和运行声音。 (b)预警消失： 车辆振动及声音无异常，密切关注“实时数据”信息预警传感器温度显示，恢复正常速度运行，运行途中随车机械师对预警车辆进行重点监控。 (c)预警不消失： 维持限速到前方站，下车检查按照第 3 步实施。 (d)温度值持续上升或车辆有异常振动、异音： 应立即通知司机停车，下车检查，按照第 3 步实施。	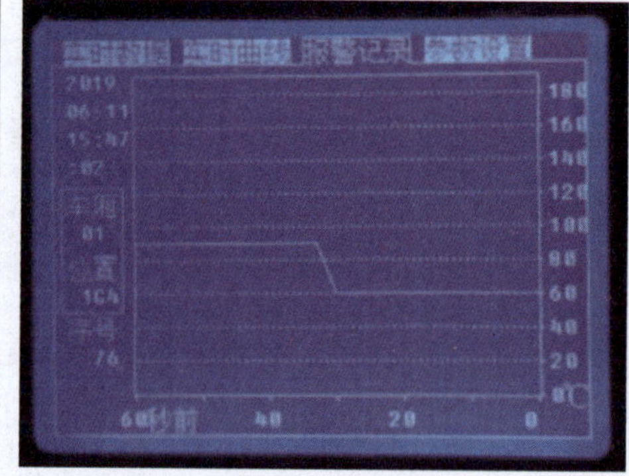
 3	车下检查： 按规定程序申请下车对预警部位进行点温并对关键部位进行外观状态检查，如预警部位无法确定，则进行全面检查。 关键部件检查标准为：齿轮箱无破损、无滴油，轴承座、迷宫环位置无变色，油位正常（考虑超高、坡道等特殊情况，应同相邻齿轮箱进行对比判断）；联轴节无破损、无偏斜、无滴油、无变色；牵引电机无破损；轴箱无破损、无变色；温度传感器无断线、无破损，连接器无松脱、无变形。 点温判断标准为：轴箱温度不超过 80 ℃且与环境温度温差应在 40 ℃范围内。温度不超上述范围为误预警，否则为真预警	

续上表

步骤	处理过程
  4	判断是否有异常： 检查如为真预警，则执行第 5 步，检查如无异常执行第 6 步
  5	(1)严重机械故障： 检查为无法维持运行的严重机械故障，申请救援。 (2)齿轮箱、联轴节、牵引电机或轴箱异常： 若发现齿轮箱破损、滴油，轴承座、迷宫环位置变色；联轴节破损、偏斜、滴油、变色；牵引电机破损；轴箱破损、变色，轴箱点温超标但可视范围内无其他异常，滚动试验后，限速 40 km/h 维持运行申请前方站救援。 (3)限速运行监控： 限速运行途中，随车机械师对故障车辆进行重点监控，如出现异常振动或异音，应立即通知司机停车，下车检查
  6	检查无异常： 通知司机限速 120 km/h 运行，运行途中随车机械师对故障车辆进行重点监控，并密切关注“实时数据”信息。如出现异常振动或异音，应立即通知司机停车，下车检查

(二)轴箱轴承温度报警(2002)

名称	2.3.2　轴箱轴承温度报警(2002)
适用	CJ6 型动车组
现象	HMI 自动弹出故障画面提示“轴箱轴承温度报警”，转向架故障诊断系统主机亮红灯并伴有高频蜂鸣器响声
行车	动车组自动施加常用制动停车
原因	(1)监控部位温度过高。 (2)误报
注意	无
步骤	处理过程
  1	故障提示： HMI 自动弹出故障画面提示“轴温报警自动施加全常用制动停车”提示，机械师室转向架故障诊断系统主机亮红灯并伴有高频蜂鸣器响声时，列车自动施加全常用制动停车 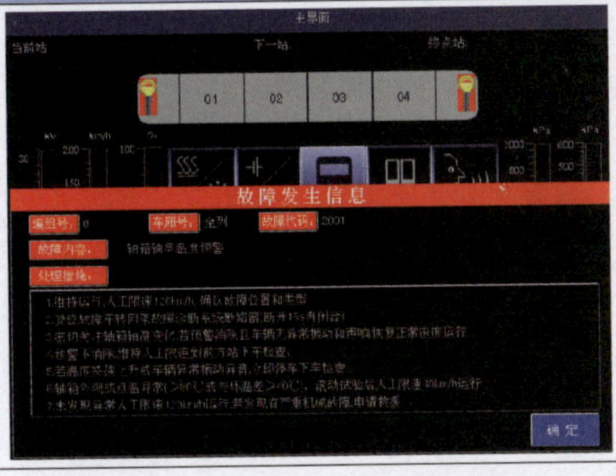

续上表

步骤	处理过程
2	故障确认： 随车机械师按下转向架故障诊断系统主机“▲”和“▼”键，查看报警记录，确认故障位置和类型
3	车下检查： 按规定程序申请下车对报警部位进行点温并对关键部位进行外观状态检查，如报警部位无法确定，则进行全面检查。 关键部件检查标准为：齿轮箱无破损、无滴油，轴承座、迷宫环位置无变色，油位正常（考虑超高、坡道等特殊情况，应同相邻齿轮箱进行对比判断）；联轴节无破损、无偏斜、无滴油、无变色；牵引电机无破损；轴箱无破损、无变色；温度传感器无断线、无破损，连接器无松脱、无变形。 温度判断标准： 轴箱温度不超过 90 ℃且与环境温度温差应在 48 ℃范围内。温度不超上述范围为误报警，否则为真报警
4	判断是否有异常： 检查如为真报警，则执行第 5 步，检查如无异常执行第 6 步
5	（1）严重机械故障： 检查为无法维持运行的严重机械故障，申请救援。 （2）齿轮箱、联轴节、牵引电机或轴箱异常： 若发现齿轮箱破损、滴油，轴承座、迷宫环位置变色；联轴节破损、偏斜、滴油、变色；牵引电机破损；轴箱破损、变色，轴箱点温超标但可视范围内无其他异常，滚动试验后，限速 40 km/h 维持运行申请前方站救援。 （3）限速运行监控： 限速运行途中，随车机械师对故障车辆进行重点监控，如出现异常振动或异音，应立即通知司机停车，下车检查
6	检查无异常： （1）系统复位： 随车机械师复位故障转向架对应车电气设备柜中转向架故障诊断系统分机断路器（01、04 车:【=49-F101】；02、03 车:【=49-F201】），断开 15 s，再闭合。 （2）若报警消失： 恢复正常运行。 （3）若报警不消失： 随车机械师断开故障车转向架诊断系统分机断路器，限速 40 km/h 运行至前方便于更换车组的车站更换车组，如出现异常振动或异音，应立即通知司机停车，下车检查

（三）齿轮箱轴承温度预警（2003）

名称	2.3.3　齿轮箱轴承温度预警（2003）	
适用	CJ6 型动车组	
现象	HMI 自动弹出故障画面提示“齿轮箱轴承温度预警”，转向架故障诊断系统主机亮黄灯并伴有低频蜂鸣器响声	
行车	司机施加常用制动，限速 120 km/h	
原因	（1）监控部位温度过高。 （2）误报	
注意	无	
步骤	处理过程	
1	故障提示： HMI 自动弹出故障画面提示“齿轮箱轴承温度预警”，机械师室转向架故障诊断系统主机亮黄灯并伴有低频蜂鸣器响声时，按压【故障信息】键，确认故障信息	
2	（1）故障确认： 随车机械师按下转向架故障诊断系统主机“▲”和“▼”键，查看报警记录，确认故障位置和类型。 （2）系统复位： 随车机械师复位故障转向架对应车电气设备柜中转向架故障诊断系统分机断路器（01、04 车：【＝49-F101】；02、03 车：【＝49-F201】），断开 15 s，再闭合。 （3）密切关注“齿轮箱温度”信息界面。 （a）温度监控： 密切关注主机“实时数据”信息，观察温度变化，并重点监控故障车辆的振动和运行声音。 （b）预警消失： 车辆振动及声音无异常，密切关注“实时数据”信息预警传感器温度显示，恢复正常速度运行，运行途中随车机械师对预警车辆进行重点监控。 （c）预警不消失： 维持限速到前方站，下车检查按照第 3 步实施。 （d）温度值持续上升或车辆有异常振动、异音： 应立即通知司机停车，下车检查，按照第 3 步实施。	
3	车下检查： 按规定程序申请下车对报警部位进行点温并对关键部位进行外观状态检查，如报警部位无法确定，则进行全面检查。 关键部件检查标准为：齿轮箱无破损、无滴油，轴承座、迷宫环位置无变色，油位正常（考虑超高、坡道等特殊情况，应同相邻齿轮箱进行对比判断）；联轴节无破损、无偏斜、无滴油、无变色；牵引电机无破损；轴箱无破损、无变色；温度传感器无断线、无破损，连接器无松脱、无变形。 点温判断标准为：齿轮箱大、小轴承座不超过 90 ℃且与环境温度温差应在 55 ℃范围内，温度不超上述范围为误预警，否则为真预警	

续上表

步骤	处理过程
4	判断是否有异常： 检查如为真报警，则执行第 5 步，检查如无异常执行第 6 步
5	(1)严重机械故障： 检查为无法维持运行的严重机械故障，申请救援。 (2)齿轮箱、联轴节、牵引电机或轴箱异常： 若发现齿轮箱温度超标或齿轮箱破损、滴油，轴承座、迷宫环位置变色；联轴节破损、偏斜、滴油、变色；牵引电机破损；轴箱破损、变色，滚动试验后，限速 40 km/h 维持运行申请前方站救援。 (3)限速运行监控： 限速运行途中，随车机械师对故障车辆进行重点监控，如出现异常振动或异音，应立即通知司机停车，下车检查
6	检查无异常： 通知司机限速 120 km/h 运行，运行途中随车机械师对故障车辆进行重点监控，并密切关注“实时数据”信息。如出现异常振动或异音，应立即通知司机停车，下车检查

(四)齿轮箱轴承温度报警(2004)

名称	2.3.4　齿轮箱轴承温度报警(2004)
适用	CJ6 型动车组
现象	HMI 自动弹出故障画面提示“齿轮箱轴承温度报警”，转向架故障诊断系统主机亮红灯并伴有低频蜂鸣器响声
行车	司机施加常用制动停车
原因	(1)监控部位温度过高。 (2)误报
注意	无
步骤	处理过程
1	故障提示： HMI 自动弹出故障画面提示“齿轮箱轴承温度报警”，转向架故障诊断系统主机亮红灯并伴有低频蜂鸣器响声时，按压【故障信息】键，确认故障信息，立即施加常用制动停车

续上表

步骤	处理过程
2	故障确认： 随车机械师按下转向架故障诊断系统主机“▲”和“▼”键，查看报警记录，确认故障位置和类型
3	车下检查： 按规定程序申请下车对预警部位进行点温并对关键部位进行外观状态检查，如预警部位无法确定，则进行全面检查。 关键部件检查标准为：齿轮箱无破损、无滴油，轴承座、迷宫环位置无变色，油位正常（考虑超高、坡道等特殊情况，应同相邻齿轮箱进行对比判断）；联轴节无破损、无偏斜、无滴油、无变色；牵引电机无破损；轴箱无破损、无变色；温度传感器无断线、无破损，连接器无松脱、无变形。 点温判断标准为：齿轮箱温度不超过 120 ℃，温度不超上述范围为误报警，否则为真报警
4	判断是否有异常： 检查如为真预警，则执行第 5 步，检查如无异常执行第 6 步
5	(1)严重机械故障： 检查为无法维持运行的严重机械故障，申请救援。 (2)齿轮箱、联轴节、牵引电机或轴箱异常： 若发现齿轮箱点温超标或齿轮箱破损、滴油，轴承座、迷宫环位置变色；联轴节破损、偏斜、滴油、变色；牵引电机破损；轴箱破损、变色，滚动试验后，限速 40 km/h 维持运行申请前方站救援。 (3)限速运行监控： 限速运行途中，随车机械师对故障车辆进行重点监控，如出现异常振动或异音，应立即通知司机停车，下车检查
6	检查无异常： (1)系统复位： 随车机械师复位故障转向架对应车电气设备柜中转向架故障诊断系统分机断路器（01、04 车：【=49-F101】；02、03 车：【=49-F201】），断开 15 s，再闭合。 (2)报警消失： 恢复正常运行。 (3)报警不消失： 随车机械师断开故障车转向架诊断系统分机断路器，限速 40 km/h 运行至前方便于更换车组的车站更换车组，如出现异常振动或异音，应立即通知司机停车，下车检查

（五）电机轴承温度预警（2005）

名称	2.3.5　电机轴承温度预警（2005）
适用	CJ6 型动车组
现象	HMI 自动弹出故障画面提示“电机轴承温度预警”，转向架故障诊断系统主机亮黄灯并伴有低频蜂鸣器响声
行车	司机施加常用制动，限速 120 km/h
原因	（1）监控部位温度过高。 （2）误报
注意	无
步骤	处理过程
1	故障提示： HMI 自动弹出故障画面提示“电机轴承温度预警”，机械师室转向架故障诊断系统主机亮黄灯并伴有低频蜂鸣器响声时，按压【故障信息】键，确认故障信息
2	（1）故障确认： 随车机械师按下转向架故障诊断系统主机“▲”和“▼”键，查看报警记录，确认故障位置和类型。 （2）系统复位： 随车机械师复位故障转向架对应车电气设备柜中转向架故障诊断系统分机断路器（01、04 车：【＝49-F101】；02、03 车：【＝49-F201】），断开 15 s，再闭合。 （3）密切关注“实时数据”信息界面。 （a）温度监控： 密切关注主机“实时数据”信息，观察温度变化，并重点监控故障车辆的振动和运行声音。 （b）预警消失： 车辆振动及声音无异常，密切关注“实时数据”信息预警传感器温度显示，恢复正常速度运行，运行途中随车机械师对预警车辆进行重点监控。 （c）预警不消失： 维持限速到前方站，下车检查按照第 3 步实施。 （d）温度值持续上升或车辆有异常振动、异音： 应立即通知司机停车，下车检查，按照第 3 步实施。
3	车下检查： 按规定程序申请下车对报警部位进行点温并对关键部位进行外观状态检查，如报警部位无法确定，则进行全面检查。 关键部件检查标准为：齿轮箱无破损、无滴油，轴承座、迷宫环位置无变色，油位正常（考虑超高、坡道等特殊情况，应同相邻齿轮箱进行对比判断）；联轴节无破损、无偏斜、无滴油、无变色；牵引电机无破损；轴箱无破损、无变色；温度传感器无断线、无破损，连接器无松脱、无变形。 点温判断标准为：电机轴承不超过 110 ℃，温度不超上述范围为误预警，否则为真预警

续上表

步骤	处理过程
4	判断是否有异常： 检查如为真报警，则执行第 5 步，检查如无异常执行第 6 步
5	(1)严重机械故障： 检查为无法维持运行的严重机械故障，申请救援。 (2)齿轮箱、联轴节、牵引电机或轴箱异常： 若发现电机温度超标或齿轮箱破损、滴油，轴承座、迷宫环位置变色；联轴节破损、偏斜、滴油、变色；牵引电机破损；轴箱破损、变色，滚动试验后，限速 40 km/h 维持运行申请前方站救援。 (3)限速运行监控： 限速运行途中，随车机械师对故障车辆进行重点监控，如出现异常振动或异音，应立即通知司机停车，下车检查
6	检查无异常：通知司机限速 120 km/h 运行，运行途中随车机械师对故障车辆进行重点监控，并密切关注“实时数据”信息。如出现异常振动或异音，应立即通知司机停车，下车检查

(六)电机轴承温度报警(2006)

名称	2.3.6　电机轴承温度报警(2006)	
适用	CJ6 型动车组	
现象	HMI 自动弹出故障画面提示“电机轴承温度报警”，转向架故障诊断系统主机亮红灯并伴有低频蜂鸣器响声	
行车	司机施加常用制动停车	
原因	(1)监控部位温度过高。 (2)误报	
注意	无	
步骤	处理过程	
1	故障提示： HMI 自动弹出故障画面提示“电机轴承温度报警”，转向架故障诊断系统主机亮红灯并伴有低频蜂鸣器响声时，按压【故障信息】键，确认故障信息，立即施加常用制动停车	

续上表

步骤	处理过程
2	故障确认： 随车机械师按下转向架故障诊断系统主机“▲”和“▼”键，查看报警记录，确认故障位置和类型
3	车下检查： 按规定程序申请下车对预警部位进行点温并对关键部位进行外观状态检查，如预警部位无法确定，则进行全面检查。 关键部件检查标准为：齿轮箱无破损、无滴油，轴承座、迷宫环位置无变色，油位正常(考虑超高、坡道等特殊情况，应同相邻齿轮箱进行对比判断)；联轴节无破损、无偏斜、无滴油、无变色；牵引电机无破损；轴箱无破损、无变色；温度传感器无断线、无破损，连接器无松脱、无变形。 点温判断标准为：电机轴承温度不超过 130 ℃，温度不超上述范围为误报警，否则为真报警
4	判断是否有异常： 检查如为真预警，则执行第 5 步，检查如无异常执行第 6 步
5	(1)严重机械故障： 检查为无法维持运行的严重机械故障，申请救援。 (2)齿轮箱、联轴节、牵引电机或轴箱异常： 若发现电机点温超标或齿轮箱破损、滴油，轴承座、迷宫环位置变色；联轴节破损、偏斜、滴油、变色；牵引电机破损；轴箱破损、变色，滚动试验后，限速 40 km/h 维持运行申请前方站救援。 (3)限速运行监控： 限速运行途中，随车机械师对故障车辆进行重点监控，如出现异常振动或异音，应立即通知司机停车，下车检查
6	检查无异常： (1)系统复位： 随车机械师复位故障转向架对应车电气设备柜中转向架故障诊断系统分机断路器(01、04 车:【＝49-F101】；02、03 车:【＝49-F201】)，断开 15 s，再闭合。 (2)报警消失： 恢复正常运行。 (3)报警不消失： 随车机械师断开故障车转向架诊断系统分机断路器，限速 40 km/h 运行至前方便于更换车组的车站更换车组，如出现异常振动或异音，应立即通知司机停车，下车检查

（七）温度传感器故障（2201～2250、2501～2550）

名称	2.3.7　温度传感器故障（2201～2250、2501～2550）	
适用	CJ6 型动车组	
现象	HMI 提示“温度传感器故障”，机械师室转向架故障诊断系统主机“实时数据”无轴箱/电机/齿轮系轴承温度显示	
行车	司机施加常用制动，限速 120 km/h	
原因	（1）主机、分机或转换器故障。 （2）通信线路断开或受到严重干扰。 （3）传感器故障	
注意	当转向架故障诊断系统主机显示正常，HMI 显示屏中轴温监控状态显示故障，但温度显示正常时，表示冗余设计的两路轴温监控中有一路发生通信故障，不影响运行	
步骤	处理过程	
 1	故障确认： 随车机械师对故障类型和位置进行确认，故障显示对应的故障类型如下： “未联”：表示对应接线盒和转换器之间通信故障。 “未获”：表示对应转换器和车辆分机之间通信故障。 “短路”：表示对应的传感器（轴温、电机）短路。 “开路”：表示对应的传感器（轴温、电机）开路。 “异常”：表示对应的传感器除开路、短路以外的异常故障。 “异变”：表示对应的传感器温度的异常跳变	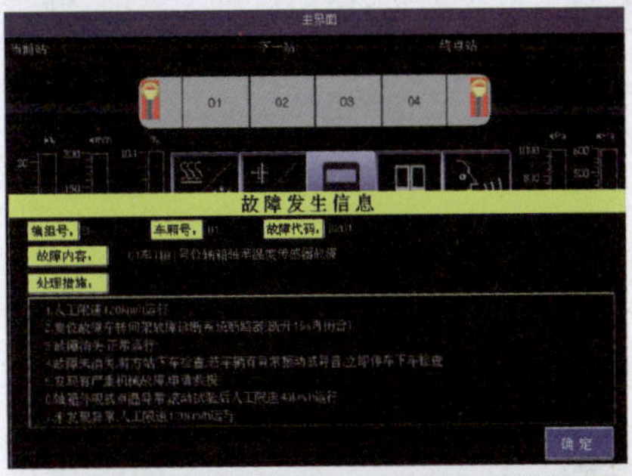 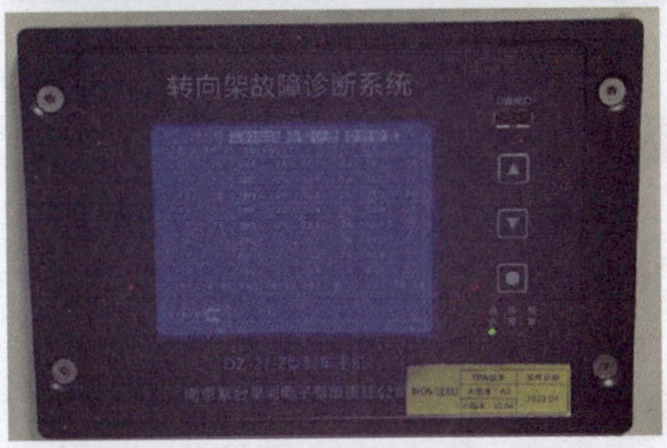
 2	断路器复位： 随车机械师复位故障转向架对应车电气设备柜中转向架故障诊断系统分机断路器（01、04 车：【＝49-F101】；02、03 车：【＝49-F201】）。 （1）确认故障车电气设备柜中转向架故障诊断系统分机断路器状态。若断开，则闭合；若处于闭合状态，则断开 15 s，再闭合。 （2）若故障消除，正常运行	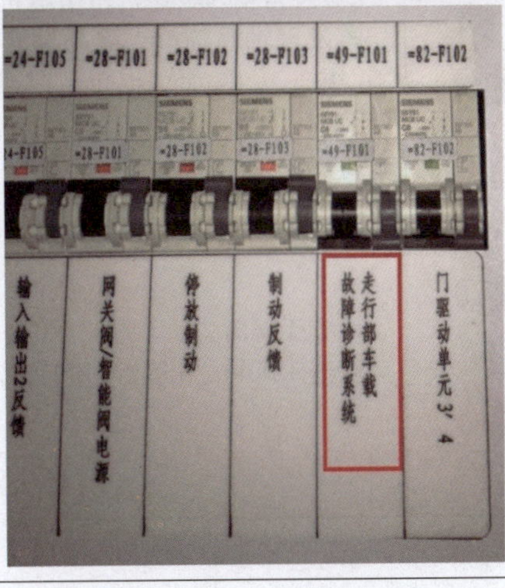

续上表

步骤	处理过程
3	(1)故障未消除： 维持限速到前方站，下车检查按照第4步实施。 (2)维持运行监控： 维持运行途中，随车机械师对故障车辆进行重点监控，如出现异常振动或异音，应立即通知司机停车，下车检查
4	车下检查： 按规定程序申请下车对轴温温度显示异常部位进行点温并对关键部位进行外观状态检查。 关键部件检查标准为：齿轮箱无破损、无滴油，轴承座、迷宫环位置无变色，油位正常(考虑超高、坡道等特殊情况，应同相邻齿轮箱进行对比判断)；联轴节无破损、无偏斜、无滴油、无变色；牵引电机无破损；轴箱无破损、无变色；温度传感器无断线、无破损，连接器无松脱、无变形。 点温判断标准为： (1)轴箱温度不超过90 ℃且与环境温度温差应在48 ℃范围内。 (2)齿轮箱大、小轴承座不超过120 ℃。 (3)牵引电机轴承外壳温度不超过130 ℃
5	判断是否有异常： 检查如有异常，则执行第6步，检查如无异常执行第7步
6	(1)严重机械故障： 检查为无法维持运行的严重机械故障，申请救援。 (2)齿轮箱、联轴节、牵引电机或轴箱异常： 若发现轴箱轴承点温超标或齿轮箱破损、滴油，轴承座、迷宫环位置变色；联轴节破损、偏斜、滴油、变色；牵引电机破损；轴箱破损、变色，滚动试验后，限速40 km/h维持运行申请前方站救援
7	检查无异常： 限速120 km/h运行，到前方便于更换车组的车站更换车组

（八）轮缘润滑长排风故障

名称	2.3.8　轮缘润滑长排风故障	
适用	CJ6 型动车组	
现象	司机室下方轮缘润滑喷嘴有长排风声音	
行车	维持运行	
原因	轮缘润滑控制箱内电控器受外部干扰程序死机，导致出现长排风的情况	
注意	无	
步骤	处理过程	
 1	故障确认： 随车机械师对故障位置进行确认	
  2	轮缘润滑功能切除： 随车机械师断开故障车司机室继电器柜内的空开【＝77-F102】。 (1)若故障消除，正常运行。 (2)若故障不消除，维持运行到前方站，按照第 3 步执行	 =77- F102 轮缘润滑
 3	下车关闭截断塞门： (1)按规定程序申请下车。 (2)打开轮缘润滑电控箱，关闭轮缘润滑气路截断塞门（塞门置于水平为关闭状态）	 截断塞门
  4	若故障消除，正常运行。 故障不消除，维持运行，运行途中随车机械师对动车组总风压进行重点监控	

四、高压供电系统

(一)受电弓升弓故障(300D、3012)

名称	2.4.1 受电弓升弓故障(300D、3012)	
适用	CJ6 型动车组	
现象	HMI 报××车受电弓升弓故障	
行车	换弓维持运行	
原因	升弓电磁阀得电 20 s 后,受电弓压力开关未反馈受电弓升到位状态	
注意	无	
步骤	处理过程	
 1	故障确认: 降弓,确认故障情况,通知随车机械师	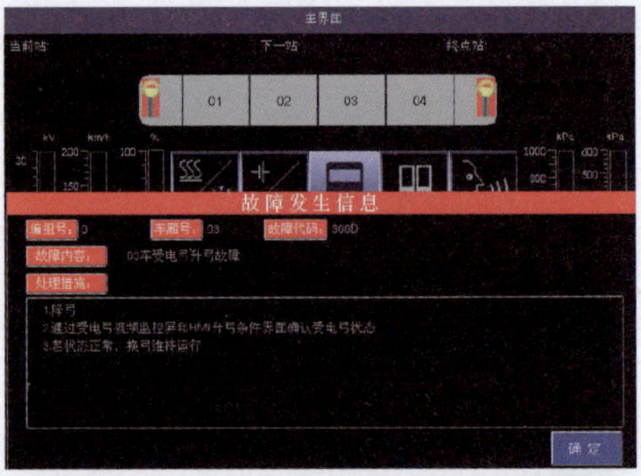
 2	升弓确认: 在 HMI 界面点击进入“升弓状态”界面,查看升弓条件不满足原因,如果升弓条件都满足,查看受电弓外观状态	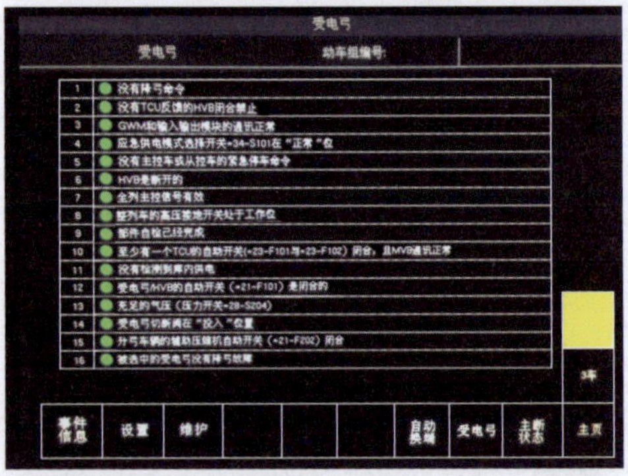
 3	受电弓状态确认: 通过受电弓视频监控屏观察受电弓状态。 若受电弓状态正常,换弓,维持运行。 如果发现受电弓状态异常,通知司机	

续上表

步骤	处理过程	
4	换弓运行或救援： (1)按照 1.2.1.3.1 切除故障车受电弓(切除故障车的高压隔离开关可切除故障车受电弓)。 (2)在司机室继电器柜选择另一架正常的受电弓(02 车弓或 03 车弓)，司机操作升弓扳键开关至“升”位。若换弓操作的受电弓可正常升起，合主断，维持运行；若动车组所有受电弓均无法升起，报告列车调度员，申请救援	=21-S104 自动 03车弓 02车弓 选择开关

(二)受电弓升起无法降下(300E、3013)

名称	2.4.2　受电弓升起无法降下(300E、3013)
适用	CJ6 型动车组
现象	降弓操作后受电弓未降下
行车	根据车辆状态，停车处理
原因	降弓命令发出 15 s 后，受电弓压力开关未反馈受电弓降到位状态
注意	无
步骤	处理过程
1	降弓，停车，通知随车机械师
2	受电弓状态确认： (1)通过 HMI 显示器和机械师室 HMI 显示屏确认受电弓升降状态，在机械师室受电弓视频监控显示屏确认车顶受电弓外观状态；若受电弓未降下，也无法确认状态，则下车检查。 (2)若需登顶，按规定程序登车顶处理。 (3)检查处理完毕后，通知司机
3	换弓运行： (1)若能换弓运行，按照 1.2.1.3.1 切除故障受电弓(切除故障车的高压隔离开关可切除故障车受电弓)，换弓运行。 (2)若不能换弓运行，申请救援

（三）受电弓自动降下或挂有异物

名称	2.4.3　受电弓自动降下或挂有异物
适用	CJ6 型动车组
现象	运行途中受电弓自动降下或受电弓上挂有异物
行车	司机施加制动停车
原因	(1)运行途中受电弓遭受异物打击。 (2)其他原因导致受电弓自动降下。 (3)发生刮弓，触发自动降弓功能。 (4)滑板出现崩块、裂纹，启动降弓功能。 (5)自动降弓气路泄漏，启动降弓功能，快排阀出现失效
注意	无
步骤	处理过程
1	受电弓切除： 立即停车，确认接触网是否有电，通知随车机械师，在 HMI 界面和受电弓视频监控屏确认受电弓状态正常后，按照 1.2.1.3.1 远程切除故障受电弓（切除故障车的高压隔离开关可切除故障车受电弓）
2	可通过受电弓视频监控检查： (1)确认故障车车顶高压区设备可视部分的状态，检查外观可见部分无明显变形、无脱落、无异物搭接、接地风险，换弓维持运行。 (2)如检查时发现受电弓轻微损坏，且确认受电弓无脱落风险时，换弓限速 120 km/h 运行至前方站检查，检查确认不影响运行可恢复常速运行。 (3)如受电弓受损严重，但不侵限、无脱落风险、满足与接触网最小间距要求（300 mm），则可切除故障受电弓，换弓以不超过 40 km/h 速度运行至前方站进一步处理。 (4)确认如有异物搭接在高压隔离开关或车体侧与高压隔离开关之间，且有接地风险、燃烧、脱落风险，需要申请登顶处理；若有异物搭接受电弓侧与高压隔离开关之间，但不侵限、无脱落风险、满足与接触网最小间距要求，切除影响区域，换弓维持运行。 (5)如需要捆绑受电弓或清除异物时，申请登顶处理
3	无法通过受电弓视频监控的，申请下车检查： (1)外观可见部分无明显异常或不超限、无脱落风险时，通知司机远程切除故障受电弓。换弓限速 120 km/h 运行，前方站停车进一步检查处理，无异常后恢复运行。 (2)检查受电弓受损严重，但无超限、脱落风险时，则可切除故障牵引单元，换弓以不超过 40 km/h 速度运行至前方站进一步处理。 (3)确认如有异物搭接在高压隔离开关或车体侧与高压隔离开关之间，且有接地风险、燃烧、脱落风险，需要申请登顶处理；若有异物搭接受电弓侧与高压隔离开关之间，但不侵限、无脱落风险、满足与接触网最小间距要求，切除影响区域，换弓维持运行。 (4)如需要捆绑受电弓或清除异物时，申请登顶处理

续上表

步骤	处理过程
 4	登顶处理： (1)向司机申请登顶，做好安全防护。 (2)作业完毕后，确认各部不侵限、无脱落风险，电气间隙满足要求(最低点应超过绝缘子顶部第一个伞裙)。通知司机远程切除故障影响区域
  5	维持运行： 若能换弓，换弓维持运行。 运行途中随车机械师通过弓网视频重点监控故障受电弓状态

(四)主断路器闭合故障(3010、3015)

名称	2.4.4　主断路器闭合故障(3010、3015)	
适用	CJ6 型动车组	
现象	将主断扳键开关推到合位，主断无法闭合	
行车	维持运行	
原因	(1)合主断命令发出 1 s 后，主断反馈状态还是断开的，当合主断条件满足，再合一次主断，主断仍然没有闭合。 (2)气压低于真空断路器额定工作气压。 (3)电路出现断路，连接器连接不牢靠。 (4)压力开关、电磁阀、保持线圈、控制单元板等部件故障。 (5)发生一次侧过电流、牵引变压器原边接地、牵引变流器接地保护等故障后，故障未排除。 (6)主断被远程切除	
注意	无	
步骤	处理过程	
 1	主断远程切除确认： 通过 HMI 屏确认故障主断是否远程切除，若切除，则恢复，通知随车机械师	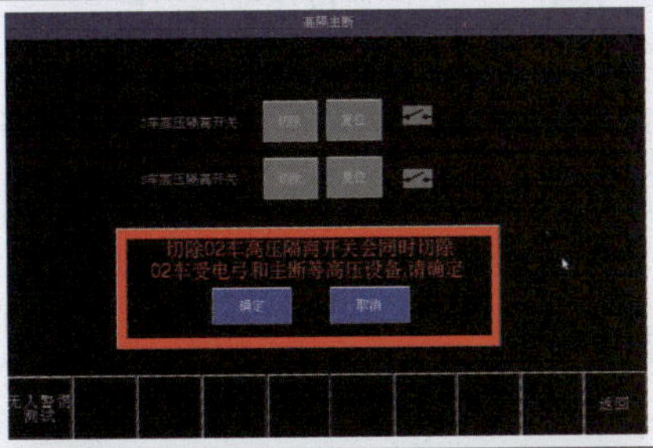
 2	HMI 屏故障确认： 通过 HMI 屏检查主断不能闭合的原因及相应车“时间信息”有无发生“原边过流”“TCU 检测 02 车牵引变压器二次侧输出接地”“牵引变压器原边接地”等故障，若发生，分别参照 2.4.10、2.5.10、2.5.14 应急操作指导执行	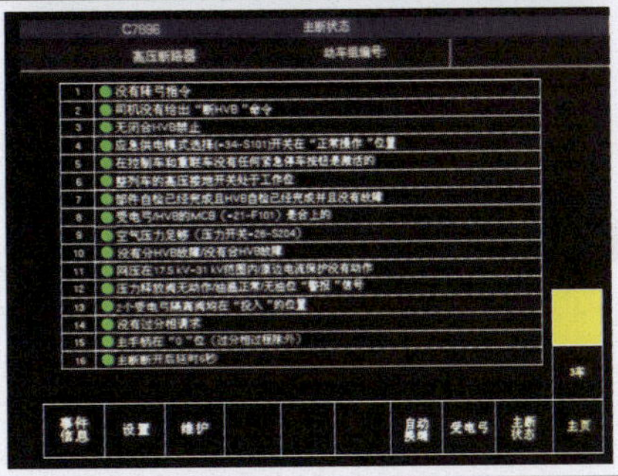

续上表

步骤	处理过程
	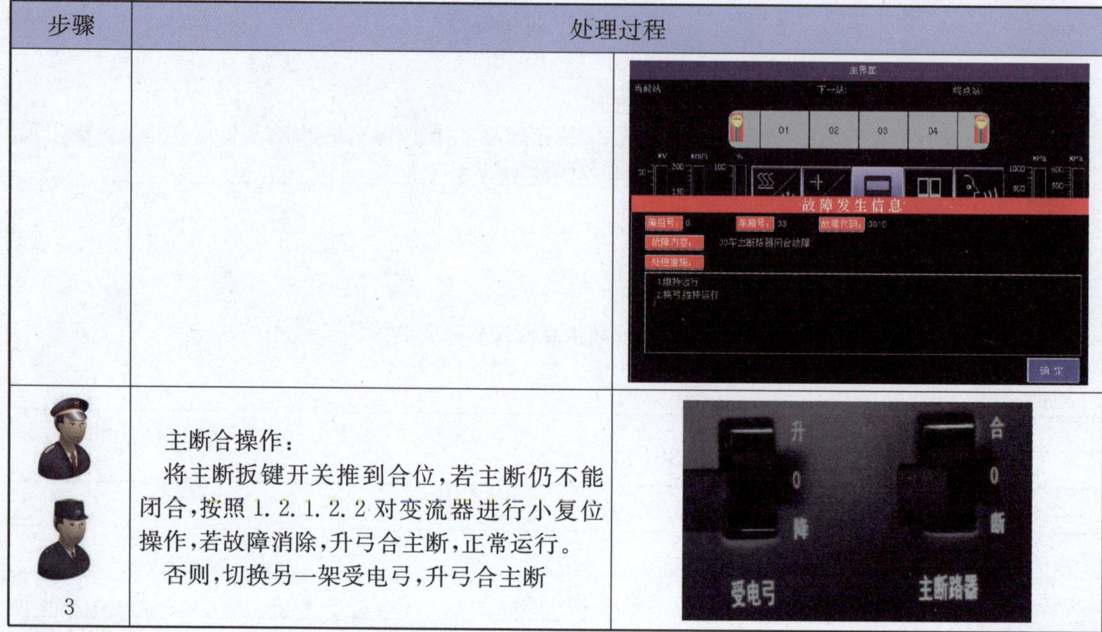
3	主断合操作： 将主断扳键开关推到合位，若主断仍不能闭合，按照 1.2.1.2.2 对变流器进行小复位操作，若故障消除，升弓合主断，正常运行。 否则，切换另一架受电弓，升弓合主断

（五）主断路器断开故障（300F、3014）

名称	2.4.5　主断路器断开故障（300F、3014）
适用	CJ6 型动车组
现象	车辆运行过程中，主断不能分闸，即给出主断断开命令，HMI 显示主断闭合
行车	维持运行
原因	（1）分主断命令发出 0.5 s 后，主断反馈状态还是闭合的，或主断已经断开，但原边电流仍大于 50 A。 （2）电连接器接触不良。 （3）真空断路器器件故障
注意	发生该故障时，受电弓会自动降下
步骤	处理过程
1	降弓确认： 确认受电弓已降下，若受电弓未降下，手动降下，通知随车机械师
2	主断远程切除： 按照 1.2.1.3.1 切除故障主断（切除故障车的高压隔离开关可切除故障车主断）

续上表

步骤	处理过程	
3	维持运行： 随车机械打开主控端继电器柜，选择正常主断对应的受电弓【＝21-S104】；重新升弓合主断，维持运行	

（六）主断自动断开

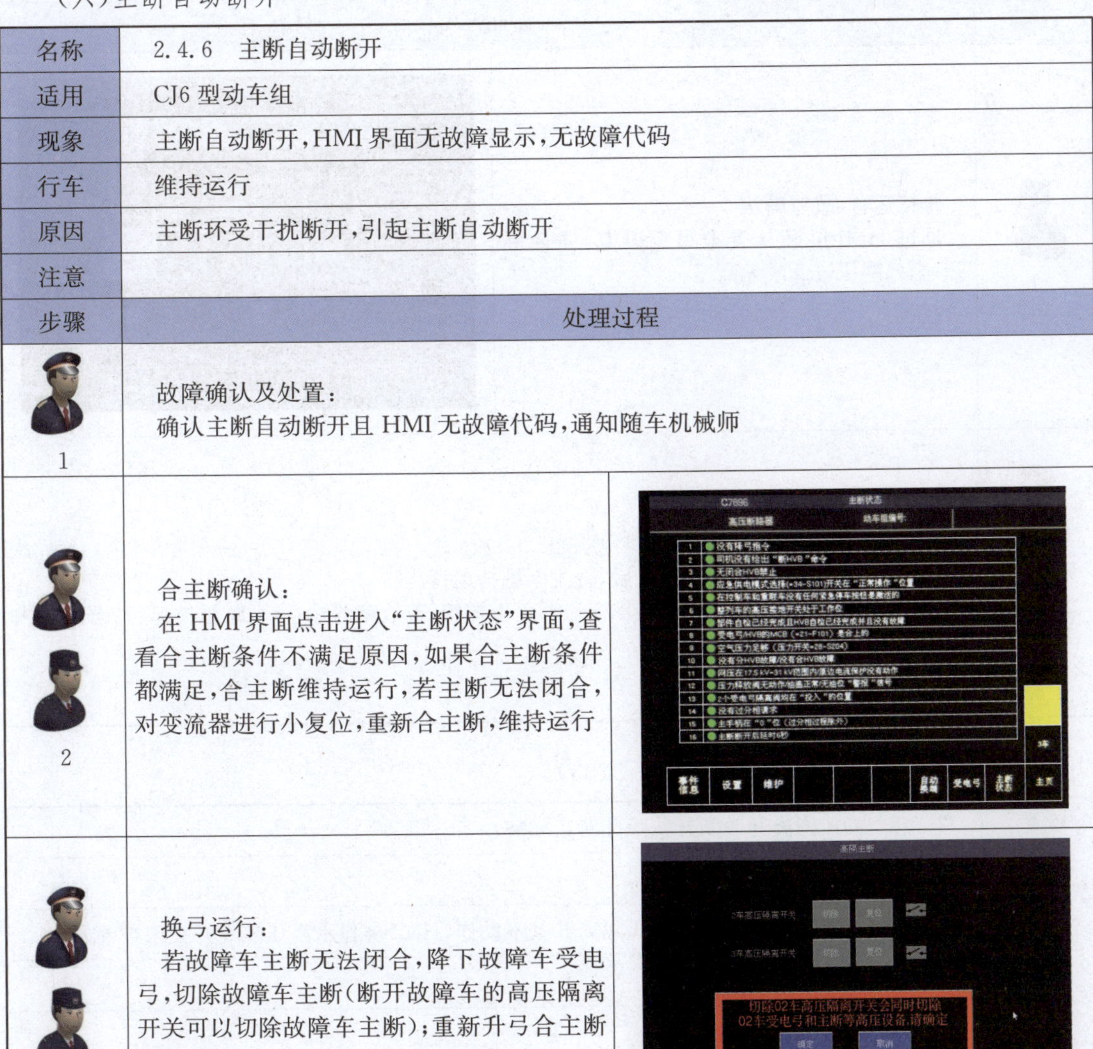

名称	2.4.6　主断自动断开	
适用	CJ6 型动车组	
现象	主断自动断开，HMI 界面无故障显示，无故障代码	
行车	维持运行	
原因	主断环受干扰断开，引起主断自动断开	
注意		
步骤	处理过程	
1	故障确认及处置： 确认主断自动断开且 HMI 无故障代码，通知随车机械师	
2	合主断确认： 在 HMI 界面点击进入“主断状态”界面，查看合主断条件不满足原因，如果合主断条件都满足，合主断维持运行，若主断无法闭合，对变流器进行小复位，重新合主断，维持运行	
3	换弓运行： 若故障车主断无法闭合，降下故障车受电弓，切除故障车主断（断开故障车的高压隔离开关可以切除故障车主断）；重新升弓合主断维持运行	

（七）CCU 检测网压过低或网压中断（3000、3001）

名称	2.4.7　CCU 检测网压过低、网压中断（3000、3001）	
适用	CJ6 型动车组	
现象	HMI 屏显示受电弓正常升起，主断自动断开	
行车	维持运行	
原因	（1）接触网网压过低或无电。 （2）车顶高压设备接地。 （3）检测回路故障。 （4）CCU 误报	
注意	HMI 屏显示网压过低或无网压	
步骤	处理过程	
 1	维持运行，故障确认 通过 HMI 屏确认受电弓已升起，主断断开，全列网压过低或无高压 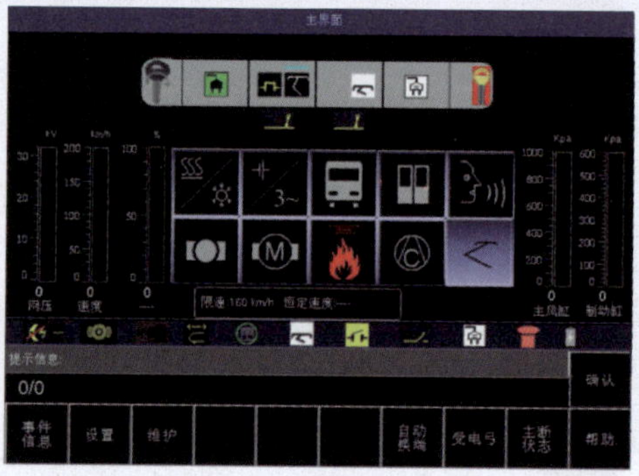	
  2	确认接触网是否有电： 报告列车调度员，确认接触网供电状态。 （1）若无电，待接触网恢复供电后，合主断维持运行。 （2）若有电，操作司机室继电器柜变流器复位按钮，若故障消除，合主断维持运行；若故障未消除，换弓维持运行	

（八）高压隔离开关断开故障（3201、3203）

名称	2.4.8　高压隔离开关断开故障（3201、3203）
适用	CJ6 型动车组
现象	远程操作切除主断时，操作高压隔离开关不动作，HMI 屏显示高压隔离开关未被断开
行车	维持运行，降弓
原因	高压隔离开关机械故障
注意	无

续上表

步骤	处理过程
1	故障确认： 通过 HMI 屏远程切除故障车主断时，高压隔离开关不动作，HMI 屏显示高压隔离开关未被断开
2	维持运行： 在 HMI 上再次手动切除故障高压隔离开关，换弓维持运行

(九)网压过高(3002)

名称	2.4.9　网压过高(3002)
适用	CJ6 型动车组
现象	HMI 报网压过高，断开主断
行车	维持运行
原因	(1)接触网网压过高。 (2)误报闪报
注意	无
步骤	处理过程
	故障确认及处置： (1)车组自动断主断。 (2)若网压自动恢复正常，将司控器手柄回零位后，升弓合主断，正常运行。 (3)若网压无法恢复，换弓维持运行；若 HMI 屏显示网压仍过高，报告列车调度员，确认接触网供电正常后，停车进行大复位(操作见 1.2.1.2.1)，升弓合主断，维持运行

(十)原边过流故障(3003、3004、3005、3006)

名称	2.4.10　原边过流故障(3003、3004、3005、3006)
适用	CJ6 型动车组

续上表

现象	(1)HMI 报原边过流故障,受电弓降弓。 (2)HMI 报原边过流故障,主断断开。 (3)HMI 报原边过流故障,受电弓锁定。 (4)HMI 报原边过流故障,主断锁定	
行车	停车,降弓	
原因	(1)主电路故障。 (2)变压器故障	
注意	(1) ⚠ 压力释放阀的作用是当变压器油箱内部因某种故障而使压力急剧增大、其压力达到标定值时,压力释放阀能迅速开启释放,从而防止变压器油箱破裂或爆炸。 (2) ⚠ 仅允许复位一次,若再次发生必须停车,申请救援	
步骤	处理过程	
 1	断主断降弓	
 2	故障确认及处置: 确认故障情况,并通知随车机械师 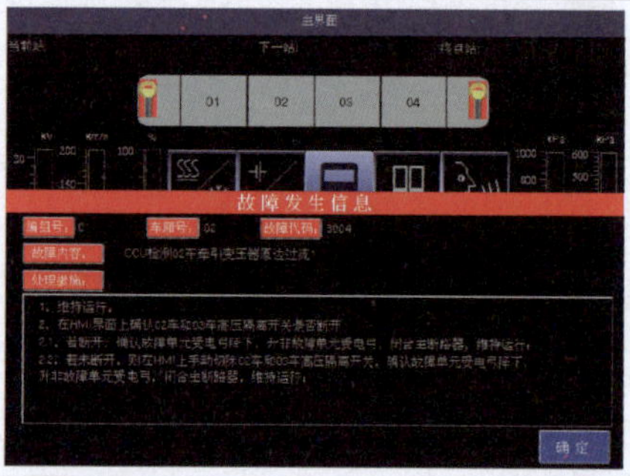	
  3	变流器小复位操作: 按照 1.2.1.2.2 对变流器进行小复位操作,若故障消除,升弓合主断,维持运行至前方站下车检查牵引变压器;若故障未消除,下车检查牵引变压器	
 4	下车检查确认: (1)检查变压器 T 形头外观是否正常,主变压器是否存在油膜、油滴以及漏油,如果存在,申请救援。 (2)检查变压器压力释放阀是否动作,若变压器压力释放阀动作,按压顶针,对变压器压力释放阀进行复位操作。 随车机械师确认状态正常后通知司机  	变压器油箱 压力释放阀 牵引出线侧 压力释放阀 顶针 放油口

续上表

步骤	处理过程
 5	维持运行： 升弓合主断，维持运行

（十一）换端时自动断电降弓

名称	2.4.11　换端时自动断电降弓
适用	CJ6 型动车组
现象	车组换端时，受电弓自动断主断降弓
行车	根据车辆状态行车
原因	(1)换端失败引起降弓。 (2)升弓条件不满足
注意	
步骤	处理过程
  1	受电弓状态确认： 通知随车机械师，随车机械师在 HMI 界面查看升弓条件，并通过机械师室受电弓视频监控画面确认车顶受电弓外观状态良好。若升弓条件满足，通知司机升弓 
  2	维持运行： 升弓后，司机确认 HMI 界面网压显示正常，合主断，维持运行；若受电弓升起后（或受电弓无法升起），HMI 界面显示无网压，对变流器进行小复位后，换弓维持运行 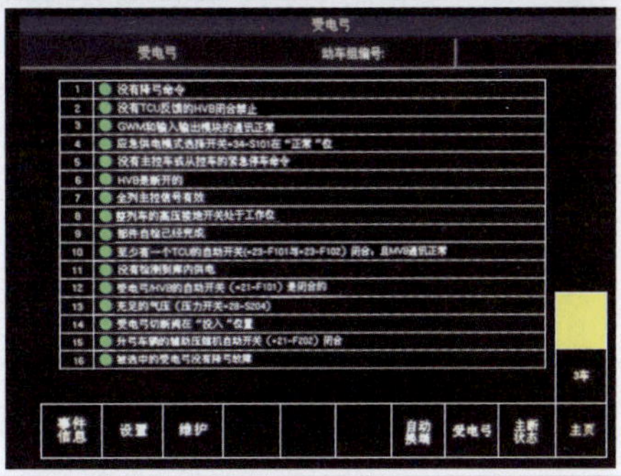

（十二）车组 HMI 屏显示有网压，但司机操纵台上网压表显示无网压

名称	2.4.12　车组 HMI 屏显示有网压，但司机操纵台上网压表显示无网压
适用	CJ6 型动车组
现象	车组 HMI 屏显示有网压，但司机操纵台上网压表显示无网压，主断自动断开
行车	维持运行

续上表

原因	高压电压互感器二次侧输出有一路熔断器熔断(熔断器损坏)	
注意	高压电压互感器二次侧输出有一路熔断器熔断	
步骤	处理过程	
 1	故障确认： 通过 HMI 屏确认受电弓升起，HMI 显示有网压，但操作台上网压表显示无网压，司机确认后，通知随车机械师	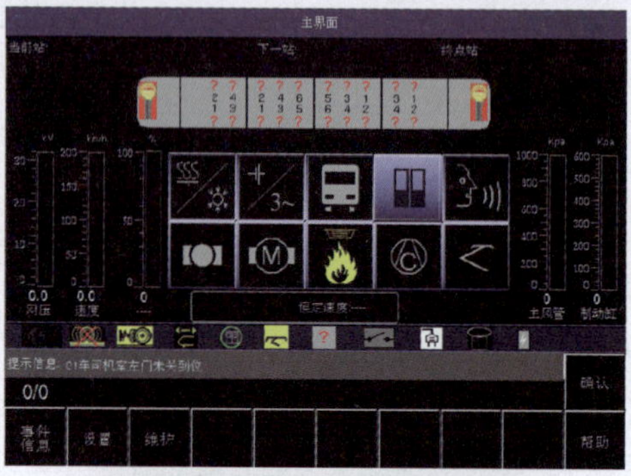 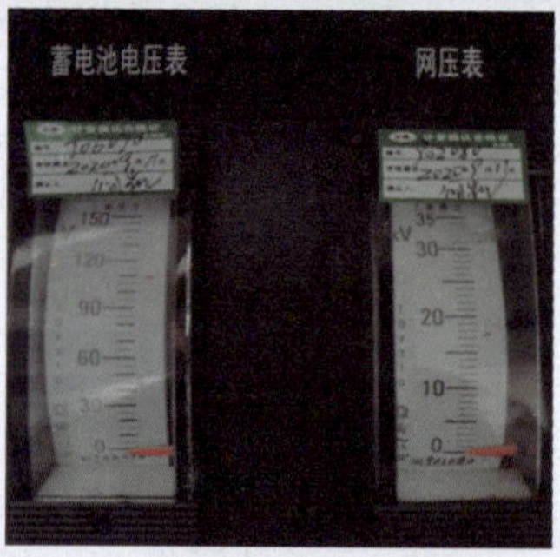
  2	维持运行： 若网压正常，且主断正常闭合，维持运行。 若网压正常，但主断断开，则换弓运行。若不正常，停车处理，向司机确认接触网是否有电。通过受电弓监控屏观察受电弓状态。若受电弓外观严重受损，则申请登顶处置。若外观正常或轻微受损，换弓运行。 重新升弓后，在 HMI 屏上查看网压示数，若网压正常，则维持运行	

(十三)网侧电流过流

名称	2.4.13　网侧电流过流(303F、3038、3039)
适用	CJ6 型动车组(仅 0703 车组)
现象	(1)HMI 报网侧电流过流故障，主断断开。 (2)HMI 报网侧电流过流故障，受电弓降弓。 (3)HMI 报网侧电流过流故障，高隔断开
行车	维持运行

续上表

原因	网侧电流互感器电流超过设计值	
注意	无	
步骤	处理过程	
 1	故障确认： 通过受电弓视频监控装置查看升弓单元车顶高压设备状态，并通过视频回放功能查看故障时刻车顶高压设备状态	
  2	(1)若发现高压设备存在闪络或放电现象，执行第(3)步。 (2)若高压设备可见部分无明显异常，执行第(4)步。 (3)通过 HMI 屏确认 02 车和 03 车高压隔离开关已全部断开，确认发生闪络单元的受电弓已降下，换弓维持运行。 (4)通过 HMI 屏确认 02 车和 03 车高压隔离开关已全部断开，换弓维持运行。若故障再次发生，立即降弓，申请救援	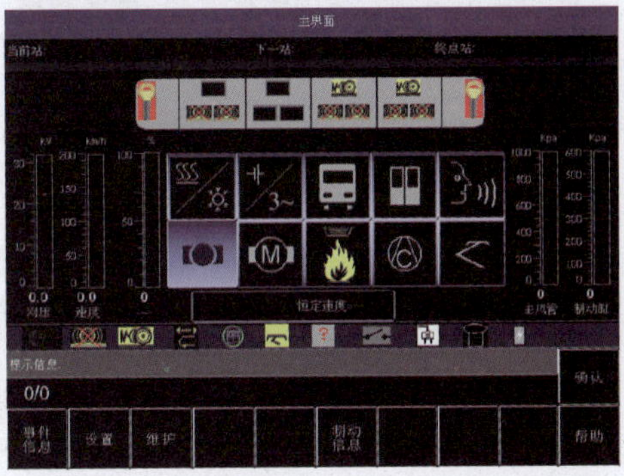

(十四)检测升弓单元接地(3044、3042)

名称	2.4.14　检测升弓单元接地(3044、3042)
适用	CJ6 型动车组(仅 0703 车组)
现象	(1)HMI 报升弓单元接地故障，主断断开。 (2)HMI 报升弓单元接地故障，受电弓降弓。 (3)HMI 报升弓单元接地故障，高隔断开
行车	维持运行
原因	网侧电流互感器电流超过设计值，且母线侧电流互感器电流低于设计值
注意	无
步骤	处理过程
 1	维持运行，自动分主断、降弓

续上表

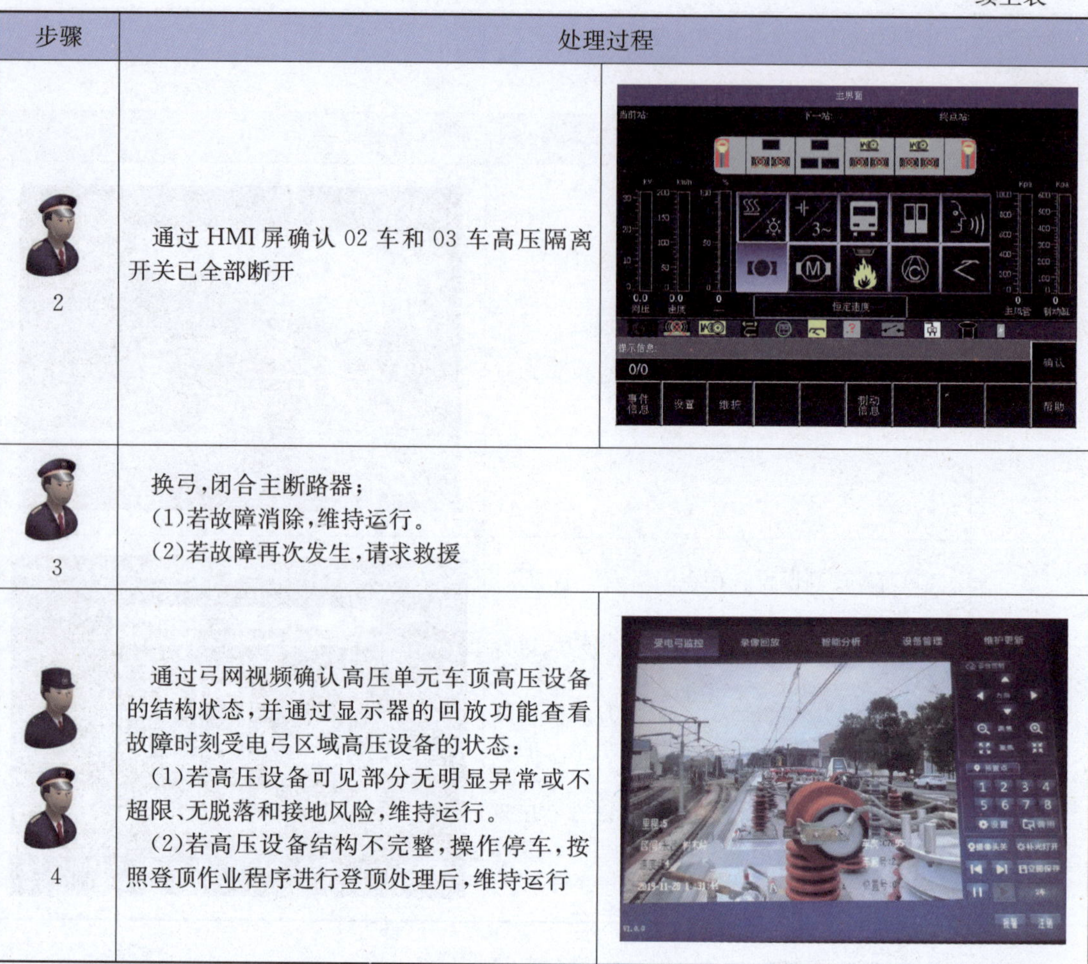

步骤	处理过程
2	通过 HMI 屏确认 02 车和 03 车高压隔离开关已全部断开
3	换弓，闭合主断路器： (1)若故障消除，维持运行。 (2)若故障再次发生，请求救援
4	通过弓网视频确认高压单元车顶高压设备的结构状态，并通过显示器的回放功能查看故障时刻受电弓区域高压设备的状态： (1)若高压设备可见部分无明显异常或不超限、无脱落和接地风险，维持运行。 (2)若高压设备结构不完整，操作停车，按照登顶作业程序进行登顶处理后，维持运行

(十五)检测非升弓单元接地(3041、3043)

名称	2.4.15　检测非升弓单元接地(3041、3043)
适用	CJ6 型动车组(仅 0703 车组)
现象	(1)HMI 报非升弓单元接地故障，主断断开。 (2)HMI 报非升弓单元接地故障，高隔断开
行车	维持运行
原因	网侧电流互感器电流超过设计值，且母线侧电流互感器电流高于设计值
注意	无
步骤	**处理过程**
1	维持运行，自动分主断

续上表

步骤	处理过程	
2	通过 HMI 屏确认 02 车和 03 车高压隔离开关已全部断开	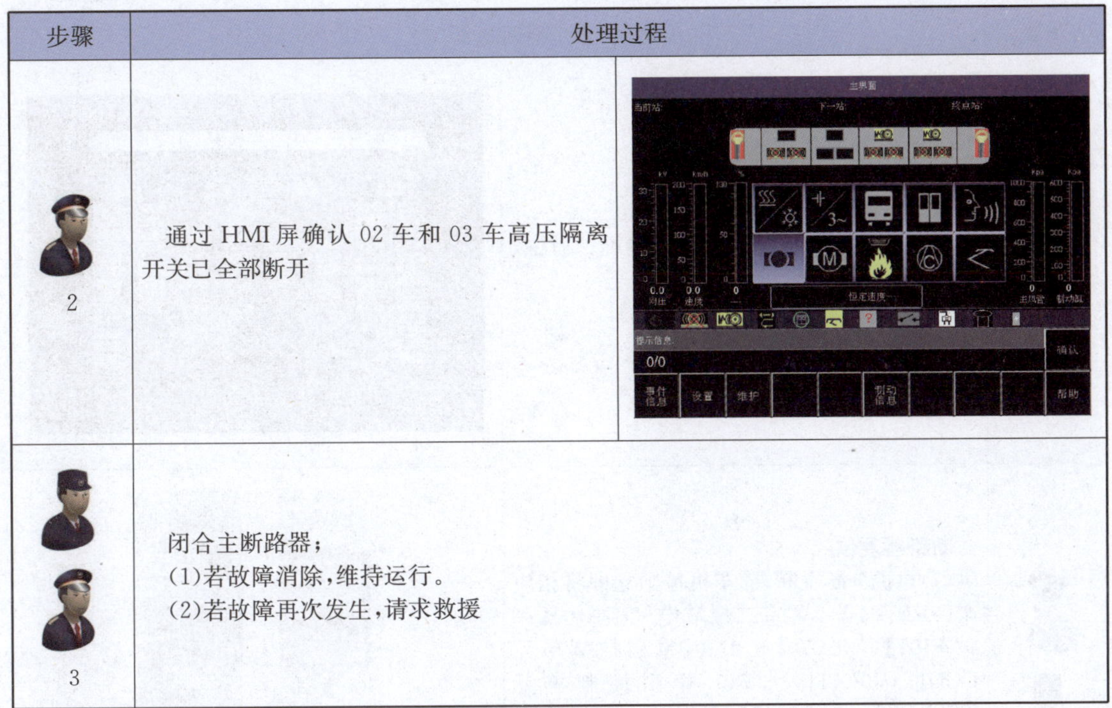
3	闭合主断路器； (1)若故障消除，维持运行。 (2)若故障再次发生，请求救援	

五、牵引传动系统

(一)TCU 网络生命信号中断(324A、328B)

名称	2.5.1 TCU 网络生命信号中断(324A、328B)	
适用	CJ6 型动车组	
现象	HMI 报××车 TCU 网络生命信号中断	
行车	根据车辆状态，维持运行	
原因	TCU 网络生命信号中断	
注意	无	
步骤	处理过程	
1	故障确认： 确认故障情况，通知随车机械师	

续上表

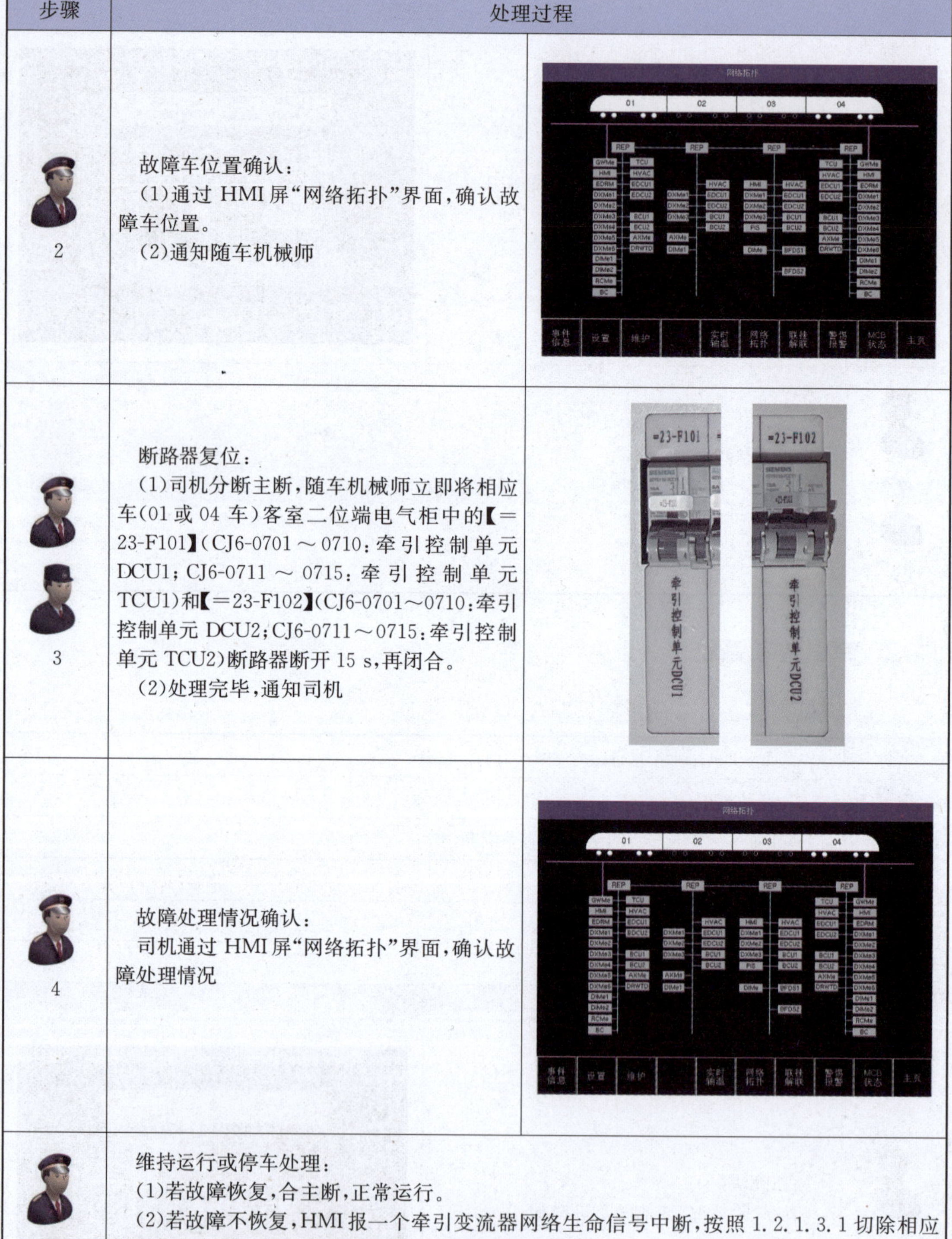

步骤	处理过程
2	故障车位置确认： (1)通过 HMI 屏“网络拓扑”界面，确认故障车位置。 (2)通知随车机械师
3	断路器复位： (1)司机分断主断，随车机械师立即将相应车(01 或 04 车)客室二位端电气柜中的【=23-F101】(CJ6-0701～0710：牵引控制单元 DCU1；CJ6-0711～0715：牵引控制单元 TCU1)和【=23-F102】(CJ6-0701～0710：牵引控制单元 DCU2；CJ6-0711～0715：牵引控制单元 TCU2)断路器断开 15 s，再闭合。 (2)处理完毕，通知司机
4	故障处理情况确认： 司机通过 HMI 屏“网络拓扑”界面，确认故障处理情况
5	维持运行或停车处理： (1)若故障恢复，合主断，正常运行。 (2)若故障不恢复，HMI 报一个牵引变流器网络生命信号中断，按照 1.2.1.3.1 切除相应的网络生命信号中断的 TCU，升弓，合主断，维持运行。 (3)若故障不恢复，HMI 报两个 TCU 网络生命信号中断，则进行大复位操作(见 1.2.1.2.1)，若故障消除，升弓合主断，正常运行；若故障仍不恢复，按照 1.2.7 操作切换到紧急牵引模式，自动限速 60 km/h 运行

（二）全列有 2 个牵引变流器故障(3205)

名称	2.5.2　全列有 2 个牵引变流器故障(3205)	
适用	CJ6 型动车组	
现象	HMI 报全列有 2 个牵引变流器故障，动车组无法牵引和再生制动	
行车	司机施加制动停车	
原因	全列有 2 个牵引变流器故障	
注意	断开客室二位端电气柜中的【＝23-F101】(CJ6-0701～0710：牵引控制单元 DCU1；CJ6-0711～0715：牵引控制单元 TCU1)和【＝23-F102】(CJ6-0701～0710：牵引控制单元 DCU2；CJ6-0711～0715：牵引控制单元 TCU2)会引起主断自动断开	
步骤	处理过程	
 1	故障确认： 确认故障情况，通知随车机械师	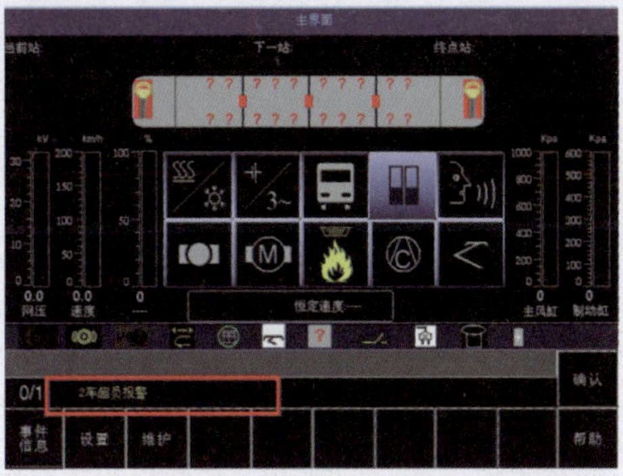
  2	变流器小复位操作： (1)按照 1.2.1.2.2 对变流器进行小复位操作，若故障消除，合主断，维持运行(复位后若重复发生，超过 3 次后不允许再次复位)。 (2)故障未消除。随车机械师立即将相应车(01 和 04 车)客室二位端电气柜中的【＝23-F101】(CJ6-0701～0710：牵引控制单元 DCU1；CJ6-0711～0715：牵引控制单元 TCU1)和【＝23-F102】(CJ6-0701～0710：牵引控制单元 DCU2；CJ6-0711～0715：牵引控制单元 TCU2)断路器断开 15s，再投入。若故障消除，升弓合主断，维持运行。 (3)若故障仍未消除，则按照 1.2.1.2.1 进行大复位操作，若故障消除，升弓合主断，维持运行。若故障仍未消除，申请救援	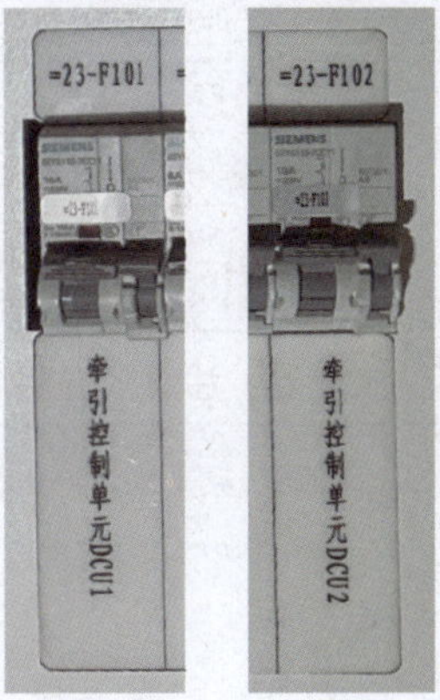 =23-F101　=23-F102 牵引控制单元DCU1　牵引控制单元DCU2

（三）牵引变流器充电超时(3246、3287)

名称	2.5.3　牵引变流器充电超时(3246、3287)
适用	CJ6 型动车组
现象	主断断开，HMI 报牵引变流器充电超时故障
行车	不影响运行
原因	充电时中间电压偏小，封锁变流器脉冲

续上表

注意	无	
步骤	处理过程	
1	故障确认： 确认故障情况，通知随车机械师	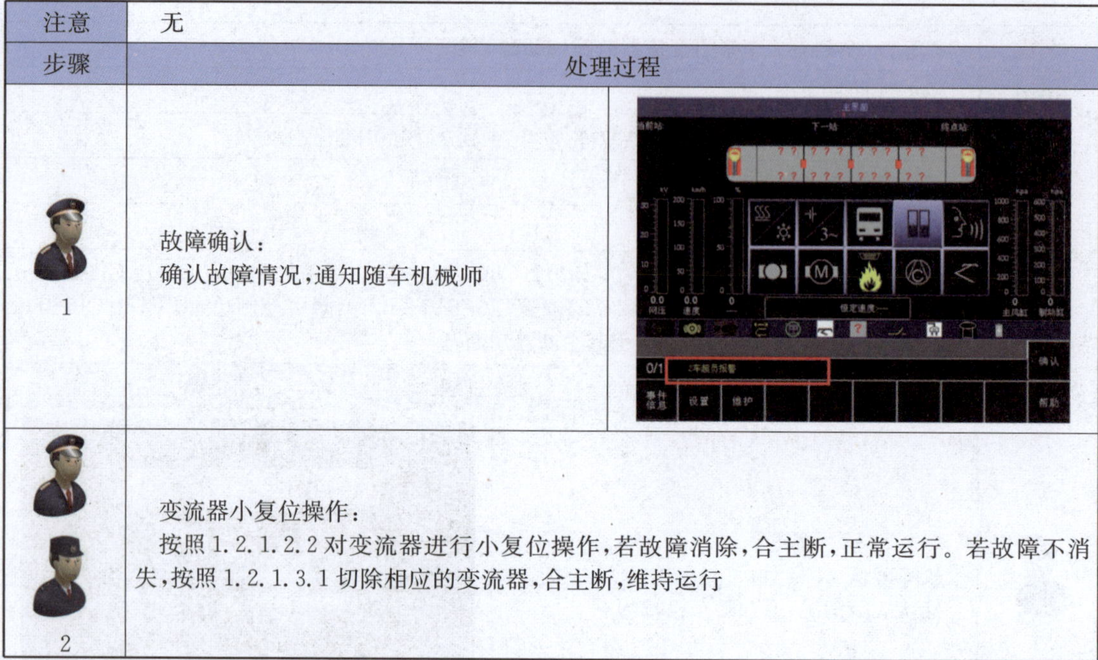
2	变流器小复位操作： 按照 1.2.1.2.2 对变流器进行小复位操作，若故障消除，合主断，正常运行。若故障不消失，按照 1.2.1.3.1 切除相应的变流器，合主断，维持运行	

（四）牵引变流器风机接触器故障（423E～4245）

名称	2.5.4　牵引变流器风机接触器故障（423E～4245）	
适用	CJ6 型动车组	
现象	HMI 事件信息报变流器风机接触器故障	
行车	维持运行	
原因	变流器风机接触器故障	
注意	（1）⚠ 当风机接触器或断路器故障时，HMI 显示相应信息，变流器继续工作，当检测到变流器水温达到设定值时，相应的变流器被自动切除。 （2）⚠ 注意水温降到设定值以下牵引变流器会自动投入工作	
步骤	处理过程	
1	故障确认： 确认变流器接触器故障位置，通知随车机械师	
2	维持运行： 当检测到变流器水温达到设定值时，相应的变流器被自动切除，维持运行	

（五）牵引变流器水泵断路器断开(324F、3291)

名称	2.5.5　牵引变流器水泵断路器断开(324F、3291)	
适用	CJ6 型动车组	
现象	HMI 报牵引变流器水泵断路器【＝34-Q106】断开	
行车	维持运行	
原因	牵引变流器水泵断路器【＝34-Q106】断开	
注意	(1) ⚠ 当风机断路器断开时，HMI 显示相应信息，变流器继续工作，当检测到变流器水温达到设定值时，相应的变流器被自动切除。 (2) ⚠ 注意变流器水温降到设定值以下时牵引变流器会自动投入工作	
步骤	处理过程	
1	故障确认： 确认变流器接触器故障位置，通知随车机械师	
2	维持运行： 当检测到变流器水温达到设定值时，相应的变流器被自动切除，维持运行	

（六）牵引变流器牵引制动指令异常(3248、3289)

名称	2.5.6　牵引变流器牵引制动指令异常(3248、3289)
适用	CJ6 型动车组
现象	HMI 报牵引制动指令异常
行车	维持运行
原因	网络与硬线牵引指令冲突，封锁所有逆变脉冲
注意	断开客室二位端电气柜中的【＝23-F101】(CJ6-0701～0710：牵引控制单元 DCU1；CJ6-0711～0715：牵引控制单元 TCU1)和【＝23-F102】(CJ6-0701～0710：牵引控制单元 DCU2；CJ6-0711～0715：牵引控制单元 TCU2)会引起主断自动断开

续上表

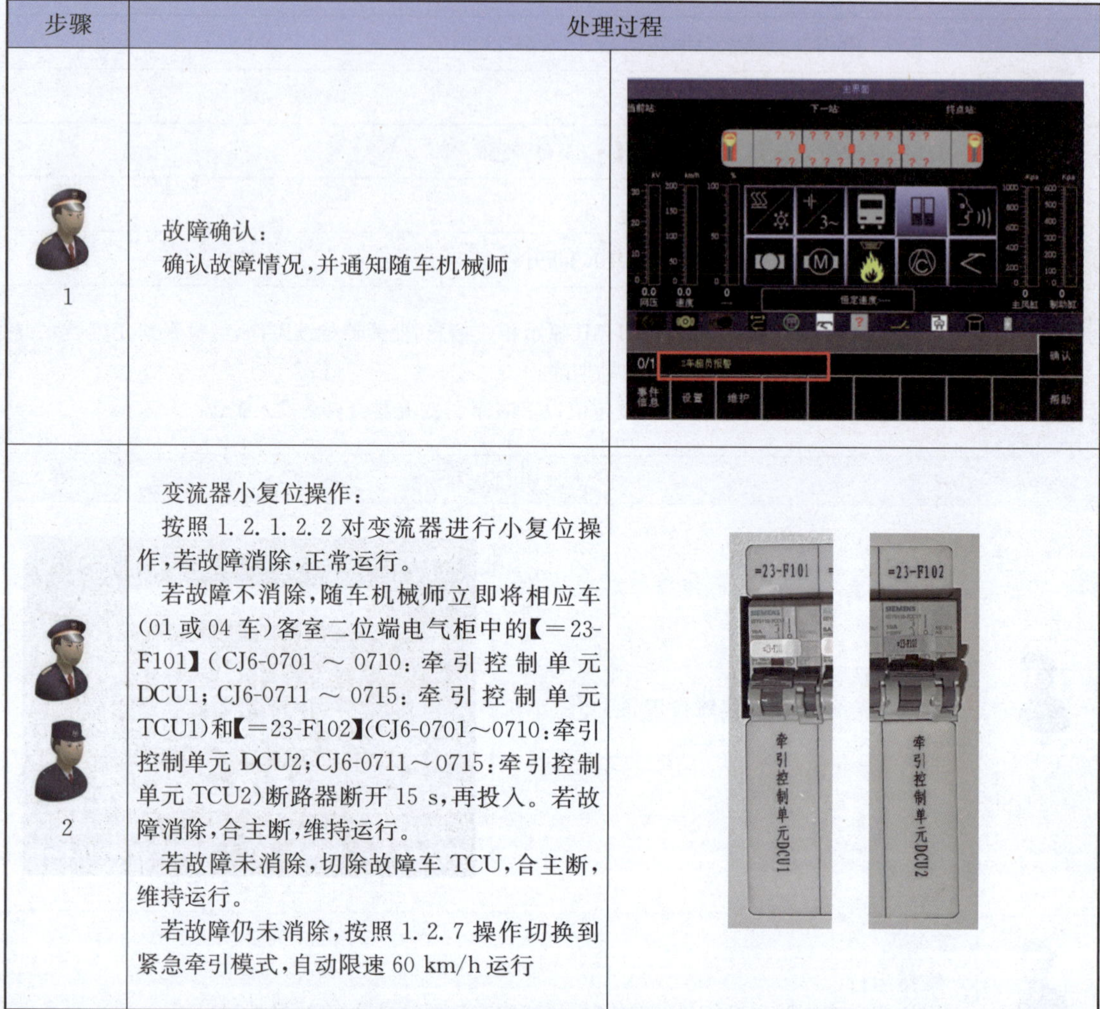

步骤	处理过程
1	故障确认： 确认故障情况，并通知随车机械师
2	变流器小复位操作： 按照 1.2.1.2.2 对变流器进行小复位操作，若故障消除，正常运行。 若故障不消除，随车机械师立即将相应车(01 或 04 车)客室二位端电气柜中的【=23-F101】(CJ6-0701～0710：牵引控制单元 DCU1；CJ6-0711～0715：牵引控制单元 TCU1)和【=23-F102】(CJ6-0701～0710：牵引控制单元 DCU2；CJ6-0711～0715：牵引控制单元 TCU2)断路器断开 15 s，再投入。若故障消除，合主断，维持运行。 若故障未消除，切除故障车 TCU，合主断，维持运行。 若故障仍未消除，按照 1.2.7 操作切换到紧急牵引模式，自动限速 60 km/h 运行

(七)牵引电机×超温(3232～3235、3274～3277)

名称	2.5.7 牵引电机×超温(3232～3235、3274～3277)
适用	CJ6 型动车组
现象	HMI 屏报牵引电机×超温故障
行车	维持运行
原因	(1)电机温度传感器连接器接线不牢固，导致电机超温闪报。 (2)牵引电机进风口被异物封堵，造成牵引电机内部温度过高。 (3)温度传感器故障，误报牵引电机超温
注意	(1) ⚠ 牵引电机闪报超温，维持运行。 (2) ⚠ 牵引电机温度高于 170 ℃，相应逆变功率限制 50%。 (3) ⚠ 温度过高且高于 190 ℃，封锁相应逆变器

续上表

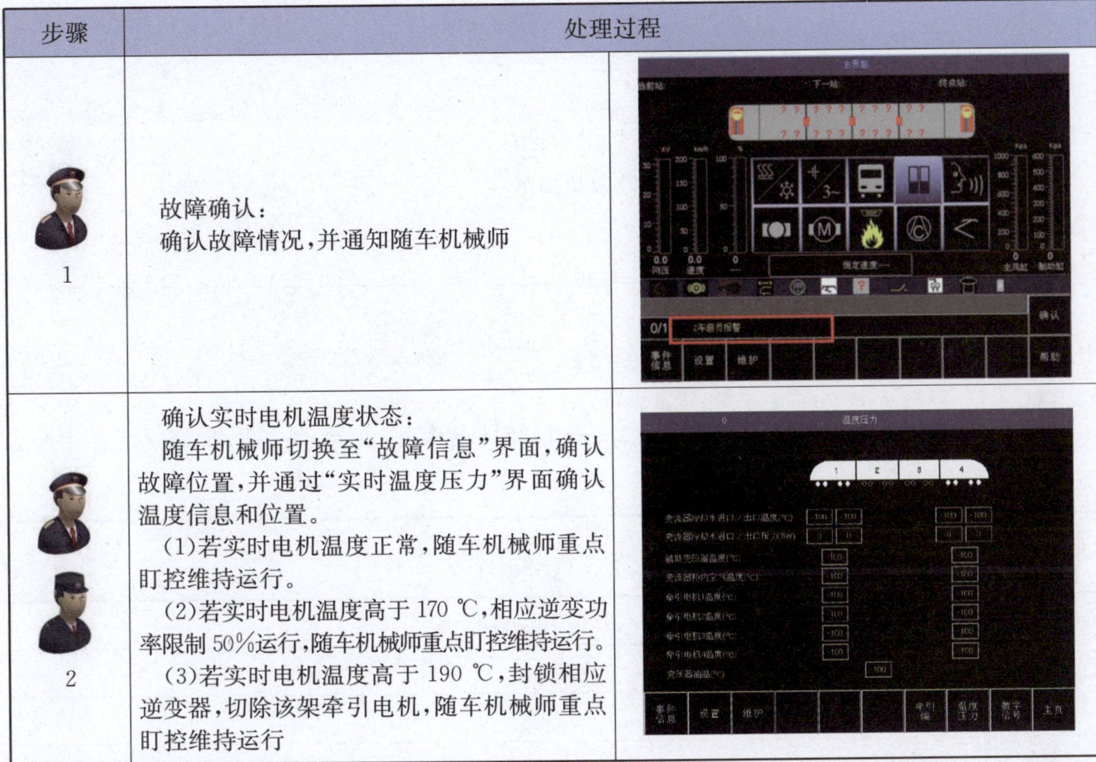

步骤	处理过程	
1	故障确认： 确认故障情况，并通知随车机械师	
2	确认实时电机温度状态： 随车机械师切换至“故障信息”界面，确认故障位置，并通过“实时温度压力”界面确认温度信息和位置。 (1)若实时电机温度正常，随车机械师重点盯控维持运行。 (2)若实时电机温度高于 170 ℃，相应逆变功率限制 50%运行，随车机械师重点盯控维持运行。 (3)若实时电机温度高于 190 ℃，封锁相应逆变器，切除该架牵引电机，随车机械师重点盯控维持运行	

(八)牵引变流器一/二重四象限输入过流(3216、3217、3258、3259)

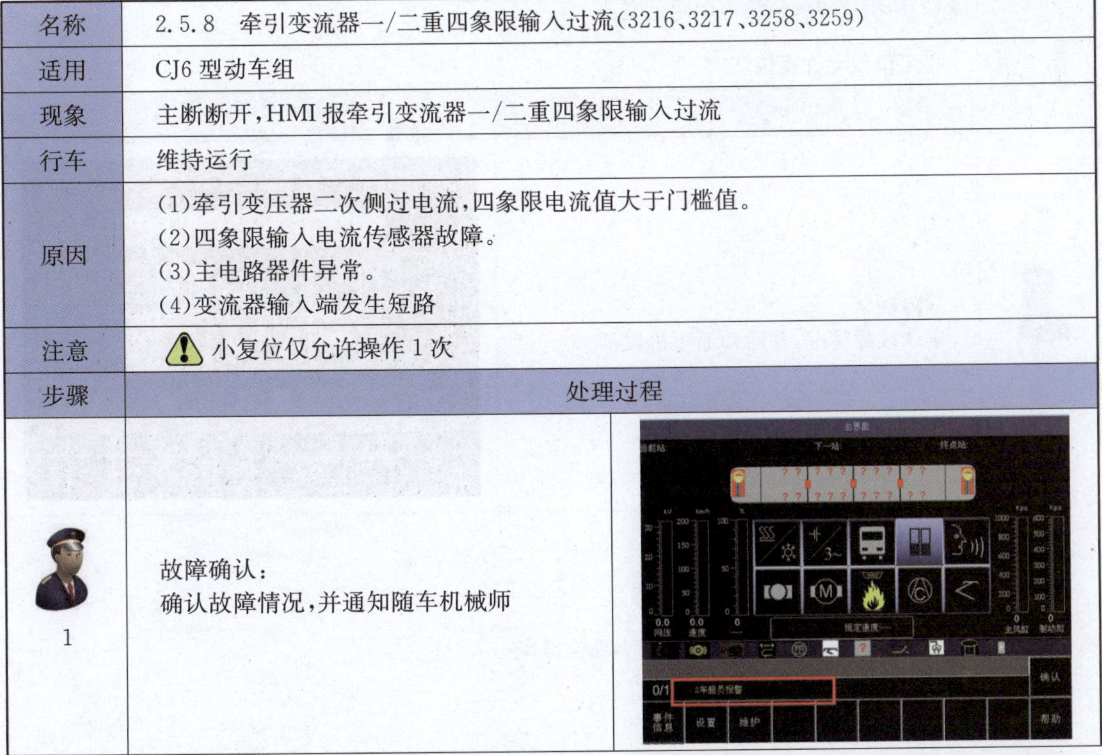

名称	2.5.8　牵引变流器一/二重四象限输入过流(3216、3217、3258、3259)	
适用	CJ6 型动车组	
现象	主断断开，HMI 报牵引变流器一/二重四象限输入过流	
行车	维持运行	
原因	(1)牵引变压器二次侧过电流，四象限电流值大于门槛值。 (2)四象限输入电流传感器故障。 (3)主电路器件异常。 (4)变流器输入端发生短路	
注意	⚠ 小复位仅允许操作 1 次	
步骤	处理过程	
1	故障确认： 确认故障情况，并通知随车机械师	

续上表

步骤	处理过程
 2	变流器小复位操作： 按照 1.2.1.2.2 对变流器进行小复位操作
 3	维持运行： (1)若故障消除，合主断，正常运行。 (2)若故障未消除，按照 1.2.1.3.1 操作切除相应牵引变流器，合主断、维持运行

(九)一/二重斩波过流(3218、3219、325A、325B)

名称	2.5.9　一/二重斩波过流(3218、3219、325A、325B)
适用	CJ6 型动车组
现象	斩波电流过大，主断断开
行车	维持运行
原因	(1)牵引变流器斩波管故障。 (2)牵引变流器斩波电阻阻值变小
注意	小复位仅允许复位 2 次
步骤	处理过程
 1	故障确认： 确认故障情况，并通知随车机械师 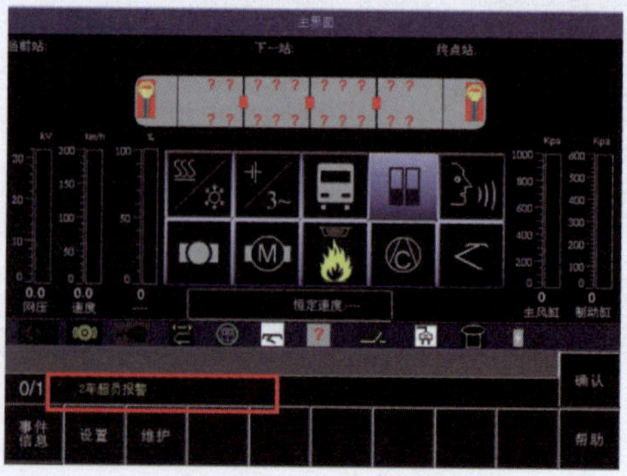
 2	变流器小复位操作： 按照 1.2.1.2.2 对变流器进行小复位操作

续上表

步骤	处理过程
3	维持运行： (1)若故障消除，重新合主断，正常运行。 (2)若故障未消除，按照 1.2.1.3.1 操作切除相应牵引变流器，合主断、维持运行

(十)TCU 检测 02 车牵引变压器二次侧输出接地(3032、3033)

名称	2.5.10　TCU 检测 02 车牵引变压器二次侧输出接地(3032、3033)
适用	CJ6 型动车组
现象	主断断开、HMI 报牵引变压器二次侧输出接地
行车	司机施加制动停车
原因	变压器次边绕组存在接地
注意	无
步骤	处理过程
1	施加制动停车： 断主断降弓，施加制动停车，通知随车机械师
2	故障确认： 确认故障情况，并通知随车机械师
3	申请救援： 随车机械师确认故障后，通知司机申请救援

（十一）牵引变流器中间直流环节接地（329A、329D）

名称	2.5.11　牵引变流器中间直流环节接地（329A、329D）	
适用	CJ6 型动车组	
现象	HMI 报牵引变流器中间直流环节接地	
行车	维持运行	
原因	中间直流回路接地	
注意	小复位仅允许操作一次	
步骤	处理过程	
1	故障确认： 确认故障情况，并通知随车机械师	
2	变流器小复位操作： 按照 1.2.1.2.2 对变流器进行小复位操作。 (1)若故障消除，正常运行（复位后若再次发生，不允许再次复位）。 (2)若故障未消除，按照 1.2.1.3.1 操作切除相应车牵引变流器，维持运行	

（十二）牵引逆变器输出侧接地（329B、329E）

名称	2.5.12　牵引逆变器输出侧接地（329B、329E）	
适用	CJ6 型动车组	
现象	HMI 报牵引逆变器输出侧接地	
行车	维持运行	
原因	牵引逆变器输出侧接地	
注意	小复位仅允许操作一次	
步骤	处理过程	
1	故障确认： 确认故障情况，并通知随车机械师	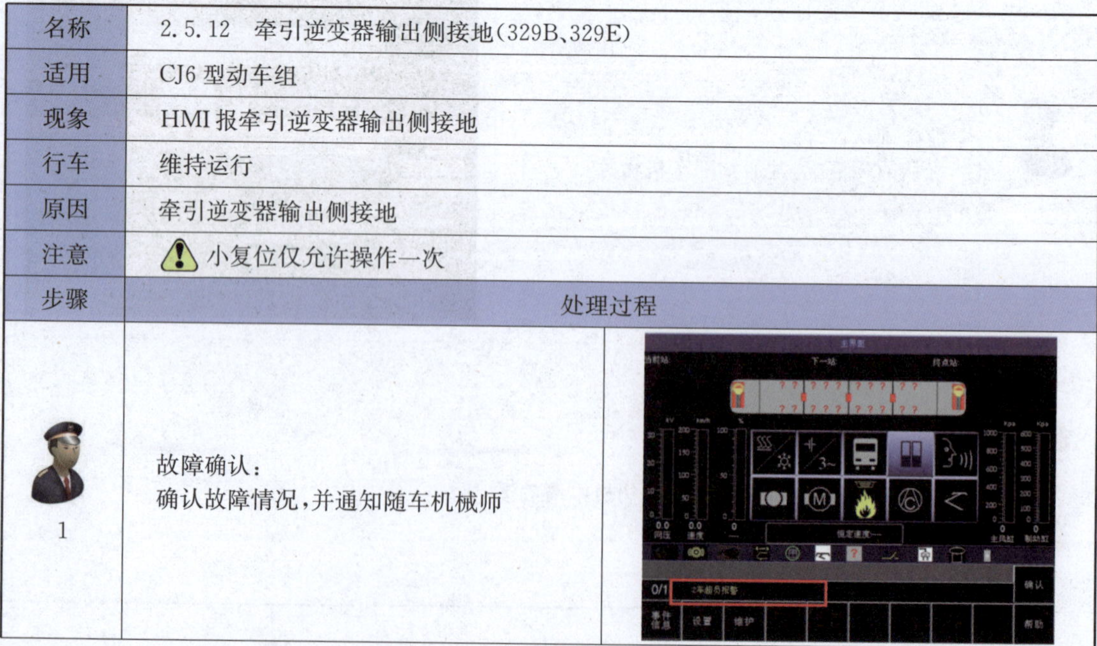

续上表

步骤	处理过程
2	变流器小复位操作： 按照 1.2.1.2.2 对变流器进行小复位操作。 (1)若故障消除，正常运行(复位后若再次发生，不允许再次复位)。 (2)若故障未消除，确认故障单元牵引变流器是否已切除(如未切除，按照 1.2.1.3.1 操作切除相应牵引变流器)，维持运行

(十三)辅助逆变器高压侧接地(329C、329F)

名称	2.5.13　辅助逆变器高压侧接地(329C、329F)
适用	CJ6 型动车组
现象	HMI 报辅助逆变器高压侧接地
行车	维持运行
原因	辅助逆变器高压侧接地
注意	⚠ 小复位仅允许操作一次
步骤	处理过程
1	故障确认： 确认故障情况，并通知随车机械师
2	变流器小复位操作： 按照 1.2.1.2.2 对变流器进行小复位操作。 (1)若故障消除，正常运行。 (2)若故障未消除，维持运行

(十四)TCU 检测 02 车牵引变压器原边接地保护(3022、302A)

名称	2.5.14　TCU 检测 02 车牵引变压器原边接地保护(3022、302A)
适用	CJ6 型动车组
现象	主断断开，HMI 报牵引变压器原边接地
行车	司机施加制动停车，降弓

续上表

原因	(1)原边接地。 (2)原边电流互感器故障。 (3)回流电流互感器故障。 (4)原边电流采样回路故障。 (5)回流电流采样回路故障
注意	复位仅允许操作一次
步骤	处理过程
1	施加制动停车: 施加制动停车,断主断降弓,通知随车机械师
2	故障确认及处置: 确认故障后,检查动车组牵引变压器情况
3	下车检查确认: (1)检查变压器 T 形头外观是否正常。 (2)检查变压器压力释放阀是否动作。 若检查情况良好,则操作司机室继电器柜变流器复位按钮,故障排除后,升弓合主断,维持运行复位后(若再次发生,不允许再次复位)。 若变压器压力释放阀动作,按压顶针,对变压器压力释放阀进行复位操作。 随车机械师确认状态正常后通知司机。 按照 1.2.1.2.2 对变流器进行小复位,升弓合主断,维持运行

(十五)TCU 检测 02 车牵引变压器油泵断路器断开(3027、302F)

名称	2.5.15 TCU 检测 02 车牵引变压器油泵断路器断开(3027、302F)
适用	CJ6 型动车组
现象	主断断开,HMI 报主变压器油泵空开断开
行车	CJ6-0701～0710:司机施加制动停车 CJ6-0711～0715:维持运行
原因	牵引变压器油泵空开断开或牵引变压器冷却油泵故障
注意	无

续上表

步骤	处理过程	
 1	故障确认： 确认故障情况，并通知随车机械师	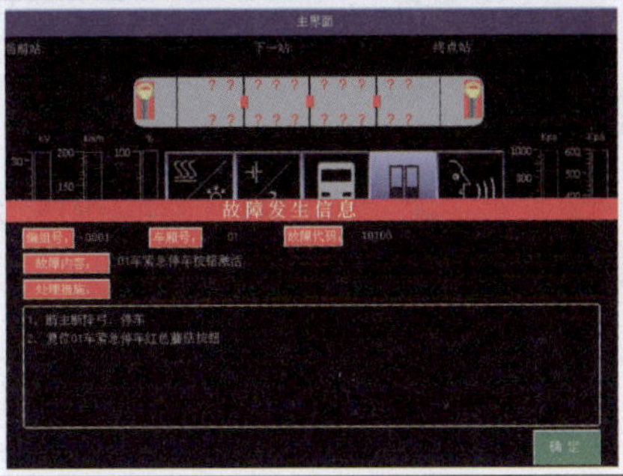
 2	CJ6-0701～0710： 确认断路器状态： (1)立即确认故障车低压箱牵引变压器油泵断路器【=34-Q201】是否处于闭合状态。若断开，则闭合；若闭合，则断开 15 s 后再投入。 (2)确认完毕，通知司机。 CJ6-0711～0715： 确认断路器状态： (1)立即确认 02 车空调柜内牵引变压器油泵断路器【=34-Q201】是否处于闭合状态，若断开，则闭合；若闭合，则断开 15 s 后再闭合。 (2)确认完毕，通知司机	
 3	维持运行或申请救援： (1)若故障消除，重新闭合主断，正常运行。 (2)若故障未消除，则按照 1.2.1.2.1 进行大复位，若故障消除，维持运行。否则，申请救援	

(十六)牵引变压器油位低故障(324D、328F、6200)

名称	2.5.16　牵引变压器油位低故障(324D、328F、6200)	
适用	CJ6 型动车组	
现象	HMI 报牵引变压器油位低故障	
行车	维持运行	
原因	油位继电器故障	
注意	无	
步骤	处理过程	
1	故障确认： 确认故障情况，并通知随车机械师	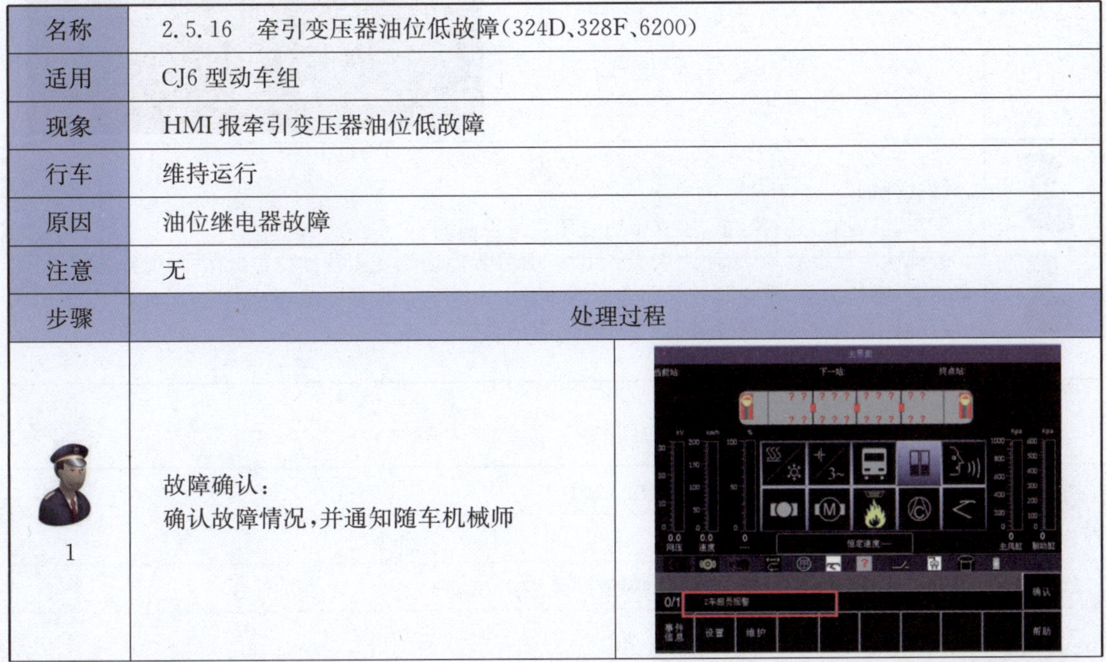

续上表

步骤	处理过程
2	维持运行： 随车机械师通过 HMI 确认变压器油位低故障，重点盯控变压器油温状态，维持运行

（十七）牵引变压器油位过低（3028、3030、6002、300A）

名称	2.5.17　牵引变压器油位过低（3028、3030、6002、300A）
适用	CJ6 型动车组
现象	HMI 报牵引变压器油位过低故障，主断断开
行车	停车，断主断降弓
原因	油位继电器故障或牵引变压器漏油
注意	无
步骤	处理过程
1	故障确认： 确认故障情况，并通知随车机械师
  2	确认处理： 下车确认油位是否过低，检查牵引变压器是否漏油。 若确认为误报故障，按照 1.2.1.3.1 在 HMI 界面切除变压器油位过低信号，通知司机升弓合主断，维持运行，重点盯控牵引变压器状态。 若确认为油位过低或变压器严重漏油，申请救援

（十八）变压器压力释放阀激活（3016）

名称	2.5.18　变压器压力释放阀激活（3016）
适用	CJ6 型动车组
现象	主断断开，HMI 报变压器压力释放阀激活
行车	司机施加制动停车，降弓

续上表

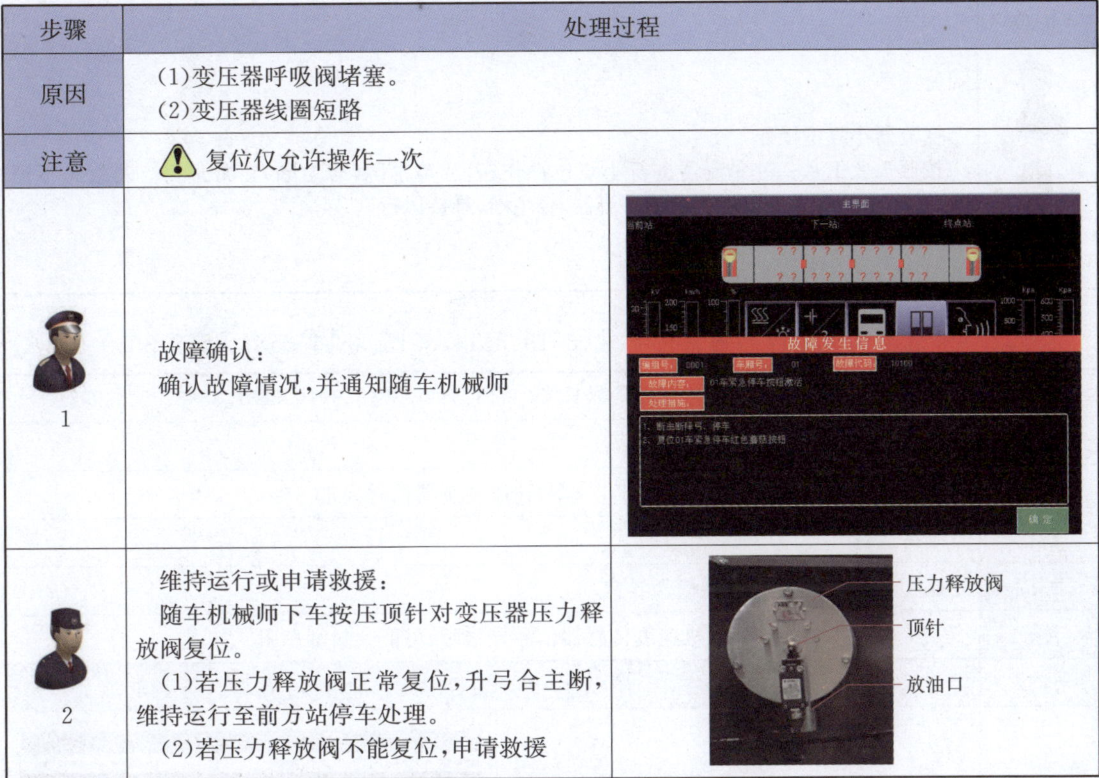

步骤	处理过程	
原因	(1)变压器呼吸阀堵塞。 (2)变压器线圈短路	
注意	⚠ 复位仅允许操作一次	
1	故障确认： 确认故障情况，并通知随车机械师	
2	维持运行或申请救援： 随车机械师下车按压顶针对变压器压力释放阀复位。 (1)若压力释放阀正常复位，升弓合主断，维持运行至前方站停车处理。 (2)若压力释放阀不能复位，申请救援	压力释放阀 顶针 放油口

(十九)牵引变流器一/二重四象限模块保护(3206、3207、3208、3209)

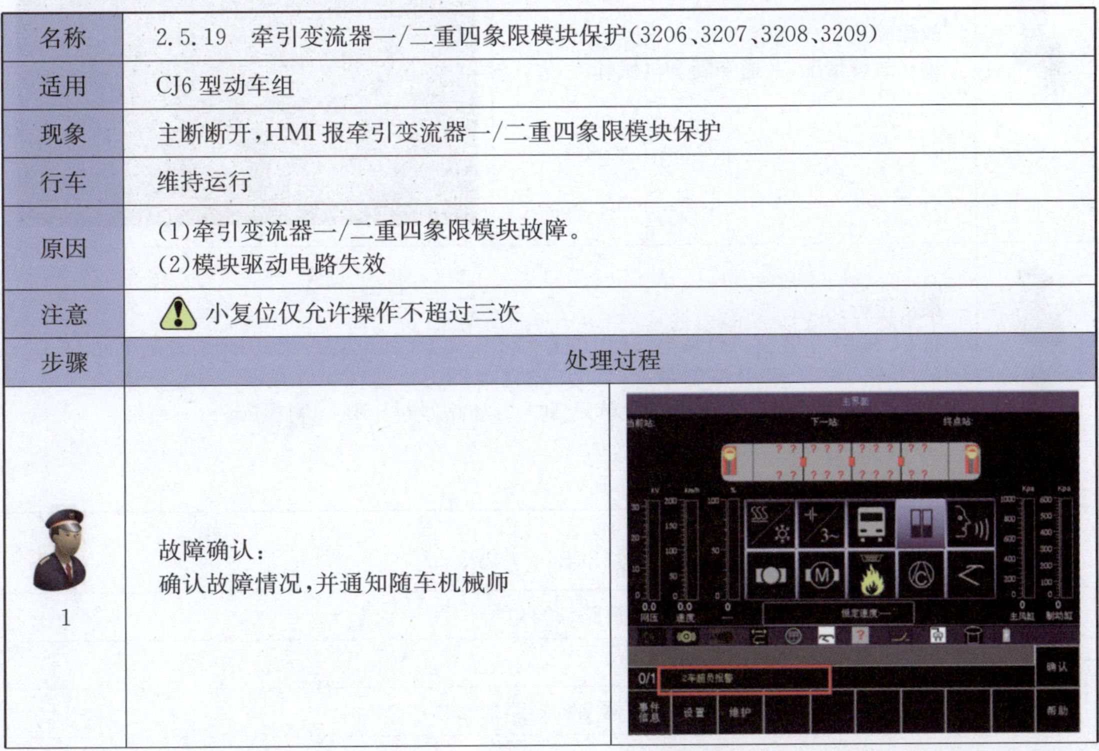

名称	2.5.19　牵引变流器一/二重四象限模块保护(3206、3207、3208、3209)	
适用	CJ6 型动车组	
现象	主断断开，HMI 报牵引变流器一/二重四象限模块保护	
行车	维持运行	
原因	(1)牵引变流器一/二重四象限模块故障。 (2)模块驱动电路失效	
注意	⚠ 小复位仅允许操作不超过三次	
步骤	处理过程	
1	故障确认： 确认故障情况，并通知随车机械师	

续上表

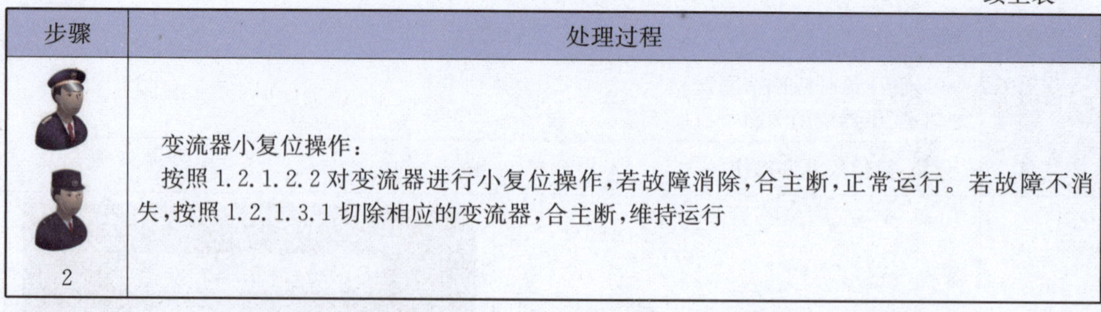

步骤	处理过程
2	变流器小复位操作： 按照 1.2.1.2.2 对变流器进行小复位操作，若故障消除，合主断，正常运行。若故障不消失，按照 1.2.1.3.1 切除相应的变流器，合主断，维持运行

（二十）牵引电机速度传感器信号异常（3513、3514、3515、3516、3537、3538、3539、353A）

名称	2.5.20 牵引电机速度传感器信号异常（3513、3514、3515、3516、3537、3538、3539、353A）
适用	CJ6 型动车组
现象	HMI 报 01 车/04 车牵引电机（1/2/3/4）速度传感器信号异常
行车	维持运行
原因	BCU 或电机速度传感器信号异常
注意	⚠ 出现 4 个及以上电机速度传感器信号异常时，可能会封锁牵引
步骤	处理过程
1	故障确认： 确认故障情况，并通知随车机械师
2	维持运行： 将 01 和 04 车客室二位端电气柜中的【＝23-F101】（CJ6-0701～0710：牵引控制单元 DCU1；CJ6-0711～0715：牵引控制单元 TCU1）和【＝23-F102】（CJ6-0701～0710：牵引控制单元 DCU2；CJ6-0711～0715：牵引控制单元 TCU2）断路器断开 15 s，再投入。 故障消除后，合主断，维持运行

（二十一）02 车牵引变压器空载短路（3034）

名称	2.5.21 02 车牵引变压器空载短路（3034）
适用	CJ6 型动车组 CJ6-0711～0715
现象	断主断，HMI 报 02 车牵引变压器空载短路（20243）

续上表

行车	维持运行	
原因	列车升弓合主断后，牵引变流器没有投入运行时，变压器二次侧发生短路(牵引变压器原边电流超过 40 A，主断闭合超过 1 s)	
注意	若重复发生超过 3 次，需大复位后才允许合主断	
步骤	处理过程	
 1	故障确认： 确认故障情况，并通知随车机械师	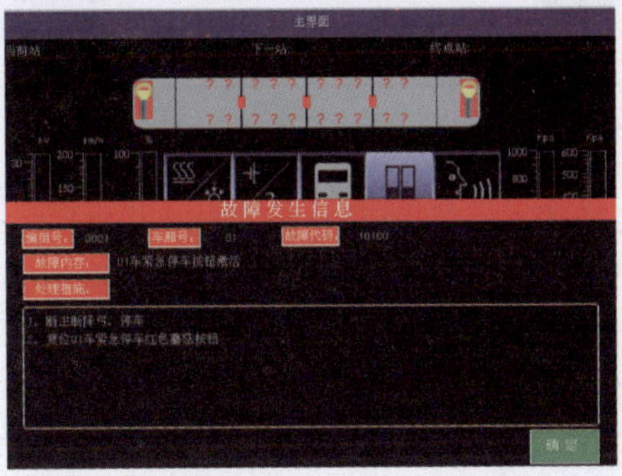
  2	维持运行或大复位： (1)若故障消除，合主断维持运行。 (2)若重复发生超过 3 次后，司机施加制动停车，按 1.2.1.2.1 进行大复位	

(二十二)02 车牵引变压器短路保护(3035)

名称	2.5.22　02 车牵引变压器短路保护(3035)	
适用	CJ6 型动车组 CJ6-0711～0715	
现象	断主断，02 车牵引变压器短路保护(20244)	
行车	维持运行	
原因	牵引变压器原边电流与两个牵引变流器的一/二架四象限输入电流折算至原边绕组电流值之和的差值超过 40 A，且主断闭合超过 3 s	
注意	若重复发生超过 3 次，需大复位后才允许合主断	
步骤	处理过程	
 1	故障确认： 确认故障情况，并通知随车机械师	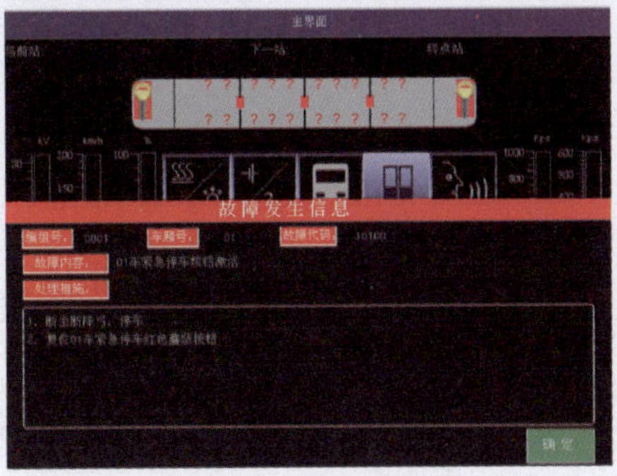

续上表

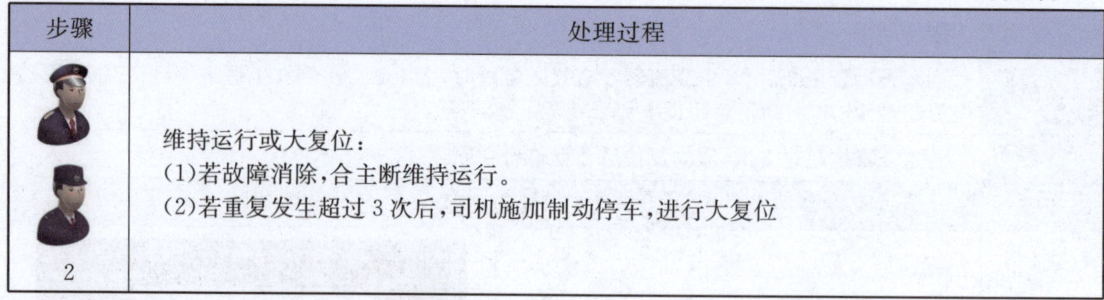

步骤	处理过程
2	维持运行或大复位： (1)若故障消除，合主断维持运行。 (2)若重复发生超过 3 次后，司机施加制动停车，进行大复位

六、辅助供电系统

(一)辅变输出接触器卡分(3240、3282)

名称	2.6.1　辅变输出接触器卡分(3240、3282)
适用	CJ6 型动车组
现象	HMI 报辅变输出接触器卡分故障，接触器该闭合而未闭合卡在分位，封锁辅变模块脉冲
行车	不影响运行
原因	接触器故障
注意	无
步骤	**处理过程**
1	故障确认： 确认故障情况，并通知随车机械师
2	变流器小复位操作： 按照 1.2.1.2.2 对变流器进行小复位操作。 如果恢复，正常运行；无法恢复，维持运行

(二)辅变输出接触器卡合(3241、3283)

名称	2.6.2　辅变输出接触器卡合(3241、3283)
适用	CJ6 型动车组

续上表

现象	HMI 报辅变输出接触器卡合故障，接触器该断开而未断开卡在合位，封锁辅变模块脉冲
行车	不影响运行
原因	接触器故障
注意	无
步骤	处理过程
1	故障确认： 确认故障情况，并通知随车机械师
2	变流器小复位操作： 按照 1.2.1.2.2 对变流器进行小复位操作。 如果恢复，正常运行；无法恢复，维持运行

（三）充电机内部生命信号故障(4252、4253)

名称	2.6.3　充电机内部生命信号故障(4252、4253)
适用	CJ6 型动车组
现象	HMI 报充电机内部生命信号故障
行车	不影响运行
原因	充电机内部软件生命信号异常
注意	小复位仅允许操作三次
步骤	处理过程
1	故障确认： 按压【事件信息】键，确认故障情况。切换至“故障信息”界面，确认故障，并通知随车机械师 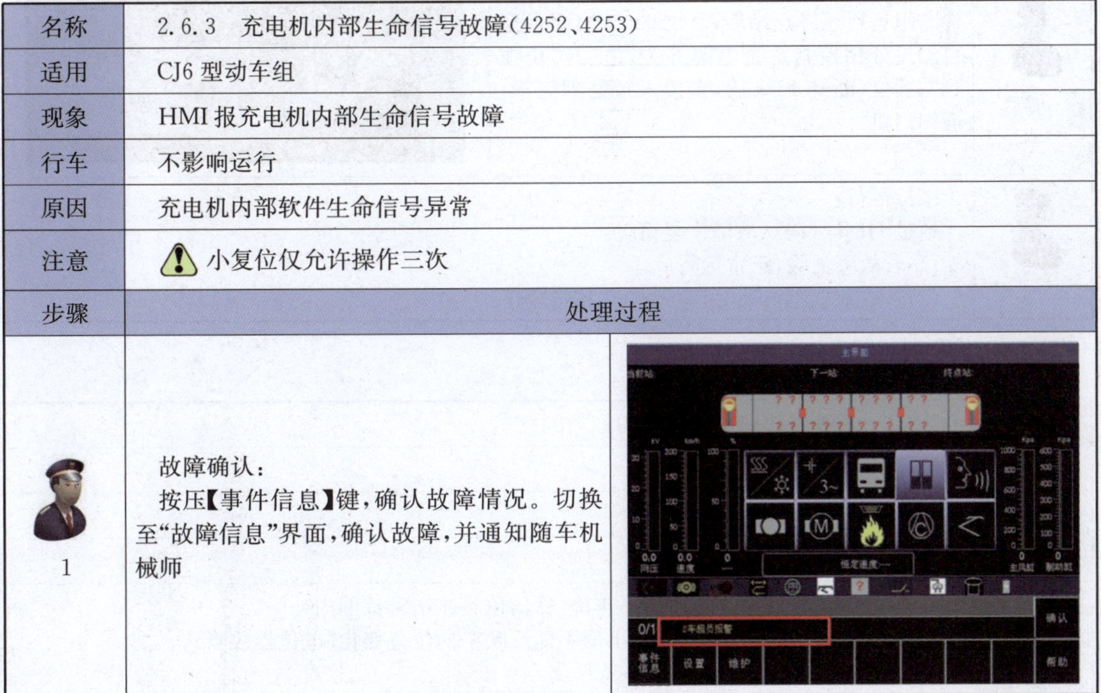

续上表

步骤	处理过程
2	变流器小复位操作： 按照 1.2.1.2.2 对变流器进行小复位操作。 如果恢复，正常运行；无法恢复，维持运行

（四）自动过分相装置故障

名称	2.6.4　自动过分相装置故障	
适用	CJ6 型动车组	
现象	采用磁钢过分相时无法自动卸载、断主断，HMI 显示 ATP 与磁钢过分相都不可用	
行车	不影响运行	
原因	运行过程中，自动过分相接收天线或处理器故障	
注意	无	
步骤	处理过程	
1	手动过分相： 过分相时，采用手动操作，过分相前，按压【手动过分相】按钮持续 3 s	手动过分相
2	自动过分相控制系统主机复位： 车组运行至终点站后，复位 02 车 XGZ-C 型自动过分相控制系统电源开关，由“开”位拨到“关”位（断开 15 s 后，再投入），处理完毕，通知司机	
3	维持运行： 通过 HMI 屏确认故障恢复情况： （1）若故障消除，正常运行。 （2）若故障未消除，采用手动过分相，维持运行	

（五）司控器故障（B200、B201）

名称	2.6.5　司控器故障（B200、B201）
适用	CJ6 型动车组
现象	HMI 报××车司控器故障
行车	维持运行
原因	（1）司控器电位器输出电压值不正确（输出值不在正常范围内）。 （2）输出值在正常范围内，但输出值不能反映手柄位置变化（电位器故障）。 （3）两路电位器输出误差超过 5％

续上表

注意	无	
步骤	处理过程	
 1	司控器故障确认： 按压【事件信息】键，确认故障情况。切换至故障信息页面，确认故障，并通知随车机械师	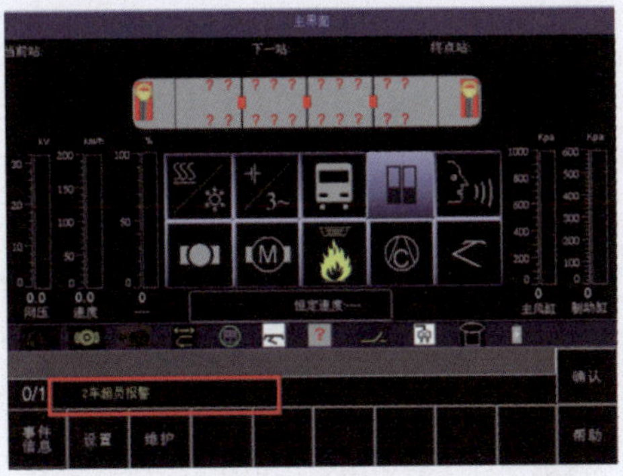
 2	维持运行： 若司控器闪报故障，自动恢复，维持运行	
  3	正常运行或维持运行： (1)若司控器故障一直存在，则将司控器手柄回“0”位，若故障消除，维持运行。 (2)若故障未消除，则施加制动停车，按照第四章 1.2.1.2.1 进行大复位操作，若故障消除，维持运行。 (3)若故障仍未消除，进入紧急牵引模式(按照 1.2.7 操作)，自动限速 60 km/h 运行	

(六)动车组停在分相区内

名称	2.6.6　动车组停在分相区内
适用	CJ6 型动车组
现象	动车组停在分相区内，主断断开
行车	N/A 不适用
原因	(1)临时停车。 (2)过分相失败。 (3)其他原因
注意	无
步骤	处理过程
 1	状态确认： 动车组停在分相区内，确认主断断开，并通知随车机械师

续上表

<table>
<tr><th>步骤</th><th colspan="2">处理过程</th></tr>
<tr><td>2</td><td>维持运行：
(1)ATP 过分相
若车组采用 ATP 过分相，断开司机室继电器柜【=43-F101】(ATP 电源)15 s 后再闭合。
断开 02 车设备柜 XGZ-C 型自动过分相控制系统电源开关(由“开”位拨到“关”位)后，手动合上主断后，驶出分相区。
驶出分相区后，恢复 02 车设备柜 XGZ-C 型自动过分相控制系统电源开关(由“关”位拨到“开”位)后，维持运行。
(2)磁钢过分相
若车组采用磁钢过分相，断开 02 车设备柜 XGZ-C 型自动过分相控制系统电源开关(由“开”位拨到“关”位)后，手动合上主断后，驶出分相区。
驶出分相区后，恢复 02 车设备柜 XGZ-C 型自动过分相控制系统电源开关(由“关”位拨到“开”位)后，维持运行。
(3)手动过分相
若车组采用手动过分相，等待过分相指令输出 150 s，网络系统自动退出过分相程序后，手动合上主断后，驶出分相区，维持运行</td><td></td></tr>
</table>

七、制动及供风系统

(一)紧急制动不施加(5031、5033、5035、5037、5039、503A、503B、503C)

名称	2.7.1 紧急制动不施加(5031、5033、5035、5037、5039、503A、503B、503C)
适用	CJ6 型动车组
现象	HMI 报单个转向架紧急制动不施加
行车	司机施加紧急制动停车
原因	(1)制动缸管路漏风或软管断裂。 (2)紧急制动控制模块故障
注意	无
步骤	处理过程
1	故障确认： (1)通过 HMI 制动界面或【故障信息】查看故障车厢，通知随车机械师。 (2)缓解紧急制动后，再次施加紧急制动；若故障消除，则正常运行；若故障信息未消除，则根据 HMI 故障提示信息，通知随车机械师执行第 2 步

续上表

步骤	处理过程
2	空气制动切除： 按照 1.2.2.1 条“空气制动切除”流程对故障车厢进行空气制动切除操作，完成后通知司机维持运行，动车组自动限速，按照“附录三　限速表”中“空气制动切除后限速表”限速运行 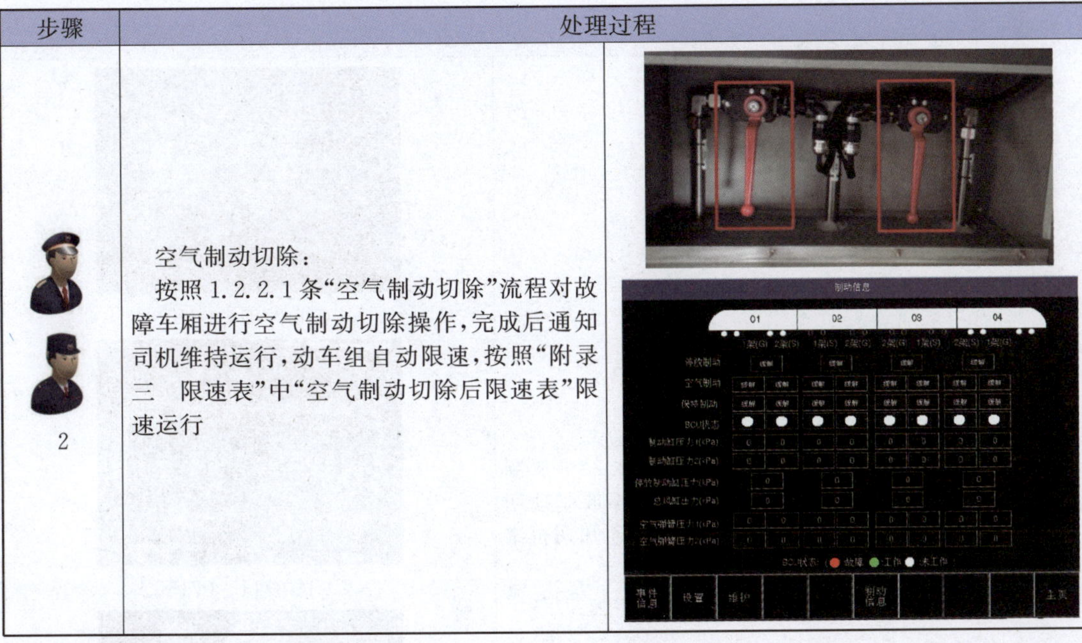

（二）停放制动不能缓解（5031，5033，5035，5037）

名称	2.7.2　停放制动不能缓解（5031，5033，5035，5037）
适用	CJ6 型动车组
现象	HMI 报单节车辆停放制动不能缓解
行车	司机施加制动停车
原因	（1）停放制动管路漏风或软管断裂。 （2）停放制动控制模块故障
注意	⚠ 建议司机施加最大常用制动停车
步骤	处理过程
1	故障确认： （1）通过 HMI 制动界面或【故障信息】查看故障车厢，通知随车机械师。 （2）施加并缓解一次停放制动（间隔时间大于 30 s）；若故障消除，各车停放制动缓解，则维持运行；若故障未消除，则根据 HMI 故障信息提示，通知随车机械师
2	断路器复位： （1）在故障车厢设备柜对停放制动【＝28-F102】【＝28-F202】空开断开 15 s 后再投入。 （2）若故障消除，确认停放制动缓解后，则通知司机继续运行。 （3）若故障不消除，则需切除本车停放制动

续上表

步骤	处理过程	
  3	停放制动切除： 根据相关规定下车，按照 1.2.2.2“停放制动切除操作”流程对故障车进行停放制动切除、滚动试验及点温操作，完成后通知司机维持运行	 CJ6-0701～0710  CJ6-0711～0715 

（三）空气制动不缓解(5028,5029,502A,502B,502C,502D,502E,502F)

名称	2.7.3　空气制动不缓解(5028,5029,502A,502B,502C,502D,502E,502F)
适用	CJ6 型动车组
现象	HMI 报单架制动不缓解
行车	司机施加制动停车
原因	(1)MC02B_A4 板卡故障。 (2)制动缸压力传感器故障。 (3)EP 阀故障
注意	无
步骤	处理过程
 1	确认故障： 通过 HMI 确认故障情况，并通知随车机械师

续上表

步骤	处理过程
2	空气制动切除： 按照 1.2.2.1“空气制动切除”流程对故障车厢进行空气制动切除操作，完成后通知司机维持运行，动车组自动限速，按照“附录三　限速表”中“空气制动切除后限速表”限速运行

（四）总风压力过低（5020、5022、5024、5026）

名称	2.7.4　总风压力过低（5020、5022、5024、5026）
适用	CJ6 型动车组
现象	HMI 报总风压力低，总风压力下降到 600 kPa 以下时，列车自动施加紧急制动停车
行车	动车组自动施加紧急制动停车
原因	(1)车下供风管路泄漏或断裂。 (2)制动控制装置内总风压力检测开关故障
注意	(1) ⚠ 若 01 车因严重空气泄漏被隔离后，HMI 会提示 01 车的总风缸压力低或制动风缸压力低。 (2) ⚠ 若 04 车因严重空气泄漏被隔离后，HMI 会提示 04 车的总风缸压力低或制动风缸压力低。 (3) ⚠ 若 02 车因严重空气泄漏被隔离后，HMI 会提示 01 车和 02 车的制动风缸压力低。 (4) ⚠ 若 03 车因严重空气泄漏被隔离后，HMI 会提示 03 车和 04 车的制动风缸压力低。 (5) ⚠ 将紧急制动隔离选择开关打至隔离位后，动车组紧急制动功能失效
步骤	处理过程
1	故障确认： 通过 HMI“制动信息”确认总风压力是否低于 600 kPa，并通知随车机械师
2	漏风确认： (1)若总风压力快速恢复至 700 kPa 以上，继续运行。 (2)若持续低于 600 kPa，随车机械师按照规定程序下车，检查漏风部位
3	漏风车辆隔离及操作 当总风管路系统泄漏造成总风压力下降无法处理时，需隔离故障车，两种操作方式： 若是 01 车漏风，将漏风的 01 车二位端总风截断塞门【Z10】和与该车连挂的 02 车一位端总

续上表

步骤	处理过程	
	风截断塞门【Z10】关闭，然后按照 1.2.2.3“停放制动和空气制动全部切除”对漏风的 01 车进行停放制动以及空气制动切除操作。 若是 04 车漏风，将漏风的 04 车二位端总风截断塞门【Z10】和与该车连挂的 03 车一位端总风截断塞门【Z10】关闭，然后按照 1.2.2.3“停放制动和空气制动全部切除”对漏风的 04 车进行停放制动以及空气制动切除操作。 若是 02 车漏风，将漏风的 02 车二位端总风截断塞门【Z10】和与该车连挂的 03 车二位端总风截断塞门【Z10】关闭，同时将主控车司机室继电器柜中的紧急制动隔离选择开关【=43-S102】打至“隔离”位，然后按照 1.2.2.3“停放制动和空气制动全部切除”对漏风的 02 车以及 01 车进行停放制动以及空气制动切除操作。 若是 03 车漏风，将漏风的 03 车二位端总风截断塞门【Z10】和与该车连挂的 02 车二位端总风截断塞门【Z10】关闭，同时将主控车司机室继电器柜中的紧急制动隔离选择开关【=43-S102】打至“隔离”位，然后按照 1.2.2.3“停放制动和空气制动全部切除”对漏风的 03 车以及 04 车进行停放制动以及空气制动切除操作。 运行途中为防止故障车厢侧门打开要关闭侧门隔离锁，将车门隔离，卫生间停用。受影响的车如已升弓，则需换弓。 处理完毕，通知司机，司机确认未隔离车辆总风压力，若总风压力恢复，完成后按“附录三 限速表”中“空气制动切除后限速表”限速运行。 若 2 个车厢空气制动隔离操作后，司机启动紧急牵引模式（按照 1.2.7 操作），自动限速 60 km/h 运行。 若未隔离车厢总风压力不恢复，报告列车调度员，并按照 1.2.2.3“停放制动和空气制动全部切除”隔离所有车辆的空气制动和停放制动，并申请救援，救援速度 5 km/h	 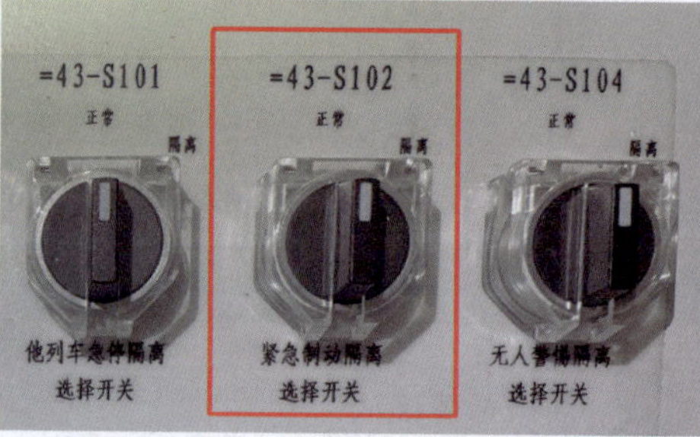

（五）速度传感器故障（5010、5011、5012、5013、5014、5015、5016、5017、5018、5019、501A、501B、501C、501D、501E、501F）

名称	2.7.5　速度传感器故障（5010、5011、5012、5013、5014、5015、5016、5017、5018、5019、501A、501B、501C、501D、501E、501F）
适用	CJ6 型动车组
现象	HMI 报速度传感器故障
行车	司机施加制动停车
原因	（1）速度传感器接线松动。 （2）速度传感器故障。 （3）其他原因
注意	建议采用小级位制动停车
步骤	处理过程
1	故障确认： 通过 HMI“故障记录”查看是否有“速度传感器故障”故障信息
2	空气制动切除： 按照 1.2.2.1“空气制动切除”流程对故障车厢进行空气制动切除操作，完成后通知司机维持运行，动车组自动限速，按照“附录三　限速表”中“空气制动切除后限速表”限速运行
3	车下检查： 按规定程序申请下车，对异常部位进行全面检查。 （1）随车机械师检查抱死车轮踏面状况及轴端速度传感器及连接器连接状态。 （2）司机进行缓解制动，随车机械师确认制动闸片处于缓解状态，然后动车组以不高于 5 km/h 速度运行，随车机械师目视确认该走行部是否出现真正抱死及异常响声

续上表

步骤	处理过程
4	维持运行： (1)若检查无异常，司机操作列车提速至10～15 km/h，维持 5～10 s，随车机械师车下确认故障车厢是否存在异常，如故障车厢无异常，维持运行。 (2)机械故障但经处理后可维持运行： 如发现夹钳卡滞，需切除空气制动与停放制动，取下制动钳上的闸片，滚动试验后，维持运行。 如速度传感器断线、破损或连接器松脱，切除相应车厢空气制动，滚动试验后，维持运行。 如发现停放制动异常施加，切除相应车厢停放制动，滚动试验后，维持运行。 (3)严重机械故障： 检查为无法维持运行的严重机械故障，申请救援

(六)防滑系统故障(522C、522D、522E、522F、5030、5231、5232、5233)

名称	2.7.6　防滑系统故障(522C、522D、522E、522F、5030、5231、5232、5233)
适用	CJ6 型动车组
现象	HMI 报防滑系统故障
行车	维持运行
原因	(1)BCU 故障。 (2)EP 阀故障。 (3)速度传感器故障
注意	无
步骤	处理过程
1	故障确认： 通过 HMI“故障记录”确认故障位置，并通知随车机械师
2	空气制动切除： 按照 1.2.2.1“空气制动切除”流程对故障车厢进行空气制动切除操作，完成后通知司机维持运行，动车组自动限速，按照“附录三　限速表”中“空气制动切除后限速表”限速运行

续上表

步骤	处理过程	
3	断路器复位： (1)前方停车站停车后，随车机械师将设备柜的网关阀/智能阀电源【＝28-F101】【＝28-F201】断路器断开 15 s 再投入。 (2)处理完毕，通知司机	
4	正常运行或维持运行： 通过 HMI“故障信息”界面确认故障恢复情况。 若故障消除，随车机械师恢复故障车厢空气制动隔离塞门至开通位，正常运行。 若故障未消除，动车组按照“附录三　限速表”中“空气制动切除后限速表”自动限速，维持运行	

（七）轴抱死（5000、5001、5002、5003、5004、5005、5006、5007、5008、5009、500A、500B、500C、500D、500E、500F）

名称	2.7.7　轴抱死（5000、5001、5002、5003、5004、5005、5006、5007、5008、5009、500A、500B、500C、500D、500E、500F）
适用	CJ6 型动车组
现象	HMI 报“轴抱死”
行车	司机施加制动停车
原因	(1)防滑系统故障。 (2)BCU 故障。 (3)轮对不旋转
注意	建议司机施加最大常用制动停车
步骤	处理过程
1	故障确认： 通过 HMI“故障信息”界面确认故障信息，并通知随车机械师
2	空气制动切除： 按照 1.2.2.1“空气制动切除”流程对故障车厢进行空气制动切除操作，完成后通知司机

续上表

步骤	处理过程
  3	车下检查及点温： 按规定程序申请下车，对异常部位进行全面检查。 (1)随车机械师检查抱死车轮踏面状况及轴端速度传感器及连接器连接状态。 (2)司机进行缓解制动，随车机械师确认制动闸片处于缓解状态，然后动车组以不高于5 km/h速度运行，随车机械师目视确认该走行部是否出现真正抱死及异常响声
  4	维持运行或救援： (1)若检查无异常，司机操作列车提速至10～15 km/h，维持5～10 s，随车机械师车下确认故障车厢是否存在异常，如故障车厢无异常，维持运行。 (2)机械故障但经处理后可维持运行： 如发现夹钳卡滞，需切除空气制动与停放制动，取下制动钳上的闸片，滚动试验后，维持运行。 如速度传感器断线、破损或连接器松脱，切除相应车厢空气制动，滚动试验后，维持运行。 如发现停放制动异常施加，切除相应车厢停放制动，滚动试验后，维持运行。 (3)严重机械故障： 检查为无法维持运行的严重机械故障，申请救援

(八)BCU 功能失效(5014、5015、5016、5017)

名称	2.7.8 BCU 功能失效(5014、5015、5016、5017)	
适用	CJ6 型动车组	
现象	HMI 报 BCU 功能失效，动车组自动限速 (1)1 个 BCU 功能失效(5014)。 (2)2 个 BCU 功能失效(5015)。 (3)3 个 BCU 功能失效(5016)。 (4)超过 3 个 BCU 功能失效(5017)	
行车	动车组自动限速	
原因	BCU 功能失效	
注意	无	
步骤	处理过程	
 1	确认故障： 在 HMI 屏“故障信息”界面确认故障情况与故障位置，并通知随车机械师	
  2	断路器复位： (1)前方停车站停车后，随车机械师将设备柜的网关阀/智能阀电源【＝28-F101】【＝28-F201】断路器断开 15 s 再投入。 (2)处理完毕，通知司机 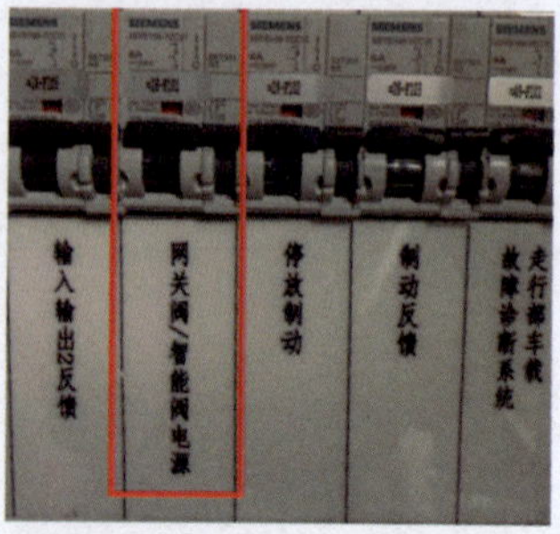	输入输出反馈 网关阀/智能阀电源 停放制动 制动反馈 走行部车载故障诊断系统

续上表

步骤	处理过程
3	正常运行或维持运行： 通过 HMI“故障信息”界面确认故障恢复情况。 若故障消除，正常运行。 若故障未消除，通知随车机械师切除故障车厢空气制动，完成后通知司机维持运行，动车组按“附录三　限速表”中“空气制动切除后限速表”自动限速运行。 4 个 BCU 功能失效(08123)，司机启动紧急牵引模式(按照 1.2.7 操作)，自动限速 60 km/h 运行。 5 个及以上 BCU 功能失效，申请救援

(九)制动缸压力低(5234、5235、5236、5237、5238、5239、523A、523B)

名称	2.7.9　制动缸压力低(5234、5235、5236、5237、5238、5239、523A、523B)
适用	CJ6 型动车组
现象	HMI 报单个转向架制动缸压力低
行车	维持运行
原因	(1)制动管路泄漏。 (2)制动缸压力传感器故障。 (3)BCU 故障
注意	无
步骤	处理过程
1	确认故障： 在 HMI 屏主界面确认故障情况与故障位置，并通知随车机械师
2	空气制动切除： 立即切除故障车厢空气制动，完成后通知司机，动车组按照“附录三　限速表”中“空气制动切除后限速表”自动限速

(十)CAN 通信故障(5048、5049、504A、504B、504C、504E、504F、5050)

名称	2.7.10　CAN 通信故障(5048、5049、504A、504B、504C、504E、504F、5050)
适用	CJ6 型动车组
现象	HMI 报 CAN 通信故障
行车	司机限速运行，运行到前方办客站停车检查
原因	(1)BCU 机箱内部连接器松动。 (2)BCU 内部板卡通信故障

续上表

注意	司机根据实际情况限速运行： 1 架报故障：司机施加最大常用制动减速到 140 km/h。 2 架报故障：司机施加最大常用制动减速到 120 km/h。 3 架报故障：司机施加最大常用制动减速到 100 km/h。 4 个及以上报故障：司机施加最大常用制动停车
步骤	处理过程
1	确认故障： 在 HMI 屏“故障信息”界面确认故障情况与故障位置，并通知随车机械师
2	空气制动切除： 按照 1.2.2.1 进行操作，切除故障车厢空气制动，完成后通知司机维持运行，运行至前方办客站停车处理。 动车组按照“附录三　限速表”中“空气制动切除后限速表”自动限速
3	空气制动恢复： 前方办客站停车后，随车机械师恢复故障车厢空气制动隔离塞门至开通位。 断路器复位： (1)随车机械师将设备柜的网关阀/智能阀电源【=28-F101】【=28-F201】断路器断开 15 s 再投入。 (2)处理完毕，通知司机
 4	正常运行或维持运行： 通过 HMI“故障信息”界面确认故障恢复情况。 若故障消除，正常运行。 若故障未消除，通知随车机械师切除故障车厢空气制动，完成后通知司机维持运行，动车组按照“附录三　限速表”中“空气制动切除后限速表”自动限速

（十一）乘客紧急装置激活

名称	2.7.11 乘客紧急装置激活	
适用	CJ6 型动车组	
现象	司机室乘客请求指示灯点亮，乘客紧急请求干预按钮指示灯点亮	
行车	司机视情况维持运行或停车	
原因	乘客紧急制动拉杆被操作	
注意	无	
步骤	处理过程	
1	故障确认： 通过司机台上的乘客紧急请求灯亮确认乘客紧急触发	
2	维持运行或停车： 如当前停车地点不理想，如在隧道或桥上，司机可在乘客紧急请求触发 10 s 内，按下乘客紧急请求干预按钮，暂时抑制当前乘客紧急制动请求，随后行车至合适停车地点，司机施加制动停车。 如司机不进行干预操作，动车组将在乘客紧急制动拉杆被拉下 10 s 后，自动触发紧急制动	
3	乘客紧急装置复位： 停车后，根据 HMI 的提示信息，机械师前往触发乘客紧急请求的所在车厢，并使用四角钥匙顺时针旋转复位乘客紧急制动拉杆。 司机确认乘客紧急请求指示灯熄灭后，正常运行	

八、网络控制系统

（一）网络控制系统瘫痪

名称	2.8.1 网络控制系统瘫痪
适用	CJ6 型动车组
现象	HMI 显示网络通信故障
行车	动车组自动施加紧急制动停车
原因	TCMS 网络模块故障、MVB 总线不能正常通信
注意	无

续上表

步骤	处理过程	
1	HMI 断路器状态确认： 随车机械师确认主控车司机室继电器柜的HMI断路器【=42-F101】是否闭合。若断开，手动闭合；若闭合，断开 15 s 后，再闭合。 若故障消失，维持运行。 若故障未消失，停车。 网关断路器状态确认： 随车机械师确认 01、04 车司机室继电器柜的网关断路器是否闭合，若断开，闭合，若闭合，断开 15 s 后，再闭合	
2	网络通信状态确认： 若网络通信恢复正常，升弓合主断，正常运行。 若网络通信不能恢复，确认 01、04 车司机室继电器网关连接器检查接线是否可靠，若有松动，进行紧固。 若网络通信仍不能恢复，则按照 1.2.1.2.1 进行大复位操作，确认列车网络状态，通知随车机械师	
3	正常运行或维持运行： (1)若网络控制系统恢复正常，正常运行。 (2)若网络系统故障无法恢复，启动紧急牵引模式(按照 1.2.7 操作)，自动限速 60 km/h 运行	

（二）DXMe11/DXMe12/DXMe16/DXM21/AXMe21 网络模块故障

名称	2.8.2 DXMe11/DXMe12/DXMe16/DXM21/AXMe21 网络模块故障	
适用	CJ6 型动车组	
现象	受电弓不能升起，主断无法闭合	
行车	司机施加制动停车	
原因	DXMe11/DXMe12/DXMe16/DXM21/AXMe21 网络模块故障或连接器接线松动	
注意	无	
步骤	处理过程	
1	故障确认： 进入"网络拓扑"界面，确认故障模块。 通知随车机械师	

续上表

步骤	处理过程	
 2	网络模块断路器状态确认： 随车机械师确认 01、02、03、04 相应车厢电气柜网络模块断路器是否闭合。若断开，闭合；若闭合，断开 15 s 后，再闭合	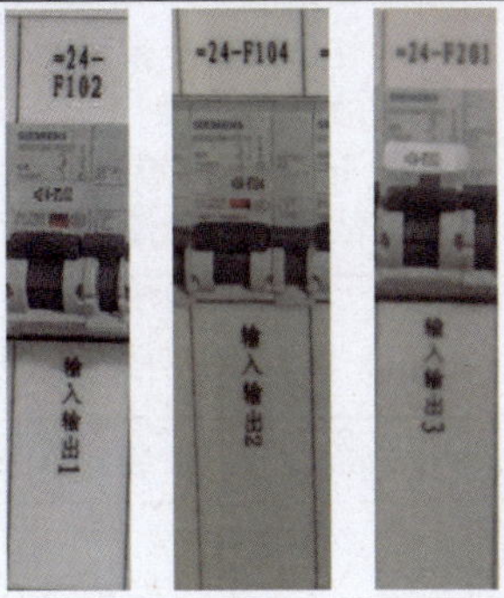 =24-F102 输入输出1　=24-F104 输入输出2　=24-F201 输入输出3
  3	升弓合主断确认： 升弓，合主断。若正常，正常运行。 若受电弓不能升起，主断不能闭合，司机通知随车机械师	
  4	网络模块连接器检查： 检查网络模块连接器连接是否可靠，若有松动，进行紧固。 司机再次升弓，合主断。若正常，正常运行。 若无法正常升弓，合主断，按照 1.2.1.2.1 进行大复位操作。司机再次升弓，合主断。若正常，正常运行；否则，启动紧急牵引模式（按照 1.2.7 操作），自动限速 60 km/h 运行	

（三）HMI 黑屏

名称	2.8.3　HMI 黑屏	
适用	CJ6 型动车组	
现象	HMI 黑屏	
行车	司机施加常用制动停车	
原因	HMI 屏故障或连接器松动	
注意	无	
步骤	处理过程	
 1	HMI 断路器复位： 将司机室继电器柜 HMI 断路器断开 15 s 后再投入	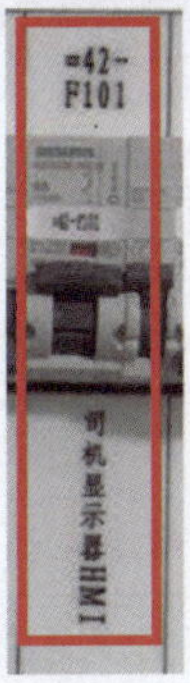 =42-F101 司机显示器HMI

续上表

步骤	处理过程
2	大复位或紧急牵引： 若故障消除，则正常运行。 若 HMI 断路器复位后故障仍未消除，按照 1.2.1.2.1 大复位进行操作。 若故障仍未消除，启动紧急牵引模式（按照 1.2.7 操作），自动限速 60 km/h 运行

（四）WTD 装置 MVB 通信故障（6549、654A）

名称	2.8.4　WTD 装置 MVB 通信故障（6549、654A）
适用	CJ6 型动车组
现象	HMI 屏报 WTD 装置 MVB 通信故障
行车	不影响运行
原因	通信线路故障、装置插件故障
注意	无
步骤	处理过程
1	故障确认： 按压【事件信息】键，确认故障情况。切换至“故障信息”界面，确认故障位置。 通知随车机械师
2	断路器复位： (1)将司机室继电器的无线数据传输装置(WTD)断路器断开 15 s 再投入。 (2)若故障消除，正常运行。 (3)若故障未消除，维持运行

（五）车门安全环路异常断开

名称	2.8.5　车门安全环路异常断开
适用	CJ6 型动车组
现象	车门安全环路异常断开，动车组自动施加紧急制动停车

续上表

行车	动车组自动施加紧急制动停车
原因	车门安全环路控制继电器故障或其他原因导致车门安全环路断开
注意	无
步骤	处理过程
1	车门号打开确认： 司机通过 HMI“车门信息”界面查看车门状态，如果存在未关闭好的车门，再次操作关门按钮，重新关门。 如果车门安全回路仍无法闭合，通知随车机械师
2	车门隔离操作： 随车机械师将未关闭的车门关闭后进行隔离（操作见 1.2.6.1），从而旁路该门的安全回路，并在操作过程中保持与司机联系
3	正常运行或维持运行： （1）如恢复正常，正常运行。 （2）如仍无法恢复车门安全回路，确认全列车车门关闭并锁闭良好后，将主控端车继电器柜的门关好，旁路选择开关【＝81-S106】打到“隔离”位，维持运行

（六）紧急停车按钮故障

名称	2.8.6　紧急停车按钮故障
适用	CJ6 型动车组
现象	司机拍下紧急停车按钮触发紧急制动，手动复位紧急停车按钮后，紧急制动不缓解
行车	动车组自动施加紧急制动停车
原因	紧急停车按钮触点偶发性卡滞
注意	无

续上表

步骤	处理过程
	故障处理： (1)停车，司控器手柄回“0”位，拍下占有端紧急停车按钮并复位(可操作 2～3 次)。 (2)若紧急制动缓解、升弓条件满足，升弓合主断，维持运行。 (3)若紧急制动未缓解，拍下非占有端紧急停车按钮并复位(可操作 2～3 次)。 (4)若紧急制动缓解、升弓条件满足，升弓合主断，维持运行。 紧急制动隔离操作： 若紧急制动仍未缓解，按照 1.2.2.4 进行紧急制动隔离操作，确认紧急制动缓解，动车组自动限速 60 km/h 运行

(七)警惕报警功能异常

名称	2.8.7 警惕报警功能异常	
适用	CJ6 型动车组	
现象	车辆运行中，警惕蜂鸣器声光报警，触发车辆常用制动或紧急制动	
行车	维持运行	
原因	警惕手动和脚踏开关同时故障	
注意	无	
步骤	处理过程	
	维持运行： 司机根据当前车辆运用情况，操作司控器手柄，使手柄级位发生变化。 运行至运营站后，将司机室继电器柜的无人警惕隔离选择开关【＝43-S104】置于“隔离”位，维持运行	=43-S104 无人警惕隔离 选择开关

(八)火灾报警

名称	2.8.8 火灾报警
适用	CJ6 型动车组
现象	烟火报警器发生报警现象。HMI 显示器会显示发生警报的具体车厢，同时蜂鸣器鸣叫
行车	根据车辆状态行车，司机实施最大常用制动，250 km/h 及以下线路限速 120 km/h
原因	探头检测到烟雾浓度大
注意	无

续上表

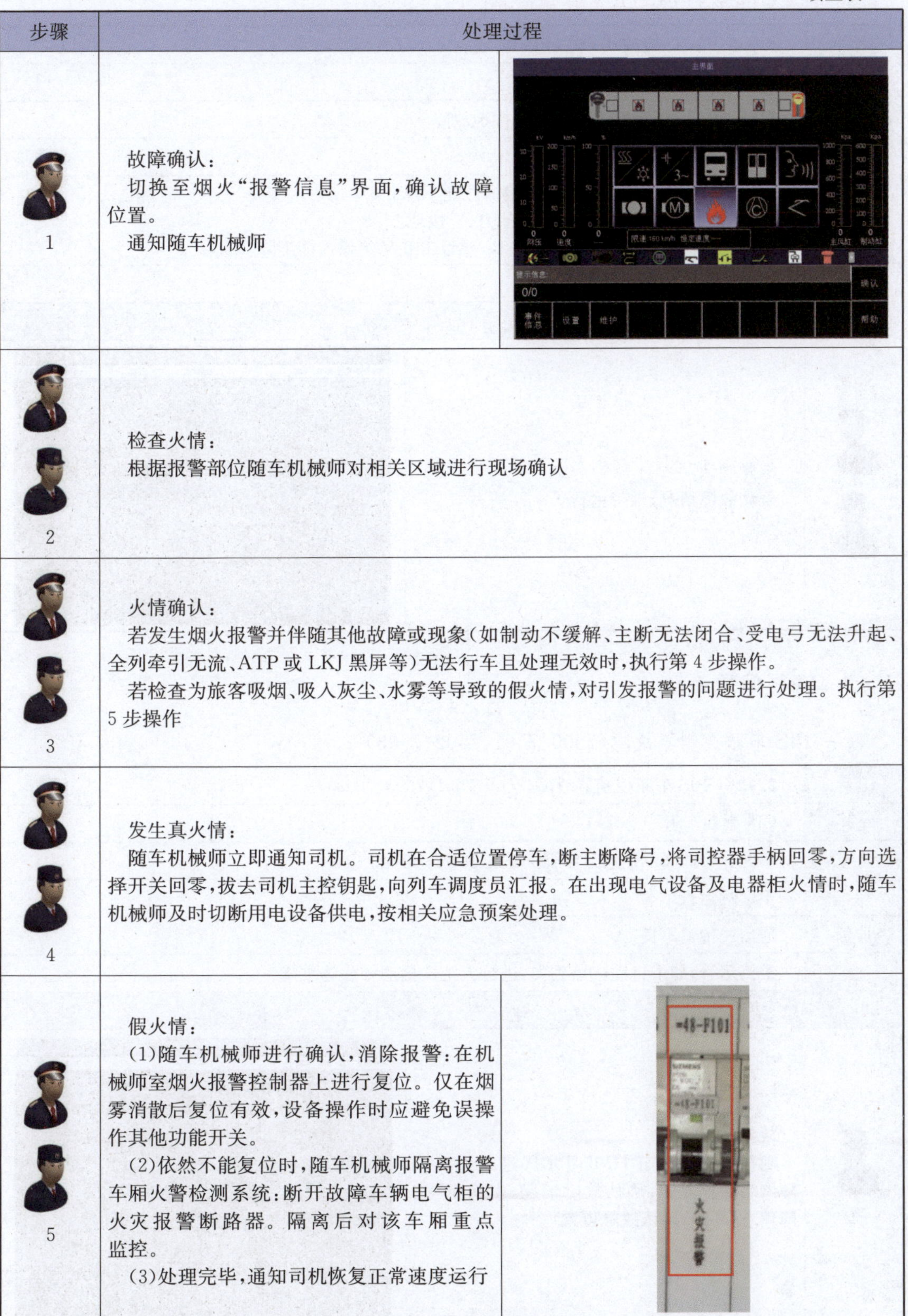

步骤	处理过程
1	故障确认： 切换至烟火“报警信息”界面，确认故障位置。 通知随车机械师
2	检查火情： 根据报警部位随车机械师对相关区域进行现场确认
3	火情确认： 若发生烟火报警并伴随其他故障或现象（如制动不缓解、主断无法闭合、受电弓无法升起、全列牵引无流、ATP 或 LKJ 黑屏等）无法行车且处理无效时，执行第 4 步操作。 若检查为旅客吸烟、吸入灰尘、水雾等导致的假火情，对引发报警的问题进行处理。执行第 5 步操作
4	发生真火情： 随车机械师立即通知司机。司机在合适位置停车，断主断降弓，将司控器手柄回零，方向选择开关回零，拔去司机主控钥匙，向列车调度员汇报。在出现电气设备及电器柜火情时，随车机械师及时切断用电设备供电，按相关应急预案处理。
5	假火情： （1）随车机械师进行确认，消除报警：在机械师室烟火报警控制器上进行复位。仅在烟雾消散后复位有效，设备操作时应避免误操作其他功能开关。 （2）依然不能复位时，随车机械师隔离报警车厢火警检测系统：断开故障车辆电气柜的火灾报警断路器。隔离后对该车厢重点监控。 （3）处理完毕，通知司机恢复正常速度运行

(九)TCU 检测到 DC 110V 接地故障(3521、3545)

名称	2.8.9 TCU 检测到 DC 110V 接地故障(3521、3545)
适用	CJ6 型动车组
现象	HMI 报 TCU 检测到 DC 110V 接地故障
行车	维持运行
原因	(1)110 V 电缆受到损伤,导致绝缘性能下降。 (2)车组控制设备内部可能存在 110 V 接地。 (3)底架设备连接器或跳接箱进水,导致 110 V 绝缘性能下降
注意	无
步骤	处理过程
	故障确认: 确认故障情况,维持运行

九、旅客信息系统

(一)PIS 车厢控制器故障(7500、7501、7502、7503)

名称	2.9.1 PIS 车厢控制器故障(7500、7501、7502、7503)
适用	CJ6 型动车组
现象	车内、车外 LED 信息显示器无法正常显示信息
行车	不影响运行
原因	通信线传输不良
注意	维持运行,如果自动广播丢失,进行人工广播通知旅客乘降
步骤	处理过程
1	故障确认: 随车机械师点击 HMI 显示屏进入当前故障网络拓扑界面,确认故障情况,切换至“故障信息”界面,确认故障位置

续上表

步骤	处理过程
2	断路器复位操作： (1)当发现单节车厢车内、车外 LED 信息显示器出现黑屏、显示错误等故障时，运行至停车站停车，随车机械师可将故障车(01、04 车继电器柜【＝45-F102】；02、03 车电气设备柜【＝45-F201】)中的车厢控制器断开 15 s 后再进行复位。 (2)当发现整列车车内、车外 LED 信息显示器出现黑屏、显示错误等故障时，运行至停车站停车，随车机械师可将 03 车电气设备柜中的【＝45-F203】旅客信息系统控制器断开 15 s 后再进行复位
3	正常运行或维持运行： 若故障消除，正常运行。 若故障未消除，维持运行，等待回库检修

(二)联络电话故障(7504、7505、7506、7507)

名称	2.9.2　联络电话故障(7504、7505、7506、7507)
适用	CJ6 型动车组
现象	联络电话无法建立通信 (诊断代码:7504　含义:01 车电话故障) (诊断代码:7505　含义:04 车电话故障) (诊断代码:7506　含义:乘务员室电话故障) (诊断代码:7507　含义:机械师室电话故障)
行车	不影响运行
原因	自身设备损坏
注意	无
步骤	处理过程
1	故障确认： 随车机械师点击 HMI 显示屏进入当前故障网络拓扑界面，确认故障情况，切换至“故障信息”界面，确认故障位置 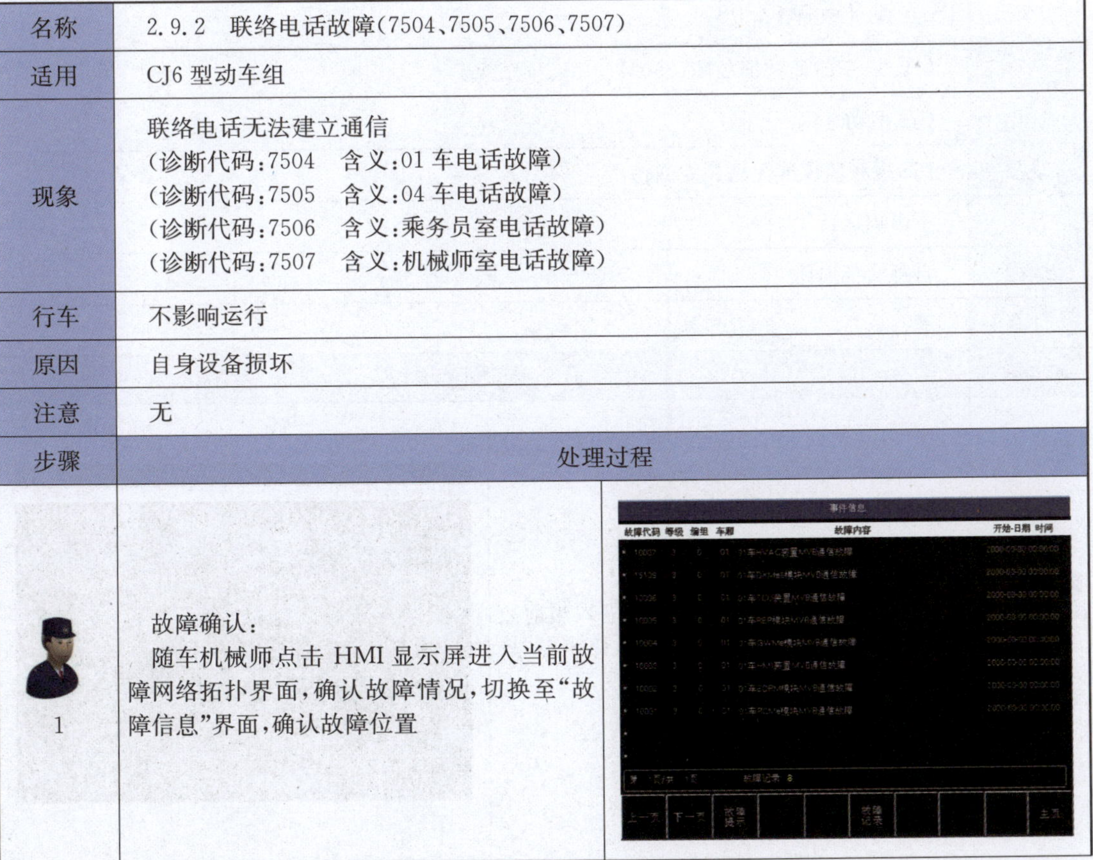

续上表

步骤	处理过程	
2	断路器复位操作： 运行至停车站停车，随车机械师可将故障车(01、04 车继电器柜【＝46-F102】；03 车电气设备柜【＝45-F202】)断开 15 s 后再进行复位	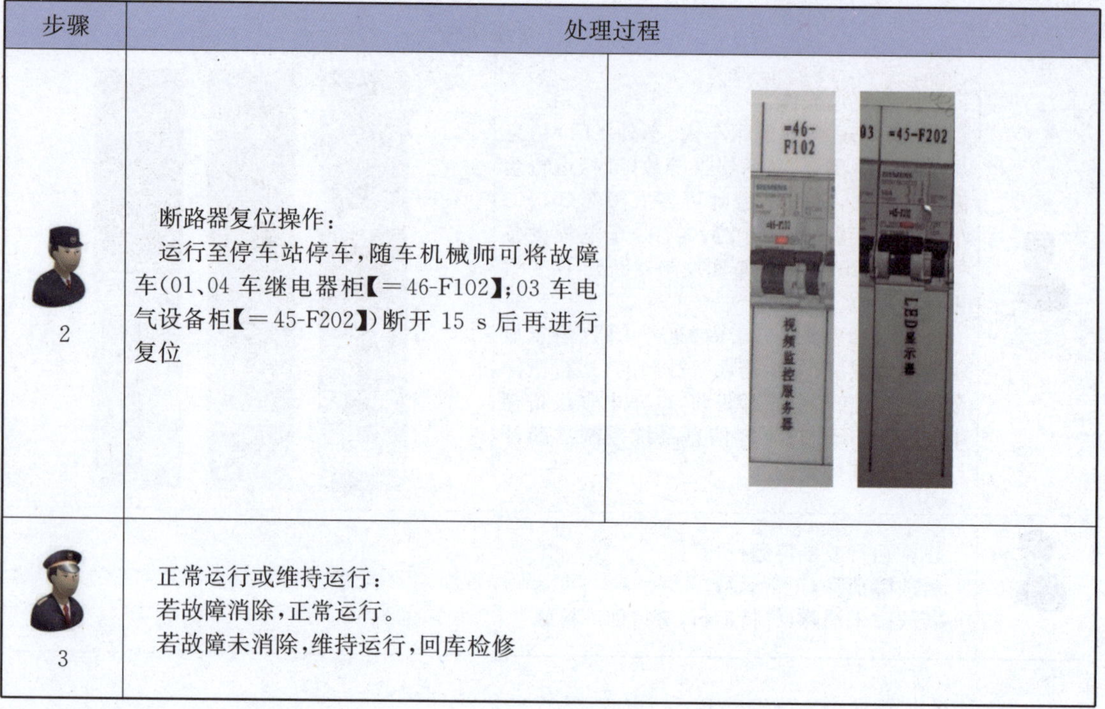
3	正常运行或维持运行： 若故障消除，正常运行。 若故障未消除，维持运行，回库检修	

(三)PIS 监控屏故障(7508)

名称	2.9.3　PIS 监控屏故障(7508)	
适用	CJ6 型动车组	
现象	PIS 视频监控屏无法建立通信	
行车	不影响运行	
原因	自身设备损坏	
注意	无	
步骤	处理过程	
1	故障确认： 随车机械师点击 HMI 显示屏进入当前故障网络拓扑界面，确认故障情况，切换至“故障信息”界面，确认故障位置	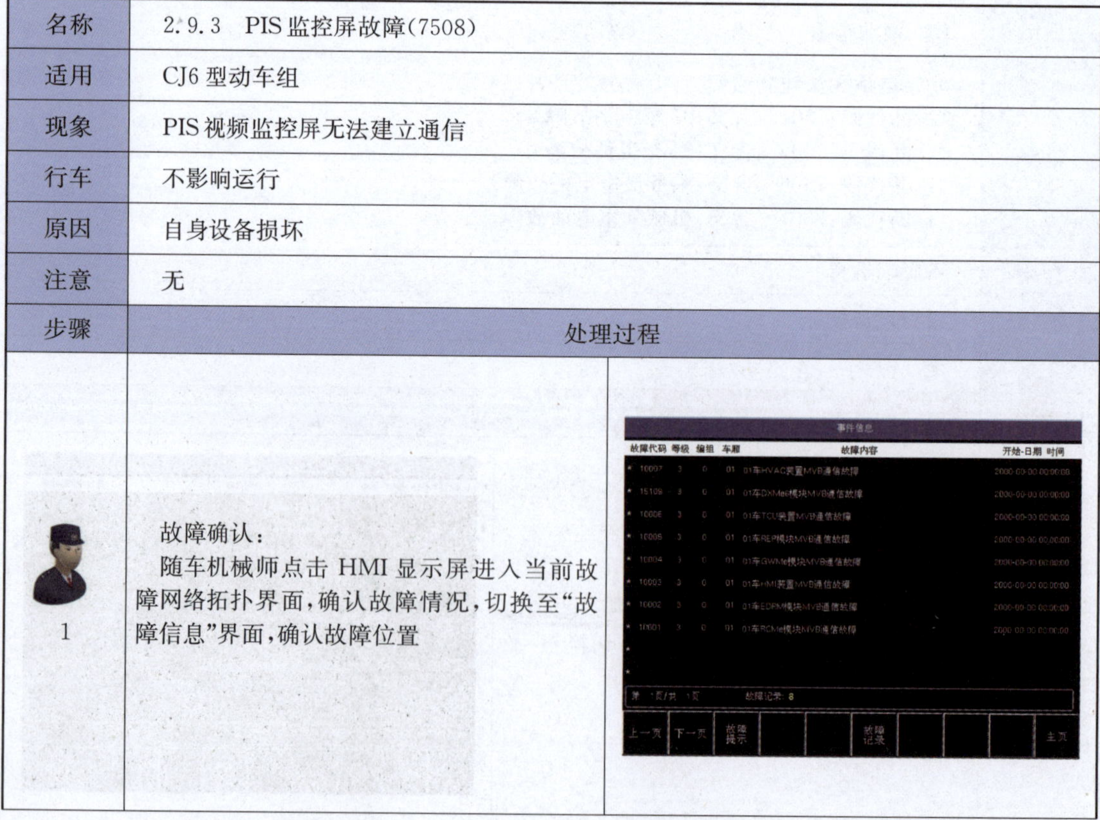

续上表

步骤	处理过程	
 2	断路器复位操作： 运行至停车站停车，当发现 PIS 视频监控屏故障时，随车机械师可将 03 车升弓柜【46-F202】断开 15 s 后再进行复位	
 3	正常运行或维持运行： 若故障消除，正常运行。 若故障未消除，维持运行，回库检修	

十、空调通风系统

(一)空压机 1/2 高压故障(8599～859C、860A～860D、861B～861F、862C～8630)

名称	2.10.1　空压机 1/2 高压故障(8599～859C、860A～860D、861B～861F、862C～8630)	
适用	CJ6 型动车组	
现象	HMI 报机组 1/2 空压机 1/2 高压故障	
行车	不影响运行	
原因	制冷剂充注过多或制冷系统故障	
注意	无	
 1	故障确认： 司机确认故障情况，并通知随车机械师	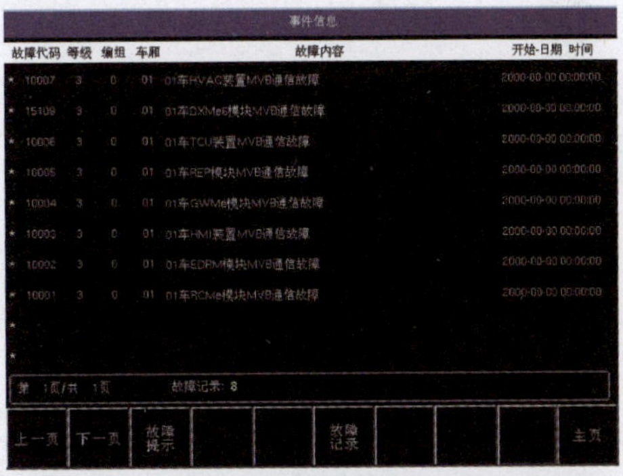
 2	断路器复位： 运行至停车站停车，断开故障车辆空调控制柜内控制回路 6Q 空开 15 s 后再闭合，空调重启，通知司机继续运行	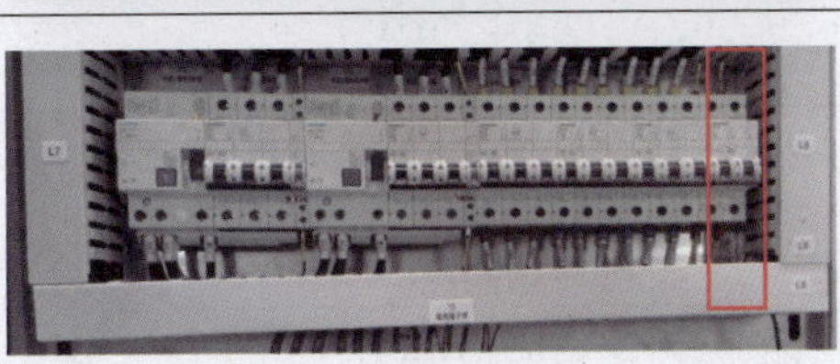

续上表

步骤	处理过程
3	正常运行或维持运行： 如故障未消除，则不允许再次操作手动复位，待入库后检修

（二）空压机 1/2 低压故障（8599、859A、859B、859C、862C、862D、862F、8630）

名称	2.10.2 空压机 1/2 低压故障（8599、859A、859B、859C、862C、862D、862F、8630）	
适用	CJ6 型动车组	
现象	HMI 报机组 1/2 空压机 1/2 低压故障	
行车	不影响运行	
原因	制冷剂泄漏或制冷系统故障	
注意	无	
步骤	处理过程	
1	故障确认： 司机确认故障情况，并通知随车机械师	
2	断路器复位： 运行至停车站停车，断开故障车辆空调控制柜内控制回路 6Q 空开 15 s 后再闭合，空调重启，通知司机继续运行	
3	正常运行或维持运行： 如故障未消除，则不允许再次操作手动复位，待入库后检修	

（三）废排风机/通风机 1.2/冷凝风机 1.2/空压机 1.2 过载故障（856F～857D、857F、8580～858D、858F、8590～8598、8606～8609、8617～8619、861A、8628、8629、862A、862B、8639、863A、863B、863C）

名称	2.10.3 废排风机/通风机 1.2/冷凝风机 1.2/空压机 1.2 过载故障（856F～857D、857F、8580～858D、858F、8590～8598、8606～8609、8617～8619、861A、8628、8629、862A、862B、8639、863A、863B、863C）
适用	CJ6 型动车组

续上表

现象	HMI 报机组 1/2 废排风机/通风机 1.2/冷凝风机 1.2/空压机 1.2 过载故障	
行车	不影响运行	
原因	电机故障或散热不畅，电气线路短路或器件本身故障	
注意	无	
步骤	处理过程	
 1	故障确认： 司机确认故障情况，并通知随车机械师	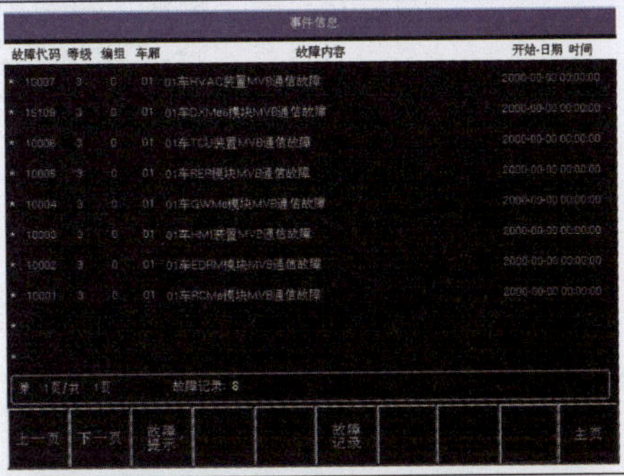
 2	断路器复位： 运行至停车站停车，断开故障车辆空调控制柜内控制回路 6Q 空开 15 s 后再闭合，空调重启，通知司机继续运行	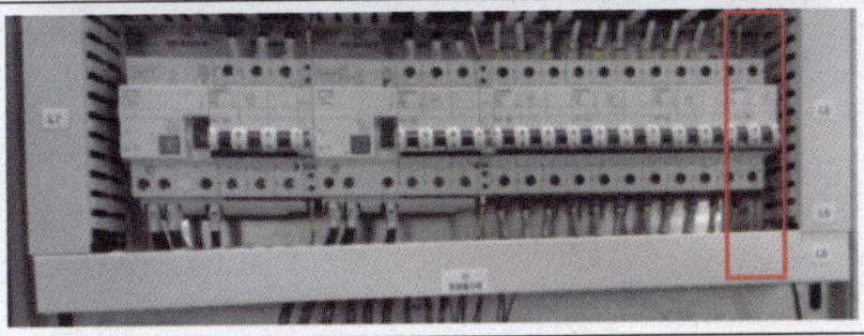
 3	正常运行或维持运行： 如故障未消除，则不允许再次操作手动复位，待入库后检修	

（四）机组漏电或短路故障（8508、8509、850A、850B、850C、850D、850F、8510）

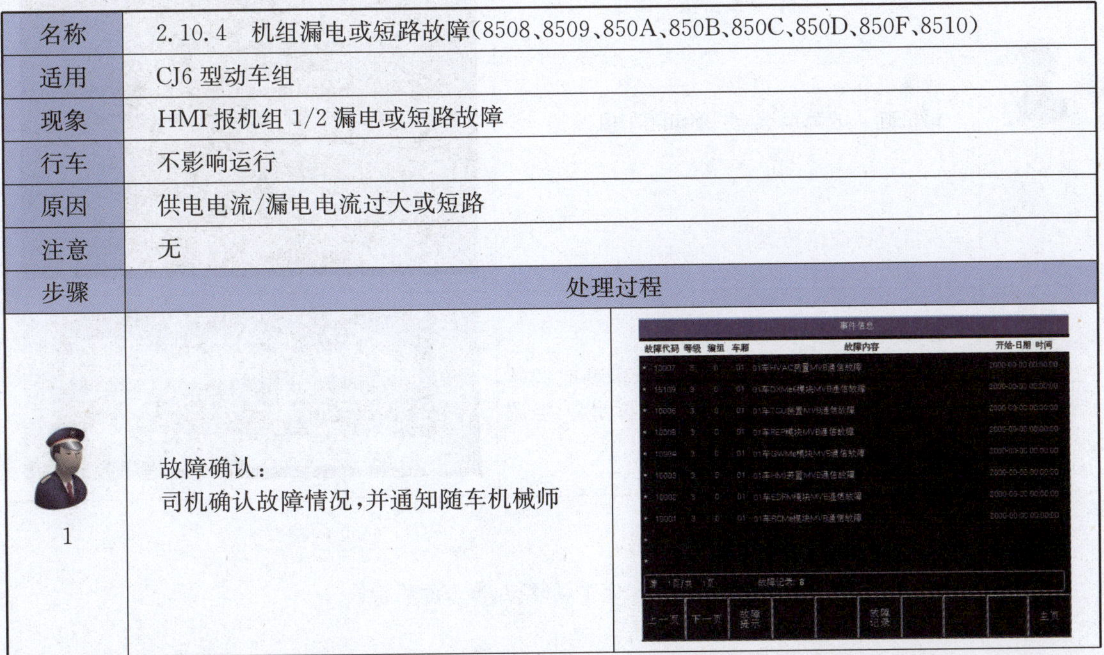

名称	2.10.4　机组漏电或短路故障（8508、8509、850A、850B、850C、850D、850F、8510）	
适用	CJ6 型动车组	
现象	HMI 报机组 1/2 漏电或短路故障	
行车	不影响运行	
原因	供电电流/漏电电流过大或短路	
注意	无	
步骤	处理过程	
1	故障确认： 司机确认故障情况，并通知随车机械师	

续上表

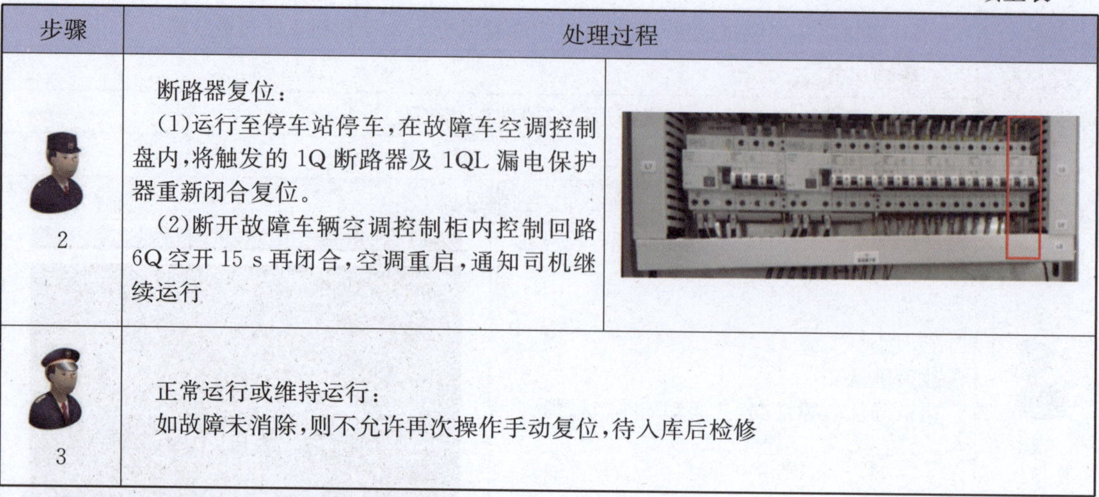

步骤	处理过程
2	断路器复位： (1)运行至停车站停车，在故障车空调控制盘内，将触发的 1Q 断路器及 1QL 漏电保护器重新闭合复位。 (2)断开故障车辆空调控制柜内控制回路 6Q 空开 15 s 再闭合，空调重启，通知司机继续运行
3	正常运行或维持运行： 如故障未消除，则不允许再次操作手动复位，待入库后检修

（五）电加热温度故障(8566～8569、856A～856F)

名称	2.10.5　电加热温度故障(8566～8569、856A～856F)
适用	CJ6 型动车组
现象	HMI 报机组 1/2 电加热温度故障
行车	不影响运行
原因	空调机组电加热器周围空气温度过高
注意	无
1	故障确认： 司机确认故障情况，并通知随车机械师
2	断路器复位： 运行至停车站停车，断开故障车辆空调控制柜内控制回路 6Q 空开 15 s 后再闭合，空调重启，通知司机继续运行
3	正常运行或维持运行： 如故障未消除，则不允许再次操作手动复位，待入库后检修

（六）紧急通风逆变器故障（8500～8503）

名称	2.10.6　紧急通风逆变器故障（8500～8503）	
适用	CJ6 型动车组	
现象	HMI 报紧急通风逆变器故障	
行车	不影响运行	
原因	紧急通风逆变器故障	
注意	无	
步骤	处理过程	
 1	故障确认： 司机确认故障情况，并通知随车机械师	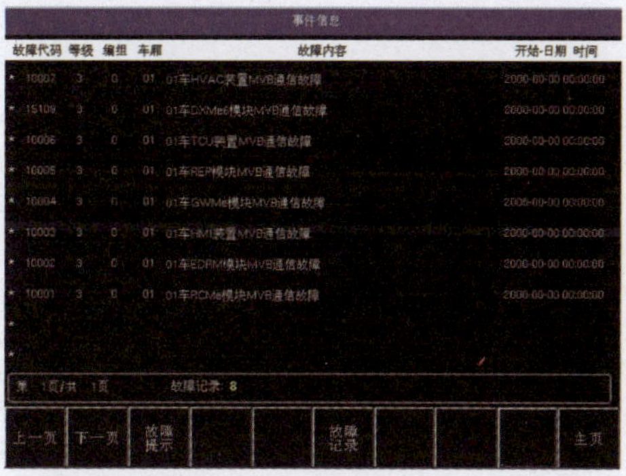
 2	断路器复位： 运行至停车站停车，断开故障车辆空调控制柜内控制回路 6Q 空开 15 s 后再闭合，空调重启，通知司机继续运行	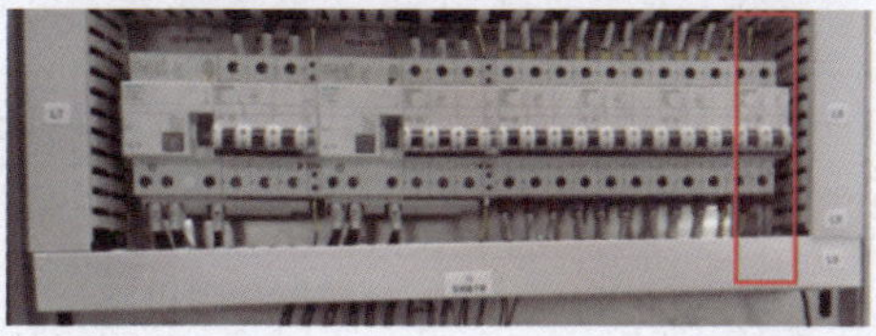
 3	正常运行或维持运行： 如故障未消除，则不允许再次操作手动复位，待入库后检修	

（七）压力波控制器故障（8504～8507）

名称	2.10.7　压力波控制器故障（8504～8507）
适用	CJ6 型动车组
现象	HMI 报压力波控制器故障
行车	不影响运行
原因	压力波控制器故障
注意	无

续上表

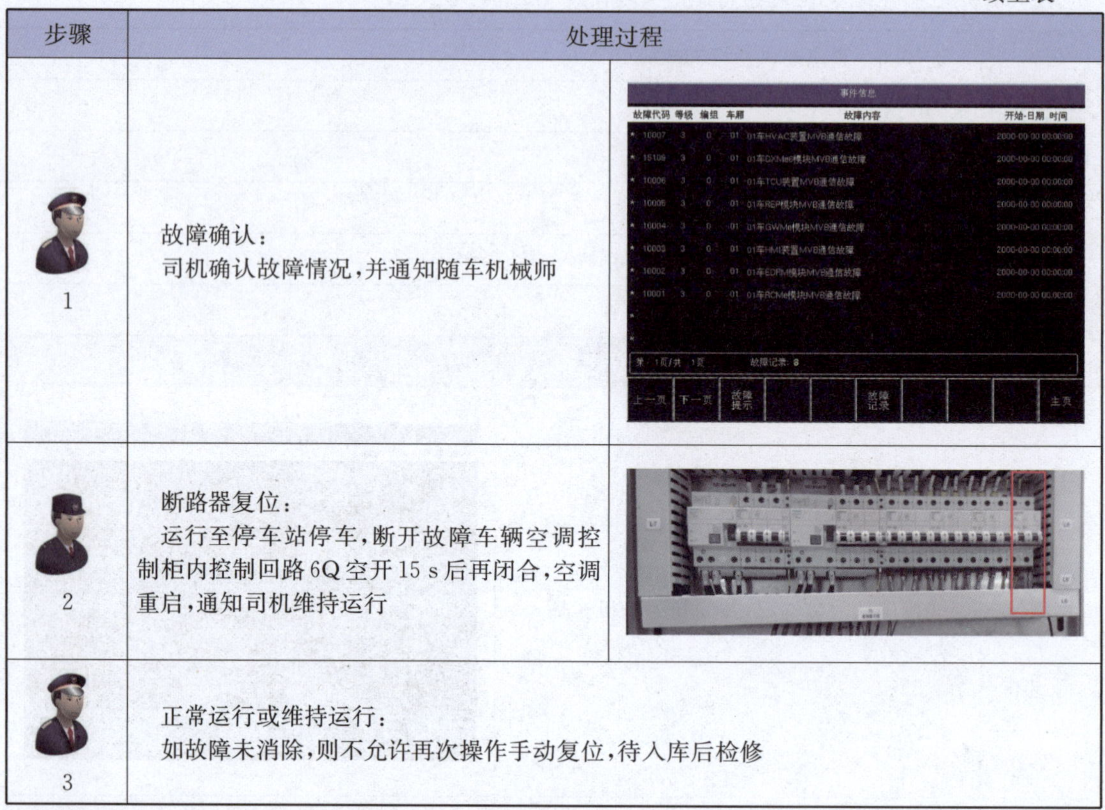

步骤	处理过程	
1	故障确认： 司机确认故障情况，并通知随车机械师	
2	断路器复位： 运行至停车站停车，断开故障车辆空调控制柜内控制回路 6Q 空开 15 s 后再闭合，空调重启，通知司机维持运行	
3	正常运行或维持运行： 如故障未消除，则不允许再次操作手动复位，待入库后检修	

（八）空压机 1/2 排气温度故障（8602～8605、8613～8615）

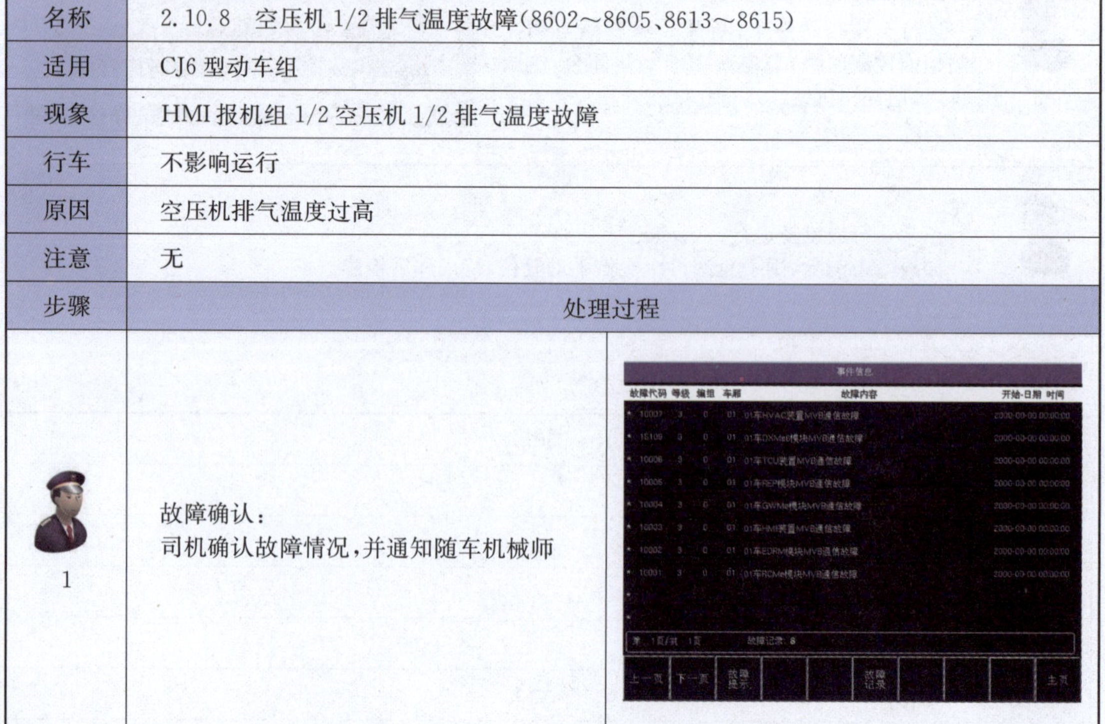

名称	2.10.8　空压机 1/2 排气温度故障（8602～8605、8613～8615）	
适用	CJ6 型动车组	
现象	HMI 报机组 1/2 空压机 1/2 排气温度故障	
行车	不影响运行	
原因	空压机排气温度过高	
注意	无	
步骤	处理过程	
1	故障确认： 司机确认故障情况，并通知随车机械师	

续上表

步骤	处理过程	
 2	断路器复位： 运行至停车站停车，断开故障车辆空调控制柜内控制回路 6Q 空开 15 s 后再闭合，空调重启，通知司机继续运行	
 3	正常运行或维持运行： 如故障未消除，则不允许再次操作手动复位，待入库后检修	

十一、给排水卫生

(一)卫生间故障(9500:06)

名称	2.11.1　卫生间故障(9500:06)	
适用	CJ6 型动车组	
现象	HMI 报卫生间故障同时 HMI 还显示净水箱 0%	
行车	不影响运行	
原因	水箱缺水；液位传感器故障	
注意	无	
 1	故障确认： 当 HMI 屏主菜单界面闪现“故障发生信息”提示，并伴有声音报警时，司机触按左下方【故障信息】键，确认故障情况，并通知随车机械师	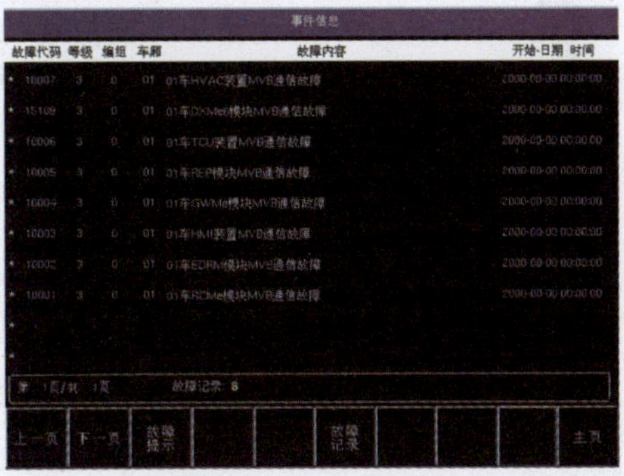
 2	DTC 检查： 随车机械师根据信息，立即赶往故障卫生间，查看故障车 DTC 控制器是否显示故障代码 06，并根据注水情况、运行时间、实际用水情况判断是否缺水。 情况 1：清水箱缺水，立即停用该列车所有用水设备，并通知列车长。 情况 2：液位传感器故障，观察液位显示板或 HMI 屏幕，如果 0%液位处于不激活状态但 25%液位均处于激活状态，判断 0%液位故障，使用短接线缆将主控制板 X05:02 和 X05:05 短接，并断电复位，卫生间维持运用	 显示：06

续上表

步骤	处理过程
 3	正常运行或维持运行： 司机确认状态后，继续行车

（二）卫生间故障（9500：05）

名称	2.11.2 卫生间故障（9500：05）	
适用	CJ6 型动车组	
现象	HMI 报卫生间故障	
行车	不影响运行	
原因	盆满液位传感器故障和便盆漏水	
注意	无	
步骤	处理过程	
 1	故障确认： 当 HMI 屏主菜单界面闪现“故障发生信息”提示，并伴有声音报警时，司机触按左下方【故障信息】键，确认故障情况，并通知随车机械师	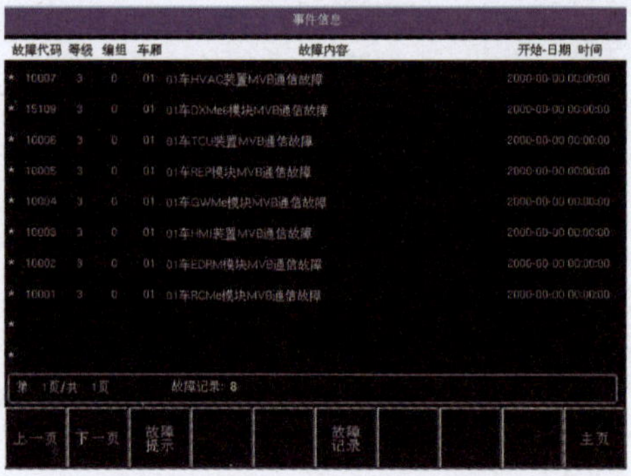
 2	DTC 检查： 机械师根据信息，立即赶往故障卫生间，查看故障车 DTC 控制器是否显示 05 故障代码，检查便盆高液位是否损坏和便盆是否漏水，断电复位，如继续报 05 故障，挑开控制板上 X03：12 电缆并断电复位，卫生间维持运用	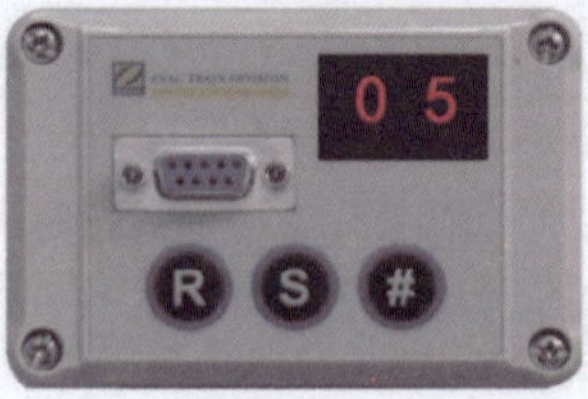 显示：05
 3	正常运行或维持运行： 司机确认状态后，继续行车	

（三）卫生间故障（9500：01）

名称	2.11.3　卫生间故障（9500：01）	
适用	CJ6 型动车组	
现象	HMI 报卫生间故障同时 HMI 显示污水箱 100％	
行车	不影响运行	
原因	污物箱 100％、液位传感器故障	
注意	无	
步骤	处理过程	
1	故障确认： 当 HMI 屏主菜单界面闪现“故障发生信息”提示，并伴有声音报警时，司机触按左下方【故障信息】键，确认故障情况，并通知随车机械师	
2	DTC 检查： 机械师根据信息，立即赶往故障卫生间，查看故障车 DTC 控制器是否显示故障代码 01，并根据污物箱排污清洗情况、运行时间、卫生间实际使用情况判断污物箱液位是否确实到 100％。 情况 1：污物箱已满，立即锁闭卫生间，并通知列车长。 情况 2：液位传感器故障，此时观察液位显示板，或者 HMI 屏幕，会发现污物箱内的 75％液位不激活，但 100％的液位激活，拔掉辅助控制板 X18 插头，可维持卫生间正常使用，需重点观察	显示：01
3	正常运行或维持运行： 司机确认状态后，继续行车	

（四）卫生间故障(9500:07)

名称	2.11.4 卫生间故障(9500:07)	
适用	CJ6 型动车组	
现象	HMI 报卫生间故障	
行车	不影响运行	
原因	供风压力不足、气管漏气	
注意	无	
步骤	处理过程	
1	故障确认： 当 HMI 屏主菜单界面闪现“故障发生信息”提示，并伴有声音报警时，司机触按左下方【故障信息】键，确认故障情况，并通知随车机械师	
2	DTC 检查： 机械师根据信息，立即赶往故障卫生间，查看故障车 DTC 控制器是否显示故障代码 07，并根据现场实际情况进行判断。 情况 1：供风压力不足，并通知列车长。 情况 2：检查气源压力，须高于 500 kPa (5 bar)，另外确保气动控制板的气源截止阀处于开的状态。 情况 3：压力开关损坏，检测压力开关，如压力开关损坏，可以直接短接压力开关(X2:3 和 X2:4)，可维持卫生间正常使用，需重点观察	显示：07
3	正常运行或维持运行： 司机确认状态后，继续行车	

（五）卫生间故障(9500:11)

名称	2.11.5 卫生间故障(9500:11)
适用	CJ6 型动车组
现象	HMI 报卫生间故障
行车	不影响运行
原因	供风压力不足、真空开关损坏
注意	无

续上表

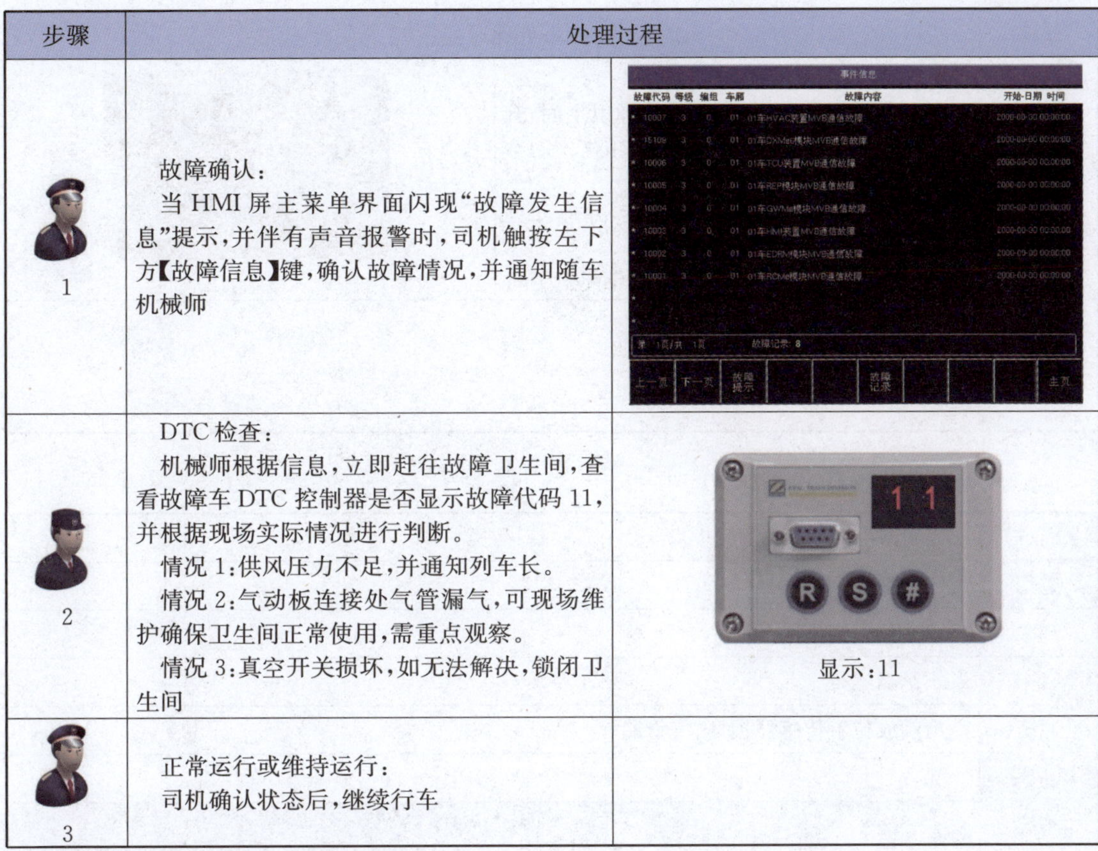

步骤	处理过程	
1	故障确认： 当 HMI 屏主菜单界面闪现“故障发生信息”提示，并伴有声音报警时，司机触按左下方【故障信息】键，确认故障情况，并通知随车机械师	
2	DTC 检查： 机械师根据信息，立即赶往故障卫生间，查看故障车 DTC 控制器是否显示故障代码 11，并根据现场实际情况进行判断。 情况 1：供风压力不足，并通知列车长。 情况 2：气动板连接处气管漏气，可现场维护确保卫生间正常使用，需重点观察。 情况 3：真空开关损坏，如无法解决，锁闭卫生间	显示：11
3	正常运行或维持运行： 司机确认状态后，继续行车	

（六）卫生间故障（9500：12）

名称	2.11.6　卫生间故障（9500：12）	
适用	CJ6 型动车组	
现象	HMI 报卫生间故障	
行车	不影响运行	
原因	滑阀损坏、位置传感器损坏	
注意	无	
步骤	处理过程	
1	故障确认： 当 HMI 屏主菜单界面闪现“故障发生信息”提示，并伴有声音报警时，司机触按左下方【故障信息】键，确认故障情况，并通知随车机械师	

续上表

步骤	处理过程	
2	DTC 检查： 机械师根据信息，立即赶往故障卫生间，查看故障车 DTC 控制器是否显示故障代码 12，并根据现场实际情况进行判断。 情况 1：滑阀位置传感器损坏，并通知列车长。 情况 2：滑阀损坏，如无法解决，锁闭卫生间	显示：12
3	正常运行或维持运行： 司机确认状态后，继续行车	

（七）卫生间故障（9500：13）

名称	2.11.7　卫生间故障（9500：13）	
适用	CJ6 型动车组	
现象	HMI 报卫生间故障	
行车	不影响运行	
原因	滑阀或位置传感器损坏、气管漏气	
注意	无	
步骤	处理过程	
1	故障确认： 当 HMI 屏主菜单界面闪现“故障发生信息”提示，并伴有声音报警时，司机触按左下方【故障信息】键，确认故障情况，并通知随车机械师	
2	DTC 检查： 机械师根据信息，立即赶往故障卫生间，查看故障车 DTC 控制器是否显示故障代码 13，并根据现场实际情况进行判断。 情况 1：滑阀位置传感器损坏，并通知列车长。 情况 2：气管漏气，根据现场情况进行维护。 情况 3：滑阀损坏，如无法解决，锁闭卫生间	显示：13
3	正常运行或维持运行： 司机确认状态后，继续行车	

十二、外门及车内设施

(一)门驱动电机断路故障(1200～1213)

名称	2.12.1　门驱动电机断路故障(1200～1213)	
适用	CJ6 型动车组	
现象	车辆站停进行电动开关门时,车门不动作,HMI 报 X 车 Y 门驱动电机断路故障。门驱动电机启动,但未检测到相符电流值且门位置未改变	
行车	维持运行	
原因	(1)电机本身故障。 (2)电机线束故障	
注意	X 代表车号(01、02、03、04),Y 代表车门代号(01、02、03、04、05、06)	
步骤	处理过程	
 1	故障确认: 当 HMI 屏主菜单界面闪现“故障发生信息”提示,司机按压【事件信息】键,确认故障情况,并通知随车机械师	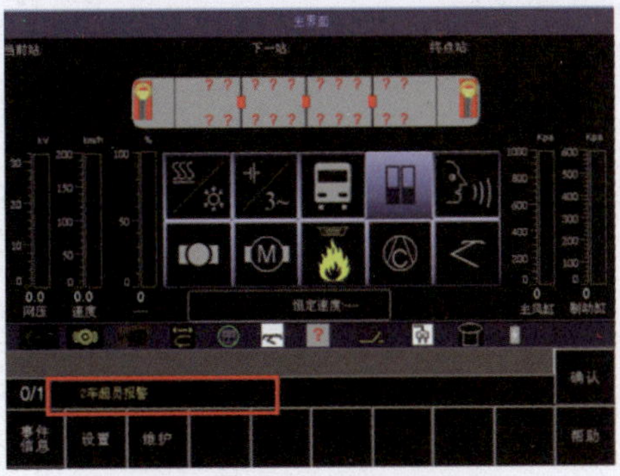
 2	车门隔离: 按 1.2.6.1 执行	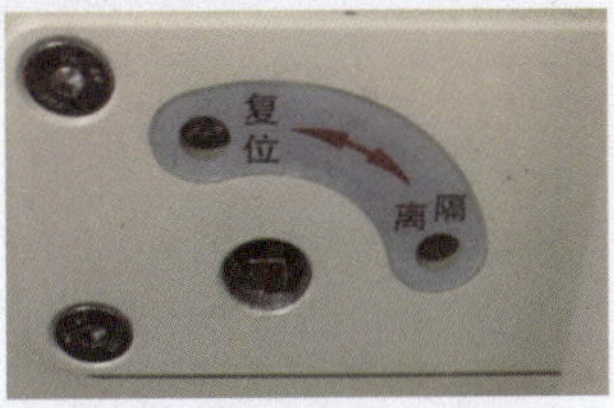
  3	维持运行: 司机通过 HMI 屏确认故障车门处于隔离(切除)状态,维持运行。 随车机械师提示乘务人员通知旅客在其他车门乘降	

（二）门“锁到位开关”故障（1214～1227）

名称	2.12.2 门“锁到位开关”故障（1214～1227）	
适用	CJ6 型动车组	
现象	车辆站停电动开门时，车门打开，锁到位开关未动作，HMI 上报 *X* 车 *Y* 门锁到位开关故障。门驱动电机启动，门位置传感器检测到门已经离开锁到位位置，而锁到位开关仍指示门处于锁到位位置	
行车	维持运行	
原因	（1）锁到位开关本身故障。 （2）锁到位开关线束故障。 （3）锁到位开关触发装置故障	
注意	*X* 代表车号（01、02、03、04），*Y* 代表车门代号（01、02、03、04、05、06）	
步骤	处理过程	
1	故障确认： 当 HMI 屏主菜单界面闪现“故障发生信息”提示，司机按压【事件信息】键，确认故障情况，并通知随车机械师	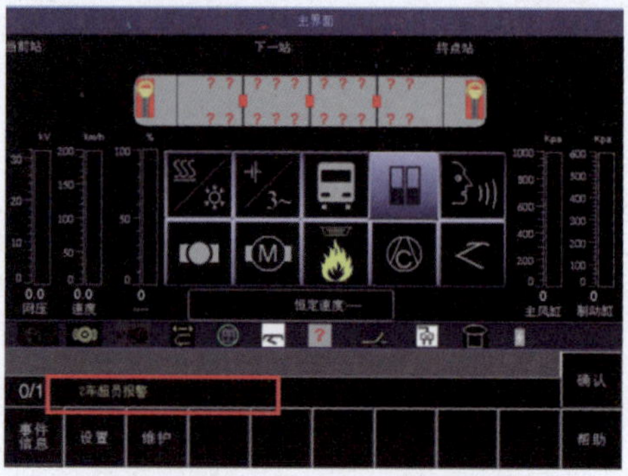
2	车门隔离： 按 1.2.6.1 执行	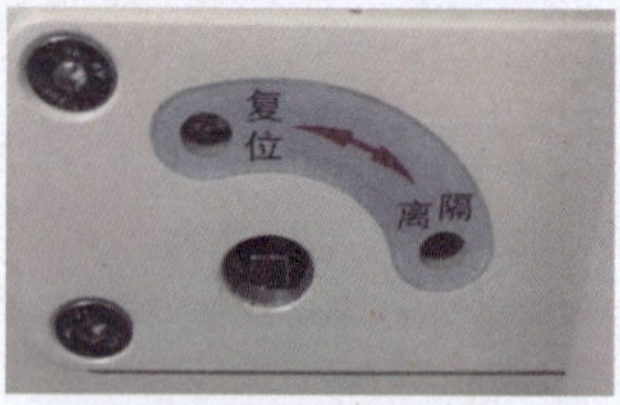
3	维持运行： 司机通过 HMI 屏确认故障车门处于隔离（切除）状态，维持运行。 随车机械师提示乘务人员通知旅客在其他车门乘降	

(三)门“关到位开关”故障(1228～123B)

名称	2.12.3　门“关到位开关”故障(1228～123B)	
适用	CJ6 型动车组	
现象	车辆站停电动开门时,车门打开,关到位开关未动作,HMI 报 X 车 Y 门关到位开关故障。门驱动电机启动,门位置传感器检测到门已经离开关到位位置,而关到位开关仍指示门处于关到位位置	
行车	维持运行	
原因	(1)关到位开关本身故障。 (2)关到位开关线束故障。 (3)关到位开关触发装置故障	
注意	X 代表车号(01、02、03、04),Y 代表车门代号(01、02、03、04、05、06)	
步骤	处理过程	
1	故障确认: 当 HMI 屏主菜单界面闪现“故障发生信息”提示,司机按压【事件信息】键,确认故障情况,并通知随车机械师	
2	车门隔离: 按 1.2.6.1 执行	
3	维持运行: 司机通过 HMI 屏确认故障车门处于隔离(切除)状态,维持运行。 随车机械师提示乘务人员通知旅客在其他车门乘降	

（四）门 3 s 内未解锁故障（123C～124F）

名称	2.12.4 门 3 s 内未解锁故障（123C～124F）	
适用	CJ6 型动车组	
现象	车辆站停电动开门时，发出开门指令，车门未动作，HMI 报 X 车 Y 门 3 s 内未解锁故障。 门驱动电机启动（在开门方向上），当在 3 s 钟后，锁到位开关依然指明门锁到位，且门位置传感器检测不到门运动	
行车	维持运行	
原因	（1）门控器故障。 （2）锁到位开关故障。 （3）车门机械卡滞	
注意	X 代表车号（01、02、03、04），Y 代表车门代号（01、02、03、04、05、06）	
步骤	处理过程	
1	故障确认： 当 HMI 屏主菜单界面闪现“故障发生信息”提示，司机按压【事件信息】键，确认故障情况，并通知随车机械师	
2	车门隔离： 按 1.2.6.1 执行	
3	维持运行： 司机通过 HMI 屏确认故障车门处于隔离（切除）状态，维持运行。 随车机械师提示乘务人员通知旅客在其他车门乘降	

（五）门位置传感器故障（1250～1263）

名称	2.12.5　门位置传感器故障（1250～1263）	
适用	CJ6 型动车组	
现象	车辆站停电动开关门时，车门动作，EDCU 收不到门位置传感器的状态信息，HMI 报 *X* 车 *Y* 门位置传感器故障。在门运动过程中，未检测到来自门位置传感器各相正确的计数脉冲	
行车	维持运行	
原因	（1）电机传感器故障。 （2）电机传感器线束故障	
注意	*X* 代表车号（01、02、03、04），*Y* 代表车门代号（01、02、03、04、05、06）	
步骤	处理过程	
 1	故障确认： 当 HMI 屏主菜单界面闪现“故障发生信息”提示，司机按压【事件信息】键，确认故障情况，并通知随车机械师	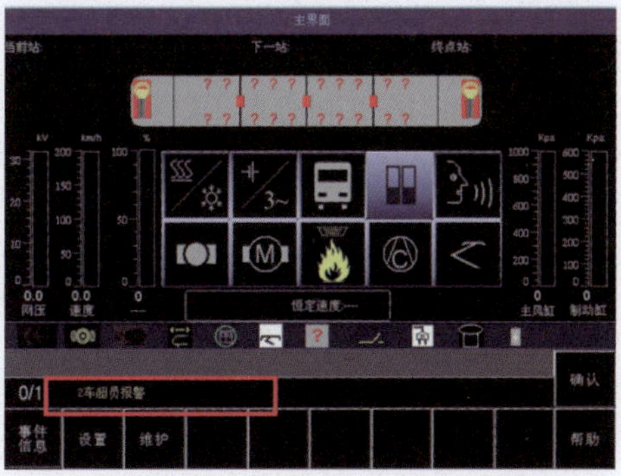
 2	车门隔离： 按 1.2.6.1 执行	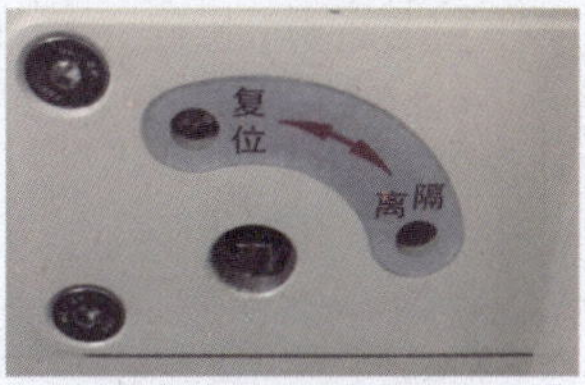
  3	维持运行： 司机通过 HMI 屏确认故障车门处于隔离（切除）状态，维持运行。 随车机械师提示乘务人员通知旅客在其他车门乘降	

（六）门未经许可离开关锁到位位置故障（1264～1277）

名称	2.12.6　门未经许可离开关锁到位位置故障（1264～1277）	
适用	CJ6 型动车组	
现象	车辆运行中报 *X* 车 *Y* 门未经许可离开关锁到位位置故障	
行车	维持运行	
原因	（1）关到位开关故障。 （2）锁到位开关故障。 （3）门锁故障导致车门离开关锁到位位置	
注意	⚠ *X* 代表车号（01、02、03、04），*Y* 代表车门代号（01、02、03、04、05、06）	
步骤	处理过程	
1	故障确认： 当 HMI 屏主菜单界面闪现“故障发生信息”提示，司机按压【事件信息】键，确认故障情况，并通知随车机械师。 若故障发生时列车还在运行，且安全互锁回路未断开，则无需停车，定位到故障车门后直接执行隔离操作	
2	车门隔离： 按 1.2.6.1 执行。 （若车门处于关锁状态，直接用四角钥匙操作隔离锁）	
3	维持运行： 司机通过 HMI 屏确认故障车门处于隔离（切除）状态，维持运行。 随车机械师提示乘务人员通知旅客在其他车门乘降	

（七）门内部安全继电器故障（1278～128B）

名称	2.12.7 门内部安全继电器故障（1278～128B）	
适用	CJ6 型动车组	
现象	内部安全继电器的状态（由内部硬连接电路检查的安全继电器状态信号）与继电器的启动信号不符，HMI 报 X 车 Y 门内部安全继电器故障	
行车	维持运行	
原因	（1）门控器内部安全继电器故障。 （2）电缆松脱	
注意	X 代表车号（01、02、03、04），Y 代表车门代号（01、02、03、04、05、06）	
步骤	处理过程	
1	故障确认： 当 HMI 屏主菜单界面闪现“故障发生信息”提示，司机按压【事件信息】键，确认故障情况，并通知随车机械师	
2	车门隔离： 按 1.2.6.1 执行	
3	维持运行： 司机通过 HMI 屏确认故障车门处于隔离（切除）状态，维持运行。 随车机械师提示乘务人员通知旅客在其他车门乘降	

（八）门安全互锁回路异常故障（128C～129F）

名称	2.12.8　门安全互锁回路异常故障（128C～129F）	
适用	CJ6 型动车组	
现象	当安全互锁回路输入端为高电平时，若安全互锁回路中的开关发生故障，安全互锁回路将处于异常状态，HMI 报 *X* 车 *Y* 门安全互锁回路异常故障	
行车	维持运行	
原因	(1)关到位开关触点或线束异常。 (2)锁到位开关触点或线束异常。 (3)安全互锁回路接线异常	
注意	⚠ *X* 代表车号(01、02、03、04)，*Y* 代表车门代号(01、02、03、04、05、06)	
步骤	处理过程	
 1	故障确认： 当 HMI 屏主菜单界面闪现“故障发生信息”提示，司机按压【事件信息】键，确认故障情况，并通知随车机械师	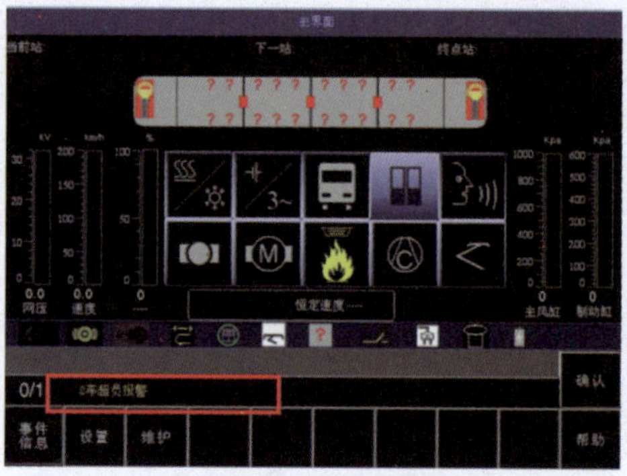
 2	车门隔离： 按 1.2.6.1 执行	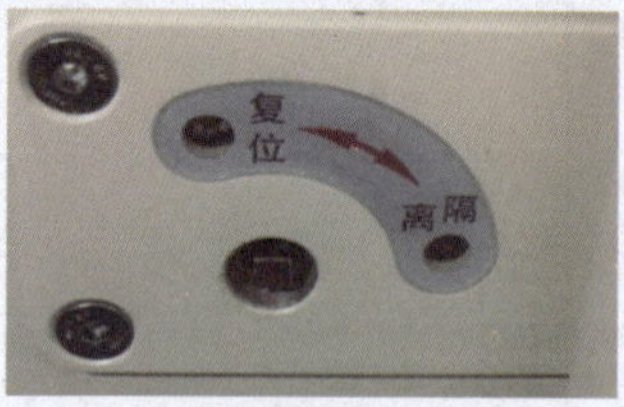 复位　离隔
  3	维持运行： 司机通过 HMI 屏确认故障车门处于隔离(切除)状态，维持运行。 随车机械师提示乘务人员通知旅客在其他车门乘降	 切除

（九）门辅助锁故障（1330～1313）

名称	2.12.9　门辅助锁故障（1330～1313）	
适用	CJ6 型动车组	
现象	在锁闭或解锁方向激活辅助锁电磁阀后，在规定时间内，辅助锁未锁闭到位或未解锁到位，HMI 报 *X* 车 *Y* 门辅助锁故障	
行车	维持运行	
原因	（1）辅助锁开关故障。 （2）辅助锁装置故障。 （3）辅助锁检测开关与辅助锁的配合尺寸超差	
注意	⚠ *X* 代表车号（01、02、03、04），*Y* 代表车门代号（01、02、03、04、05、06）	
步骤	处理过程	
1	故障确认： 当 HMI 屏主菜界界面闪现“故障发生信息”提示，司机按压【事件信息】键，确认故障情况，并通知随车机械师	
2	车门隔离： 按 1.2.6.1 执行	
3	维持运行： 司机通过 HMI 屏确认故障车门处于隔离（切除）状态，维持运行。 随车机械师提示乘务人员通知旅客在其他车门乘降	

（十）关门过程中的障碍检测触发指定次数(1314～1327)

名称	2.12.10　关门过程中的障碍检测触发指定次数(1314～1327)	
适用	CJ6 型动车组	
现象	车门无法关闭，HMI 报 X 车 Y 门关门过程中的障碍检测触发指定次数	
行车	维持运行	
原因	(1)机械卡滞。 (2)关锁到位检测开关故障或尺寸调整发生变化。 (3)门控器故障。 (4)解锁装置异常	
注意	X 代表车号(01、02、03、04)，Y 代表车门代号(01、02、03、04、05、06)	
步骤	处理过程	
 1	故障确认： 当 HMI 屏“车门信息”界面车门图标出现“障碍检测”图标，如果在 15 s 内图标消除变成“关闭锁好”图标，则车辆正常运行；如果超过 15 s“障碍检测”图标一直存在，进行再次关门操作。 (1)司机再次操作关门按钮，若“障碍检测”图标消除变成“关闭锁好”图标，正常运行。 (2)若“障碍检测”图标未消除，司机通知随车机械师立即检查故障车门是否有障碍物。若确认为障碍物阻挡车门关闭，则清理后，再次操作关门按钮，故障消除，正常运行。 (3)若清理后，故障未消除，进行塞拉门隔离(切除)操作	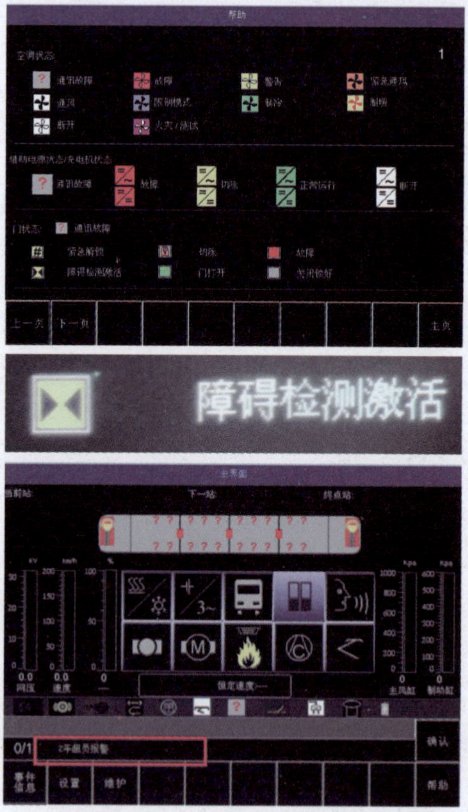 障碍检测激活 复位　隔离
 2	车门隔离： 按 1.2.6.1 执行	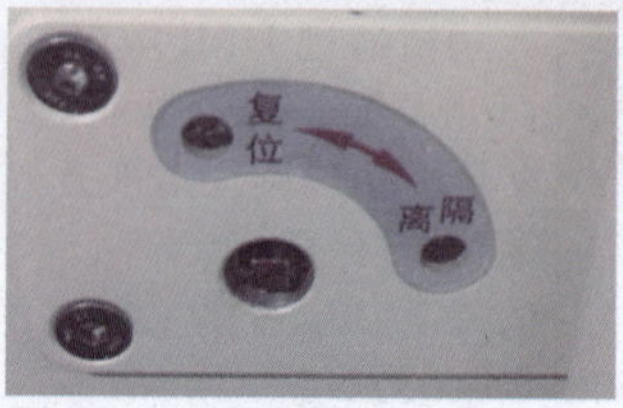

续上表

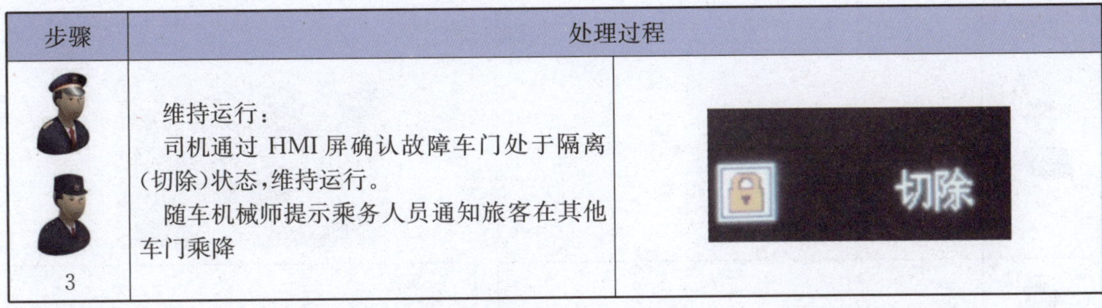

步骤	处理过程	
3	维持运行： 司机通过 HMI 屏确认故障车门处于隔离（切除）状态，维持运行。 随车机械师提示乘务人员通知旅客在其他车门乘降	切除

（十一）开门过程中的障碍检测触发指定次数（1328～133B）

名称	2.12.11　开门过程中的障碍检测触发指定次数（1328～133B）	
适用	CJ6 型动车组	
现象	在开门进程中连续启动预先设定次数的障碍检测，门仍没有达到开到位位置。HMI 报 X 车 Y 门开门过程中的障碍检测触发指定次数	
行车	维持运行	
原因	（1）机械卡滞。 （2）解锁装置异常	
注意	X 代表车号（01、02、03、04），Y 代表车门代号（01、02、03、04、05、06）	
步骤	处理过程	
 1	故障确认： 当 HMI 屏“车门信息”界面车门图标出现“障碍检测”图标，如果在 15 s 内图标消除变成“开打开”图标，则车辆正常上下客；如果超过 15 s“障碍检测”图标一直存在，进行再次开门操作： （1）司机再次操作开门按钮，若“障碍检测”图标消除变成“门打开”图标，正常运行。 （2）若“障碍检测”图标未消除，司机通知随车机械师立即检查故障车门是否有障碍物。若确认为障碍物阻挡车门打开，则清理后，故障消除，正常运行。 （3）若清理后，故障未消除，进行塞拉门隔离（切除）操作	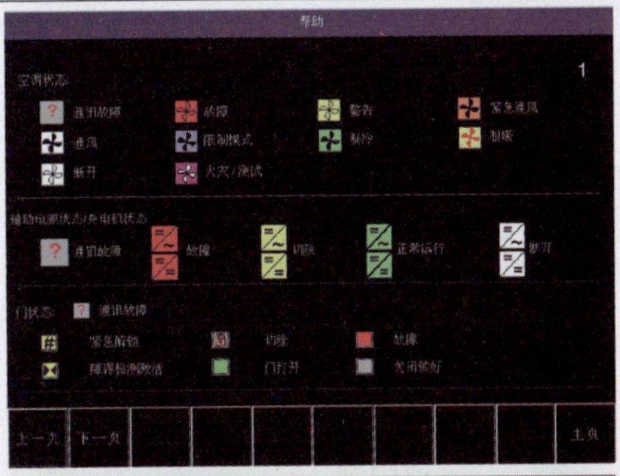  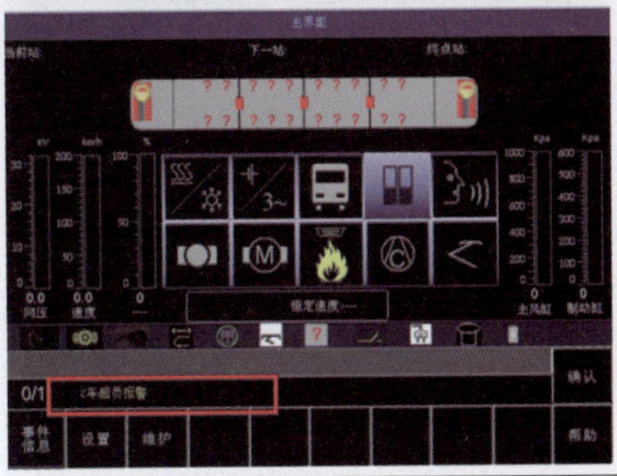 障碍检测激活

续上表

步骤	处理过程	
 2	车门隔离： 按 1.2.6.1 执行	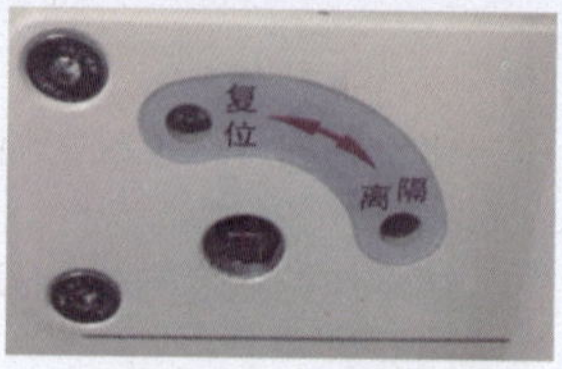
  3	维持运行： 司机通过 HMI 屏确认故障车门处于隔离（切除）状态，维持运行。 随车机械师提示乘务人员通知旅客在其他车门乘降	

（十二）车速信号逻辑错误故障（1364～1377、136A～136F）

名称	2.12.12　车速信号逻辑错误故障（1364～1377、136A～136F）	
适用	CJ6 型动车组	
现象	个别车门无法打开，HMI 报 X 车 Y 门车速信号逻辑错误故障	
行车	不影响运行	
原因	（1）车辆速度信号逻辑错误。 （2）线束故障	
注意	X 代表车号（01、02、03、04），Y 代表车门代号（01、02、03、04、05、06）	
步骤	处理过程	
 1	故障确认： 当 HMI 屏主菜单界面闪现“故障发生信息”提示，司机按压【事件信息】键，确认故障情况，并通知随车机械师	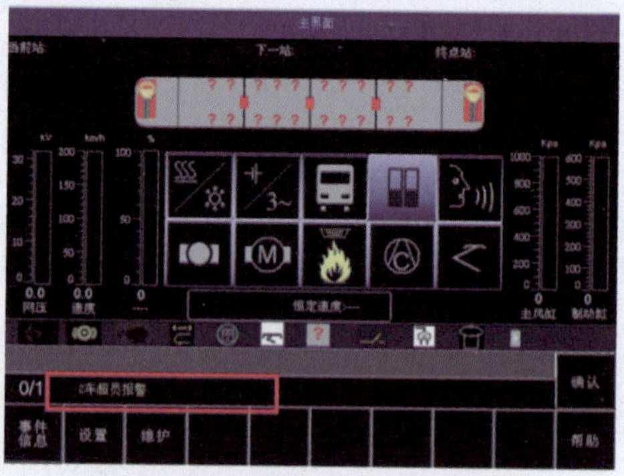
 2	车门隔离： 按 1.2.6.1 执行	

续上表

步骤	处理过程	
3	维持运行： 司机通过 HMI 屏确认故障车门处于隔离(切除)状态，维持运行。 随车机械师提示乘务人员通知旅客在其他车门乘降	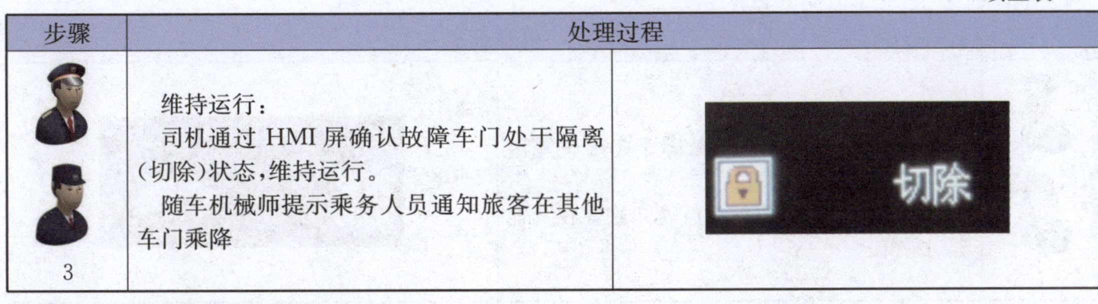

(十三)某车门紧急解锁

名称	2.12.13　某车门紧急解锁	
适用	CJ6 型动车组	
现象	车辆站停在 HMI 屏“车门信息”界面，车门图标出现“紧急解锁”图标	
行车	不影响运行	
原因	(1)内、外紧急操作装置被操作。 (2)紧急解锁开关故障	
注意	⚠ 车内紧急解锁操作装置被操作后必须复位后才能动车	
步骤	处理过程	
1	故障确认： 当 HMI 屏“车门信息”界面车门图标出现“紧急解锁”图标，通知随车机械师	
2	现场确认： (1)随车机械师立即检查故障车门情况，确认车内紧急操作装置的钥匙开关、旋转手柄是否在复位状态，若复位后，故障消除，正常运行。 (2)若复位后，故障未消除，进行塞拉门隔离(切除)操作	
3	车门隔离： 按 1.2.6.1 执行	

续上表

步骤	处理过程	
4	维持运行： 司机通过 HMI 屏确认故障车门处于隔离(切除)状态，维持运行。 随车机械师提示乘务人员通知旅客在其他车门乘降	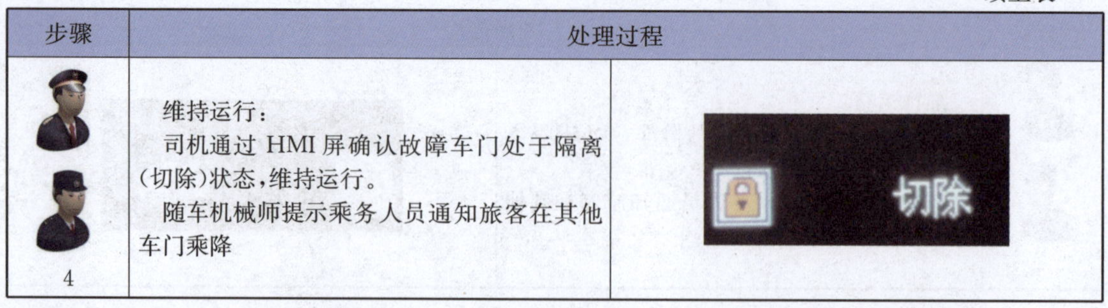

(十四)门地址编码故障(133C～134F)

名称	2.12.14　门地址编码故障(133C～134F)	
适用	CJ6 型动车组	
现象	门控器在上电初始化时保存的地址和拨码开关地址不一致。HMI 报 X 车 Y 门地址编码故障	
行车	维持运行	
原因	(1)车门电机传感器故障。 (2)线束故障	
注意	X 代表车号(01、02、03、04)，Y 代表车门代号(01、02、03、04、05、06)	
步骤	处理过程	
1	故障确认： 当 HMI 屏主菜单界面闪现“故障发生信息”提示，司机按压【事件信息】键，确认故障情况，并通知随车机械师	
2	车门隔离： 按 1.2.6.1 执行	
3	维持运行： 司机通过 HMI 屏确认故障车门处于隔离(切除)状态，维持运行。 随车机械师提示乘务人员通知旅客在其他车门乘降	

(十五)数据总线通信故障(1350～1363)

名称	2.12.15　数据总线通信故障(1350～1363)	
适用	CJ6 型动车组	
现象	门控器在上电初始化时保存的地址和拨码开关地址不一致。HMI 报 X 车 Y 门地址编码故障	
行车	维持运行	
原因	(1)主门控器与车辆 TCMS 的总线通信中断。 (2)或门控器之间 CAN 通信中断,则故障发生	
注意	X 代表车号(01、02、03、04),Y 代表车门代号(01、02、03、04、05、06)	
步骤	处理过程	
1	故障确认: 当 HMI 屏主菜单界面闪现“故障发生信息”提示,司机按压【事件信息】键,确认故障情况,并通知随车机械师	
2	车门隔离: 按 1.2.6.1 执行	
3	维持运行: 司机通过 HMI 屏确认故障车门处于隔离(切除)状态,维持运行。 随车机械师提示乘务人员通知旅客在其他车门乘降	

(十六)运行途中报车门故障

名称	2.12.16　运行途中报车门故障
适用	CJ6 型动车组
现象	行驶途中 HMI 屏上报车门故障、车门持续(或瞬间)报红或者同时伴随车门安全环路断开、车门全关好指示灯不亮
行车	根据车辆状态行车

续上表

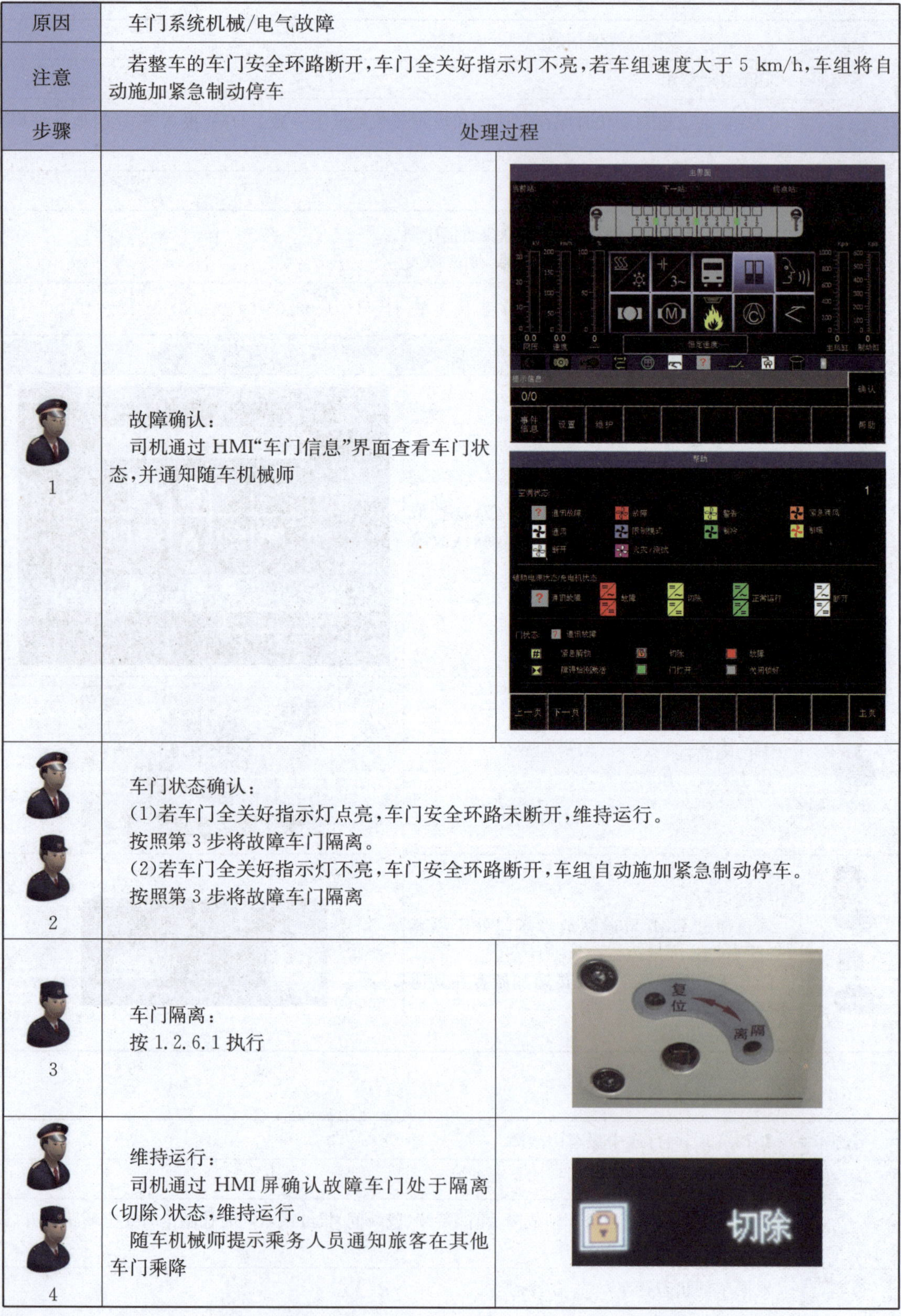

原因	车门系统机械/电气故障	
注意	若整车的车门安全环路断开，车门全关好指示灯不亮，若车组速度大于 5 km/h，车组将自动施加紧急制动停车	
步骤	处理过程	
1	故障确认： 司机通过 HMI“车门信息”界面查看车门状态，并通知随车机械师	
2	车门状态确认： (1)若车门全关好指示灯点亮，车门安全环路未断开，维持运行。 按照第 3 步将故障车门隔离。 (2)若车门全关好指示灯不亮，车门安全环路断开，车组自动施加紧急制动停车。 按照第 3 步将故障车门隔离	
3	车门隔离： 按 1.2.6.1 执行	
4	维持运行： 司机通过 HMI 屏确认故障车门处于隔离(切除)状态，维持运行。 随车机械师提示乘务人员通知旅客在其他车门乘降	

（十七）10 km/h 列车线故障

名称	2.12.17　10 km/h 列车线故障	
适用	CJ6 型动车组	
现象	车组停车后，集中开门时，全列车门辅助锁无法释放，车门无法打开	
行车	司机办客站（或技术停车站）停车检查	
原因	10 km/h 列车线信号一直为高电平	
注意	无	
步骤	处理过程	
1	通知随车机械师	
2	10 km/h 列车线状态确认： 在维护菜单界面中点击【DI/DO 诊断】按键，进入“DI/DO 诊断”界面。HMI 上确认 01 和 04 车的 E15_14“10 公里速度列车线监控”是否闭合（触点显示绿色代表闭合），若闭合，则按照第 3 步对故障车的空开进行操作	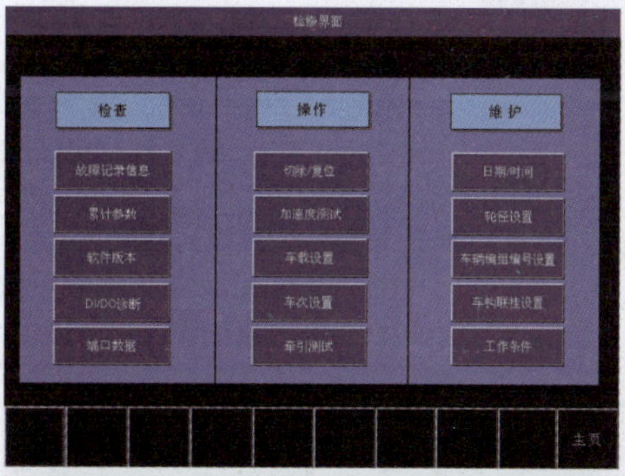 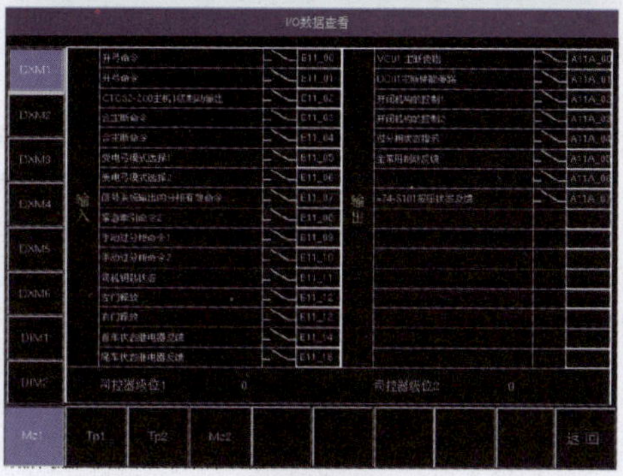
3	断路器复位： 随车机械师将设备柜的网关阀/智能阀电源【＝28-F101】空开断开。 处理完毕，通知司机，司机开门，车辆上下客后，将车门关好	

续上表

步骤	处理过程
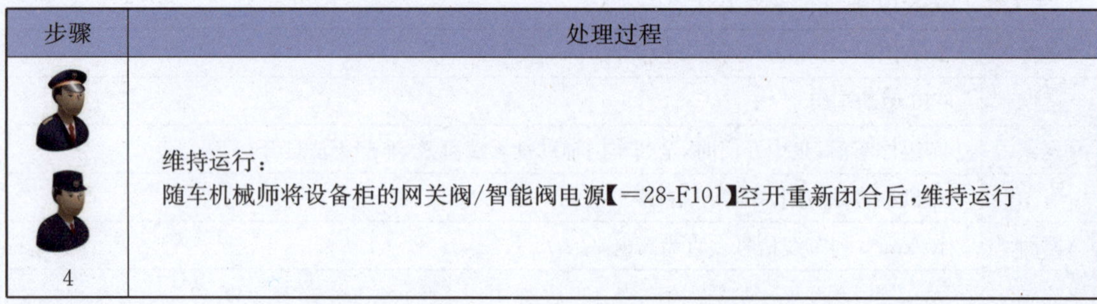 4	维持运行： 随车机械师将设备柜的网关阀/智能阀电源【＝28-F101】空开重新闭合后，维持运行

十三、其他

裙板/外掀式盖板开启

名称	2.13.1　裙板/外掀式盖板开启
适用	CJ6 型动车组
现象	车辆运行过程中司机或乘客有听到车外有异常碰撞或摩擦声响。 车辆进站停车，随车机械师出来检车发现裙板/外掀式盖板有开启
行车	立即停车
原因	(1)锁芯指示箭头没转到锁点位置，锁紧不到位。 (2)转舌锁损坏，锁紧功能失效
注意	⚠ 裙板/外掀式盖板必须锁紧后才能动车
步骤	**处理过程**
1	现场确认： 随车机械师立即下车检查故障裙板/盖板情况及转舌锁状态，确认是锁紧操作不到位导致没锁好还是转舌锁本身已经损坏。 如果发现转舌锁锁体松动或锁舌断裂，说明是转舌锁本身损坏导致的锁紧失效。 如果检查发现转舌锁外观状态良好，锁舌无断裂或变形，锁体无松动，随车机械师用钥匙重复锁紧操作过程顺利(锁芯箭头对准红色锁闭指示点后裙板/盖板是锁紧)
2	处理故障： 如果是锁紧操作不到位导致的开启，由随车机械师进行整列车的裙板/外掀式盖板检查，对所有锁芯箭头未指到红色锁点位置的裙板/盖板进行重新锁紧。 如果是转舌锁本身损坏，车组运行至下一站停车处理

附　录

附录一　同车型各批次差异性说明

序号	项　点	CJ6-0701～0710 车组	CJ6-0711～0715 车组
一、总体			
1	扫石器	未配置扫石器	排障器上配置扫石器
二、车体			
1	底架裙板	采用长裙板	采用短裙板
三、车端连接			
1	过渡车钩安装	直接放置在司机室边柜内	放置在司机室边柜内，增加抽屉式滑轨
2	开闭机构	控制柜与气动柜放置在司机室前端外部	控制柜与气动柜集成设计，放置在操纵台边柜内
四、主供电			
1	牵引变压器	过滤器与滤网固定框分开安装	牵引变压器过滤网更改为过滤器与滤网固定框一体化结构
五、辅助电气			
1	库用插座	采用欧标	对标国内动车组设计进行适应性优化
2	蓄电池	电池小车通过螺栓固定	蓄电池箱取消电池小车为侧边进口升缩轨道和前端插销结构，插销与电池小框上的橡胶缓冲件组合固定
六、网络及辅助监控			
1	低压箱	牵引变压器、牵引变流器和主压缩机断路器和接触器安装在车底低压箱内	牵引变压器、牵引变流器和主压缩机断路器和接触器移至车上屏柜
七、外门及车内设施			
1	司机室门	司机室门外部锁采用四角方孔锁	司机室门外部锁为下压式解锁方式
2	客室门	外紧急解锁手柄为自复位结构	外紧急解锁手柄为四角钥匙解锁结构

附录二 缩 略 语

序号	缩 写	英 文	中 文
1	ACU	auxiliary converter unit	辅助变流器
2	AXMe	analog input/output mixed module	模拟量输入输出模块
3	ASD	automatic safety device	司机警惕装置(自动安全装置)
4	ATP	automatic train protection	自动列车速度防护
5	BCU	brake control unit	制动控制单元
6	CCU	central control unit	中央控制单元
7	CIR	cab intergrated radio commnunication equipment	机车综合无线通信设备
8	CTCS	Chinese train control system	中国列控系统
9	DIMe	digital input module	数字量输入模块
10	DXMe	digital input/output mixed module	数字量输入输出模块
11	DTECS	distributed train electronic control system	分布式电子列车控制系统
12	ETB	ethernet bus	以太网总线
13	GWMe	gateway module	网关模块
14	HMI	human machine interface	人机接口显示屏
15	HVAC	heating, ventilation&air conditioning unit	供热通风与空气调节
16	IO	input and output module	输入输出模块
17	MCB	miniature circuit breaker	微型断路器
18	MVB	multifunction vehicle bus	多功能车辆总线
19	MRP	main reservoir pipe	总风管
20	PIS	passenger information system	乘客信息系统
21	RCMe	remote communication module	远程通信模块
22	REP	repeater	总线中继模块
23	TCU	traction control unit	牵引控制单元
24	TCN	train communication network	列车通信网络
25	TCMS	train control and monitor system	列车控制及监控系统
26	HVB	vacuum circuit breaker	真空断路器
27	WTB	wire train bus	列车总线
28	WTD	wireless data transmit device	无线数据传输装置

附录三　限　速　表

一、转向架故障限速表

<table>
<tr><th colspan="3">故障描述</th><th>最高限制速度(km/h)</th><th>限速方式</th></tr>
<tr><td rowspan="3">车轮擦伤
硌伤</td><td colspan="2">长度≥60 mm或深度≥1.0 mm</td><td>80</td><td>人工</td></tr>
<tr><td colspan="2">30 mm≤长度<60 mm或0.5 mm<深度<1.0 mm</td><td>120</td><td>人工</td></tr>
<tr><td colspan="2">长度≤30 mm或0.25 mm<深度<0.5 mm</td><td>160</td><td>人工</td></tr>
<tr><td rowspan="2">车轮剥离</td><td rowspan="2">一处长度≤20 mm(或两处每处长度≤10 mm)
面积≤100 mm^2
深度≤1.5 mm</td><td>均超限</td><td>40</td><td>人工</td></tr>
<tr><td>未同时
超限</td><td>不限速</td><td>人工</td></tr>
<tr><td colspan="3">空气弹簧泄漏、爆裂或切除</td><td>120</td><td>人工</td></tr>
<tr><td colspan="3">轴箱弹簧断裂</td><td>30</td><td>人工</td></tr>
<tr><td colspan="3">轴箱定位装置明显损坏</td><td>10,必要时捆绑固定悬吊的零部件</td><td>人工</td></tr>
<tr><td colspan="3">轴箱定位装置零部件缺失</td><td>30,必要时捆绑固定悬吊的零部件</td><td>人工</td></tr>
<tr><td colspan="3">高度控制阀或(和)高度调节杆故障</td><td>100</td><td>人工</td></tr>
<tr><td colspan="3">抗蛇行油压减振器失效</td><td>120</td><td>人工</td></tr>
<tr><td colspan="3">抗蛇行油压减振器连接螺栓缺失或松动</td><td>10</td><td>人工</td></tr>
<tr><td colspan="3">横向止挡损坏或缺失</td><td>30</td><td>人工</td></tr>
<tr><td colspan="3" rowspan="2">抗侧滚扭杆损坏或连杆螺栓(螺纹)连接损坏</td><td>90
(风速不超过25 m/s时)</td><td rowspan="2">人工</td></tr>
<tr><td>10
(风速25～30 m/s时)</td></tr>
</table>

二、空气制动切除后限速表

空气制动切除	空气制动切除后列车限速(km/h)
1个转向架切除	140
2个转向架切除	120
3个转向架切除	100
4个及以上转向架切除	救援

三、机车救援制动切除限速表

空气制动切除	空气制动切除后列车限速(km/h)
1 个转向架切除	100
2 个转向架切除	90
3 个转向架切除	80
4 个转向架切除	60
所有空气制动切除	回送限速 5

附录四　诊断代码索引

序号	代　码	故障描述	编　号
1	2001	轴箱轴承温度预警	2.3.1
2	2002	轴箱轴承温度报警	2.3.2
3	2003	齿轮箱轴承温度预警	2.3.3
4	2004	齿轮箱轴承温度报警	2.3.4
5	2005	电机轴承温度预警	2.3.5
6	2006	电机轴承温度报警	2.3.6
7	2201～2250、2501～2550	温度传感器故障	2.3.7
8	300D、3012	受电弓升弓故障	2.4.1
9	300E、3013	受电弓升起无法降下	2.4.2
10	3010、3015	主断路器闭合故障	2.4.4
11	300F、3014	主断路器断开故障	2.4.5
12	3000、3001	CCU 检测网压过低或网压中断	2.4.7
13	3201、3203	高压隔离开关断开故障	2.4.8
14	3002	网压过高	2.4.9
15	3003、3004、3005、3006	原边过流故障	2.4.10
16	303F、3038、3039	网侧电流过流	2.4.13
17	3044、3042	检测升弓单元接地	2.4.14
18	3041、3043	检测非升弓单元接地	2.4.15
19	324A、328B	TCU 网络生命信号中断故障	2.5.1
20	3205	2 个牵引变流器故障	2.5.2
21	3246、3287	牵引变流器充电超时故障	2.5.3
22	423E～4245	牵引变流器风机接触器故障	2.5.4
23	324F、3291	牵引变流器水泵空开断开	2.5.5
24	3248、3289	牵引变流器牵引制动指令异常	2.5.6
25	3232～3235、3274～3277	牵引电机×超温	2.5.7
26	3216、3217、3258、3259	牵引变流器一/二重四象限输入过流	2.5.8
27	3218、3219、325A、325B	一/二重斩波过流	2.5.9
28	3032、3033	TCU 检测 02 车牵引变压器二次侧输出接地	2.5.10

续上表

序号	代　　码	故障描述	编　　号
29	329A、329D	牵引变流器中间直流环节接地	2.5.11
30	329B、329E	牵引逆变器输出侧接地	2.5.12
31	329C、329F	辅助逆变器高压侧接地	2.5.13
32	3022、302A	TCU 检测 02 车牵引变压器原边接地	2.5.14
33	3027、302F	TCU 检测 02 车主变压器油泵断路器断开	2.5.15
34	324D、328F、6200	牵引变压器油位低故障	2.5.16
35	3028、3030、6002、300A	牵引变压器油位过低故障	2.5.17
36	3016	变压器压力释放阀激活	2.5.18
37	3206、3207、3208、3209	牵引变流器一/二重四象限模块保护	2.5.19
38	3513、3514、3515、3516、3537、3538、3539、353A	牵引电机速度传感器信号异常	2.5.20
39	3034	02 车牵引变压器空载短路	2.5.21
40	3035	02 车牵引变压器短路保护	2.5.22
41	3240、3282	辅变输出接触器卡分	2.6.1
42	3241、3283	辅变输出接触器卡合	2.6.2
43	4252、4253	充电机内部生命信号故障	2.6.3
44	B200、B201	司控器故障	2.6.5
45	5031、5033、5035、5037、5039、503A、503B、503C	紧急制动不施加	2.7.1
46	5031、5033、5035、5037	停放制动不缓解	2.7.2
47	5028、5029、502A、502B、502C、502D、502E、502F	空气制动不缓解	2.7.3
48	5020、5022、5024、5026	总风压力过低	2.7.4
49	5010、5011、5012、5013、5014、5015、5016、5017、5018、5019、501A、501B、501C、501D、501E、501F	速度传感器故障	2.7.5
50	522C、522D、522E、522F、5030、5231、5232、5233	防滑系统故障	2.7.6
51	5000、5001、5002、5003、5004、5005、5006、5007、5008、5009、500A、500B、500C、500D、500E、500F	轴抱死	2.7.7
52	5014、5015、5016、5017	BCU 功能失效	2.7.8

续上表

序号	代　码	故障描述	编　号
53	5234、5235、5236、5237、5238、5239、523A、523B	制动缸压力低	2.7.9
54	5048、5049、504A、504B、504C、504E、504F、5050	CAN 通信故障	2.7.10
55	6549、654A	WTD 装置 MVB 通信故障	2.8.4
56	3521、3545	TCU 检测到 DC110V 接地故障	2.8.9
57	7500、7501、7502、7503	PIS 车厢控制器故障	2.9.1
58	7504、7505、7506、7507	联络电话故障	2.9.2
59	7508	PIS 监控屏故障	2.9.3
60	8599～859C、860A～860D、861B～861F、862C～8630	压缩机 1/2 高压故障	2.10.1
61	8599、859A、859B、859C、862C、862D、862F、8630	压缩机 1/2 低压故障	2.10.2
62	856F～857D、857F、8580～858D、858F、8590～8598、8606～8609、8617～8619、861A、8628、8629、862A、862B、8639、863A、863B、863C	废排风机/通风机 1.2/冷凝风机 1.2/压缩机 1.2 过载故障	2.10.3
63	8508、8509、850A、850B、850C、850D、850F、8510	机组漏电或短路故障	2.10.4
64	8566～8569、856A～856F	电加热温度故障	2.10.5
65	8500～8503	紧急通风逆变器故障	2.10.6
66	8504～8507	压力波控制器故障	2.10.7
67	8602～8605、8613～8615	压缩机 1/2 排气温度故障	2.10.8
68	9500	卫生间故障	2.11.1～2.11.7
69	1200～1213	门驱动电机断路故障	2.12.1
70	1214～1227	门“锁到位开关”故障	2.12.2
71	1228～123B	门“关到位开关”故障	2.12.3
72	123C～124F	门 3 秒内未解锁故障	2.12.4
73	1250～1263	门位置传感器故障	2.12.5
74	1264～1277	门未经许可离开关锁到位位置故障	2.12.6
75	1278～128B	门内部安全继电器故障	2.12.7
76	128C～129F	门安全互锁回路异常故障	2.12.8
77	1300～1313	门辅助锁故障	2.12.9

续上表

序号	代　　码	故障描述	编　　号
78	1314～1327	关门过程中的障碍检测触发指定次数	2.12.10
79	1328～133B	开门过程中的障碍检测触发指定次数	2.12.11
80	1364～1377、136A～136F	车速信号逻辑错误故障	2.12.12
81	133C～134F	门地址编码故障	2.12.14
82	1350～1363	数据总线通信故障	2.12.15

附录五　制动试验

一、CJ6型动车组全部制动试验及简略制动试验项目

平　台	全部制动试验	简略制动试验
CJ6	菜单引导制动试验	最大全常用制动位和快速制动位确认试验

二、各工况下制动试验项目及要求

工　况	制动试验项目	备　注
一级检修	两端全部制动试验	两组动车组重联时其中一列未完成一级检修作业的单组动车组重联后，按一级检修要求应在重联动车组两端进行全部制动试验
断蓄电池	两端全部制动试验	全部制动试验完成后，如果操作了断蓄电池，合上蓄电池后，出发前应在两端进行全部制动试验。 全部制动试验完成后，动车组应急处置过程中如果操作了断蓄电池，合上蓄电池后，开车前应在主控端进行全部制动试验，并在后续第一次换端时完成另一端全部制动试验
存放出发试验	单端全部制动试验	
一级检修后出所	单端简略制动试验	如菜单引导试验选项为红色时，须进行全部试验
始发前	单端简略制动试验	
紧急制动停车后	单端简略制动试验	
重点状态转换（重联解编、换端）后	单端简略制动试验	解编试验：重联动车组一级检修后需解编出所时，应在重联端进行全部制动试验

注：存放出发试验指动车组在折返地点或本段（所）、车站等不检修过夜存放，次日出发前的试验。

三、CJ6型动车组制动试验形式

序　号	试验形式	说　明
1	菜单引导制动试验	此试验指CJ6动车组“制动试验”试验，在司机室HMI屏上设有配套人机配合程序。内容包括制动自检、“SB”（常用制动）、“WSP”（防滑）、“EB”（紧急制动）试验，试验过程中需要人工配合进行制动手柄等动作，还包括保持制动切除、恢复操作
2	最大全常用制动位和快速制动位确认试验	此试验指使用牵引制动手柄施加、缓解一次最大全常用制动和快速制动，通过压力表或者HMI确认制动缸压力。试验过程中须确认制动缸压力正常

四、CJ6 型动车组制动试验方法

(一)菜单引导制动试验

注意事项	试验过程中应按照试验顺序执行,试验时不能抢屏,严格按照 HMI 提示进行操作,试验结果须通过。 制动试验前须切除保持制动,制动试验后须恢复保持制动。 制动试验根据 HMI 指令执行。司机首先点击【自检开始】按键,待每节车制动条件图标变绿(若图标为红色,表示本架制动试验条件不满足),可进行“SB”(常用制动)、“WSP”(防滑)、“EB”(紧急制动)试验,并根据 HMI 提示进行操作。 接收到常用制动试验指令后,各架的常用制动试验同时开始; 接收到防滑试验指令后,各架的防滑试验同时开始; 接收到紧急制动试验指令后,各架的紧急制动试验同时开始
试验条件	车辆静止;在主控端司机室操作;蓄电池电压不低于 96 V、总风缸压力正常(不低于 750 kPa);网络系统初始化完成后主界面显示正常;已施加停放制动,切除保持制动,ATP、LKJ 未输出制动
试验操作及确认	通过主控司机室 HMI 界面上的软键启动制动试验。 (1)在 HMI 显示屏界面点击【设置】按键。 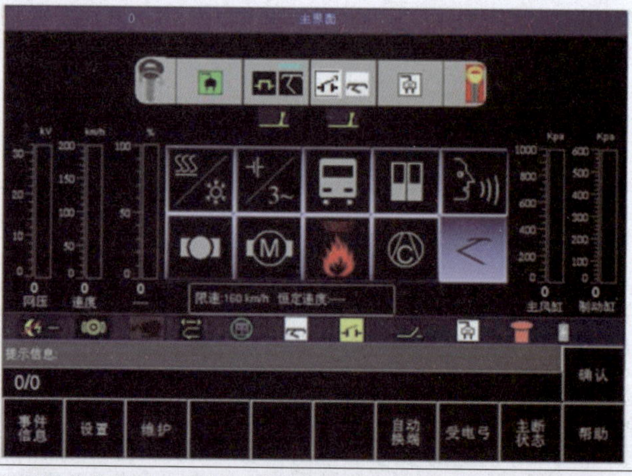 (2)在“设置”界面操作栏中点击【制动自检】按键进入“制动自检”界面。 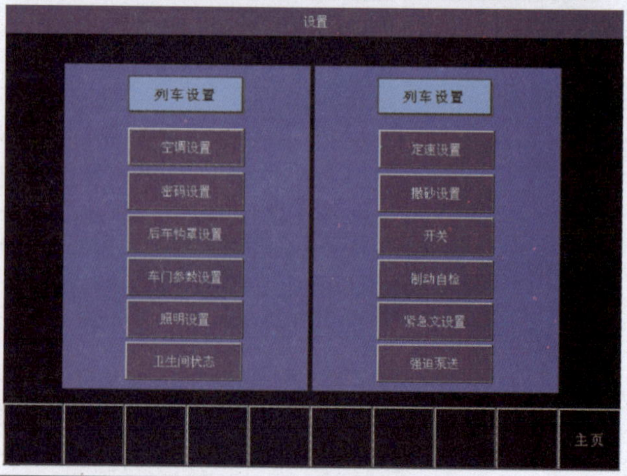

<table>
<tr><td rowspan="4">试验操作及确认</td><td>(3)进入 HMI 中“制动自检”界面。
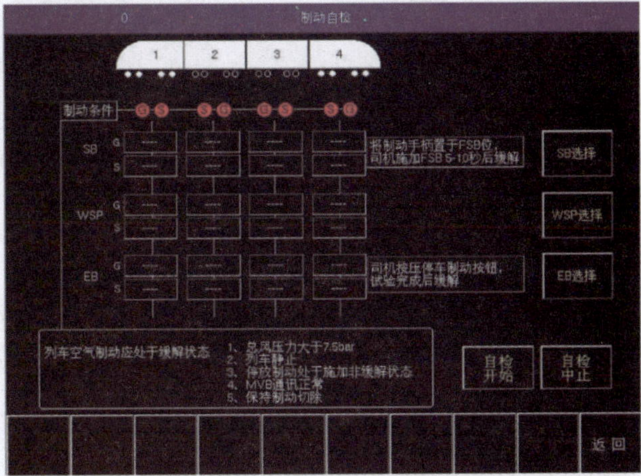
</td></tr>
<tr><td>(4)在 HMI 中“制动自检”界面点击【自检开始】。
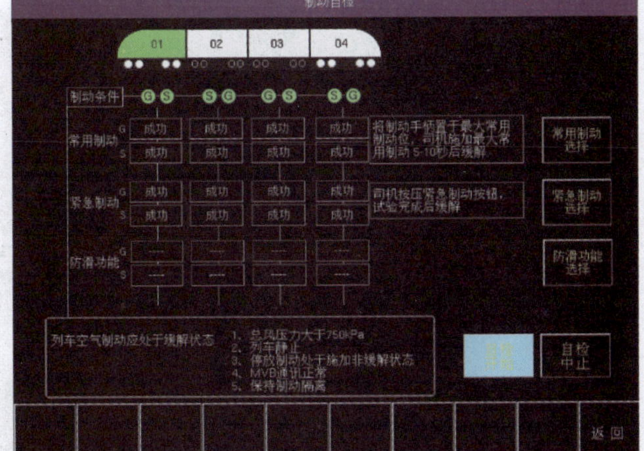

待制动条件右侧圆形图标变绿色后，可执行常用制动，防滑以及紧急制动的测试功能</td></tr>
<tr><td>(5)在 HMI 中“制动自检”界面点击【SB 选择】，司机根据提示进行操作，试验过程及结果将在方框中以文字信息进行显示。
“进行中”表示正在试验过程中；
“成功”表示试验结果已通过；
“失败”表示试验结果未通过</td></tr>
<tr><td>(6)在 HMI 中“制动自检”界面点击【WSP 选择】，试验过程及结果将在方框中以文字信息进行显示。
“进行中”表示正在试验过程中；
“成功”表示试验结果已通过；
“失败”表示试验结果未通过</td></tr>
</table>

试验操作及确认	(7)在 HMI 中“制动自检”界面点击【EB 选择】，司机根据提示进行操作，试验过程及结果将在方框中以文字信息进行显示。 “进行中”表示正在试验过程中； “成功”表示试验结果已通过； “失败”表示试验结果未通过
其他事项	(8)制动试验结束后，点击【返回】按键。试验结束后，须将 Mc 车后端墙继电器柜中的保持制动缓解选择开关旋至“正常”位，复位保持制动切除功能。 (9)若司机想中途退出制动试验，可点击【自检中止】按键，退出制动试验。 (10)若出现一个或多个自检失败的结果，司机需通知维护人员进行故障查询并处置。 (11)每一项制动试验完成并给出结果后，才能下一项制动试验操作

（二）最大全常用制动位和快速制动位确认试验

试验条件	车辆静止；在主控端司机室操作；蓄电池电压不低于 96 V、总风缸压力正常（不低于 600 kPa）；网络系统初始化完成后主界面显示正常；已施加停放制动，ATP、LKJ 未输出制动
试验操作及确认	(1)在主界面中点击制动状态按键进入“制动状态”界面中，屏幕上方的车组区将以图示的方式显示每节车厢当前实际的制动状态。 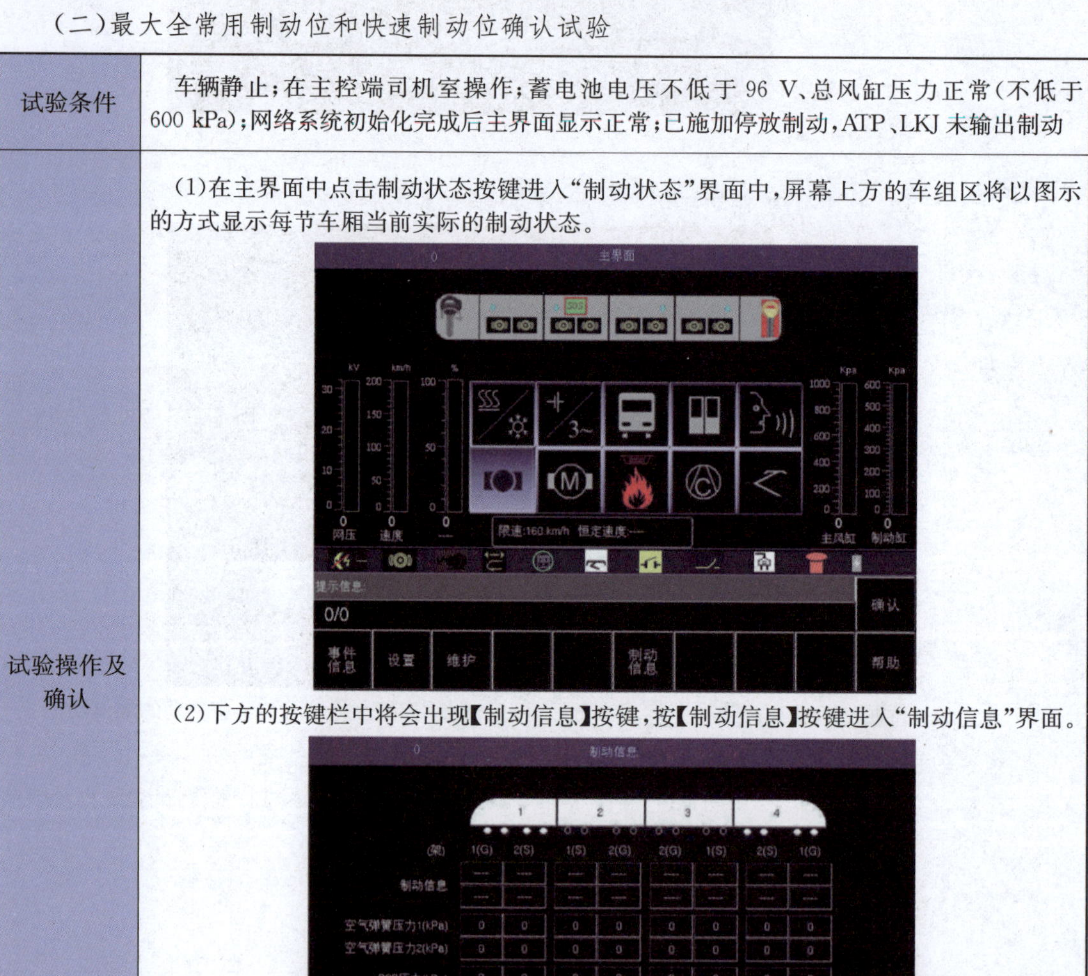 (2)下方的按键栏中将会出现【制动信息】按键，按【制动信息】按键进入“制动信息”界面。

试验操作及确认	(3)将牵引制动手柄置于最大全常用制动位,通过压力表或者 HMI 确认制动缸压力大于 200 kPa。将牵引制动手柄置于"0"位,通过压力表或者 HMI 确认制动缸压力小于 200 kPa。 (4)将牵引制动手柄置于"快速制动"位,通过压力表或者 HMI 确认制动缸压力大于 200 kPa。将牵引制动手柄置于"0"位,通过压力表或者 HMI 确认制动缸压力小于 200 kPa。 (5)试验完毕,牵引制动手柄置于最大常用制动位。 (6)确认制动力施加

附录六 安全说明

一般注意事项：

只有合格人员才可负责 CJ6 型动车组的操作。

操作人员负责对司机的培训和指导(时间和内容)。

司机必须接受操作人员关于电气危险的指导。

司机必须接受操作人员关于紧急情况的指导(包括如何正确忽略旅客紧急制动的使用)。

合格人员是指接受过培训、有经验、接受过指导并具有标准、规程、事故预防规程和操作条件知识而得到安全负责人员授权执行必要任务的人员。

安全说明：

与人员或设备安全及操作辐射保护有关的重要说明将通过粗体的、带标识的危险、警告、小心或注意标记信息突出显示，具体显示方式如下。

	DANGER 危险	如果不采取相关的防范措施，将导致人员伤亡或显著的物资损坏
	WARNING 警告	如果不采取相关的防范措施，则可能导致人员伤亡或显著的物资损坏
	CAUTION 小心	如果不采取相关的防范措施，则可能导致人员受伤或物资损坏。上述内容同样也适用于在常规条件下进行的工作以及经特别强调或在异常大气影响和操作方法下进行的工作
	NOTE 注意	需要特别注意的有关产品或相关部分的一条重要信息